„Golden flackert die Flamme!“

Das Reichsbanner Schwarz-Rot-Gold in Baden und Württemberg 1924 bis 1933

Schriftenreihe
zur Geschichte des
Reichsbanners
Schwarz-Rot-Gold
Band 6

Marcel Böhles

„Golden flackert die Flamme!"

Das Reichsbanner Schwarz-Rot-Gold in Baden und Württemberg 1924 bis 1933

M | METROPOL

Gefördert von:

Stiftung
Gedenkstätte
Deutscher
Widerstand

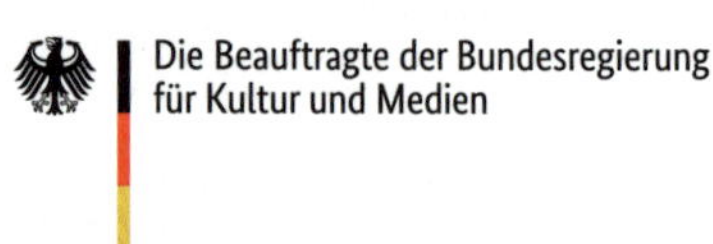

Schriftenreihe
Zur Geschichte des Reichsbanners Schwarz-Rot-Gold, Band 6

Herausgeber
Stiftung Gedenkstätte Deutscher Widerstand

Redaktion
Dr. Stefan Heinz, Dipl.-Pol. Marion Goers

Gestaltung
Braun Engels Gestaltung GmbH, Ulm
Mitarbeit: Michaela Gleinser, Susanne Jüttner, Lucie Schäufele

Druck
PIEREG Druckcenter Berlin GmbH

Umschlagabbildung
Plakat des Reichsbanners zum „Südwestdeutschen Republikanertag"
vom 31. August bis 2. September 1929 in Mannheim, o. D. (Ausschnitt)
Quelle: Marchivum, Plak 652/Carl Maria Kiesel

Metropol Verlag
Ansbacher Straße 70
D–10777 Berlin
www.metropol-verlag.de

ISBN: 978-3-86331-725-6

Inhalt

1

Einleitung

1.1 Fragestellungen

„Ich stellte mich auf die Seite derer, die in der demokratisch-sozialen Republik die Staatsverfassung erkennen und anerkennen, in der das deutsche Volk, geachtet von Völkern, die es nicht länger durch klirrende Anachronismen seines Kostüms befremdet und schreckt, in die historische Zukunft gehen soll."[1]

Mit diesen Worten bekundete der wenige Wochen später mit dem Literaturnobelpreis ausgezeichnete Schriftsteller Thomas Mann 1929 seine Solidarität mit der Weimarer Republik, ihrer Verfassung und der zu beider Schutz gegründeten Organisation Reichsbanner Schwarz-Rot-Gold. Dass diese Organisation inzwischen weitgehend in Vergessenheit geraten ist, hat sicher etwas mit dem heutzutage etwas befremdlich klingenden Namen zu tun, der aus oberflächlicher Sicht den Verdacht nahelegt, „hier handele es sich um etwas diffus Deutschnationales, gar Militaristisches aus dem reichhaltigen Reservoir der 20er Jahre des letzten Jahrhunderts". Vor allem aber dürfte das letztendliche Scheitern der Republikanerorganisation dafür gesorgt haben, dass sie kaum „in das historische Bewusstsein der bundesrepublikanischen Gesellschaft [...] eingedrungen"[2] ist.

Nichtsdestoweniger lohnt sich eine Betrachtung der 1924 gegründeten Bündnisorganisation, die allein durch ihre Millionen zählende Anhängerschaft das gern gebrauchte Schlagwort von der „Republik ohne Republikaner" eindrucksvoll widerlegt. Als überparteiliche Sammlungs-

1 „Das Reichsbanner", 10.8.1929, Nr. 32.

2 Jürgen Weber, Das Reichsbanner im Norden, in: Demokratische Geschichte. Jahrbuch für Schleswig-Holstein 20 (2009), S. 127–146, hier S. 127.

bewegung der drei „Weimarer" Koalitionsparteien, der Sozialdemokratischen Partei Deutschlands (SPD), der Deutschen Zentrumspartei (Zentrum) und der Deutschen Demokratischen Partei (DDP), stellte das Reichsbanner bis 1933 den einzigen ernst zu nehmenden Versuch in der Weimarer Republik dar, überzeugte Republikaner und Demokraten aus unterschiedlichen politischen Lagern unter einem Dach zu vereinen. In einer Zeit heute kaum noch vorstellbarer Schärfe in den politischen Auseinandersetzungen – bei gleichzeitiger Bedrohung des Staates durch Extremisten von rechts und links – überwanden Anhänger der Sozialdemokratie, des politischen Katholizismus und des Linksliberalismus ihre ideologischen Vorbehalte und Gegensätze, um sich den gemeinsamen Feinden der jungen Weimarer Demokratie entgegenzustellen. Wenngleich sicher nicht dreieinhalb Millionen Männer – wie von der Reichsbanner-Führung behauptet – dem Bündnis angehörten, sondern wohl lediglich gut rund eine Million (die Zahl dürfte nach der Gründung der „Eisernen Front" mit SPD und den Einzelorganisationen des Allgemeinen Deutschen Gewerkschaftsbundes (ADGB) 1931/32 noch deutlich gewachsen sein), so glich das Reichsbanner dennoch inmitten einer hochgradig polarisierten Gesellschaft „einem schlafenden Riesen, der der einen Seite Vertrauen einflößte, der anderen Zurückhaltung gebot".[3]

Angesichts der beachtlichen numerischen Stärke des Reichsbanners – seine Mitgliederzahl lag sogar deutlich über den großzügigsten Schätzungen zu Stahlhelm, Rotfrontkämpferbund oder SA – muss zuerst die Frage gestellt werden, welche Faktoren zum Scheitern der Organisation und ihrer Ziele beigetragen haben. Jede Beschäftigung mit der Weimarer Republik steht schließlich nach den Worten des Historikers Karl-Dietrich Erdmann „mit Notwendigkeit – ausgesprochen oder unausgesprochen – unter der Frage nach den Ursachen ihres Zusammenbruchs".[4] Zweifellos stellten das Versagen und der Niedergang von Reichsbanner bzw. „Eiserner Front" einen wichtigen Schritt auf dem Weg für das Ende der Weimarer Republik dar, da es der überparteilichen Organisation trotz zahlreicher gegenteiliger Beteuerungen nicht gelang, dem Ansturm des Nationalsozialismus einen wirksamen Widerstand entgegenzusetzen. Dennoch soll im Folgenden die Geschichte des Reichsbanners nicht nur als eine Geschichte des Scheiterns dargestellt werden, sondern es sollen explizit auch die Chancen und Handlungs-

3 Ulrich Kluge, Die Weimarer Republik, Paderborn u. a. 2006, S. 229.
4 Zit. nach Eberhard Kolb/Dirk Schumann, Die Weimarer Republik, München 2013, S. 155.

spielräume der Organisation zur Sprache kommen, um eine Darstellung zu vermeiden, die allzu sehr vom Wissen um das Geschehene nach 1933 vorgeprägt ist. Anknüpfen möchte die Arbeit an die 1996 provokativ gestellte Frage: „Ist Weimar gescheitert?" von Peter Fritzsche, der nicht wie die Historiker vor ihm nach Gründen für den Zusammenbruch der Republik suchte und diese gewichtete, sondern die junge Demokratie als ein „Labor der Moderne"[5] verstand. Es ging ihm vor allem darum, die Offenheit der historischen Situation herauszustellen, indem er die überraschend optimistischen Zukunftsvorstellungen der Zeitgenossen und ihre Erwartungen nachzeichnete.

Die vorliegende Arbeit nähert sich dem Reichsbanner Schwarz-Rot-Gold in Form einer vergleichenden Regionalstudie und analysiert insbesondere die Faktoren, welche die Existenz der Organisation erschwert bzw. das Erreichen ihrer Ziele verhindert haben. Untersucht werden die zwei Reichsbanner-Gaue Baden und Württemberg, die beide weitgehend deckungsgleich mit den beiden damaligen Ländern waren (zum Gau Württemberg gehörte außerdem die preußische Enklave der Hohenzollernschen Lande, also der Regierungsbezirk Sigmaringen), wodurch eine größere Tiefenschärfe erreicht wird. Beide Gaue sollen in einer Art doppeltem Vergleich sowohl miteinander als auch jeweils mit der Reichsebene verglichen werden, um mögliche Spezifika der südwestdeutschen Reichsbannerorganisation herauszuarbeiten. Damit leistet die Studie dreierlei: Sie bietet einen klassischen organisationsgeschichtlichen Zugang zu einer bedeutenden Massenorganisation der Zwischenkriegszeit, sie leistet einen Beitrag zur Landes- und speziell zur Demokratiegeschichte der beiden Südwestländer Baden und Württemberg, und schließlich verortet sie den Kampf der pro-republikanischen Kräfte unter dem Dach des Reichsbanners als Teil der Gesamtgeschichte der Weimarer Republik.

Die Forschung hat sich nach langer Zurückhaltung in den letzten Jahren dem Reichsbanner wieder zugewandt und mehrere Probleme herausgearbeitet, die das Bündnis im reichsweiten Maßstab seit der Gründung 1924 belasteten und an denen es sich bis zu seinem Verbot abarbeitete. Die vier folgenden Komplexe erscheinen mir besonders wichtig: Erstens hatte das Reichsbanner ein ambivalentes Verhältnis zu seinen

5 Peter Fritzsche, Did Weimar Fail?, in: The Journal of Modern History 68 (1996), S. 629–656; vgl. dazu auch Benjamin Ziemann, Contested Commemorations. Republican War Veterans and Weimar Political Culture, Cambridge 2013.

Trägerparteien, die das „Republikanerbündnis" zu großen Teilen als notwendiges Übel oder gar als ihr ungeliebtes Kind betrachteten und deren sehr unterschiedliche Beteiligung nicht dem überparteilichen Anspruch des Bundes gerecht wurde. Das Reichsbanner war Anfang 1924 als Reaktion auf die vielfältigen Bedrohungen der Republik im Krisenjahr 1923 entstanden und bildete somit eine Gründung aus der Defensive heraus. Dass viele Vertreter der Trägerparteien – nicht zuletzt die SPD – signalisierten, dass sie die Organisation nur als eine Übergangslösung akzeptierten, die sich möglichst rasch selbst überflüssig machen solle, erleichterte nicht gerade die Arbeit des Bundes. Hinzu kam, dass die Aufstellung eines paramilitärisch organisierten Verbandes gerade Teilen der Sozialdemokratie zutiefst suspekt und wesensfremd blieb, vor allem seit sich das Reichsbanner äußerlich seinen rechten Antipoden mehr und mehr anglich. Auch konnte die Republikanerorganisation ihren Anspruch auf Überparteilichkeit in der Praxis nur unzureichend umsetzen, da sie von Anfang an ein erhebliches Übergewicht von SPD-Anhängern aufwies. Erst recht seit den frühen 1930er-Jahren, in denen das Reichsbanner eine weitere „Sozialdemokratisierung" erfuhr, haftete dem Zusammenschluss der Ruf an, de facto eine Vorfeldorganisation der SPD zu sein.

Zweitens blieb die Mühe des Reichsbanners im Kampf um die Deutungshoheit auf wichtigen Feldern der Symbol- und Erinnerungspolitik sowie der Interpretation des Weltkrieges bzw. des „Fronterlebnisses" des einzelnen Soldaten letztlich vergeblich. Als „Bund republikanischer Kriegsteilnehmer" spielte der Verband als Sammelbecken verfassungstreu gesinnter Veteranen eine erhebliche Rolle in der Auseinandersetzung um die Legitimation des Weimarer Staates, seiner Entstehung und seiner Symbole. Mit seiner Anknüpfung an die Revolution von 1848, seinem Einsatz für die umstrittenen Reichsfarben Schwarz-Rot-Gold oder seiner Verehrung für „republikanische Märtyrer" versuchte das Reichsbanner mit großem Aufwand, eine Hegemonie im öffentlichen Diskurs über die Republik zu erlangen, die aber letztlich nicht weit genug über das sozialdemokratische Milieu hinausging. Infolge einer partiellen äußerlichen Anpassung an den soldatisch geprägten Zeitgeist stand das Reichsbanner außerdem vor dem Dilemma, demokratische und antimilitaristische Inhalte in einer paramilitärischen Formensprache der Öffentlichkeit zu vermitteln.

Drittens zeigte sich eine Kluft zwischen Anspruch und Wirklichkeit in einer Organisation, die nach außen hin gerne sehr staatstragend-pathetisch und mitunter martialisch auftrat, deren Innenleben aber häufig einem recht biederen Vereinsdasein entsprach. Bald schon nach der Gründung machten sich im Reichsbanner eine gewisse Routine oder gar Anflüge von „Vereinsmeierei" breit, die allzu oft die von der Führung ausgerufenen Ziele überlagerten. Außerdem muss die Frage gestellt werden, ob es nicht in erster Linie jener von kameradschaftlichen Elementen geprägte Vereinsalltag war, der das Reichsbanner in seinem Innersten zusammenhielt – und eben nicht die von der Organisationsführung ausgegebenen Ziele. Gerade in diesem Punkt scheint mir die Untersuchung in Form einer Regionalstudie besonders lohnend, da diese Einblicke in das Leben der Ortsgruppen gewährt und somit eine Geschichte des Reichsbanners aus der Perspektive der Basis ermöglicht.

Viertens bestand das unausgesprochene Eingeständnis, dass die Gründung eines militanten Kampfbundes zum Schutz der Republik als ein Zeichen von deren Schwäche und als Misstrauensvotum gegen deren Funktionsweise interpretiert werden musste. Aufmerksamen Beobachtern konnte es nicht entgehen, dass ein von den drei staatstragenden Parteien ins Leben gerufener Kampfverband ein tiefes Unsicherheitsgefühl gegenüber dem Weimarer Staat und seinen Institutionen ausdrückte, der sich mit seinen Machtorganen offenbar nicht ausreichend gegen seine Feinde wehren konnte. Insofern war es den Verfechtern der Republik offensichtlich nicht gelungen, sich in den Jahren seit 1918/19 eine ausreichende Machtbasis in den Schlüsselpositionen des Staates zu verschaffen. Nun stellte sich zudem die Frage, wie weit ein tendenziell paramilitärischer Verband bei der Verteidigung der Republik und ihrer Verfassung gehen durfte, zumal bei einer existenziellen Bedrohung der parlamentarisch-demokratischen Ordnung. Zu diesen Fragen der Grenzen von Legalität und Notwehr sowie zum möglichen Einsatz von Gewalt hat das Reichsbanner nur mühsam Antworten gefunden.

In der Studie wird dargelegt, wie das Reichsbanner Schwarz-Rot-Gold in den beiden südwestdeutschen Gauen mit den vier skizzierten Problemen umgegangen ist und welche Antworten es auf die aufgeworfenen Fragen gefunden hat. Es wird zu klären sein, inwieweit sich die Organisation in den beiden Südwestländern von der Reichsebene unterschied und welche Differenzen sich zwischen den beiden Ländern auftaten.

So lässt sich hinterfragen, ob sich die politische Situation in Baden und Württemberg während der Weimarer Jahre tatsächlich so stabil gestaltete, wie häufig in der landesgeschichtlichen Forschung behauptet wurde, und wie sich diese (vermeintliche) Stabilität der politischen Großwetterlage auf die Entwicklung des Reichsbanners ausgewirkt hat. Beförderte eine relativ ruhige Entwicklung im Südwesten die Arbeit der Republikschutzorganisation oder war sie ihrem Gedeihen eher abträglich, da man ihre Notwendigkeit als eher gering erachtete?

Bei aller Ähnlichkeit von Baden und Württemberg lassen sich doch in den Bereichen Politik und Wirtschaft wichtige Unterschiede zwischen den beiden Ländern identifizieren, die den Vergleich der beiden Reichsbanner-Gaue rechtfertigen. Ein Unterkapitel bietet daher einen kurzen Abriss der Geschichte Badens und Württembergs während der Weimarer Republik, wobei der Schwerpunkt auf den politischen Entwicklungen liegt, aber auch wirtschaftliche und gesellschaftliche Aspekte berücksichtigt werden. Anschließend geht es in einem ersten Hauptkapitel um die Organisationsgeschichte des Reichsbanners, die sich recht klar in drei Abschnitte einteilen lässt: eine erste Phase des Aufbruchs von der Gründung 1924 bis ins Jahr 1926, eine zweite von organisatorischer Stagnation und einer gewissen Erstarrung geprägte Phase von 1926 bis 1930 und schließlich eine dritte Periode, beginnend mit dem Wahlerfolg der Nationalsozialisten bei der Reichstagswahl im September 1930 bis zum Verbot des Bundes infolge der Machtübernahme Hitlers. Untersucht wird, wie sich das Reichsbanner im Südwesten strukturell vor allem im Vergleich zur Reichsebene entwickelte.

Im zweiten Hauptkapitel geht es um den Alltag und die Aufgaben der Reichsbannermänner vor Ort, also um die konkrete Arbeit in den Ortsgruppen. Einen Schwerpunkt der Aktivitäten bildete die Unterstützung der drei republikanischen Parteien in den zahlreichen Wahlkämpfen der 1920er- und frühen 1930er-Jahre. Ebenso werden die Aktivitäten abseits von Saalschutz und Wahlkampfhilfe geschildert, insbesondere die für Mitglieder und Außenstehende betriebene Bildungsarbeit sowie die intensiv gepflegte Jugendarbeit. Auch die Zusammensetzung und soziale Herkunft der Anhängerschaft – sowohl von Führungsebene als auch von einfachen Mitgliedern – soll hier zur Sprache kommen.

Ein drittes Hauptkapitel widmet sich den Gebieten der Symbolpolitik und Erinnerungskultur, auf denen das Reichsbanner danach strebte, eine Meinungsführerschaft in den politischen Auseinandersetzungen Weimars zu erringen. Dazu diente unter anderem der umfangreiche Festkalender, mit dem es versuchte, zu bestimmten Anlässen eine breite Öffentlichkeit mit seiner Agitation zu erreichen. Wichtig für eine positiv besetzte Legitimation der Republik war außerdem die Erinnerung an republikanische „Märtyrer", wie Matthias Erzberger, Walther Rathenau, Friedrich Ebert und Ludwig Frank, die in den Augen des Reichsbanners ihr Leben für die Sache der Republik geopfert hatten. Außerdem thematisiert das Kapitel die symbolische Anknüpfung des Reichsbanners an die Ideen der 1848er-Revolution, in deren Tradition man sich verortete. Zuletzt analysiert dieses Kapitel den „Symbolkrieg" des Jahres 1932, als das Reichsbanner unter dem Dach der „Eisernen Front" mit dem „Drei-Pfeil"-Symbol auch neue Propagandamethoden und -techniken einführte, um den Wahlkämpfen der Nationalsozialistischen Deutschen Arbeiterpartei (NSDAP) eine wirkungsvolle Formensprache entgegensetzen zu können.

Das vierte Hauptkapitel untersucht das Verhältnis des Reichsbanners zu seinen Trägerparteien SPD, Zentrum und DDP sowie zu den drei wichtigsten paramilitärischen Konkurrenzverbänden. Die SPD hatte durch ihre überwältigende personelle Dominanz den mit Abstand größten Einfluss auf das Reichsbanner, pflegte aber dennoch ein ambivalentes Verhältnis zu ihm. Zentrum und DDP, die in den Südwestländern deutlich stärker als im Reichsdurchschnitt waren, hatten ein ähnlich zwiespältiges Verhältnis, wobei besonders dem Zentrum eine Schlüsselrolle zukam. Als nach beiden Seiten hin koalitionsfähige Partei der Mitte mit einem breiten (katholischen) Wählerspektrum war es an allen Reichsregierungen sowie an sämtlichen Landesregierungen Badens und Württembergs in der Weimarer Zeit beteiligt. Der Vergleich mit den drei anderen Wehrverbänden – Stahlhelm, Roter Frontkämpferbund und SA – dient vor allem dazu, eine Abgrenzung des Reichsbanners von seinen Konkurrenten zu ermöglichen und deren Wahrnehmung des Republikanerbundes aufzuzeigen. Insbesondere mit dem 1918 gegründeten Stahlhelm – Bund der Frontsoldaten verband das Reichsbanner eine langjährige Rivalität, die auch durch die teilweise Übernahme von äußeren Formen gekennzeichnet war. Die im Südwesten lange relativ schwache SA wuchs erst 1930 in die Rolle des Hauptgegners, mit dem viele gewalttätige Auseinandersetzungen ausgetragen wurden.

In einem abschließenden Kapitel wird die Frage erörtert, inwieweit das Reichsbanner als ein paramilitärischer Verband anzusehen ist und es zu einer Militarisierung der deutschen Gesellschaft beigetragen hat. Als „Bund republikanischer Kriegsteilnehmer" bot das Reichsbanner ein Sammelbecken für alle auf dem Boden der Weimarer Verfassung stehenden Veteranen und beteiligte sich an der Auseinandersetzung um den Weltkrieg und die aus ihm zu ziehenden Konsequenzen. Gerade aufgrund der Allgegenwart des Krieges und seiner Folgen im Deutschland der 1920er- und frühen 1930er-Jahre kam der Interpretation von Kriegsausbruch, -verlauf und -ende eine entscheidende Bedeutung zu, ebenso wie der Ausdeutung des Fronterlebnisses durch den einzelnen Soldaten. Zudem beteiligte sich das Reichsbanner wie andere Wehrverbände auch an einem permanenten Gedenken an die Gefallenen, deren früher Tod mit einer Sinngebung unterfüttert werden sollte. Daran anschließend wird nach der Militarisierung im Reichsbanner gefragt. Wie und warum versuchte es, ein militärisches Erscheinungsbild und Auftreten in der Öffentlichkeit zu gewinnen? In welchem Maße war das Reichsbanner bereit, physische Gewalt anzuwenden und Republik und Verfassung mit Waffen zu verteidigen? Daran knüpft vor allem die Frage an, welche Optionen das Reichsbanner noch besaß, auf den „Preußenschlag" vom 20. Juli 1932 zu reagieren, dessen Folgen sich auch auf den Südwesten auswirkten. Schließlich sollen noch die Möglichkeiten des Bundes zum organisierten Widerstand nach der Machtübernahme Hitlers 1933 erwogen werden.

Die dargelegten Fragen und Themen werden jeweils auf den Ebenen von Reich, Land bzw. Gau und Ortsgruppe beleuchtet. Dadurch können die Spezifika des Reichsbanners in Südwestdeutschland herausgearbeitet und so neue Aspekte zur Funktionsweise des Republikanerbundes in der Breite erschlossen werden. Die Regionalstudie zum Reichsbanner ermöglicht außerdem neue Einblicke in die politische Kultur Badens und Württembergs während der Jahre 1924 bis 1933 und leistet so einen wichtigen Beitrag zur Demokratiegeschichte des deutschen Südwestens während der Zwischenkriegszeit.

Landkarte von Baden und von Württemberg, 1920er-Jahre.

Quelle: Gedenkstätte Deutscher Widerstand auf der Grundlage des Historischen Atlas von Baden-Württemberg

Mainz
Darmstadt
BAYERN
Würzburg
HESSEN
Mannheim
Kaiserslautern
Heidelberg
BAYERN
HESSEN
Heilbronn
Karlsruhe
Pforzheim
FRANKREICH
Ludwigsburg
Stuttgart
Esslingen
Heidenheim
WÜRTTEMBERG
Straßburg
Tübingen
Reutlingen
Ulm
HOHENZOLLERN
(PREUßEN)
BADEN
Sigmaringen
Freiburg
Konstanz
BODENSEE
Basel
Winterthur
St. Gallen
SCHWEIZ
Zürich
LIECHTENSTEIN
ÖSTERREICH

1.2 Forschungsstand und Quellen

Das Phänomen paramilitärischer Kampfverbände, das einerseits eine typische Form der Propaganda in der Weimarer Zeit darstellte, andererseits aber für eine gewalttätige Austragung von politischen Konflikten sorgte, hat die Geschichtswissenschaft intensiv beschäftigt, insbesondere in Gestalt der nationalistischen Kampfverbände wie dem Stahlhelm. Für das Reichsbanner Schwarz-Rot-Gold galt dagegen lange Zeit die Feststellung Beatrix Herlemanns, der Republikanerbund sei die „am gründlichsten vergessene Millionenorganisation der Weimarer Republik".[6] In den großen Überblicksdarstellungen zur Geschichte der ersten deutschen Demokratie oder der Arbeiterbewegung fand das Reichsbanner meist nur im Kontext des Endkampfes um die Republik Erwähnung, als es zur Jahreswende 1931/32 zusammen mit SPD und Freien Gewerkschaften in der „Eisernen Front" aufging.

Als das unbestrittene Standardwerk zum Reichsbanner galt jahrzehntelang die bereits 1966 erschienene Studie von Karl Rohe,[7] die neben einer detaillierten Organisationsgeschichte grundlegende Reflexionen zum Wesen der Kampfbünde vermittelt und über die widersprüchlichen Tendenzen innerhalb des Reichsbanners informiert. Rohe hat dabei vor allem die Gründungsphase und die Spätzeit der schwarz-rot-goldenen Bewegung im Blick; in großen Teilen seiner Abhandlung kann er sich noch auf mündliche und schriftliche Aussagen damals noch lebender ehemaliger Reichsbannerangehöriger stützen. Allerdings beziehen sich viele seiner Aussagen auf den Norden und Osten Deutschlands, das südwestdeutsche Reichsbanner kommt dagegen in seiner Studie kaum vor. Nachfolgend hat das Reichsbanner lange Zeit sehr wenig

6 Beatrix Herlemann, Das Reichsbanner Schwarz-Rot-Gold – ein geschichtlicher Abriss, in: 75 Jahre Reichsbanner Schwarz-Rot-Gold. Dokumentation zur Ausstellung „Reichsbanner Schwarz-Rot-Gold" anlässlich des Gründungsjubiläums, Magdeburg 1999, S. 27.

7 Vgl. Karl Rohe, Das Reichsbanner Schwarz-Rot-Gold. Ein Beitrag zur Geschichte und Struktur der politischen Kampfverbände zur Zeit der Weimarer Republik, Düsseldorf 1966.

Aufmerksamkeit erfahren, was sich erst in den letzten Jahren geändert hat. In der DDR galt das Reichsbanner mit seiner sozialdemokratischen Prägung als verpönt und wurde entweder totgeschwiegen oder diffamiert. Die 1987 von Helga Gotschlich vorgelegte Studie „Zwischen Kampf und Kapitulation" zeichnet zwar die Entwicklung des Reichsbanners detailliert und quellennah nach, bleibt aber aufgrund ihrer ideologischen Prägung schablonenhaft und damit nur bedingt brauchbar.[8]

Carsten Voigts vergleichende Studie zum Reichsbanner und zum Roten Frontkämpferbund in Sachsen von 2008 stellte damit die erste ernstzunehmende, ausführliche Auseinandersetzung mit dem Reichsbanner nach Jahrzehnten dar.[9] Abgesehen von zwei lokalgeschichtlichen Monographien zu Wuppertal und München[10] mangelte es bis dahin an brauchbaren organisationsgeschichtlichen Studien unterhalb der Reichsebene. Es folgte 2016 die dieser gekürzten Fassung zugrunde liegende Studie des Autors zum Reichsbanner Schwarz-Rot-Gold im deutschen Südwesten.[11] Zu Beginn der 2010er-Jahre wandte sich zudem Benjamin Ziemann in mehreren Beiträgen dem Reichsbanner zu: Sein ausführlicher Aufsatz „Die Zukunft der Republik" zielte darauf ab, anstelle des überkommenen Narrativs von der Krise und dem Scheitern die historische Offenheit der Republik und damit die Chancen ihrer Verteidiger zu unterstreichen.[12] Mit seiner monumentalen Arbeit aus dem Jahr 2019 wagte dann der Jenaer Politikwissenschaftler Sebastian Elsbach eine neue umfassende Gesamtdarstellung des Reichsbanners in Gestalt einer klassischen Organisationsgeschichte, in der er den Schwerpunkt auf die paramilitärische Komponente des Bundes legt.[13] Den zentralen Verdienst seiner empirischen Forschung bildet das systematische Zusammentragen aller politischen motivierten Tötungsdelikte der Weimarer Jahre, womit er den Anteil des Reichsbanners an der politischen (Straßen-)Gewalt sehr genau bestimmen kann. In jüngster Zeit erweiterte die Gedenkstätte Deutscher Widerstand (GDW) in Berlin

8 Vgl. Helga Gotschlich, Zwischen Kampf und Kapitulation. Zur Geschichte des Reichsbanners Schwarz-Rot-Gold, Berlin (Ost) 1987.
9 Vgl. Carsten Voigt, Kampfbünde der Arbeiterbewegung. Das Reichsbanner Schwarz-Rot-Gold und der Rote Frontkämpferbund in Sachsen 1924–1933, Köln 2009.
10 Vgl. David Magnus Mintert, Sturmtrupp der Deutschen Republik. Das Reichsbanner Schwarz-Rot-Gold in Wuppertal, Wuppertal 2002; Günther Gerstenberg, Freiheit! Sozialdemokratischer Selbstschutz im München der zwanziger und frühen dreißiger Jahre, 2 Bde., Andechs 1997.
11 Vgl. Marcel Böhles, Im Gleichschritt für die Republik. Das Reichsbanner Schwarz-Rot-Gold im Südwesten 1924–1933, Essen 2016.
12 Vgl. Benjamin Ziemann, Die Zukunft der Republik? Das Reichsbanner Schwarz-Rot-Gold 1924–1933, Bonn 2011.
13 Vgl. Sebastian Elsbach, Das Reichsbanner Schwarz-Rot-Gold. Republikschutz und politische Gewalt in der Weimarer Republik, Stuttgart 2019.

ihren Blick auf den frühen Widerstand gegen den Nationalsozialismus vor 1933 und nahm dadurch das Reichsbanner verstärkt in den Fokus. Aus dieser Beschäftigung heraus entstanden u. a. ein neues Schaudepot zum Reichsbanner am Standort der Gedenkstätte im Bendlerblock. Eine Tagung in der GDW im Jahr 2018 bildete den Ausgangspunkt der vorliegenden Schriftenreihe zum Reichsbanner Schwarz-Rot-Gold. Außerdem entstand eine Wanderausstellung unter dem Titel „Für Freiheit und Republik! Das Reichsbanner Schwarz-Rot-Gold im Kampf für die Demokratie 1924 bis 1933" mit einem großzügig illustrierten Katalog.[14] Bereits zum 80. Jahrestag der Reichsbanner-Gründung hatte 2004 eine Ausstellung in der GDW stattgefunden, zu der ebenfalls ein Begleitkatalog erschien.[15] Einen guten Überblick über die Entwicklung des Reichsbanners gab außerdem Beatrix Herlemann mit einer Publikation anlässlich einer Ausstellung zum 75. Gründungsjubiläum, die 1999 im Landtag von Sachsen-Anhalt gezeigt wurde.[16]

In jüngerer Zeit hat sich die Forschung zudem verstärkt der Erinnerungskultur zum Ersten Weltkrieg zugewandt und dabei die Rolle der politischen Kampfbünde herausgehoben. Dabei ging es weniger um deren Anteil an einer „Militarisierung" oder gar „Brutalisierung" der politischen Kultur, sondern vielmehr um ihren Anteil an der Festkultur der politischen Milieus als Teil ihrer Selbstdarstellung. „Politische Kultur ist politischer Sinn, der auch sinnenfällig werden muß"[17] – gemäß dieser Maxime haben die politischen Akteure in der Weimarer Republik in hohem Maße den gezielten Einsatz von Symbolen praktiziert, um im Kampf um die Deutungshoheit über besonders aufgeladene Fragen die Oberhand zu gewinnen. Hier galt lange die Forschungsmeinung, die pro-republikanischen Kräfte und insbesondere die Sozialdemokratie hätten diesen Aspekt unterschätzt – neuere Beiträge von Nadine Rossol und Benjamin Ziemann unterstreichen hingegen die öffentliche Wirksamkeit des Auftretens der gemäßigten Linken und damit auch des Reichsbanners, ohne dessen Schwächen und Ambivalenzen zu vernachlässigen.[18]

14 Vgl. Gedenkstätte Deutscher Widerstand (Hrsg.), Für Freiheit und Republik! Das Reichsbanner Schwarz-Rot-Gold im Kampf für die Demokratie 1924 bis 1933, Berlin 2018.

15 Vgl. Beatrix Herlemann/Johannes Tuchel, Für eine starke Republik! Reichsbanner Schwarz-Rot-Gold 1924–1933. Katalog zur Ausstellung, Berlin 2004.

16 Vgl. Herlemann, Reichsbanner; dies.: Der Gau Magdeburg-Anhalt des „Reichsbanners Schwarz-Rot-Gold", in: IWK 35 (1999), S. 225–248.

17 Wolfram Pyta, Hindenburg. Herrschaft zwischen Hohenzollern und Hitler, München 2008, S. 61.

18 Vgl. Nadine Rossol, Performing the Nation in Interwar Germany. Sport, Spectacle and Political Symbolism, 1926–36, Basingstoke 2010; Ziemann, Commemoration (in deutscher Übersetzung: Veteranen der Republik. Kriegserinnerung und demokratische Politik 1918–1933, Bonn 2014.)

Die Beschäftigung mit dem Reichsbanner offenbart im Hinblick auf die Quellenlage eine Reihe von Problemen. Schon Rohe beklagte die „stofflichen Schwierigkeiten" bei einer systematischen Auseinandersetzung mit der Organisation, da sämtliche „Sitzungsprotokolle des Bundesvorstands oder sonstige Materialien der Magdeburger Zentralbehörden [...] nicht erhalten"[19] sind. Auch auf der Ebene der einzelnen Gaue und Ortsgruppen hat sich nur vergleichsweise wenig Quellenmaterial erhalten, da schon im März 1933 beispielsweise im Gau Württemberg Anweisungen kursierten, dass „nichts, was irgendwie von Wert ist, in die Hände der Gegner oder Behörden fallen"[20] dürfe. Die Beseitigung von „belastendem" Material durch das Reichsbanner nach der „Machtergreifung", spätere Zerstörungen durch die Nationalsozialisten sowie Kriegseinwirkungen haben dazu geführt, dass nur vereinzelt geschlossene Quellenbestände zum Innenleben des Reichsbanners erhalten blieben. Für den südwestdeutschen Raum sind zwei lokale Bestände überliefert. In Ladenburg bewahrte der Reichsbannermann Willy Gärtner (1909–1991) einen großen Teil des Bestandes seiner Ortsgruppe über die NS-Zeit hinweg in einem Versteck auf, und im Schwarzwaldstädtchen Schiltach ist es einem Vorstandsmitglied der dortigen Ortsgruppe, Gottlieb Trautwein (1892–1953), zu verdanken, dass große Teile des Reichsbanner-Materials dem Zugriff von SA und Polizei entzogen wurden. Beide Bestände, insbesondere das sehr ergiebige Material aus dem Kreisarchiv des Rhein-Neckar-Kreises in Ladenburg, sind in diese Arbeit eingeflossen.

Kleinere, eher versprengte Quellenbestände zum Reichsbanner (Korrespondenzen, Rundschreiben, Polizeiberichte, Nachlässe etc.) finden sich in den Landesarchiven Baden-Württembergs in Stuttgart, Karlsruhe, Freiburg und Sigmaringen sowie in einer Reihe von Stadtarchiven, zum Beispiel in Mannheim, Freiburg, Stuttgart, Karlsruhe und Ulm. In staatlichen Überlieferungen ist zum Reichsbanner weit weniger Material nachzuweisen als für andere Wehrverbände, da ihm als staatsloyaler Organisation viel weniger Aufmerksamkeit durch die Polizeibehörden zu Teil wurde als dem Stahlhelm oder dem Roten Frontkämpferbund. Aufschlussreiche Quellenüberlieferungen zu letzteren, die einen Blick auf das Reichsbanner aus der Perspektive seiner Gegner ermöglichen, finden sich vor allem im Bundesarchiv Berlin.

19 Rohe, S. 7.
20 Hans Harter, Das Bürgertum fehlt und überlässt dem Arbeiter den Schutz der Republik. Die Ortsgruppe Schiltach des Reichsbanners Schwarz-Rot-Gold, in: Die Ortenau, Veröffentlichungen des Historischen Vereins für Mittelbaden 72 (1992), S. 298.

Wertvolle und vergleichsweise umfangreiche Quellen zur Geschichte des Reichsbanners sind schließlich im Archiv der sozialen Demokratie in Bonn erhalten. Dazu zählen insbesondere Nachlässe und umfangreiche „graue Literatur", darunter eine Reihe von sonst nicht erhaltenen Publikationen der Reichsbanner-Organisation selbst. Quellenbestände zur SPD aus dem Südwesten bieten dagegen wenig Ertrag, da die Dokumente des Landesverbands Baden im Zweiten Weltkrieg weitgehend zerstört wurden; ähnlich sieht es für die württembergische Parteiorganisation aus. Einen der wichtigsten Quellenbestände stellen aber die zeitgenössischen – vor allem sozialdemokratischen – Parteizeitungen dar; in beiden Ländern bestand am Ende der Weimarer Republik ein engmaschiges Netz sozialdemokratischer Tageszeitungen. Von den beiden ältesten und wichtigsten sozialdemokratischen Zeitungen Badens, der Mannheimer „Volksstimme" und des Karlsruher „Volksfreund", ist nur letztere erhalten. Während die „Volksstimme" hauptsächlich in Mannheim, Heidelberg und dem badischen Hinterland verbreitet war, beanspruchte der „Volksfreund" das Umland der Landeshauptstadt und große Teile Mittelbadens. Die Heidelberger „Volkszeitung" bietet immerhin einen gewissen Ersatz für die nur noch in wenigen Einzelexemplaren erhaltene „Volksstimme", da sie seit Ende der 1920er-Jahre in wachsendem Umfang deren Berichterstattung und Leitartikel übernahm. Als weitere SPD-Zeitung wurde die in Freiburg erschienene „Volkswacht" einbezogen, um den südbadischen Raum abzudecken. Das noch dichtere Netz sozialdemokratischer Zeitungen in Württemberg dominierte die in Stuttgart publizierte „Schwäbische Tagwacht", die allein fünf Kopfblätter besaß und mit einigen Lücken überliefert ist. Verloren gegangen ist dagegen das Heilbronner „Neckar-Echo", weshalb die SPD-Hochburg Heilbronn auch mangels anderer archivalischer Quellen ein weitgehend blinder Fleck bleibt. Berücksichtigt werden konnte hingegen die größtenteils erhaltene Ulmer „Donau-Wacht".

Um eine differenzierte Sicht auf das Reichsbanner zu erzielen, wurden für die Arbeit auch zentrumsnahe, kommunistische, deutschnationale bzw. dem Stahlhelm nahestehende sowie nationalsozialistische Zeitungen herangezogen. Die mit Abstand wichtigste Quelle für diese Arbeit bildet jedoch die verbandseigene Zeitung „Das Reichsbanner", die seit Gründung der Organisation 1924 14-tägig, ab 1928 wöchentlich erschien. Mit ihren regelmäßigen Gaubeilagen (u. a. zu den Gliederungen Baden und Württemberg) bietet sie einen unverzichtbaren Quellenkorpus zum Innenleben und zur Selbstwahrnehmung der Organisation. Freilich wirft die intensive Auswertung der Zeitung methodische Probleme auf, da sie nicht selten ein geschöntes Bild des Reichsbanners überliefert. Dennoch erscheint bei quellenkritischer Würdigung dieses Umstandes die intensive Auswertung der „Reichsbanner-Zeitung" gerechtfertigt, zumal darin im Laufe der Jahre eine Vielzahl von Politikern als Autoren zu Wort kam.

1.3 Baden und Württemberg in der Weimarer Republik

Baden

Nach dem Sturz des Großherzogs im Zuge der Novemberrevolution gelang in Baden ein rascher und unblutiger Übergang zur parlamentarischen Demokratie. Kriegsende und politischer Neuanfang vollzogen sich wenig dramatisch, zumal die führenden Sozialdemokraten im Südwesten aus ihrer Ablehnung der Revolution nach russischem Vorbild kein Geheimnis machten. Noch vor den Wahlen zur deutschen Nationalversammlung organisierte die badische Übergangsregierung am 5. Januar 1919 die Wahlen zu einer Badischen Verfassunggebenden Nationalversammlung. Dabei errangen die staatstragenden Parteien der späteren „Weimarer Koalition" bei einer Wahlbeteiligung von 88 Prozent eine überwältigende Mehrheit von mehr als 90 Prozent der Stimmen: Von den 107 Sitzen gingen 39 an das Zentrum, 36 an die SPD und 25 an die Linksliberalen der DDP. Zentrum und SPD bildeten eine „schwarz-rote" Regierung, die mit wechselnder Teilnahme der Liberalen bis Ende 1932 die badische Landespolitik bestimmen sollte. Nach einer Volksabstimmung am 13. April 1919 verfügte der Freistaat Baden bereits vor Inkrafttreten der Weimarer Reichsverfassung über ein Staatsgrundgesetz, mit dem es sich zu einem selbständigen Bundesstaat innerhalb des Deutschen Reiches erklärte. Die politischen Ereignisse 1918/19 fanden ihren Mittelpunkt in der von Beamtentum, Militär und großherzoglichem Hof geprägten Residenzstadt Karlsruhe, die Impulse für den Umsturz gingen derweil von der Industriestadt Mannheim aus,[21] der Hochburg der badischen Sozialdemokratie.

21 Vgl. Jutta Stehling-Höfling, Die badische SPD im Ersten Weltkrieg und in der Weimarer Republik (1914–1933), in: Jörg Schadt/Wolfgang Schmierer (Hrsg.), Die SPD in Baden-Württemberg und ihre Geschichte. Von den Anfängen der Arbeiterbewegung bis heute, Stuttgart u. a. 1979, S. 132–160, hier S. 136.

Im Vergleich mit anderen Regionen Deutschlands wirkte sich die wirtschaftliche Not in Baden – bedingt durch die dezentrale und kleinteilige Wirtschaftsstruktur – gemäßigt aus. Allerdings war Baden als Grenzland in besonderem Maße von den Auswirkungen des Versailler Vertrages betroffen. Die als „Grenzlandnot" empfundene Umbruchphase machte das Land nach dem Verlust von Elsass-Lothringen zum direkten Anrainer Frankreichs, sodass es anfangs eine Vielzahl von Flüchtlingen aus der verloren gegangenen Provinz aufnehmen musste. Dies führte zu einer Überlastung des Wohnungs- und Arbeitsmarktes, zumal die badische Wirtschaft mit dem Elsass einen ihrer wichtigsten Absatzmärkte verlor und aufgrund der neuen Randlage auswärtige Unternehmen von Investitionen abgeschreckt wurden. Der Rhein wurde auf einer Länge von knapp 200 Kilometern zur Grenze, Kehl mit seinem Rheinhafen französisch besetzt. Die Festungsanlagen waren zu schleifen, zudem wurde eine zehn, später auf 50 Kilometer erweiterte entmilitarisierte Zone eingerichtet, die einen Großteil des badischen Territoriums umfasste.

Trotz aller Probleme erwiesen sich in Baden „Landtag und Regierung [...] in den ersten Jahren der jungen Republik wie überhaupt in der Weimarer Zeit als unerhört stabil".[22] Die Gründe dafür liegen einerseits in den Wählertraditionen der abgeschlossenen Milieus, vor allem des katholischen und des Arbeitermilieus, die andererseits eine weitgehende Kompromissfähigkeit der Parteien nicht ausschlossen. Diese in Weimar seltene Fähigkeit zum Kompromiss konnte sich in Baden in erster Linie auf führende politische Persönlichkeiten stützen, weniger auf die jeweiligen Parteiprogramme. Nicht zufällig gelangte eine ganze Reihe überzeugt demokratischer Politiker aus Baden in den Anfangsjahren der Republik in Berlin in höchste Regierungsämter. Neben dem Präsidenten der Weimarer Nationalversammlung und späteren Reichskanzler Constantin Fehrenbach (1852–1926, Zentrum) waren dies Reichskanzler Joseph Wirth (1897–1956, Zentrum), die Reichsminister Hermann Dietrich (1879–1954, DDP) und Heinrich Köhler (1878–1944, Zentrum) sowie der zum ersten Reichspräsidenten gewählte Sozialdemokrat Friedrich Ebert (1871–1925). Zwar bestimmte auch in Baden eine konfliktträchtige inhaltliche Polarisierung das Verhältnis zwischen den Parteien, doch konnten die Fronten häufiger wechseln. In gesellschafts- und kulturpolitischen Fragen (vor allem in der Schulpolitik) paktierten die Sozialdemokraten nach alter „Kulturkampftradition"

22 Wolfgang Hug, Geschichte Badens, Stuttgart 1992, S. 314.

gerne mit den Liberalen gegen das Zentrum, während sich DDP und später Deutsche Volkpartei (DVP) mit dem Zentrum als bürgerliches Lager gegen die SPD profilierten. Insgesamt aber trennte entschiedene Republikaner und rückwärts gewandte Völkische in Baden eine tiefliegende Bruchlinie. Dies stärkte den republikanischen Grundkonsens der drei Weimarer Koalitionsparteien. Nicht vergessen darf man dabei, dass in der Landespolitik die stark polarisierenden außen-, wirtschafts- oder sozialpolitischen Konflikte, die auf der Reichsebene immer wieder das vorzeitige Scheitern von Regierungen provozierten, weitgehend ausgeklammert blieben. Der Entschluss zur Bildung einer Koalitionsregierung unter Einschluss der SPD – obwohl nach den Wahlen auch eine bürgerliche Regierung aus Zentrum und DDP möglich gewesen wäre – setzte eine bereits lange praktizierte politische Tradition fort und verschaffte dem Land Baden mit 91,5 Prozent der Stimmen 1919 eine ungewöhnlich hohe Regierungsmehrheit. Auch auf kommunaler Ebene „bewährte sich die in Baden tief verwurzelte Konsenspolitik“[23] mit der die Mehrheitsparteien wichtige Posten einvernehmlich unter sich aufteilten. Gleichwohl blieb das Zusammengehen mit dem Zentrum beim Juniorpartner SPD eine heftig umstrittene Grundsatzfrage, die in späteren Jahren zu Zerwürfnissen zwischen dem in Mannheim beheimateten Parteivorstand und der in Karlsruhe ansässigen Landtagsfraktion führte.

Während des Kapp-Lüttwitz-Putsches im März 1920 lehnte die badische Regierung jede Verhandlung mit den Anführern des Staatsstreiches ab, und auch die Polizei blieb loyal zur verfassungsmäßigen Regierung. Der politische Mord an Reichsfinanzminister Matthias Erzberger (Zentrum) am 26. August 1921 nahe dem badischen Schwarzwaldort Bad Griesbach zeigte indes, dass die erbitterten politischen Auseinandersetzungen im Reich auch das politisch stabile Baden nicht unberührt ließen. Bei den Landtagswahlen 1921 büßten die Parteien der „Weimarer Koalition“, wie schon bei der Reichstagswahl ein Jahr zuvor, erheblich an Stimmen ein. Trotz der Verluste der SPD und schwerer Einbußen der DDP verfügte die „Weimarer Koalition“ weiterhin über eine komfortable Mehrheit von 62 (von 86) Sitzen. Nach der Besetzung des Ruhrgebiets durch französische und belgische Truppen im Januar 1923 entwickelte sich Baden zu einem „Nebenschauplatz des Ruhrkampfes“.[24]

23 Hug, S. 316.
24 Ebenda, S. 320.

Die Franzosen marschierten in Offenburg und in Teile der Ortenau ein, zudem unterbrachen sie mit der Okkupation der Rheinhäfen Karlsruhe-Maxau und Mannheim die Hauptverkehrsader des Landes. Mit dem Ausfall der Rheinschifffahrt und der ebenfalls besetzten Eisenbahnlinie Basel-Mannheim war der Nord-Süd-Verkehr über Monate hinweg extrem erschwert. Wenngleich die Besatzungstruppen nach einem Jahr wieder abzogen – einzig Kehl blieb bis 1930 unter französischer Kontrolle – verfestigte die Besatzung die traumatische Erinnerung an die als „Grenzlandnot" empfundene Nachkriegszeit. Zur wirtschaftlichen Depression des „Grenzlandproblems" trat ein „latent vorhandenes Bedrohungs- und Unsicherheitsgefühl wegen der unmittelbaren Anrainerlage zum französischen ‚Erbfeind'".[25] Dennoch überstand Baden – verglichen mit der existenziellen Bedrohung der Republik im Reich – das Krisenjahr 1923 relativ glimpflich.

Bei den badischen Landtagswahlen am 25. Oktober 1925 behaupteten die pro-republikanischen Parteien trotz leichter Verluste ihre Vormachtstellung. Allerdings sank die Wahlbeteiligung erneut erheblich auf nur noch 54,2 Prozent, wodurch die drei Regierungsparteien viele Landtagssitze verloren. Leise kündigte sich eine gewisse Republikmüdigkeit an. Das Zentrum blieb mit 36,8 Prozent stärkste Kraft (28 von 72 Sitzen), vor der SPD mit 20,8 Prozent (16 Sitze) und der DDP mit 8,7 Prozent (sechs Sitze), der mit der DVP (9,5 Prozent, sieben Sitze) eine rechtsliberale Konkurrenz erwachsen war. Interessenparteien und radikale Kräfte blieben hingegen trotz Zuwächsen in einer marginalen Position: Das Bündnis aus Deutschnationalen und Badischem Landbund holte 12,2 Prozent (neun Sitze), die Wirtschaftspartei kam auf 3,0 Prozent (zwei Sitze) und die Kommunisten auf 6,1 Prozent (vier Sitze). Die Landtagswahl fand ein reichsweites Interesse, da die Presse ihr einen gewissen „Testcharakter" hinsichtlich der Koalitionsentschlüsse des Zentrums zumaß. Aufgrund der Spannungen mit der SPD wurde ein Zusammengehen des Zentrums mit den liberalen Parteien für möglich gehalten. Das badische Zentrum unter der Führung von Joseph Wirth grenzte sich jedoch deutlich gegen den Rechtskurs des Zentrums auf Reichsebene ab und entschied sich erneut für ein Bündnis mit der SPD.

25 Reinhold Weber, Kleine Geschichte der Länder Baden und Württemberg 1918–1945, Leinfelden-Echterdingen 2008, S. 74.

Wirtschaftlich befand sich Baden seit Mitte der 1920er-Jahre auf Erholungskurs. Zwar wirkte sich die Grenzlage weiterhin negativ aus, sodass man keinesfalls von den „Goldenen Zwanzigern" sprechen kann. Die städtische Bevölkerung in dem insgesamt rund 2,3 Millionen Einwohner zählenden Land wuchs. Mannheim zählte 1925 250 000 Einwohner, Karlsruhe näherte sich den 150 000, und in Freiburg lebten fast 100 000 Menschen. 58,4 Prozent der Badener bekannten sich zur römisch-katholischen Kirche, 39,4 Prozent zum evangelischen Glauben, rund ein Prozent waren Juden.[26] Trotz der republikanischen Wahlmehrheiten zögerten große Teile der badischen Gesellschaft, sich offen zur Republik zu bekennen. Am 11. August, dem in Baden zum gesetzlichen Feiertag erklärten Verfassungstag, flaggten Geschäftsleute, Beamte, aber auch Arbeiter und Angestellte nur sehr zurückhaltend.[27] Ein besonders gestörtes Verhältnis zur Republik entwickelte die Evangelische Kirche, die bei republikanischen Feier- und Gedenktagen demonstrativ keines ihrer Gebäude schmückte, während sie beispielsweise beim Tod des letzten Großherzogs Friedrich II. von Baden 1928 überall Fahnen aufziehen ließ. Auch bildeten die beiden Landesuniversitäten Heidelberg und Freiburg, deren Lehrkörper und Studentenschaft zu großen Teilen reaktionär eingestellt waren, keineswegs demokratische Bastionen.

Auch dadurch, dass bei den Landtagswahlen am 27. Oktober 1929, den letzten vor der nationalsozialistischen Machtübernahme, die Auswirkungen der Weltwirtschaftskrise noch nicht spürbar waren, blieb der NSDAP ein bedeutender parlamentarischer Einfluss in Baden verwehrt. Zwar verbuchten sie mit 7,0 Prozent (sechs von 88 Sitzen) einen Achtungserfolg, doch blieben die Verluste für die beiden stärksten Parteien Zentrum (36,6 Prozent, 34 Sitze) und SPD (20,1 Prozent, 18 Sitze) gering. Bereits vor den Wahlen hatte der Regierungsaustritt der DDP wegen der Frage eines möglichen Konkordats das Ende der „Weimarer-Koalitions-Regierung" mit sich gebracht. Zum bestimmenden politischen Problem entwickelten sich nun die Auswirkungen der Weltwirtschaftskrise, die Baden nicht verschonten. Während die seit dem Winter 1929/30 stetig anwachsende Arbeitslosigkeit im ländlichen Raum (vor allem Südbaden) eher verdeckt blieb, traf sie die Ballungszentren Mannheim und Karlsruhe umso härter.[28] Die Zahl der Erwerbslosen in Baden

26 Vgl. Hug, S. 324.
27 Vgl. Thomas Schnabel, Geschichte von Baden und Württemberg 1900–1952, Stuttgart 2000, S. 120.
28 Vgl. Hug, S. 327.

stieg von rund 58 000 im Jahr 1929 über 117 000 im Januar 1932 auf mehr als 180 000 Anfang Januar 1933.[29] Die Arbeitslosigkeit traf Baden aufgrund der hohen Beschäftigtenzahlen in den besonders betroffenen Sektoren Handel und Verkehr sowie im Nahrungs- und Genussmittelgewerbe deutlich härter als das Nachbarland Württemberg.[30]

Politisch erlebte Baden seit Beginn der 1930er-Jahre einen Rechtsruck, der sich sowohl in den Reichstagswahlergebnissen als auch in der Zusammensetzung der Landesregierung äußerte. 1931 wurde auf Betreiben des Zentrums die DVP in die Regierung eingebunden. Außerdem besetzten seit 1928 nur noch Politiker des Zentrums das Amt des Staatspräsidenten. Die beiden großen Figuren des badischen Zentrums, Altreichskanzler Joseph Wirth und Ex-Staatspräsident Heinrich Köhler, beide Verfechter einer schwarz-roten Zusammenarbeit, waren aus der Landes- in die Reichspolitik abgewandert. Unter ihrem Nachfolger Ernst Föhr (1892–1976) verfolgte das Zentrum zielstrebig den Abschluss eines Konkordats mit der römischen Kurie, woran die Regierung schließlich im November 1932 zerbrechen sollte. Die badische SPD, ohnehin durch den rapiden Wählerverlust geschwächt, musste zudem den Verlust ihrer zentralen Figur, des Innen- und Kultusministers Adam Remmele (1877–1951), verkraften, der ebenfalls nach Berlin ging. Die Übernahme des Kultusministeriums durch das Zentrum ebnete den Weg zum Abschluss des Konkordats, dessen Annahme die SPD verweigerte und daher aus der Regierung austrat.[31] Das Badische Konkordat wurde am 9. Dezember 1932 von der Mehrheit der Mitte-Rechts-Parteien verabschiedet und am 10. März 1933 – unmittelbar vor der Absetzung der Karlsruher Regierung – ratifiziert.

Parallel zum Entfremdungsprozess der schwarz-roten Koalitionspartner erlebte Baden einen steilen Aufstieg der NSDAP zur stärksten politischen Kraft im Land. Hatten bei der Reichstagswahl 1928 erst 26 329 Wähler ihre Stimme der „Hitler-Bewegung" gegeben, so verzehnfachte die NSDAP im September 1930 ihre Stimmenzahl annähernd auf 226 795. 1930 wie auch bei den Wahlen von 1932 lagen die badischen Nationalsozialisten leicht über dem Reichsergebnis. Bei der letzten, halbfreien

29 Vgl. Stehling-Höfling, S. 155; Hug, S. 328.

30 Vgl. Schnabel, Geschichte, S. 135.

31 Infolge des Streits um das Badische Konkordat und dessen kategorischer Ablehnung durch die SPD trat auch der Reichsbanner-Gründungsvorsitzende Emil Kraus aus der Partei aus. Vgl. Jutta Stehling, Weimarer Koalition und SPD in Baden. Ein Beitrag zur Geschichte der Partei- und Kulturpolitik in der Weimarer Politik, Frankfurt a. M. 1976, S. 25.

Reichstagswahl am 5. März 1933 erreichten die Nationalsozialisten 45,4 Prozent (627 156 Stimmen) und übertrafen damit den Reichsdurchschnitt von 43,9 Prozent. Baden hatte sich zu einer der Hochburgen der NSDAP gewandelt:

„Betrachtet man die Ergebnisse der Reichstagswahlen nach der Oktoberwahl von 1929, so erscheint die ‚ausgeprägte Widerstandsfähigkeit' der badischen Wähler gegen den politischen Radikalismus nicht mehr so überzeugend, wie sie die Zusammensetzung des letzten Landtags vermuten lässt.“[32]

Die Machtübernahme in Baden vollzog sich analog zu den handstreichartigen Gleichschaltungen in anderen Ländern des Reiches. Nachdem NS-Gauleiter Robert Wagner (1895–1946) am 8. März 1933 als „Reichskommissar" bestellt worden war, zwang er die amtierende Landesregierung zwei Tage später zum Rücktritt und ließ sie am 11. März endgültig für abgesetzt erklären.

Württemberg

Ähnlich wie in Baden vollzog sich auch in Württemberg der Weg zur parlamentarischen Republik vergleichsweise unspektakulär. Schon zwei Tage nach dem Sturz der Monarchie übernahm am 11. November 1918 eine Koalition aus Sozialdemokraten und Bürgerlichen die Regierungsverantwortung, womit die Frage der weiteren Entwicklung des Landes – zum Rätestaat oder zur parlamentarischen Demokratie – bedeutend früher als im Reich entschieden wurde.[33] Bei der Wahl zur verfassunggebenden Landesversammlung am 12. Januar 1919 errangen Mehrheitssozialdemokraten und Unabhängige Sozialdemokratische Partei Deutschlands (USPD) mit zusammen 37,5 Prozent entgegen den Erwartungen nur etwas mehr als ein Drittel der 150 Sitze, während die bürgerlichen Parteien (DDP, Zentrum, Bauern- und Weingärtnerbund, Deutschnationale Volkspartei) mit ihren insgesamt 94 Sitzen sich bei der Ausarbeitung der Verfassung in vielen Punkten gegen die Sozialdemokraten durchsetzen konnten.[34] Am 26. April 1919 erfolgte die Annahme der Verfassung, die Württemberg als „freien Volksstaat" proklamierte.

32 Stehling, S. 26.
33 Vgl. Sylvia Greiffenhagen, Die württembergischen Sozialdemokraten im Ersten Weltkrieg und in der Weimarer Republik (1914–1933), in: Schadt/Schmierer (Hrsg.), Die SPD in Baden-Württemberg, S. 160–192, hier S. 178.
34 Vgl. Schnabel: Geschichte, S. 89.

Die neue, vom Sozialdemokraten Wilhelm Blos geführte Regierung aus SPD, Zentrum und DDP musste zunächst mit den unmittelbaren Kriegsfolgen kämpfen. Dazu zählten die Rückführung der Soldaten und ihre Wiedereingliederung ins Arbeitsleben sowie die Umstellung von der Kriegs- auf Friedenswirtschaft, die durch den Zustrom vieler Arbeitsloser aus ganz Deutschland erschwert wurde, die bei den zahlreichen Notstandsarbeiten in Württemberg unterzukommen suchten. Die Unterzeichnung des Versailler Vertrags befürwortete die württembergische – wie auch die badische – Regierung aus dem pragmatischen Grund, dass bei einer Ablehnung beide Länder von dem dann drohenden alliierten Einmarsch als erste betroffen gewesen wären. Von der politischen Stabilität des Landes zeugt, dass die Reichsregierung und die Nationalversammlung während des Kapp-Lüttwitz-Putsches nach Stuttgart auswichen und von hier aus relativ ungestört die Maßnahmen gegen den Staatsstreich koordinieren konnten.

Bei der Landtagswahl am 6. Juni 1920 erlitt die SPD eine herbe Niederlage. Nur noch 16,1 Prozent bedeuteten eine Halbierung des Ergebnisses von 1919; bei 13,2 Prozent für die USPD blieben die sozialdemokratischen Parteien unter der 30-Prozent-Marke. Stärkste politische Kraft wurde das Zentrum mit 22,5 Prozent, gefolgt vom Bauern- und Weingärtnerbund (17,7 Prozent) und der DDP (14,7 Prozent). Zwar wäre eine Fortführung der „Weimarer Koalition" rechnerisch möglich gewesen, doch scheiterte dies daran, dass die bürgerlichen Parteien die Forderung der Mehrheitssozialdemokraten nicht erfüllten, die stark gewachsene USPD an der Regierung zu beteiligen.[35] Zwar kehrten die Sozialdemokraten (in Person von Wilhelm Keil) von November 1921 bis Anfang 1923 noch einmal kurzzeitig in die Regierung zurück, schieden dann aber dauerhaft aus und erlebten die Weimarer Republik in Württemberg nur noch in der Oppositionsrolle.

Die zur Mitte der 1920er-Jahre circa 2,58 Millionen Württemberger verteilten sich ungefähr zu gleichen Teilen auf Stadt (53,3 Prozent) und Land (46,7 Prozent). Zu den bevölkerungsreichsten Städten zählten neben der schnell wachsenden Hauptstadt Stuttgart – der mit rund 350 000 Einwohnern einzigen Großstadt des Landes – Ulm, Heilbronn, Esslingen, Reutlingen, Ludwigsburg und Göppingen. Insgesamt bekannten sich

35 Vgl. Greiffenhagen, S. 183.

66,8 Prozent der Württemberger zur evangelischen und 30,9 Prozent zur katholischen Kirche.[36] Während Altwürttemberg einheitlich protestantisch war, gehörten die Einwohner der in der Rheinbundzeit hinzugekommenen Gebiete wie Oberschwaben geschlossen zur römisch-katholischen Kirche. Zu Recht wird von der Forschung darauf hingewiesen, dass der in Altwürttemberg herrschende Pietismus die Mentalität entscheidend geprägt hat; die auffällige Resistenz gegenüber radikalen Ideologien von links wie rechts hatte u. a. ihre Wurzeln in der bis ins 20. Jahrhundert reichenden weitgehenden ökonomischen, politischen und kulturellen Isolation Altwürttembergs. Wirtschaftlich erholte sich Württemberg Mitte der 1920er-Jahre deutlich besser als das Nachbarland Baden und hatte so einen wesentlichen Anteil am Aufschwung der deutschen Wirtschaft, wobei die aufstrebende Fahrzeugindustrie sogar eine Vorreiterposition einnahm. Charakteristisch für die württembergische Industrie war der große Anteil mittelständischer Betriebe und ihre dezentrale Verteilung auf kleine und mittelgroße Orte; nach den Worten des Sozialdemokraten Kurt Schumachers (1895–1952) war „Württemberg das Land, in dem in Dörfern Weltfirmen liegen".[37] Auch das Verhältnis zwischen Unternehmern und Arbeitern scheint sich in Württemberg während der Weimarer Republik konfliktfreier als im Rest des Reiches entwickelt zu haben. Bedingt durch die weit verbreitete Kurzarbeit während der Krisenjahre während der frühen 1920er-Jahre hatten die Unternehmen ihre Belegschaften häufig halten können.[38]

Die von der SPD tolerierte bürgerliche Minderheitsregierung scheiterte im Frühjahr 1924 an Streitigkeiten über eine Gebietsreform, sodass am 4. Mai – parallel zur Reichstagswahl – Neuwahlen zum Landtag abgehalten wurden. Deutschnationale (Bürgerpartei) und Bauernbund, die den Wahlkampf mit eindeutig antidemokratischen und antisemitischen Parolen geführt hatten, verbuchten Zugewinne und bildeten zusammen mit dem Zentrum eine Mitte-Rechts-Regierung unter dem Deutschnationalen Wilhelm Bazille (1874–1934), der auch nach seiner Ablösung als Staatspräsident 1928 in der Regierung verblieb und sich den Ruf als einer der reaktionärsten Kultusminister Deutschlands erwarb. Zwar setzte der Rechtsruck parallel zur Reichsentwicklung ein – der Zuwachs der Rechtsparteien fiel in Württemberg sogar deutlich geringer als auf Reichsebene aus –, dennoch zeigte sich nun die strukturkonservative Grundhaltung des Landes, die den republiktragenden Parteien

36 Vgl. Jürgen Mittag, Die württembergische SPD in der Weimarer Republik. Eine sozialdemokratische Landtagsfraktion zwischen Revolution und Nationalsozialismus, Vierow 1997, S. 35.

37 Ebenda, S. 30.

38 Vgl. Schnabel, Geschichte, S. 107.

einen schweren Stand bescherte. Die SPD musste sich mit gerade einmal 13 (von 80) Abgeordneten mit einer Statistenrolle abfinden. Die konservative Regierung betrieb seit 1924 eine „konsequent bauernfreundliche und städtefeindliche Politik",[39] sozialdemokratische Ansätze und Ideen, wie eine auf mehr Durchlässigkeit zielende Schulreform, die Einführung des Achtstundentages oder die Verbesserung der staatlichen Sozialleistungen (Arbeitslosenunterstützung und öffentliche Fürsorge), blieben bei diesen Kräfteverhältnissen chancenlos. Bei der Landtagswahl am 20. Mai 1928 erzielte die SPD mit 23,8 Prozent eine erhebliche Steigerung ihres Stimmenanteils und stieg damit wieder zur stärksten Partei auf. Alle drei Regierungsparteien fuhren dagegen Verluste ein; die DNVP musste sogar eine Halbierung ihres Stimmanteils hinnehmen, während die NSDAP mit 1,8 Prozent noch fast bedeutungslos blieb. Eine Neuauflage der Weimarer Koalition wäre möglich gewesen, doch lehnte das Zentrum dies ab, da es eine Abwanderung seiner agrarischen Wählerschaft zum Bauernbund befürchtete. Dies musste der Sozialdemokratie „schmerzlich die Grenzen ihrer politischen Möglichkeiten in einem traditionell-bürgerlich strukturierten Land bewußt machen".[40] Zum neuen Staatspräsidenten wurde der Zentrumspolitiker Eugen Bolz (1881–1945) gewählt, der dieses Amt bis zur Machtübernahme durch die Nationalsozialisten 1933 ausüben sollte.

Der Ausbruch der Weltwirtschaftskrise läutete auch in Württemberg das Ende der parlamentarischen Republik ein, wenngleich die Folgen der Depression das Land aus den oben angedeuteten Gründen weit weniger hart trafen als andere Teile Deutschlands. Zwischen 1928/29 und 1933 erreichte die Erwerbslosenquote nur ungefähr die Hälfte des Reichsdurchschnitts.[41] Dennoch zeigte sich auch in Württemberg die politische Radikalisierung breiter Bevölkerungskreise. Zwar erzielte die NSDAP bei der Reichstagswahl von 1930 mit 9,4 Prozent das reichsweit schwächste Ergebnis, doch schon bei der zwei Jahre darauffolgenden Landtagswahl vom 24. April 1932 konnten die Nationalsozialisten ihr Ergebnis auf 26,4 Prozent steigern. Sie avancierten damit nicht nur zur stärksten Partei im Landtag (23 von 80 Sitzen), sondern bildeten zusammen mit den Deutschnationalen (drei Sitze), dem Bauern- und Weingärtnerbund (neun Sitze) sowie den Kommunisten (sieben Sitze) eine Mehrheit

39 Greiffenhagen, S. 185.
40 Waldemar Besson, Württemberg und die deutsche Staatskrise 1928–1933. Eine Studie zur Auflösung der Weimarer Republik, Stuttgart 1959, S. 39.
41 Vgl. Thomas Schnabel, Warum geht es in Schwaben besser? Württemberg in der Weltwirtschaftskrise 1928–1933, in: ders. (Hrsg.), Die Machtergreifung in Südwestdeutschland. Das Ende der Weimarer Republik in Baden und Württemberg 1928–1933, Stuttgart 1982, S. 184–218, hier S. 194.

im Stuttgarter Landtag, die den bestehenden Staat mit seiner Verfassung ablehnte. Insgesamt aber vollzog sich der Aufstieg der NSDAP in Württemberg wesentlich langsamer und abgeschwächter als in Baden, wo sie mit Einsetzen der Weltwirtschaftskrise einen steilen Aufstieg erlebte. Neben internen Querelen und der organisatorischen Schwäche der württembergischen Nationalsozialisten liegen die Gründe hierfür u. a. in der besseren wirtschaftlichen Lage und in der seit 1924 amtierenden Mitte-Rechts-Regierung, die der NSDAP weniger ideologische Angriffsflächen bot als die Weimarer bzw. schwarz-rote Koalition in Baden.

Verhandlungen der bürgerlichen Parteien mit der NSDAP über eine „evangelische" Regierungsbildung unter Ausschluss des Zentrums scheiterten ebenso wie Gespräche mit dem Zentrum, sodass die geschäftsführende Regierung Bolz weiter im Amt blieb. Der Landtag spielte in dieser Phase schon keine wesentliche Rolle mehr, da ähnlich wie im Reich die Landesregierung mit Notverordnungen am Parlament vorbei regierte. Bei der Reichstagswahl am 31. Juli 1932 konnte die NSDAP ihr Landesergebnis noch einmal auf 30,5 Prozent steigern, doch zeigte das Resultat am 6. November (26,5 Prozent) die Grenzen des NS-Wählerpotenzials auf. Anfang 1933 stand das Zentrum mit Staatspräsident Eugen Bolz „vor den Trümmern einer neunjährigen Landespolitik", da die bisherigen Koalitionspartner DNVP und Bauernbund die Koalition zwar nicht formell, aber doch de facto aufgekündigt hatten. Bei der letzten Reichstagswahl vom 5. März 1933, vor der in Württemberg noch alle Parteien bis auf die Kommunistische Partei Deutschlands (KPD) einen regulären Wahlkampf bestreiten konnten,[42] erreichte die NSDAP mit 42,0 Prozent ein Ergebnis, das nun auch ungefähr dem Reichsdurchschnitt entsprach. DNVP sowie Bauern- und Weingärtnerbund, die sich der NSDAP auf Gedeih und Verderb ausgeliefert hatten, versanken mit jeweils knapp über fünf Prozent in der Bedeutungslosigkeit, ebenso wie die in Württemberg einst starke DDP mit nur noch 2,2 Prozent. Sowohl Zentrum (16,9 Prozent) als auch SPD (15,0 Prozent) konnten nicht an die ohnehin mageren Ergebnisse von 1932 anknüpfen; die im Wahlkampf stark eingeschränkte KPD erreichte noch 9,3 Prozent.
Die „Gleichschaltung" begann in Württemberg in den Tagen nach der Reichstagswahl nach dem auch aus anderen Ländern hinlänglich bekannten Muster: Das Wahlergebnis wurde maßgeblich für die Sitzver-

42 Vgl. Thomas Schnabel: Württemberg zwischen Weimar und Bonn 1928 bis 1945/46, Stuttgart 1986, S. 163 ff., 167.

teilung im Landtag, sodass NSDAP, DNVP und Bauernbund über eine sichere Mehrheit verfügten. In der Nacht vom 7. auf den 8. März wurden überall im Land schwarz-weiß-rote und Hakenkreuzflaggen gehisst, tags darauf der SA-Führer Dietrich von Jagow (1892–1945) zum Landespolizeikommissar bestellt. Nach der Ausschaltung der KPD am 10. und 11. März wurde am 15. März der NS-Gauleiter Wilhelm Murr (1888–1945) zum Staatspräsidenten gewählt, wenige Wochen später erfolgte seine Berufung zum Reichsstatthalter. In den darauffolgenden Wochen begann mit dem Verbot der Parteien auch in Württemberg der Prozess der „Gleichschaltung" aller Bereiche des öffentlichen Lebens.

Zusammenfassend lässt sich feststellen, dass die politische und wirtschaftliche Entwicklung in Baden und Württemberg in ruhigeren Bahnen verlief als in Preußen oder Bayern. Politisch und kulturell gehörten beide Länder zur Peripherie der neuen Republik. Gleichwohl waren die Erschütterungen der Nachkriegszeit in den beiden Ländern unverkennbar, wirkten sich zunächst aber sehr unterschiedlich aus. Während Baden – in Fortführung seiner bis weit in das 19. Jahrhundert zurückreichenden liberalen Tradition – eine scheinbar überwältigende republiktreue Mehrheit aufwies, war die Bevölkerung in Württemberg sehr viel konservativer gesinnt. Gegenüber dem 1929/30 einsetzenden Aufstieg der Nationalsozialisten zeigte sich dann aber das vermeintlich reaktionäre Württemberg sehr viel resistenter als das vermeintlich liberaldemokratische Baden. Auch in der wirtschaftlichen Entwicklung vollzog sich in den Jahren der Weimarer Republik ein gewisser Rollentausch zwischen beiden Ländern: Das noch vor dem Krieg ökonomisch tonangebende und hochentwickelte Baden büßte durch die neue Randlage erheblich an Boden ein, während sich das Nachbarland Württemberg vergleichsweise gut von den Krisen der Nachkriegsjahre erholte und zu einer veritablen Wirtschaftsmacht aufstieg.

2

Das Reichsbanner: Phasen der Organisationsgeschichte

2.1 Gründungseuphorie (1924 bis 1926)

Bereits Ende der 1920er-Jahre waren viele Zeitgenossen der Meinung, dass es „eine derartige Riesenorganisation zum Schutz der verfassungsmäßigen Gewalten [...] wohl sonst nirgend[s]“[43] gab. Tatsächlich zählen die Gründung und die geradezu fulminante Ausbreitung des Reichsbanners Schwarz-Rot-Gold über das gesamte Reichsgebiet in den Jahren 1924/25 zu den erstaunlichsten Phänomenen der politischen Geschichte der Weimarer Republik. Dabei ahnte der überschaubare Kreis Magdeburger Republikaner, der am 22. Februar 1924 zusammentrat und sich als Bundesvorstand der neuen Organisation konstituierte, wohl selbst nicht die gewaltige von diesem Treffen ausgehende Wirkung, die Demokraten in ganz Deutschland in den folgenden Monaten veranlasste, sich dem „Bund republikanischer Kriegsteilnehmer e. V.“ anzuschließen. Im sechsten Jahr der Republik bedeutete die Gründung des republikanischen Abwehrbundes die – freilich sehr späte – Reaktion der gemäßigten Linken auf die Offensive der rechten Wehrverbände, nachdem es diese in den Jahren davor verstanden hatten, „dem Bürgertum die Straße als politischen Aktionsraum zu erschließen“.[44] Die Zusammenfassung der bis dahin sehr heterogen organisierten, regional begrenzten Abwehrbünde (meist ausschließlich von Sozialdemokraten) in einer einzigen Massenorganisation war das erste historische Verdienst des Reichsbanners.

43 Ernst H. Posse, Die politischen Kampfbünde Deutschlands, Berlin 1930, S. 64.
44 Dirk Schumann, Politische Gewalt in der Weimarer Republik 1918–1933. Kampf um die Straße und Furcht vor dem Bürgerkrieg, Essen 2001, S. 363.

Der Kapp-Lüttwitz-Putsch hatte im März 1920 der jungen Republik ihre äußerst labile Situation vor Augen geführt. Wiederum war die Regierung Ebert auf Truppen der alten Generalität sowie reaktionäre Freikorps angewiesen, die sich aber gegenüber den Putschisten im günstigsten Falle noch indifferent verhielten. Immerhin blieben die meisten Einheiten passiv, bis der von den Gewerkschaften ausgerufene Generalstreik den Staatsstreich zum Erliegen brachte. Dieser Erfolg stärkte zwar das „Selbstgefühl der Massen als Träger des Staates",[45] wirkte jedoch langfristig zwiespältig, da er auf der politischen Linken eine dauerhafte Überschätzung der eigenen Widerstandskräfte mit sich brachte. Während des Kapp-Lüttwitz-Putsches tat sich der Magdeburger Oberpräsident Otto Hörsing (1874–1937) hervor. Hörsing war ein ehrgeiziger und häufig unbequemer Einzelkämpfer, der den putschenden Militärs offenen Widerstand entgegensetzte und als Konsequenz aus den Erfahrungen eine Art eigene Palastwache aufstellte. Diese „Organisation Hörsing" wurde zu einem weiteren Vorläufer der sich ein Jahr später formierenden „Republikanischen Notwehr" in Magdeburg, die zur „Urzelle der späteren Reichsbannerbewegung"[46] werden sollte.

Für den süddeutschen Raum lässt sich neben einigen sozialdemokratischen Selbstschutzbünden in den bayerischen Großstädten München und Nürnberg nur das in Stuttgart beheimatete „Büro Schwabenland" als Reichsbanner-Vorläufer ausmachen. Dabei handelte es sich um eine von dem jungen „Tagwacht"-Redakteur und SPD-Nachwuchspolitiker Kurt Schumacher gegründete „Nachrichtenzentrale über alle kommunistischen und nationalsozialistischen Aktivitäten",[47] eine „halb geheime paramilitärische Gruppe junger Sozialisten, die insgeheim Nachrichten über [...] umstürzlerische [...] Aktivitäten"[48] sammelte, aber auch Aufgaben im Personenschutz übernahm. Unter dem Tarnnamen „Wandervereinigung Schwabenland" führte sie eine kurzlebige Existenz, ehe sie 1924 im Reichsbanner aufging.

„Ihre Arbeit gilt der Befestigung und Erhaltung der Staatsform, deren Inhalt bestimmt wird durch das wirtschaftliche und politische Kräftespiel der Klassen. Setzt sich ihre Mitgliedschaft auch nur aus Angehörigen der Vereinigten Sozialdemokratischen Partei und der freien Gewerkschaften

45 Jacob Toury, Das Reichsbanner Schwarz-Rot-Gold – Stiefkind der Republik. Zur Gründungsgeschichte republikanischer Wehren, in ders.: Deutschlands Stiefkinder. Ausgewählte Aufsätze zur deutschen und deutsch-jüdischen Geschichte, Tel Aviv 1996, S. 25.
46 Ebenda, S. 31.
47 Greiffenhagen, S. 189.
48 Dorothea Beck, Theodor Haubach, Julius Leber, Carlo Mierendorff, Kurt Schumacher. Zum Selbstverständnis der „militanten Sozialisten" in der Weimarer Republik, in: Archiv für Sozialgeschichte 26 (1986), S. 87–124, hier S. 116.

zusammen, so besteht doch zwischen ihr und den genannten Organisationen keine organisatorische Verbindung. [...] Sie lehnt militärische Spielereien ab, will aber durch sportliche Übungen aller Art ihre Mitglieder körperlich ertüchtigen. Sie denkt nicht daran, sich etwa in den Aufgabenkreis der Polizeiorgane einzumischen, ihre Mitglieder sind aber [...] bereit und entschlossen, mutig ihr Leben in die Schanze zu schlagen für Volk und Staat, wenn die antirepublikanischen Verschwörerorganisationen den Versuch wagen sollten, [...] die Republik mit brutaler Gewalt zu stürzen. Die Wandervereinigung ‚Schwabenland' steht loyal hinter jeder Regierung, die ernstlich gewillt ist, Republik und Verfassung mit allen staatlichen Machtmitteln zu schützen."[49]

Wie bereits angedeutet, waren die sich häufenden politischen Morde an Vertretern der jungen Republik ein Hauptmotiv für die Gründung des gesamtdeutschen Abwehrverbandes.[50]

„Ohne die maßlosen Angriffe, die von Rechtsradikalen täglich gegen die ‚Republik' geführt wurden, hätte es nie eine derartige Front von so klarer Formierung auf Seiten der Republikaner gegeben."[51]

Den Höhepunkt der von einer beispiellosen Verleumdungskampagne der Rechten begleiteten Gewaltwelle bildeten die tödlichen Attentate auf den ehemaligen Reichsfinanzminister Matthias Erzberger am 26. August 1921 und Reichsaußenminister Walther Rathenau am 24. Juni 1922. Doch erst die Erschütterungen des Krisenjahres 1923 bewogen die SPD dazu, ihre bisherigen Bedenken gegen eine paramilitärisch organisierte Abwehrorganisation zurückzustellen und der Formierung des Reichsbanners zuzustimmen. Zur Keimzelle wurde die von Hörsing ins Leben gerufene „Republikanische Notwehr", die erstmals am 19. April 1923 mit einem Aufmarsch von 1500 Mann auf dem Magdeburger Domplatz in Erscheinung trat, schnell auf 25 000 Mitglieder anwuchs und damit zu diesem Zeitpunkt einer der stärksten sozialdemokratischen Abwehrverbände in Deutschland war.

49 „Schwäbische Tagwacht", 22.8.1923.
50 Insgesamt wurden zwischen 1919 und 1923 324 politische Morde von der Rechten begangen, dagegen nur 22 von der extremen Linken. Vgl. George L. Mosse, Der Erste Weltkrieg und die Brutalisierung der Politik. Betrachtungen über die politische Rechte, den Rassismus und den deutschen Sonderweg, in: Manfred Funke u. a. (Hrsg.), Demokratie und Diktatur. Geist und Gestalt politischer Herrschaft in Deutschland und Europa, Düsseldorf 1987, S. 131.
51 Posse, S. 62.

Am 22. Februar 1924, dem Geburtstag des langjährigen ehemaligen SPD-Vorsitzenden August Bebel, traten schließlich 15 überwiegend aus Magdeburg stammende Persönlichkeiten des republikanischen Lagers zusammen, um den Gründungsaufruf des Reichsbanners unter der Überschrift „Kriegsteilnehmer, Republikaner!" zu verabschieden. Darin fanden sich neben der eindeutigen Abgrenzung zu den politischen Gegnern und der scharfen Verurteilung des Antisemitismus als Hauptziele: erstens die aktive Verteidigung der Republik und zweitens deren „Republikanisierung" durch die Besetzung aller wichtigen Positionen mit überzeugten Demokraten.

52 Aufruf des Bundesvorstandes des Reichsbanners Schwarz-Rot-Gold vom 22. Februar 1924 zur Gründung der Organisation, in: Dokumente und Materialien zur Geschichte der Arbeiterbewegung, Bd. VIII: Januar 1924 – Oktober 1929, Berlin (Ost) 1975, S. 45.

„Dem nationalistischen und bolschewistischen Demagogentum wird der Bund mit den Mitteln der Aufklärung und Werbung für den republikanischen Gedanken entgegentreten. Bei allen gewaltsamen Angriffen auf die republikanische Verfassung wird der Bund die republikanischen Behörden in der Abwehr unterstützen und die Gegner der Republik niederkämpfen mit denselben Mitteln, mit denen sie die Republik angreifen. […] der Bund [verlangt] die Besetzung aller wichtigen Ämter insbesondere in Verwaltung, Schule, Justiz, Wehrmacht und Polizei mit Republikanern. […] Die Republik den Republikanern! – Hoch die Republik! Hoch das deutsche Volk!“[52]

Das Reichsbanner vereinigte mit seinen zusammengefassten Vorläufern aus Schutzformationen zum Zeitpunkt seiner Gründung insgesamt rund 500 000 Mann. In den folgenden Monaten wurden in ganz Deutschland die bislang versprengten Abwehrverbände nach dem Magdeburger Vorbild unter der Führung des Reichsbanners zusammengefasst, wobei eine große Zahl neuer Ortsgruppen aus dem Boden schoss. „Rein organisatorisch gesehen, ist das Reichsbanner eine der großen Erfolgsgeschichten der Weimarer Republik."[53] Das rasche Wachstum der neuen Organisation überraschte sowohl Freund als auch Feind, der Massenzulauf in den ersten Monaten übertraf selbst die optimistischsten Erwartungen. Über den genauen Umfang des Mitgliederanstiegs herrscht in der Forschung keine Klarheit, da die Quellenlage nur sehr vage Schätzungen zulässt und die eigenen Angaben des Reichsbanners wohl als deutlich übertrieben gelten müssen. Laut Verbandsführung verzeichnete man im August 1924 5618 Ortsgruppen mit 1,26 Millionen Mitgliedern, im Herbst 1924 überschritt man angeblich bereits die Zwei-Millionen-Grenze. Ein Jahr nach der Gründung sprach die Verbandsführung gar schon von annähernd drei Millionen Mitgliedern bei steigender Tendenz.[54] Rohe relativiert diese Zahlen und vertritt die Auffassung, dass man bei realistischer Betrachtung von nicht mehr als einer Million aktiver Mitglieder ausgehen müsse.[55] Ziemann bezweifelt die Aussagen in den Memoiren von Franz Osterroth (1900–1986), eines führenden Funktionärs des Reichsbanners, nach denen viele Mitgliederangaben „buchstäblich erfundene Zahlen" gewesen seien und man deshalb für die letzten Jahre der Republik nur von etwa 500 000 Reichsbannermitgliedern ausgehen müsse.[56] Unbestritten ist gleichwohl der für die Zeit der Weimarer Republik einmalige Organisationserfolg des Reichsbanners, der auch von gegnerischer Seite zähneknirschend anerkannt werden musste.

Den Anteil ehemaliger Kriegsteilnehmer an den Reichsbannermitgliedern schätzt Ziemann für die Gründungsphase auf 90 Prozent. Dieser Anteil sank aber aufgrund des Zustroms von jüngeren Anhängern und dürfte sich bei etwa zwei Dritteln eingependelt haben, was dem Anteil

53 Ziemann, Zukunft, S. 16.
54 Vgl. Gotschlich, S. 32; „Volkszeitung", 8.9.1924; Roger Philip Chickering, The Reichsbanner and the Weimar Republic, 1924–26, in: The Journal of Modern History 40 (1968), S. 526; James M. Diehl, Paramilitary Politics in Weimar Germany, Bloomington 1977, S. 295.
55 Vgl. Rohe, S. 73. Diehl und Voigt haben sich dem angeschlossen, ebenso Ziemann, der zunächst anderer Auffassung war. Vgl. Voigt, S. 126; Diehl, S. 295; Benjamin Ziemann, Republikanische Kriegserinnerung in einer polarisierten Öffentlichkeit. Das Reichsbanner Schwarz-Rot-Gold als Veteranenverband der sozialistischen Arbeiterschaft, in: Historische Zeitschrift 267 (1998), S. 370; ders., Commemorations, S. 66.
56 Vgl. Ziemann, Zukunft, S. 17.

von Kriegsteilnehmern in anderen Wehrverbänden wie dem Stahlhelm entsprach.[57] Wenngleich es das Reichsbanner vermochte, „in gewissem Umfang politisch über den Rahmen der SPD hinauszukommen", dürfte der Bund, was die Herkunft seiner Mitglieder anbelangt, „kaum soziologisches Neuland betreten"[58] haben. Breite Anhängermassen konnte das Bündnis nur in der Industriearbeiterschaft rekrutieren, während Landarbeiter lediglich in einzelnen Gebieten eine Rolle spielten. Bauern und weite Teile des Mittelstandes blieben ebenso außen vor, wenn auch Angestellte und Bildungsbürger – darunter viele Lehrer – nicht selten anzutreffen waren.

Mitglied konnte jeder männliche Deutsche werden, der sich auf den Boden der Weimarer Reichsverfassung stellte und keiner monarchistischen, nationalistischen oder kommunistischen Organisation angehörte.[59] Minderjährige unter 21 Jahren wurden in der Jugendorganisation „Jungbanner" erfasst. Erwartet wurde eine aktive Mitarbeit in den Formationen bis zum 55. Lebensjahr. Als politischer Verband verfügte das Reichsbanner über eine an die SPD angelehnte hierarchische Gliederung in Gaue, Bezirke, Kreise und Ortsverbände; die 32 Gaue entsprachen den SPD-Bezirken.[60] An der Spitze der Organisation stand mit dem 32-köpfigen (Stand 1928) Bundesvorstand ein kollektives Führungsgremium mit Sitz in Magdeburg, dessen Vorsitzender (der Bundesvorsitzende, später „Bundesführer") die Leitung des Verbandes innehatte.[61] Dem Bundesvorstand (Neuwahl alle drei Jahre) zur Seite stand als beratendes Gremium der Reichsausschuss, dem namhafte republikanische Politiker der drei Trägerparteien angehörten. In diesem Gremium, das als Beratungsorgan fungierte, saßen 1924 mit dem badischen Innenminister Adam Remmele (SPD), dem Reichstagsabgeordneten Ludwig Haas (1875–1930, DDP) und dem ehemaligen Infanterie-General und Pazifisten Berthold von Deimling (1853–1944, DDP) drei Vertreter aus dem Südwesten.[62] Als oberstes Entscheidungsorgan tagte im Dreijahresturnus die Bundesgeneralversammlung,[63] an der neben dem Bundesvorstand und den Gauvorsitzenden 200 Delegierte aus den Gauen teilnahmen.

57 Vgl. Ziemann, Kriegserinnerung, S. 370; ders., Zukunft, S. 36.
58 Rohe, S. 270.
59 Vgl. Axel Ulrich, Freiheit! Das Reichsbanner Schwarz-Rot-Gold und der Kampf von Sozialdemokraten in Hessen gegen den Nationalsozialismus 1924–1938, Frankfurt a. M. 1988, S. 15.
60 Vgl. Voigt, S. 123.
61 Zum Bundesvorstand gehörten: Erster und Zweiter Vorsitzender, drei gleichberechtigte Stellvertreter, Bundesschatzmeister, Bundeskassierer, Schriftführer, Technischer und Schutzsportleiter, Jugendleiter sowie deren Stellvertreter und 15 Beisitzer. Vgl. Rohe, S. 84.
62 Vgl. „Das Reichsbanner", 15.5.1924, Nr. 2.
63 Tatsächlich fanden insgesamt drei Bundesgeneralversammlungen in abweichendem Turnus statt: 1926 in Magdeburg, 1928 in Hannover und 1933 in Berlin.

Alle zwei Jahre fanden Gaukonferenzen statt, bei denen Gauvorstände, Bezirks- bzw. Kreisführer und maximal 100 Delegierte aus den Kreisen stimmberechtigt waren. Gestaffelt nach Größe der jeweiligen Gliederung hatte eine Ortsgruppe dort zwischen einer (bei bis zu 50 Mitgliedern) und sechs (bei mehr als 1000 Mitgliedern) Stimmen. Parallel zu dieser politischen Gliederung existierte eine nach militärischem Muster aufgebaute technische Organisation, die sich in Gruppen, Züge und Kameradschaften (als Grundeinheit) unterteilte. Das technische Führungskorps im Reichsbanner übernahm die praktische Organisation der öffentlichen Veranstaltungen und Auftritte, besaß aber keinen Anspruch auf politische Eigeninitiative und blieb somit der politischen Führung eindeutig untergeordnet. Insgesamt war der Aufbau des schwarz-rot-goldenen Bündnisses „mindestens ebenso sehr vom Vorbild der SPD als von dem vergleichbarer Kampfbünde bestimmt",[64] jedoch mit dem Unterschied, dass man statt der bei den Konkurrenzverbänden vorherrschenden Führer-Gefolgschafts-Struktur das Prinzip der kollektiven Leitung beibehielt, d. h. Entscheidungen wurden nach Möglichkeit im Konsens aller Vorstandsmitglieder getroffen. Typisch für das Reichsbanner blieb trotz des demokratischen Prinzips ein autoritärer Zentralismus innerhalb des Verbandes, der sich zu Beginn der 1930er-Jahre noch verstärkte. Gewählte Vorstandsmitglieder einer Ortsgruppe, eines Kreises oder eines Gaues bedurften beispielsweise der Approbation durch die jeweils übergeordnete Ebene, bevor sie ihr Amt antreten durften. Die zentralistische Ausrichtung auf den Bundesvorstand bzw. den Bundesführer (Hörsing; seit 1932 Höltermann) wuchs seit 1931, als die Organisation einen Militarisierungsschub durchlief.

Etablierung und Ausbreitung im Südwesten

Sehr zügig gelang der Aufbau des Reichsbanners in Industriebezirken, in den Kerngebieten Magdeburg-Anhalt und Berlin sowie in Regionen, in denen schon zuvor republikanische Schutzbünde vorhanden gewesen waren. Schleppend gestaltete sich die Gründung dagegen in der gemäß den Versailler Bestimmungen entmilitarisierten Zone und den Gebieten unter französischer Besatzung. So drang das Reichsbanner erst im Hochsommer 1924 nach Baden vor und wählte die SPD-Hochburg Mannheim als Sitz des neuen Gaues. Als erster Gauvorsitzender des badischen Reichsbanners fungierte der SPD-Landtagsabgeordnete und

64 Rohe, S. 92.

spätere Bürgermeister von Kehl, Emil Kraus (1893–1972),[65] zu seinem Stellvertreter wurde der Redakteur und frühere Landesvorsitzende der DDP-Jugendorganisation in Württemberg und Rheinland, Wilhelm Hollbach (1893–1962), gewählt. Zum Technischen Leiter wurde Georg Reinbold (1885–1946) berufen, der aufgrund seiner Erfahrungen in der Parteiarbeit den existierenden Parteiapparat für den Aufbau des Bundes gezielt nutzen konnte. Den ersten Gauvorstand komplettierte der Mannheimer SPD-Stadtrat und „Volksstimme"-Redakteur Gustav Zimmermann (1888–1949) als Beisitzer. Nachdem die Gauleitung zunächst in der SPD-Geschäftsstelle und wenig später im „Volkshaus" des Gewerkschaftskartells ihren Sitz genommen hatte, machte schließlich im November 1924 das rasche Wachstum des badischen Reichsbanners die Einrichtung einer hauptamtlichen Gau-Geschäftsstelle notwendig, die fortan an wechselnden Orten in den Mannheimer Quadraten ihre Adresse hatte.[66] Das erste Mal trat das badische Reichsbanner Ende Juni 1924 in Erscheinung, als ein Presseartikel die Gründung der ersten Ortsgruppe ankündigte:

„Einer Mitteilung ihres badischen Vorsitzenden, Gen. Dr. Kraus, zufolge soll die Ortsgruppe Mannheim am 27. Juni gegründet werden. [...] Das Reichsbanner will die alten 48er Gedanken wieder zur Verwirklichung bringen, nämlich die Verwirklichung eines einheitlichen Deutschlands unter möglichst baldiger Beseitigung der Grenzpfähle, auch nach Österreich hin. [...] Alle Arbeitersportler, Sänger, Naturfreunde usw. müssen korporativ beitreten. Sorgen wir dafür, daß wir nicht zum zweiten Male den alten Fehler machen, den wir bei der Bildung der Reichswehr machten, und den wir schon so bitter zu bereuen hatten."[67]

Einen Monat nach der Konstituierung des Gaues trat das Reichsbanner erstmals in Mannheim mit einer feierlichen Bannerweihe im Nibelungensaal des Rosengartens am 26. Juli öffentlich in Erscheinung.[68] Am 27. und 28. September 1924 folgte als erstes veritables Großereignis der vom badischen und Mannheimer Reichsbanner ausgerichtete „Republikanische Tag für ganz Südwestdeutschland", „an dem auch Delegationen aus den besetzten und verloren gegangenen Gebieten und Deutschösterreich"[69] teilnahmen. Aus diesem Anlass ließ die Mannheimer Ortsgruppe

65 Vgl. „Das Reichsbanner", 1.6.1924, Nr. 3.
66 Vgl. Jörg Kreutz, Die Fahne der Republik ist Schwarz-Rot-Gold. Die Anfänge des Reichsbanners Schwarz-Rot-Gold in der Rhein-Neckar-Region (1924–1927), in: Martin Krauß/Ulrich Nieß (Hrsg.), Stadt, Land, Heimat. Beiträge zur Geschichte der Metropolregion Rhein-Neckar im Industriezeitalter, Basel u. a. 2011, S. 241.
67 „Volkszeitung", 21.6.1924.
68 Vgl. „Neue Badische Landes-Zeitung", 26.7.1924.
69 „Das Reichsbanner", 1.9.1924, Nr. 8.

ein Denkmal für den zehn Jahre zuvor im Ersten Weltkrieg gefallenen Mannheimer SPD-Reichstagsabgeordneten Ludwig Frank (1874–1914) errichten, das in Anwesenheit von tausenden Teilnehmern enthüllt wurde. Der in den ersten Septembertagen 1914 als Kriegsfreiwilliger gefallene jüdische Politiker hatte als Hoffnungsträger seiner Partei gegolten und wurde nun zur Symbolfigur des gesamten badischen Reichsbanners, sein Denkmal zu einem häufig aufgesuchten Gedenkort. Ansonsten bleibt die Frühzeit des Mannheimer Reichsbanners aufgrund der nur fragmentarisch erhaltenen SPD-Zeitung „Volksstimme" im Dunkeln. Es steht aber fest, dass die Mannheimer Ortsgruppe in ihrer Blütezeit mit rund 2400 Mitgliedern die mit Abstand größte in Baden war.[70] Ihre Leitung übernahm zunächst der Zahnarzt Karl Alexander Helffenstein (1890–1958, DDP) und nach dessen Wechsel in das Amt des Gauvorsitzenden 1926 der „Volksstimme"-Lokalredakteur Ernst Roth (1901–1951).[71]

Nach der Etablierung in Mannheim ging der Gauvorstand daran, das Reichsbanner in weiteren Großstädten zu etablieren, um damit Ausgangsbasen für eine weitere Ausbreitung in den ländlichen Raum zu gewinnen. Nicht zufällig ist das Reichsbanner vor allem als eine „Bewegung der Städte und Großstädte"[72] in Erscheinung getreten. Am 10. Juli 1924 wurde eine Ortsgruppe in der Landeshauptstadt Karlsruhe aus der Taufe gehoben. Während der Gründungsversammlung wurde „die Mitteilung des Vorsitzenden [Emil Kraus, d. Verf.], daß bereits 500 Anmeldungen eingegangen sind, [...] mit Begeisterung aufgenommen".[73] Bereits am 11. August beteiligte sich das Reichsbanner an den Feiern zum Verfassungstag, der im Gegensatz zu anderen Ländern in Baden als gesetzlicher Feiertag begangen wurde. An der zentralen Veranstaltung in Karlsruhe nahmen rund 500 Mitglieder der ansässigen Ortsgruppe in geschlossener Formation und in neuen Uniformen teil. Wenige Tage nach der Karlsruher Gründung folgte in Freiburg eine von SPD und DDP gemeinsam initiierte

70 Vgl. Volker R. Berghahn u. a., Arbeiterwiderstand, in: Erich Matthias/Hermann Weber (Hrsg.), Widerstand gegen den Nationalsozialismus in Mannheim, Mannheim 1984, S. 91–358, hier S. 108.

71 Vgl. Karl Alexander Helffenstein, geboren 1890 in Mannheim, entstammte einer alteingesessenen Mannheimer Handwerkerfamilie und nahm als Soldat am Ersten Weltkrieg teil. Nach dem Studium der Rechtswissenschaften und Zahnheilkunde gründete er 1922 eine Zahnarztpraxis in Mannheim, seit 1923 gehörte er der DDP an. Nach 1933 mehrfach inhaftiert, gehörte Helffenstein nach dem Zweiten Weltkrieg zu den Mitbegründern der Mannheimer Ortsgruppe der FDP/DVP und war Mitglied der Verfassunggebenden Landesversammlung sowie von 1949 bis 1952 Mitglied des Landtages von Württemberg-Baden. Vgl. StadtA Mannheim, S1/3727. Ernst Roth war von 1924 bis 1933 Lokalredakteur der „Volksstimme" und 1932/33 Reichstagsabgeordneter, ging 1933 ins französische Exil und spielte dort eine führende Rolle im sozialistischen Widerstand. Nach 1945 zunächst als Chefredakteur in Saarbrücken tätig, ging er nach seiner Ausweisung durch die Franzosen nach Frankenthal, wo er von 1948 bis 1951 als Landrat amtierte. Von 1949 bis zu seinem Tod saß er zudem für die SPD im Deutschen Bundestag.
Vgl. „Allgemeine Zeitung" vom 28./29.1.1956 u. 25.7.1959, StadtA Mannheim, S1/2451.

72 Harter, S. 271.

73 „Volksfreund", 11.7.1924.

Gründungsversammlung. Bei diesem Treffen, das auch aus bürgerlich-demokratischen Kreisen sehr gut besucht gewesen sein soll, stieß der Hauptredner Emil Kraus auf lebhafte Zustimmung, zumal er in den Revolutionswochen im November 1918 als Mitglied des Freiburger Soldatenrates die Geschicke der Stadt mitbestimmt hatte. In seiner Rede erinnerte Kraus an diese Zeit, in der gerade die treuesten Vertreter des alten Systems sich in vorauseilendem Gehorsam in den Dienst des Soldatenrats gestellt hätten. Jene seien es, die heute wieder versuchten, die demokratische Republik mit ihrer Verfassung zu untergraben:

„Leute, die damals zu feig waren, die Güter des alten Staates zu verteidigen, sind für die Republik kein Gewinn. Auf diese Leute verzichten wir. [Stürmischer Beifall]"[74]

Einträchtig ging die Gründung des Reichsbanners in Konstanz vor sich, wo Hunderte Anhänger am 31. August 1924 im Konzilsgebäude zur konstituierenden Sitzung zusammenkamen. Vertreter von SPD, Zentrum und DDP bekundeten ihre Unterstützung und hoben die Bedeutung der Stadt als Vorposten gegen die als reaktionär betrachteten Nachbarländer Bayern und Württemberg hervor. Mit der Gründungsversammlung in Heidelberg am 6. September gelang dem badischen Reichsbanner die Formierung in der zweiten Universitätsstadt des Landes. Bis zum Herbst war es damit dem badischen Gau gelungen, in den Großstädten Fuß zu fassen. Auch in den kleineren Amtsstädten vor allem im nördlichen Landesteil begann man sich nun zu etablieren. Einen großen Organisationsschub brachte Ende September zudem der „Republikanische Tag für Südwestdeutschland" in Mannheim. Im Nachklang zu der Großveranstaltung entstanden im Rhein-Neckar-Raum eine Vielzahl neuer Gliederungen: 1924 konstituierten sich Ortsgruppen in Schwetzingen, Hemsbach, Friedrichsfeld, Seckenheim, Ladenburg, Sandhausen, Schönau, Schriesheim und Laudenbach. Im Jahr darauf folgten Brühl, Hockenheim, Ketsch, Leutershausen, Mauer, Neckarhausen, Plankstadt und Sulzbach. Auch für die Entstehung des Reichsbanners in der noch französisch besetzten (linksrheinischen) Pfalz und insbesondere in deren größter Stadt Ludwigshafen hatte das Mannheimer Treffen eine Signalwirkung.[75] Wie auf der Reichsebene kann man auch an den Presseberichten aus dem Gau Baden erkennen, wie sich das Reichsbanner in seiner Gründungsphase 1924/25 an der Zahl der Beitritte regelrecht

74 „Volkswacht", 24.7.1924.
75 Vgl. Kreutz, Fahne, S. 244.

Delegierte der Gaukonferenz Baden in Karlsruhe, 15. Januar 1925.
Quelle: „Illustrierte Reichsbanner-Zeitung", 28. Februar 1925/Rausch und Pester

berauschte. Dagegen erhoben sich erstmals bei der Gaukonferenz am 15. Januar 1925 in Karlsruhe warnende Stimmen, die mahnten, „daß an die innere Organisation und Ausbau der Ortsgruppen gedacht werden soll und [...] weniger auf die Mitgliederzahl als auf Leute [...] die es auch mit der ganzen Sache ernst meinen und treu zur Sache stehen".[76] Auf dieser Versammlung verabschiedeten die Delegierten auch eine Gausatzung, bestätigten den Vorstand einstimmig und riefen die auf zwölf Kreise (Mannheim, Konstanz, Waldshut, Lörrach, Villingen, Freiburg, Offenburg, Baden-Baden, Karlsruhe, Heidelberg, Mosbach, Wertheim) aufgeteilten Ortsgruppen zur inneren Konsolidierung auf. Der Umstand, dass sich die Delegierten der Gauversammlung im Sitzungssaal des Landtages versammelten, deutet auf das ausgesprochen gute Verhältnis zwischen Reichsbanner und badischer Staatsregierung hin, die – aufgrund ihrer Zusammensetzung aus Zentrum, SPD und DDP – den Aufbau der Organisation entscheidend begünstigte. Entsprechend gereizt

76 Bericht über die Gaukonferenz Baden am 11.1.1925 in Karlsruhe, KrA Rhein-Neckar, NL Willy Gärtner, 1925/5.

reagierte die Rechtspresse auf diese vermeintlich „hemmungslose Bevorzugung der Sozialdemokratie und ihre Privilegierung im Reichsbanner durch die badische Regierung". Es galt ihr als „Hätschelkind badischer Landräte und Minister".[77]

Keine Unterstützung von offizieller Regierungsseite konnte hingegen das württembergische Reichsbanner erwarten, das am 16. August 1924 seinen Gründungsaufruf in der SPD-Zeitung „Schwäbische Tagwacht" veröffentlichte:

„Republikaner, Kriegsteilnehmer! Seit mehr als vier Jahren kämpft die Deutsche Republik um ihr Bestehen und ihre innere Sicherheit! [...] Die Ermordung führender Männer, wie Erzberger und Rathenau, hatte den Zweck, der Republik die besten Köpfe zu nehmen. [...] Unter dem Vorwand, nationale Ziele zu verfolgen, haben sich Organisationen

77 „Der Markgräfler", 16.8.1928, in: StA Freiburg, B 719/1, Nr. 5248.

gebildet, um den Bürgerkrieg zu entfesseln. [...] Noch immer wird die Republik von innen und außen bedroht! Da ist es Pflicht jedes aufrechten Republikaners, mitzuwirken an den erforderlichen Abwehrmaßnahmen! Die Republik den Republikanern! muß für die Zukunft unsere Losung sein!"[78]

Wie misstrauisch die offiziellen Stellen Württembergs auf die Formierung der neuen Organisation reagierten, beweist ein Schreiben des Landeskriminalpolizeiamtes an die nachgeordneten Oberämter, mit dem das Reichsbanner unter Beobachtung gestellt wurde.

„Da nach dem aus dem übrigen Reich [...] bekannt Gewordenen damit zu rechnen ist, daß es [das Reichsbanner, d. Verf.] in der Hauptsache aus sozialdemokratischen Kreisen sich rekrutieren wird [...] empfiehlt es sich, demselben von Anfang an die erforderliche Beachtung zu schenken."[79]

14 Tage nach dem Gründungsaufruf, am 30. August 1924, dem 60. Todestag Ferdinand Lassalles, hielt die Ortsgruppe Groß-Stuttgart im Dinkelacker-Saalbau ihre Gründungsversammlung ab. Als Redner trat unter anderen der Landtagsabgeordnete Kurt Schumacher auf, den die Versammelten gemeinsam mit dem DDP-Politiker Robert Haußmann (1891–1978) zum Vorsitzenden der Ortsgruppe wählten.[80]

Einen ersten großen Auftritt in geschlossener Formation hatte das Stuttgarter Reichsbanner erst anlässlich seiner Bannerweihe am 14. und 15. März 1925, als die Ortsgruppe gemeinsam mit anderen württembergischen Neugründungen (Esslingen, Böckingen, Rottweil, Heilbronn u. a.) in 50 Kolonnen aufmarschierte. Dieser „Republikanische Tag" in Stuttgart stand – wie auch der gleichzeitig in Karlsruhe stattfindende Aufmarsch – unter dem Eindruck des Todes von Reichspräsident Friedrich Ebert zwei Wochen zuvor und den Vorbereitungen zur Wahl eines Nachfolgers. Schumacher und Hörsing traten bei einem Festakt in der Liederhalle auf und prangerten das Verhalten der Rechtsopposition an, deren Diffamierungen Ebert zur Strecke gebracht hätten. Für das Zentrum sprach der Ludwigsburger Ernst Bauer (1881–1940), der daran erinnerte, dass gerade Schwaben „das typische Land der Freiheit, das Land der ehemaligen Reichsstädte" sei, in dem Schwarz-Rot-Gold eine

78 „Schwäbische Tagwacht", 16.8.1924.
79 Schreiben Württembergisches Landespolizeiamt an Oberamt Leutkirch, o. D., StA Sigmaringen, Wü 65/19, Acc 33/1958–146.
80 Vgl. „Schwäbische Tagwacht", 1.9.1924.

lange Tradition besitze. „Schwarz-Rot-Gold heißt Freiheit, heißt, daß Preußen deutsch, nicht daß Deutschland preußisch werde."[81] Der Zug zum Grabe Ferdinand Freiligraths (1810–1876), dem freiheitlichen Lyriker, in Cannstatt am nächsten Tag wurde durch rund 150 Gegendemonstranten vom Roten Frontkämpferbund gestört, deren Auftreten in der „Tagwacht" allerdings heruntergespielt wurde. Gerade einmal „zwei Lastautos mit kaum stubenrein gewordenen Säuglingen"[82] hätten den Zug des Reichsbanners begleitet.

Die Reichsbannerpresse feierte die beiden Großveranstaltungen in Karlsruhe und Stuttgart als Rückkehr auf traditionsreiches republikanisches Terrain:

„Baden und Württemberg, das eine das klassische Land der Demokratie, in dem zu allen Zeiten hochgesinnte Männer sich um das Banner freien Volkstums geschart haben, das seine schwarzrotgoldenen Traditionen bis auf den heutigen Tage hochgehalten hat. Daß das Reichsbanner auf solchem Boden eine ungehemmte Entwicklung nehmen konnte, versteht sich von selbst. Die Tage von Mannheim und Karlsruhe sind lebendige Beweise für die Bodenständigkeit des republikanischen Gedankens in der badischen Bevölkerung. Und Württemberg? Es hat nicht minder stolze Traditionen, wenn sie auch im Augenblicke unter dem reaktionären Kurse, der in der Person des Staatspräsidenten Bazille seinen sichtbaren Ausdruck findet, in den Hintergrund getreten sind. […] So sind die Kundgebungen von Karlsruhe und Stuttgart weithin sichtbare Fanale der sieghaften Gedanken, auf die sich die Reichsbannerbewegung gründet: Einheit, Freiheit, Vaterland!"[83]

Ein Jahr nach der Gründung machte sich in Stuttgart schon etwas Ernüchterung breit: Auf der von rund 450 Anhängern besuchten Mitgliederversammlung bilanzierte Schumacher, der Aufbau des Reichsbanners sei in Württemberg schwieriger als in anderen deutschen Ländern. Kaum sei die Organisation entstanden, sei sie „sofort in einen wahren Strudel von Wahlen gerissen worden", der einem systematischen Ausbau hinderlich gewesen sei. Es fehle an Industriehochburgen, die eine zahlreiche Anhängerschaft garantierten. Außerdem mache dem Reichsbanner die „Klassenjustiz" und die „vielfachen Polizeischikanen"[84] in Württemberg zu

81 Ebenda, 16.3.1925.
82 Ebenda.
83 „Das Reichsbanner", 1.4.1925, Nr. 7.
84 StA Sigmaringen, Wü 65/4 T2, 932.

schaffen. „In dem Kampfe beamteter Hüter der republikanischen Verfassung gegen die republikanische Schutzorganisation, das ‚Reichsbanner', darf natürlich die Polizei des ‚republikanischen' Zentrumsministers Bolz in Württemberg nicht fehlen.",[85] resümierte die „Mannheimer Volksstimme". Ein Jahr nach der Entstehung hatte die Ortsgruppe Groß-Stuttgart laut Kassenbericht über 1517 Mitglieder, davon knapp 600 mit Uniformen ausgestattet. Allerdings hätten die drei Urnengänge während der Gründungsphase die „Arbeitskraft und finanzielle Leistungsmöglichkeit der Mitglieder bis auf das äußerste erschöpft",[86] zumal die Organisation keinerlei finanzielle Zuwendungen von außen erhalten habe.

85 „Volksstimme" (Mannheim), 21.10.1925, in: BArch R72, Nr. 1929 2/2.
86 „Schwäbische Tagwacht", 21.10.1925.

Umzug des Reichsbanners anlässlich der Fahnenweihe in Rottweil, 1924.
Quelle: „Illustrierte Reichsbanner-Zeitung", 27. Dezember 1924/Kurt Seyler

Insgesamt hatte Schumacher bereits zu dieser Zeit eine herausragende Position innerhalb des Gaues Württemberg inne. Als Vorsitzender der größten Ortsgruppe und weithin gefragter Redner investierte er einen großen Teil seiner Zeit in die gesellschaftlichen und sportlichen Veranstaltungen des Reichsbanners, worauf in der Organisation großer Wert gelegt wurde.[87] Aus der Frühzeit des württembergischen Reichsbanners sind ansonsten nur spärliche Informationen überliefert, da im Gegensatz zu Baden erst Anfang 1927 eine eigene Gaubeilage für Württemberg in der „Reichsbanner-Zeitung" erschien. Nach der Formierung in Stuttgart gründeten sich auch in anderen Städten Ortsgruppen. Eine größere Gliederung entstand in Ulm, „dem Einfallstor der Hakenkreuzlerhorden aus dem Bayernlande", wo sich unter Leitung des DDP-Politikers Wilhelm Wirthle (1874–1960) und des späteren sozialdemokratischen Gauvorsitzenden Karl Ruggaber (1887–1936) schon zum Verfassungstag am 11. August 1924 Republikaner versammelt hatten. Am 22. September konstituierte sich die Ortsgruppe im Festsaal des Saalbaues.[88] Das Ulmer Reichsbanner entwickelte sich neben Stuttgart und der SPD-Hochburg Heilbronn zur dritten Säule des Gaues Württemberg und richtete im Juli 1926 als Gastgeber einen großen „Republikanischen Tag" aus. Am 5. September 1925 beging das Reichsbanner in Reutlingen mit einem Festzug von über 1500 Mitgliedern aus ganz Württemberg seine Bannerweihe[89] und am 11. und 13. September trat das Reichsbanner im Rahmen eines „Republikanischen Tages" erstmals in Heilbronn in Erscheinung.[90] Mit einer großen republikanischen Kundgebung von 1200 Teilnehmern feierte am 11. Oktober schließlich die Ortsgruppe Geislingen a. d. Steige ihre Gründung, womit sich das Reichsbanner in eine Diaspora der Arbeiterbewegung auf der Schwäbischen Alb vorwagte.[91]

87 Vgl. Volker Schober, Der junge Kurt Schumacher 1895–1933, Bonn 2000, S. 270 f.
88 Vgl. „Donau-Wacht", 23.9.1924.
89 „Das Reichsbanner", 1.10.1925, Nr. 19.
90 Vgl. ebenda, 15.8.1925, Nr. 16.
91 Vgl. „Donau-Wacht", 14.10.1925.

2.2 Stabilität und Stagnation (1926 bis 1930)

Im Frühjahr 1925 verabschiedete sich nach knapp einjähriger Tätigkeit der badische Gründungsvorsitzende des Reichsbanners, Emil Kraus, um sein neues Amt als Bürgermeister von Kehl anzutreten. Bei seinem letzten Auftritt vor etwa 4000 Reichsbanneranhängern in Schwetzingen forderte er, sich nicht vom Gegner provozieren zu lassen und dem neuen Reichspräsidenten loyal zur Seite zu stehen, sobald dieser seinen Eid auf die Republik geleistet habe.[92] Inzwischen existierten laut Kraus in Baden bereits „weit über hundert Ortsgruppen", womit das Land „aus altgewohnter politischer Tradition", die „auf gesundestem Volksempfinden bestehende"[93] Zusammenarbeit der republikanischen Kräfte pflege. Zum Nachfolger als Gauvorsitzenden wählte das badische Reichsbanner im Januar 1926 Karl Alexander Helffenstein (DDP), der das Amt bis 1933 bekleidete. Zu seinem Stellvertreter wurde der vormalige Gausekretär Georg Reinbold (SPD) bestimmt. Von den reichsweit 32 Reichsbanner-Gauen wurden außer Baden nur Kassel und Breslau nicht von Sozialdemokraten geführt.[94] Dies deutet auf ein gutes Einvernehmen von SPD und bürgerlichen Demokraten in Baden hin. Bereits kurz nach der Reichspräsidentenwahl 1925, die eine enge Zusammenarbeit der drei Trägerparteien ermöglicht hatte, zog das badische Reichsbanner eine erste Bilanz:

92 Vgl. „Das Reichsbanner", 15.6.1925, Nr. 12.
93 Schreiben von Innenminister Adam Remmele vom 15.3.1925, GLA Karlsruhe 233, Nr. 25982.
94 Vgl. Rohe, S. 274.
95 „Das Reichsbanner", 15.12.1925, Nr. 24, Gaubeilage Baden.

„‚Spät kam es, doch es kam' – so möchte man frei nach Schiller ausrufen, wenn man die Entwicklung des Reichsbanners in unsrer badischen Heimat verfolgt.

Die alte Mär, daß Deutschland eine Republik ohne Republikaner sei, hat es glänzend Lügen gestraft und [...] eine Position nach der anderen erobert.“[95]

Bis dahin sei es mit der bloßen Gründung immer neuer Ortsgruppen nicht getan, vielmehr bestehe eine der wichtigsten Aufgaben darin, die

„Symbole und Farben der Republik allenthalben zu zeigen“

und ihnen damit allgemeine Akzeptanz zu verschaffen.

Gelegenheiten dazu boten sich reichlich, da alle größeren Neugründungen von Ortsgruppen nach einer gewissen Anlaufphase eine sogenannte Bannerweihe veranstalteten. Diese Kundgebungen, oft unter der Bezeichnung „Republikanischer Tag" abgehalten, „wiederholten sich Woche für Woche nach den standardisierten Vorgaben der Bundesleitung"[96] und erfüllten Werbezwecke für die Ziele des Verbandes. Die Vielzahl der Veranstaltungen in Stadt und Land während der Gründungsphase wirkte sich sogar erschwerend auf die Rekrutierung von Rednern aus, die zudem in vielen Fällen nicht adäquat entschädigt wurden, wie die „Reichsbanner-Zeitung" im Sommer 1926 anmahnte.[97] Doch nicht nur die ausbleibenden Entschädigungen schreckten laut Gauleitung potenzielle Redner zunehmend ab, sondern auch die Kurzfristigkeit der Versammlungseinladungen, die eine vernünftige Vorausplanung unmöglich machten. In manchen Ortsvereinen traten auch Defizite bei grundlegenden Umgangsformen zutage, die auswärtige Referenten verärgerten, was die badische Gauführung in ansonsten seltenem Sarkasmus anprangerte:

„Noch einige ‚Regeln': Daß man den Redner am Bahnhof abholt, ist nicht notwendig. Er findet seinen Weg alleine, auch wenn es stockfinstere Nacht ist und er noch nie in dem betr. Orte war. Genau so im Lokal, wenn er es gefunden hat, sich ruhig weiter über das interessante Thema unterhalten, mit den Freunden weiter Karten spielen. Der Redner kann ja Fingernägel putzen oder alte Zeitungen lesen. Wenn der Vortrag vorbei ist, ist der Redner fertig, er kann jetzt machen, was er will, ganz bestimmt findet er sich allein durch. Im Vortrag hat er ja bewiesen, daß er sich auskennt. […] Daß dann kein Redner mehr zur Verfügung stehen will, ist ja nur zu erklärlich."[98]

Der Aktivität des badischen Reichsbanners taten solche Probleme zunächst keinen Abbruch: Allein auf der Gau-Generalversammlung in Offenburg am 17. Januar 1926 gingen von zehn Ortsgruppen Anträge für die Abhaltung einer Bannerweihe im Zeitraum von Frühjahr bis Herbst 1926 ein. Der Gauvorstand hingegen beantragte, dass „sämtliche Bannerweihen und Kreisfeste" mitsamt Programm und Kostenvoranschlag sechs Monate vor dem geplanten Termin in Mannheim einzureichen seien.

96 Jörg Kreutz, Das Ladenburger Reichsbanner Schwarz-Rot-Gold und der Kampf um die Republik (1924–1933), in: Hansjörg Probst (Hrsg.), Ladenburg – Aus 1900 Jahren Stadtgeschichte, Ubstadt-Weiher 1998, S. 568.

97 Vgl. „Das Reichsbanner", 15.9.1926, Nr. 18, Gaubeilage Baden.

98 Ebenda.

Karl Helffenstein, o. D.
Quelle: „Illustrierte Republikanische Zeitung“, 18. Februar 1933

Emil Kraus, nach 1945.
Quelle: Stadtarchiv Mainz, BPSF/9308A

Außerdem sollten Bannerweihen nur dann genehmigt werden, wenn die Ortsgruppe mindestens ein Jahr bestehe und bis dahin „ihren Verpflichtungen voll nachgekommen“[99] sei. Offenbar nahmen die Bannerweihen derart überhand, dass sich die Gauleitung im Mai 1926 gezwungen sah, „den Kameraden einmal zu zeigen, wie unsinnig in punkto Bannerweihen und republikanischen Festen gewirtschaftet“ werde. Auch der Karlsruher Reichsbannerführer Erwin Sammet klagte nach dem Zweiten Weltkrieg, bei der großen Masse der Reichsbannermitglieder sei „das Interesse an Umzügen [...] größer als die Wehrbereitschaft“[100] gewesen. Andererseits wurden die Mitglieder zur Teilnahme an „Republikanischen Tagen“ ausdrücklich ermuntert: Der Gauvorstand rief im August 1926 beispielsweise dazu auf, zahlreich zum „Republikanischen Tag“ in Pforzheim zu erscheinen. Dies sei „Ehrenpflicht für jeden“, besonders da die Stadt „an der württembergischen Grenze gelegen – parteipolitisch ein eigenartiger Boden“[101] sei, was womöglich an der Nähe zum angrenzenden „Königreich Bazillien“ liege – eine wenig schmeichelhafte Anspielung auf den rechtskonservativen württembergischen Staatspräsidenten und Reichsbanner-Gegner Wilhelm Bazille.

99 Vorläufige Tagesordnung Ordentliche Generalversammlung zu Offenburg am 17.1.1926, KrA Rhein-Neckar, NL Willy Gärtner, 1926/5.

100 Erinnerungsbericht zum Reichsbanner Karlsruhe, StadtA Karlsruhe, 7/NL Erwin Sammet, Nr. 49.

101 Rundschreiben des Gauvorstands Baden vom 27.8.1926, KrA Rhein-Neckar, NL Willy Gärtner, 1926/62.

Delegierte der Gaukonferenz Baden in Offenburg, 17. Januar 1926.

Quelle: „Illustrierte Reichsbanner-Zeitung“, 13. Februar 1926/Roth

Das Jahr 1926 stand für das Reichsbanner vor allem im Zeichen des im Mai aufgeflammten Flaggenstreits und des Wahlkampfes für den Volksentscheid zur entschädigungslosen Fürstenenteignung.
Der Gautag in Konstanz an Pfingsten signalisierte den Schlusspunkt der erfolgreichen Ausbreitung im südbadischen Raum. Die lebhafte Anteilnahme der Bevölkerung in der schwarz-rot-gold geschmückten Stadt wertete die Organisation als Erfolg. Der Besuch einer Abordnung des Republikanischen Schutzbundes bekräftigte den Schulterschluss mit der österreichischen Schwesterorganisation und die großdeutschen Ambitionen des Reichsbanners.[102] Die Mannheimer Ortsgruppe zog im Frühsommer 1926 eine zufriedene Bilanz ihrer bisherigen Arbeit, freilich nicht ohne die Erwähnung alltäglicher Probleme:

„Wir müssen hier einmal feststellen, daß Mannheim in der Reihe der Städte mit großen Erwerbslosenzahlen an der Spitze marschiert; daß dies große Hemmungen für unser organisatorisches und agitatorisches Wirken zur Folge hat, ist leider eine betrübliche Tatsache. Daß aber Not und Elend in großen Kreisen unsrer Kameraden es dennoch nicht vermocht haben, unsern Kampfgeist zu besiegen, ist für unsre Ortsgruppe von entscheidender Bedeutung."[103]

Die unter den Mitgliedern weit verbreitete Arbeitslosigkeit und Kurzarbeit hätte einer stärkeren Beteiligung am Gautag im Wege gestanden, da bereits die anstehende Bundesverfassungsfeier in Nürnberg eine finanzielle Kraftanstrengung für viele Mannheimer Anhänger bedeute. Hier wird deutlich, wie viel Idealismus und Opferbereitschaft es mitunter erforderte, die vom Reichsbanner gepflegte Festkultur mitzutragen. Einerseits galt die Fahrt nach Nürnberg als eine Art Dankesschuld – die Nürnberger „Kameraden" hatten sich zahlreich am „Mannheimer Republikanertag" von 1924 beteiligt –, zum anderen musste die Verbandsführung die oft begrenzten finanziellen Möglichkeiten der einfachen Mitglieder zur Kenntnis nehmen. Die Zwischenbilanz der Mannheimer deutete ebenfalls gewisse Spannungen innerhalb der Organisation an, die aufgrund der Verteilung von Ämtern und Posten entstanden waren. Nicht jedes Mitglied sei zum Führer geboren, erst die große Anzahl der einfachen Mitglieder, die nur „Schildwache" stünden, mache das Leben und Gedeihen der Ortsgruppen aus.

102 Vgl. „Das Reichsbanner", 15.3.1926, Nr. 6.
103 Ebenda, 1.7.1926, Nr. 13, Gaubeilage Baden.

„Man darf die zähe Kleinarbeit der Unterkassierer, der Zeitungsträger, der Bezirksführer nicht unterschätzen, gerade diese Kameraden sind die erhaltenden Elemente unserer Organisation."[104]

Zu wenig Engagement legten aus Sicht der Gauleitung manche Schriftführer an den Tag, die man wiederholt aufforderte, regelmäßiger und ausführlicher über Veranstaltungen aus ihren Ortsgruppen zu berichten. In der seit Dezember 1925 erschienenen Gaubeilage des „Reichsbanners" berichteten meist dieselben Ortsgruppen aus den Großstädten und einigen wenigen Mittel- und Kleinstädten. Auch die Zahl der öffentlichen und internen Veranstaltungen ging seit dem zweiten Halbjahr 1926 merklich zurück. Neben den erwähnten Gründen – Finanzknappheit, Beschränkungen durch die Gauleitung und das vorläufige Ende des Wahlmarathons – machte sich eine gewisse Ermüdung im Reichsbanner breit, die durch die sich beruhigende politische Lage begünstigt wurde.

Auf der Verwaltungsebene erfuhr das badische Reichsbanner im Laufe des Jahres 1927 eine Neugliederung: Zwischen der Ebene des Gaues und den bereits bestehenden zwölf Kreisen entstanden vier Bezirke mit Sitzen in Mannheim, Heidelberg, Karlsruhe und Freiburg. Eine Aufstellung der 102 Ortsvereine von Januar 1928 zur Bezirkseinteilung zeigt, dass ein deutlicher Organisationsschwerpunkt im Norden existierte.[105] Die Gauleitung bestätigte auf Regionalkonferenzen die von den Gliederungen vorgeschlagenen vier Bezirksführer Daniel Winnewisser (Mannheim), Friedrich Hanser (Heidelberg), Erwin Sammet (Karlsruhe) und Heinrich Seger (Freiburg). Die Grundeinheit der Gaugliederung bildete eine Gruppe aus je acht Mann, zwei bis fünf Gruppen bildeten einen Zug, zwei bis drei Züge eine Kameradschaft, zwei bis fünf Kameradschaften wiederum eine Abteilung. Altbekannte Probleme ließen sich durch Umstrukturierungen nicht beseitigen: Im Februar 1929 reklamierte die Gauleitung erneut die fehlenden Abrechnungen für das vergangene Quartal und die Rücksendung der ungültig gewordenen Beitragsmarken, die trotz mehrmaliger Aufforderung nicht erfolgt sei. Die mangelnde Umsetzung von Direktiven der oberen Instanzen entsprach offensichtlich einem weit verbreiteten Verhalten innerhalb des Reichsbanners. Schon Ende 1928 hatte die badische Gauleitung geklagt, ihre Rundschreiben an die Ortsgruppen würden häufig „beim Vorstand säuberlich verwahrt",[106]

104 Ebenda.
105 Vgl. Schreiben Gauvorstand an die Kreisleiter, Ortsgruppen und aktiven Führer im Gau Baden vom 25.1.1928, KrA Rhein-Neckar, NL Willy Gärtner, 1928/6.
106 Rundschreiben des Gauvorstands Baden vom 26.11.1928, KrA Rhein-Neckar, NL Willy Gärtner, 1928/33.

ohne dass sie nur ein zweites Vorstandsmitglied bzw. Funktionär in die Hände bekäme. Ebenso beschwerte sich die Gauleitung über die regelmäßig geübte Praxis, dass sich Ortsgruppen mit Anliegen direkt an die Reichs- und Landesregierung wendeten, ohne zuvor die Gauführung zu konsultieren.[107]

Nach der Bundesverfassungsfeier in Frankfurt am Main 1928, an der viele süddeutsche Mitglieder hatten teilnehmen können, erklärte die Gauleitung hingegen zufrieden, die Feier habe gezeigt, dass das Reichsbanner „heute noch die machtvolle Organisation" sei und der Gau Baden „sich durchaus sehen lassen"[108] könne. Allerdings verfolgte der Gau Baden sein erklärtes Ziel, systematisch in bislang noch unerschlossene Städte und Gemeinden vorzudringen, in der zweiten Hälfte der 1920er-Jahre nur verhalten. Es finden sich lediglich vereinzelte Meldungen über die Gründung neuer Ortsgruppen, beispielsweise im Oktober 1928, als binnen einer Woche zwei neue Gliederungen in Kirrlach (bei Waghäusel) und Walldürn (Odenwald) mit zusammen rund 70 neuen Mitgliedern gemeldet wurden.[109] Nach dem Achtungserfolg der NSDAP bei der Landtagswahl im Oktober 1929 verspürte das badische Reichsbanner einen spürbaren Aktivitätsschub. „Dank des Auftriebs der Nationalsozialisten" verzeichne das Reichsbanner einen „erfreulichen Aufstieg" im ganzen Gau. In Pforzheim seien binnen einer Woche 30 neue Mitglieder hinzugestoßen und in Mannheim-Rheinau 65 Kameraden für eine aktive Mitarbeit gewonnen worden. In Heidelberg habe das Reichsbanner einen von nationalsozialistischen Drohungen begleiteten Auftritt des SPD-Politikers Carlo Mierendorff geschützt und in einen Erfolg verwandelt.

„Da nahm das Reichsbanner sich der Sache an und bei einer Versammlung, die 500 Reichsbannerleute als Saalschutz sah und eine überfüllte Stadthalle brachte, waren die Leute mit dem großen Maul und dem kleinen Hirn plötzlich brav, nicht einmal einen Zwischenruf wagten sie. Es war unser Erfolg!"[110]

107 Vgl. Rundschreiben des Gauvorstands Baden vom 23.10.1928, KrA Rhein-Neckar, NL Willy Gärtner, 1928/31.
108 Rundschreiben der Gauvorstands Baden vom 15.9.1928, KrA Rhein-Neckar, NL Willy Gärtner, 1928/30.
109 Vgl. „Das Reichsbanner", 14.10.1928, Nr. 35, Gaubeilage Baden.
110 Ebenda, 1.3.1930, Nr. 9, Gaubeilage Baden.

Württemberg

Die frühe Entwicklung des Reichsbanners ist in Württemberg weit weniger gut dokumentiert als in Baden, da eine Gaubeilage zur „Reichsbanner-Zeitung" erst seit Anfang 1927 erschien, zunächst mit der Beilage für Baden, dann mit Bayern. Auch fiel die Berichterstattung für Württemberg deutlich weniger umfangreich als für Baden aus, was auf eine deutlich geringere Zahl aktiver Ortsgruppen und Mitglieder hindeutet. Für den Gau Württemberg stand in den Jahren 1927 und 1928 die Auseinandersetzung mit der Stuttgarter Mitte-Rechts-Regierung unter Staatspräsident Wilhelm Bazille im Vordergrund. Bei einem Auftritt in Schwenningen Anfang 1927 erklärte der Gauvorsitzende Alfons Buse (1874–1928), schuldig an der misslichen politischen Lage sei der „mangelnde politische Weitblick bei einem großen Teile der Bevölkerung",[111] dem das württembergische Reichsbanner durch verstärktes Engagement begegnen wolle:

„Der Volksstaat Württemberg, die ‚Wiege der Demokratie', hat in den letzten 3 Jahren recht reaktionäre Wandlungen seit dem Regime des Franko-Langobarden Guilleaume Bazille, Württembergs ersten deutschnational-völkischen Staatspräsidenten, durchgemacht. [...] Die in unermüdlicher Arbeit von den Ortsgruppen des Reichsbanners [...] ausgestreute Saat ist bereits aufgegangen und reift langsam aber sicher heran. Sie wird, wenn das nächste Jahr uns eine republikanisch gesinnte und uns freundlicher lächelnde Regierungssonne scheint, erst recht gedeihen und reiche Ernte bringen. Um das zu erreichen, müssen wir innerhalb des Reichsbanners alles daransetzen, parteipolitisch Trennendes hintanzusetzen und [...] danach streben: das unwürdige deutschnational-bauern- und weingärtnerbündlerische Interregnum zu beseitigen und der Republik auch eine republikanische Regierung verschaffen."[112]

Das belastete Verhältnis zwischen württembergischer Regierung und Reichsbanner trat Ende 1927 offen zu Tage, als sich im Zuge des „Ulmer Reichsbanner-Prozesses" – ein mit Freisprüchen endendes Verfahren wegen Landfriedensbruches gegen mehrere Reichsbanner-Mitglieder der Ortsgruppe Ulm – die Stuttgarter Regierung offen gegen den Reichsbanner stellte. „In echt ‚christlicher' Wahrheitsliebe" habe es der dem rechten Zentrumsflügel angehörende Innenminister

111 „Das Reichsbanner", 1.6.1927, Nr. 11, Gaubeilage Württemberg.

112 Ebenda, 1.11.1927, Nr. 21, Gaubeilage Württemberg.

Eugen Bolz fertiggebracht, „öffentlich die ganze Schuld dem Reichsbanner zuzuschieben und ihm schweren Landfriedensbruch anzukreiden". Gleichzeitig habe er innerhalb des Zentrums eine „systematische Hetze gegen das Reichsbanner" eingeleitet, die allerdings dank des Freispruchs „schmählich zusammengebrochen"[113] sei.

Organisatorisch erstreckte sich das württembergische Reichsbanner über das gesamte Land, inklusive der preußischen Enklave Hohenzollern, und umfasste laut Polizeiberichten Mitte der 1920er-Jahre etwas über 4000 Mitglieder, die in Württemberg „in ganz überwiegendem Maße Anhänger der SPD" seien. Nur in einzelnen Ortsgruppen, z. B. in Ludwigsburg, gäbe es eine nennenswerte Anzahl von Anhängern aus der Zentrumspartei. Die mit Abstand stärkste der insgesamt 40 Ortsgruppen bildete Stuttgart mit etwa 1600 Mitgliedern, es folgten Ulm (etwa 300) und Schwenningen (etwa 250).[114] Zum Gauvorstand gehörten neben dem Vorsitzenden Buse der Reichstagsabgeordnete Erich Roßmann (1884–1953, SPD), der Gauleiter des Reichsbundes der Kriegsbeschädigten, Franz Boyna (SPD), der Stuttgarter Rechtsanwalt

113 Zit. nach „Münchener Post", Nr. 292/1927, HStA Stuttgart, E130b, Bü 467.

114 Vgl. StA Sigmaringen, Wü 65/4 T2, 932.

Delegierte der Gaukonferenz Württemberg im Februar 1927 in Cannstatt bei Stuttgart.
Quelle: „Illustrierte Reichsbanner-Zeitung“, 12. März 1927

Robert Haußmann (DDP), der Cannstatter Bankbeamte Wilhelm Herrmann (DDP), der Sindelfinger Stadtgeometer Paul Mack, der Stuttgarter Bezirksleiter Emil Scheck sowie der Zuffenhausener Redakteur Emil Schuler. Dem Gauausschuss gehörten 43 überwiegend der SPD und der DDP angehörende Vertreter an, darunter Fritz Elsas, Kurt Schumacher und Wilhelm Keil.

Bei einer Reichskonferenz der Gauvorstände am 11. Oktober 1925 bekam der Gau Württemberg laut Buse für seine Aufbauarbeit zwar das Prädikat „gut“,[115] er blieb aber in Sachen Organisationsdichte und Aktivitätsgrad weit hinter Baden zurück. Auf der Generalversammlung des Stuttgarter Reichsbanners am 27. November 1926 prangerte Schumacher eine in der Stadt wie im ganzen Land vorhandene „gewisse Lauheit der Republikaner“ an. Diese rühre daher, dass in Württemberg das „Dreisäulensystem“[116] aus Zentrum, Demokraten und Sozialdemokraten nicht so ausgeprägt sei wie in anderen Ländern; das führe zu einer Vorherrschaft der SPD im Reichsbanner, zumal das württembergische Zentrum anders als in Baden nicht auf dem Standpunkt eines dem Reichsbanner zugewandten

115 Ebenda.
116 Ebenda.

Alfons Buse, 1928.

Quelle: „Illustrierte Reichsbanner-Zeitung",
7. April 1928

Joseph Wirth stehe. Außerdem beeinträchtigten verschiedene weitere Missstände die Arbeit des Reichsbanners in Stuttgart: häufige Teilnahmen von (zum Teil uniformierten) Mitgliedern an KPD-nahen Veranstaltungen, das passive Verhalten mancher Gewerkschaftsführer gegenüber der Organisation sowie ein finanzielles Defizit durch die Vielzahl von Veranstaltungen, für die die Ortsgruppe allein geradestehen müsse.

In der Zentrumspartei hatte sich schon früh ein latentes Unbehagen gegenüber dem Reichsbanner geäußert. Der zentrumsnahe „Schwäbische Volksbote" schrieb anlässlich des Ulmer „Republikanertages" im Juli 1926, ein „gesunder Staat sollte keine eigene Organisation der Bürger zur Erhaltung seines Bestandes brauchen", dazu sollten die eidliche Verpflichtung der Reichswehr und der „unbedingte Wille der Staatsbürger" selbst genügen. Auf dem Weg zur Erreichung seiner Ziele stecke das republikanische Bündnis noch in den Kinderschuhen, wirklich Fahrt aufnehmen könne das Reichsbannerschiff aber erst, wenn es aufhöre, „auf der linken Seite übermäßig belastet zu sein. [...] Das ist kein Schönheitsfehler, sondern eine Frage auf Gedeih und Verderb der ganzen Bewegung."[117] Vor dem Hintergrund wachsender Spannungen mit der Bürgerblock-Regierung reflektierte das württembergische Reichsbanner seit 1927 intensiv sein Verhältnis zur Zentrumspartei. Die Gaugeneralversammlung kritisierte im Februar 1927 die neue Rechtsregierung, wobei der Bundesvorstand die Reichsbanner-Mitglieder aufforderte, nichts zu unternehmen, was Zentrumsanhänger weiter von der Organisation entfremden könnte.[118] Buse, der sich laut „Schwäbische Tagwacht" stets „für ein enges Zusammenarbeiten mit dem Zentrum" eingesetzt hatte, wandte sich im März 1927 entschieden gegen den im Reichsbanner aufgekommenen Ruf „Los vom Zentrum!", der vom Gesichtspunkt republikanischer Politik „durchaus falsch und unangebracht"[119] sei.

Einen tiefen Einschnitt für den Gau Württemberg bedeutete der Tod des Gründungsvorsitzenden Buse, der am 20. März 1928 im Alter von nur 53 Jahren starb. Die Trauerfeierlichkeiten am 25. März in Stuttgart gerieten zu einer Demonstration für die Republik, an der zahlreiche Reichsbanner-Anhänger aus Württemberg und darüber hinaus teilnahmen.[120] Zu Buses Nachfolger als Gauvorsitzenden wählten die Delegierten mit großer Mehrheit Friedrich Schmidt aus Stuttgart, der Ulmer Wilhelm Wirthle erhielt als dessen Stellvertreter die Bestätigung.

117 „Schwäbischer Volksbote", 3.7.1926.
118 Vgl. „Schwäbische Tagwacht", 22.2.1927
119 Ebenda, 22.3.1927.
120 Vgl. „Das Reichsbanner", 15.4.1928, Nr. 9, Gaubeilage Württemberg; vgl. auch „Illustrierte Reichsbanner-Zeitung", 7.4.1928, Nr. 14, S. 212.

Für Ende der 1920er-Jahre finden sich noch vereinzelt Belege für Neugründungen von Ortsgruppen im Gau Württemberg, etwa am 14. April 1929 in Ellwangen oder am 18. August 1929 in Pfullingen. Auf der außerordentlichen Gaukonferenz für Württemberg am 13. Oktober 1929 in Stuttgart zog der Gauvorsitzende Schmidt in Anwesenheit von Hörsing eine durchwachsene Bilanz. Auch vor dem Hintergrund des Volksbegehrens gegen den Young-Plan müsse die Mitarbeit der republikanischen Parteien in Württemberg beim Reichsbanner als „noch recht ungenügend"[121] bezeichnet werden. Das Zentrum stelle sich offen gegen dessen Ziele, die DDP verhalte sich allenfalls passiv, und die Mitarbeit der Sozialdemokratie „lasse an manchen Orten auch viel, wenn nicht alles zu wünschen übrig".[122] Württemberg sei zudem aufgrund seiner „sozialen Struktur mit dem vielen Kleinbesitz und der dezentralisierten Industrie an sich für bündische Bewegungen nicht der beste Boden". Zwar hätten sich auch Stahlhelm und Rotfrontkämpferbund nur ziemlich schwach entwickelt. Das heiße aber nicht, dass das Reichsbanner nicht dringend gebraucht werde.

„Denn in Württemberg sind die versteckten Feinde der Republik, namentlich in den Amtsstuben sehr zahlreich. Außer der sozialdemokratischen Presse bringen die republikanischen Zeitungen so gut wie gar nichts über das Reichsbanner."[123]

Schmidt stellte die Frage, wo die Lehrer und Beamten blieben, die doch eigentlich der Republik dienten und sich folglich beim Reichsbanner organisieren müssten.

Bei der Jahresversammlung der Stuttgarter Ortsgruppe im Februar 1930 erklärte Kurt Schumacher, in Württemberg lägen die Verhältnisse für das Reichsbanner infolge der Rechtsorientierung des Zentrums und des Regierungseintritts der DDP „etwas ungünstig". Gemessen an der politischen Gesamtlage im Reich träten allerdings die „württembergischen Sondererscheinungen"[124] in den Schatten. Ein Vertreter des Bundesvorstandes ergänzte, dass Württemberg noch ein „steiniger Boden für die republikanische Bewegung" sei, wenngleich der Gau gut gearbeitet und die Funktionäre „auch in der Kleinarbeit ihre Pflicht getan"[125] hätten. Lernen müsse man von der Agitation der Nationalsozialisten, die besonders in den kleinen Landorten aktiv waren und

121 „Schwäbische Tagwacht", 15.10.1929.
122 „Donau-Wacht", 16.10.1929.
123 „Schwäbische Tagwacht", 15.10.1929
124 Ebenda, 26.2.1930.
125 StA Sigmaringen, Wü 65/4 T2, 933.

dorthin ihre besten Redner schickten. Er konstatierte, dass die DDP in Württemberg dem Reichsbanner keine besondere Unterstützung zukommen ließ und die führenden Kreise des Zentrums es sogar offen ablehnten. Die Delegierten stimmten schließlich für eine neue Gliederung des Gaues in fünf Kreise (Stuttgart, Mitte, Neckar, Schwarzwald, Donau), auf die sich die 43 Ortsgruppen verteilten.[126] Die sozialdemokratische Dominanz zeigte sich auch noch 1930 im Gauvorstand: neun Mitglieder gehörten der SPD, vier der DDP und nur eines dem Zentrum an.

126 Ebenda.

2.3
Endkampf um die Republik (1930 bis 1933)

Der 14. September 1930 markiert einen tiefen Einschnitt in der neunjährigen Geschichte des Reichsbanners. Die Nationalsozialisten erreichten bei der vorgezogenen Reichstagswahl einen Stimmenanteil von 18,3 Prozent und entsandten 107 Abgeordnete (vorher: 12 Mandate) in den Reichstag. Auch in den Südwestländern schlug der Wahlerfolg der NSDAP durch. In Baden erreichte die NSDAP 19,2, in Württemberg 9,4 Prozent. Während die SPD und bürgerliche Demokraten geschockt reagierten, zeigte sich das Reichsbanner weit weniger überrascht, da es die sprunghaft gewachsene Stärke und Gefährlichkeit der SA im Wahlkampf erlebt hatte und eine realistische Vorstellung vom Potenzial der NSDAP besaß. Das Reichsbanner hatte den Ernst der Lage vollständig erkannt. Das Wahlergebnis führte zu einer schonungslosen Diskussion innerhalb des Verbandes über die Ursachen des Anwachsens der Nationalsozialisten und die eigenen Defizite angesichts der Kräfteverschiebung.

„Seit September 1930 bewegte sich sozialdemokratische Politik im Bannkreis der Frage, wie sie möglichst wirkungsvoll dem Aufstieg der Hitler-Bewegung begegnen könne."[127]

Zugleich erfuhr das Reichsbanner eine Aufwertung in den Augen bei vielen, die vor allem seit Beginn der Großen Koalition 1928 die Notwendigkeit des Weiterbestehens einer republikanischen Kampforganisation infrage gestellt hatten. In einem auf einer Führertagung in Karlsruhe verabschiedeten Aufruf verkündete das badische Reichsbanner:

127 Wolfram Pyta, Gegen Hitler und für die Republik. Die Auseinandersetzung der deutschen Sozialdemokratie mit der NSDAP in der Weimarer Republik, Düsseldorf 1989, S. 485.

„Das Ergebnis der Reichstagswahlen vom 14. September hat dem vernünftigen Teil des deutschen Volkes gezeigt, in welch ernste politische Situation die Republik eingetreten ist. Der Faschismus, dessen Regiment unter ungeheuren Blutopfern schon in vielen Staaten aufgerichtet worden ist, steht auch in Deutschland vor den Toren. Es gibt jetzt nur eine ‚Koalition der Vernünftigen', das ist die geschlossene Front aller Republikaner gegen den Faschismus. Das Reichsbanner ist bereit, diese Kampffront gegen den Faschismus zu führen."[128]

Das Reichsbanner reagierte zunächst – angelehnt an den Aktivismus der NSDAP – mit einer reichsweiten Aufklärungskampagne mit teilweise hochkarätigen Rednern. Verbal wurde jede Zurückhaltung aufgegeben. So standen beispielsweise Veranstaltungen, in Anspielung auf das Scheitern des Putsches 1923, unter dem Motto „Hitler auf den Bauch", oder man forderte, mit Hitlers Herkunft offenbar noch nicht vertraut, lautstark: „Hinaus endlich aus den Reichsgrenzen mit dem landfremden tschechischen Bastard, dem Aufwiegler Adolf Hitler".[129] Auch im Südwesten beschwor das Reichsbanner eine größere Bereitschaft zur Aktivität und startete eine Serie von Veranstaltungen. Zwei Monate nach der Reichstagswahl meldete der Gau Baden:

128 „Das Reichsbanner", 25.10.1930, Nr. 43, Gaubeilage Baden.
129 Zit. nach Rohe, S. 363 f.

„Der Wille zur Aktivität ist in unsern Kameraden gerade seit der letzten Wahl besonders stark geworden. Das Treiben der Nazis hat manchen aufwachen lassen, der bisher noch glaubte, daß der Unsinn sich von selbst erledigen würde, aber beim deutschen Volke ist anscheinend alles möglich und so können wir nicht erlahmen und müssen unsre Aufklärungsarbeit weiter fortsetzen. […]

In allen Kreisen wird über die neue Marschrichtung lebhaft debattiert und der Wille zur Mitarbeit, zur Stärkung des Reichsbanners und damit der republikanischen Front ist unverkennbar.“[130]

Ähnliche Versuche zur neuen Mobilisierung zwischenzeitlich verloren gegangener Kräfte lassen sich auch für den Gau Württemberg nachweisen. Die Ortsgruppe Reutlingen räumte ein, wie andere Ortsgruppen auch in den letzten zwei Jahren weniger Aktivität gezeigt zu haben.

„Warum? Nun, ganz allgemein aus dem Grunde, weil man glaubte und annahm, daß der gestellte Gründungszweck: die Sicherung der Republik, der Demokratie, des Parlaments sei zum guten Teil erreicht."[131]

Nun begann aber auch in Württemberg eine Welle von Mitgliederversammlungen und Konferenzen, die einen Ausweg aus der Lage berieten.

Kurz nach der Reichstagswahl begann das Reichsbanner mit der Aufstellung militanter Eliteformationen, den sogenannten Schutzformationen (Schufo). In den „Schufo" sollten junge, leistungsfähige und buchstäblich schlagkräftige Mitglieder erfasst werden und eine „Kampforganisation mit allen Konsequenzen"[132] bilden, die im Ernstfall zur physischen Verteidigung der Republik bereitstand. Während den „Schufo"-Männern eine militärisch-technische Grundausbildung zukommen sollte, wurden die anderen Reichsbannermitglieder in Reserveeinheiten, sogenannten Stammformationen (Stafo), zusammengefasst, denen auch die Betreuung der passiven Mitglieder oblag. Diese Neugliederung bedeutete eine radikale Abkehr von der bisherigen Strategie der Verbandsführung, ganz auf das bloße Mitgliederwachstum zu setzen. Am 14. September 1930 war offensichtlich geworden, dass dieses Massenorganisationsdenken, das „wachsende Anhängerscharen mit wachsender Schlagkraft unbesehen und naiv in eins setzte",[133] nicht mehr weiterführte. Zur vormilitärischen Ausbildung der „Schufo" zählte neben einer körperlichen Grundausbildung der sogenannte Schutzsport (der Begriff „Wehrsport" wurde umgangen). Dabei handelte es sich um Marsch- und Geländeübungen mit Orientierungskunde, Signaltechnik und Nachrichtenwesen sowie Kampfsportarten (Boxen und Jiu-Jitsu). Auch das Kleinkaliberschießen wurde nun in fast allen Gauen eingeführt, wenngleich von einer flächendeckenden Bewaffnung der Mitglieder für die Anforderungen eines Bürgerkrieges keine Rede sein konnte. Vielmehr bemühte sich die

130 „Das Reichsbanner", 8.11.1930, Nr. 45, Gaubeilage Baden.
131 Ebenda, 25.10.1930, Nr. 43, Gaubeilage Württemberg.
132 Rohe, S. 366. Nach Beschluss der Bundesführung sollten die „Schufo"-Männer „in vollem Besitz ihrer körperlichen Kräfte, in politischer Beziehung in unserem Bunde geprüft und in jeder Hinsicht als durchaus zuverlässig erprobt, gut ausgebildet, diszipliniert und gewillt sein, zu jeder Zeit und an jedem Orte bei der Erfüllung der unserem Bunde gestellten Aufgaben mitzuwirken", zit. nach Mintert, S. 75.
133 Rohe, S. 366.

Organisation um enge Kontakte zur Polizei, der sie sich im Ernstfall zur Verfügung stellen wollte. Die Kontakte zur Reichswehr blieben dagegen marginal. Freilich bildeten die „Schufo" willkommene Angriffspunkte für ohnehin dem Reichsbanner feindlich gesinnte Politiker.

Da das Reichsbanner in den vorangegangenen Jahren oftmals von der politischen Rechten wegen seines vermeintlich „laschen" Erscheinungsbildes verspottet worden war, achtete die Organisation fortan bei Aufmärschen und Demonstrationen viel stärker auf ein betont militärisches Auftreten in festen Formationen und in einheitlicher Uniformierung. Ihren ersten großen Auftritt erlebten die „Schufo" am 22. Februar 1931 – dem siebten Gründungstag des Reichsbanners –, als Hörsing auf einer Kundgebung im Berliner Lustgarten verkündete, es hätten sich bereits 160 000 Mann den neuen Kampfverbänden angeschlossen. In den folgenden zwei Jahren wuchsen die „Schufo" auf 250 000 bis 400 000 Mitglieder an, von denen rund zwei Drittel unter 30 Jahre alt waren.[134] Bei der ungefähr 2400 Mitglieder zählenden Mannheimer Ortsgruppe kann man von 600 bis 800 „Schufo"-Angehörigen ausgehen,[135] die sich zu großen Teilen aus dem „Jungbanner" rekrutierten.

„Durch die Reorganisation unsers Bundes mußte der größte Teil unsers Jungbanners in die neugebildete Schutzformation überführt werden. Dank der vorbildlichen Führung und Schulung konnte die Eingliederung reibungslos durchgeführt werden. Die bereits erworbenen Kenntnisse kommen der Schutzformation zugute. [...] Durch die Einreihung in die Schutzformation blieb nur noch ein kleiner Teil von Jungbannerkameraden, die in den vergangenen Tagen neu das Jungbanner zusammenstellten. Die Aussprache unter den Kameraden ergab den Willen, das neue Jungbanner stark zu gestalten, um es auch als brauchbare Kämpfer später der Schutzformation zuführen zu können."[136]

Auf der Gaukonferenz des badischen Reichsbanners im Januar 1933 musste Gaujugendleiter Feuerstein allerdings einräumen, dass die eigentliche Jungbannertätigkeit seit der Gründung der „Schufo" weitgehend ruhte. Dafür hätten Mannheim und andere Ortsgruppen

134 Vgl. Rohe, S. 372 u. 374.
135 Vgl. Christoph Popp, 1918–1933: Die Weimarer Republik, in: Ulrich Nieß/Michael Caroli (Hrsg.), Geschichte der Stadt Mannheim, Bd. III: 1914–2007, Mannheim 2007, S. 50–210, hier S. 82.
136 „Das Reichsbanner", 9.5.1931, Nr. 19, Gaubeilage Baden.

nun eigene Jugendabteilungen für 14- bis 18-jährige geschaffen, die als „Vortrupp" dem Reichsbanner einen „Zustrom" junger Menschen sichern ten. Offenbar spielte der Gau Baden bzw. die Ortsgruppe Mannheim eine Vorreiterrolle, denn bei einer Konferenz sämtlicher Gaujugendführer des Reiches im Mai 1932 in Weimar wurde „die Schaffung von ‚Vortrupps' nach badischem bzw. Mannheimer Muster angeregt"[137] angeregt.

Die Gründung der „Schufo" war aus Sicht vieler Mitglieder überfällig, denn die Zunahme gewalttätiger politisch motivierter Ausschreitungen ließ sich seit der Jahreswende 1929/30 nicht übersehen. Berichte über bewaffnete Überfälle von SA-Männern auf Reichsbannerleute waren auch im Südwesten keine Seltenheit mehr. So schlug am 14. Juni 1930 ein Trupp Nationalsozialisten fünf Republikaner in Mannheim krankenhausreif und verwundete sie durch Messerstiche schwer.[138] Nach einer Statistik der linksliberalen „Welt am Montag" vom Oktober 1931 handelte es sich zwar nur bei einem kleinen Teil der aus politischen Motiven seit 1929 getöteten Aktivisten um Reichsbannermänner,[139] doch spätestens seit 1931 häuften sich die Überfälle auch auf diese.[140] Einen vorläufigen Höhepunkt erreichte die Eskalation der Gewalt im Herbst 1931, als sich kurz nach dem Treffen der rechtsnationalen Opposition in Bad Harzburg („Harzburger Front") 100 000 SA-Männer am 17. und 18. Oktober in Braunschweig versammelten. Nach ihrem Vorbeimarsch an Hitler fielen sie in die Arbeiterviertel der Stadt ein und hinterließen dabei neben schweren Verwüstungen zwei Tote und zahlreiche Verletzte. Die Eindrücke aus Braunschweig verstärkten sich durch die Entdeckung von Geheimpapieren der hessischen NSDAP („Boxheimer Dokumente"), die der Polizei Ende November bei der Durchsuchung eines Anwesens nahe Worms (damals im Volksstaat Hessen) in die Hände fielen. In ihnen wurde detailliert die „totale Unterdrückung jedweder Opposition mit brutalsten Terrormitteln" für den Fall der Machtübernahme beschrieben. Das Alarmsignal der „Boxheimer Dokumente" lieferte den letzten Auslöser zur Gründung der „Eisernen Front" im Dezember 1931.

137 Bericht von der IV. Ordentlichen Generalversammlung zu Mannheim (28./29.1.1933), KrA Rhein-Neckar, NL Willy Gärtner 1933/1.
138 Vgl. „Neue Mannheimer Zeitung", 16.6.1930.
139 Vgl. Schumann, S. 307. Danach gehörten von den seit 1929 aus politischen Motiven Getöteten 108 den Kommunisten, 31 „rechtsradikalen" Verbänden, acht dem Reichsbanner und zehn der Polizei an.
140 Vgl. Gotschlich, S. 90, zählt für 1931 1696 Überfälle von Nationalsozialisten auf das Reichsbanner.

„Eiserne Front"

Die Reichsbanner-Führung forderte am 22. November 1931 in einer Erklärung, das schon seit längerer Zeit angestrebte antifaschistische Abwehrkartell zu schmieden: „Der Front der Staatsfeinde muss die ‚Eiserne Front' der staatstreuen Bürger entgegengestellt werden."[141] Bei einer Zusammenkunft der Spitzen von SPD, Reichsbanner, freien Gewerkschaften und SPD-nahen Arbeitersportverbänden wurde am 16. Dezember in Berlin die „Eiserne Front" ins Leben gerufen und das Reichsbanner mit deren organisatorischer und technischer Koordination betraut. Zu ihrem populären Symbol wurden die „Drei Pfeile", die für die Säulen der Abwehrfront standen (SPD, Gewerkschaften, Reichsbanner mitsamt den Arbeitersportsverbänden) und die politische, wirtschaftliche und physische Macht der Arbeiterklasse verkörpern sollten. Tatsächlich entsprach diese Gegengründung zur „Harzburger Front" den Befürchtungen der NSDAP-Führung, doch ging andererseits der überparteiliche Charakter nun endgültig verloren. Fast alle nicht-sozialdemokratischen Parteien und Verbände, darunter das Zentrum und – zur Enttäuschung der Initiatoren – die christlichen Gewerkschaften, versagten der „Eisernen Front" ihre Unterstützung. Die sozialdemokratische Ausrichtung der „Eisernen Front" ließ die weiterhin postulierte Überparteilichkeit zu einem bloßen Lippenbekenntnis werden. Die Dominanz der SPD sorgte dafür, dass die „Eiserne Front" in der Öffentlichkeit als eine „politisch homogene Aktionsgemeinschaft sozialistischer Observanz"[142] wahrgenommen wurde. Auch erwies sich die nach außen hin fest gefügte Front letztlich als ein „lockeres Einvernehmen organisatorisch selbstständiger Verbände, die hin und wieder zu Sondierungsgesprächen zusammentrafen".[143] Insofern stand die tatsächliche Schlagkraft in keinem Verhältnis zu dem Heer von bis zu zehn Millionen Anhängern dieser Bündnisorganisation.[144]

„Ein wirkliches Eigenleben konnte die Eiserne Front unter diesen Umständen nicht entfalten. Sie war nie mehr als der verlängerte Arm der SPD, zog aber erheblichen Nutzen daraus, dass sowohl Anhänger wie Gegner ihr zeitweilig mehr organisatorische Schlagkraft zutrauten, als sie tatsächlich besaß."[145]

141 Zit. nach Herlemann/Tuchel, S. 48.
142 Rohe, S. 398.
143 Ebenda.
144 Vgl. Ulrich, S. 18.
145 Heinrich August Winkler, Der Weg in die Katastrophe. Arbeiter und Arbeiterbewegung in der Weimarer Republik 1930 bis 1933, Berlin u. a. 1987, S. 516.

Metallener Einband eines „Eisernen Buches", 1932.
Quelle: Gedenkstätte Deutscher Widerstand, Schaudepot, RB 516

An der Spitze des Reichsbanners vollzog sich unterdessen um die Jahreswende 1931/32 eine sich seit langem abzeichnende Wachablösung. Hörsing, der sich mit ungeschickten Alleingängen in Partei und Reichsbanner zunehmend isoliert hatte, trat zurück und wurde durch seinen bisherigen Stellvertreter Karl Höltermann (1894–1955) ersetzt. Der alte Vorsitzende, enttäuscht vom Kurs seiner Partei, gründete kurz darauf die Sozialrepublikanische Partei Deutschlands, die jedoch nie über den Status einer Splitterpartei hinauskommen sollte.

Den Auftakt zur neuen Sammlungsbewegung bildete in der ersten Februarwoche 1932 eine „Rüstwoche", in der sich die Anhänger in „Eisernen Büchern" eintragen und nach Möglichkeit einen Spendenbeitrag leisten sollten. Im Südwesten zeigte sich erneut Mannheim als Vorreiter. Dort hatten Sozialdemokraten und Gewerkschafter bereits am 18. November 1931 einen „Hilfsformation" (Hifo) getauften Selbstschutz unter Einschluss aller Arbeiterorganisationen gebildet. Über zwei parallele Gründungsversammlungen berichtete die „Volkszeitung":

„Wohl selten noch hat ein Aufruf so gezündet, wie der von den Gewerkschaften, der Sozialdemokratischen Partei, dem Reichsbanner und allen anderen Arbeiterorganisationen in diesen Tagen erlassene, der zur Bildung einer Selbstschutzformation des Proletariats aufrief. [...] Erste Forderung wird immer sein, daß der Staat mit seinen Machtmitteln sich schützend vor die arbeitende Bevölkerung stellt. Aber wo diese Machtmittel nicht ausreichen oder wo sie gar versagen, da wird die Arbeiterschaft selbst die Abwehr ergreifen. [...] Erst wenn die staatlichen Machtmittel versagen, wird die Stunde der ‚Hifo' gekommen sein. Ihr Ziel soll nicht die blutige Auseinandersetzung, sondern deren Verhinderung sein. [...] Im ‚Eichbaum' leitet der Gauvorsitzende des Reichsbanners, Genosse [sic!] Dr. Helffenstein die Versammlung. Ohne lange Debatten, einig, geschlossenen Willens formiert sich die Abwehrfront [...] Die Versammlungen waren ein Menetekel gegen den Hakenkreuzterror."[146]

In Württemberg trat die „Eiserne Front" mit einer Großveranstaltung am 21. Januar 1932 in Stuttgart auf den Plan. Der als Hauptredner geladene Major a. D. Karl Mayr (1883–1945), der aufgrund seiner früheren NSDAP-Mitgliedschaft und als zeitweiliger Vorgesetzter Hitlers als Experte für die NS-Bewegung galt, warnte, die Millionen NSDAP-Wähler bildeten zwar für die überzeugten Republikaner keine Bedrohung, seien aber für die Reputation Deutschlands im Ausland eine ernsthafte Gefahr. Daher sei es notwendig, sich nun „in der endlosen Kette von Kundgebungen im ganzen Reich gegen die faschistischen Gewalten" zu stellen, denn „es ist mit den Faschisten genau so wie mit den Schakalen und Hyänen in der Wüste: Wenn sie keine Gegenwirkung zu befürchten haben, wenn sie nichts dabei riskieren, dann möchten sie aufhängen und Köpfe rollen lassen."[147]

Der charismatische und rhetorisch begabte Höltermann verlieh der „Eisernen Front" neuen propagandistischen Schwung. Auch der junge hessische SPD-Reichstagsabgeordnete Carlo Mierendorff (1897–1943) und der russische Exilwissenschaftler Sergej Tschachotin (1863–1973), ein ehemaliger Assistent des berühmten Verhaltensforschers Ivan Pawlow

146 Zit. nach IG Metall (Hrsg.), „Säumt keine Minute!" Dokumente zur Geschichte der Arbeiterbewegung in Mannheim 1848–1949, Mannheim 1986, S. 397–400.
147 „Schwäbische Tagwacht", 22.1.1932.

(1849–1936), leisteten eine bemerkenswerte Pionierarbeit.[148] Beide erkannten, dass die bisherige Agitation der SPD, deren Methoden von vielen als biedermeierlich empfunden wurden, den anstehenden Wahlkämpfen nicht gewachsen war und warfen der SPD vor, „stets nur den Bereich des Logischen und des Vernunftmäßigen im Menschen anzusprechen und dabei die Wichtigkeit von Stimmungen und die Kraft der emotionalen Impulse zu unterschätzen".[149] Die bisherige redliche, aber langatmige und der aggressiven NS-Propaganda hoffnungslos unterlegene Agitation blendete völlig das Verlangen der Wähler nach eingängigen Formeln und Symbolen aus. Tschachotin, Mierendorff und ihre Mitstreiter setzten sich deshalb bei der widerstrebenden SPD-Führung für eine völlige Umgestaltung des Wahlkampfes ein. Die von Tschachotin entworfenen „Drei Pfeile" entwickelten sich zu einem Kampfsymbol, mit dem im ersten Halbjahr 1932 überall in Deutschland Hakenkreuze übermalt wurden. Diese Form des Symbolkriegs, die kurze eingängige Parolen und einen neuen Gruß („Freiheit!") einschloss, erprobte die „Eiserne Front" erstmals bei der hessischen Landtagswahl im Juni 1932, wo sie sich auf Anhieb bewährte, sodass sie anschließend auch für den Reichstagswahlkampf angewendet wurde.

Ihre erste große Bewährungsprobe erlebte die „Eiserne Front" jedoch in der Kampagne zur Reichspräsidentenwahl im Frühjahr 1932. Zwar erforderte es für ihre Anhänger einige Überwindung, sich hinter den Amtsinhaber Paul von Hindenburg (1847–1934) zu stellen. Doch die Furcht vor einem Erfolg des Gegenkandidaten Hitler ließ keine andere Wahl, als das „geringere Übel" im Wahlkampf zu unterstützen. Der Einsatz von Reichsbanner und „Eiserner Front" trug letztlich wesentlich dazu bei, dass Hindenburg im zweiten Wahlgang mit absoluter Mehrheit wiedergewählt wurde. Den traurigen Höhepunkt des blutigen Jahres 1932 bildeten die schon von der zeitgenössischen SPD-Presse als „Wahlkrieg" bezeichneten Wahlkämpfe zur preußischen Landtagswahl am 24. April und zu den vorgezogenen Reichstagswahlen vom 31. Juli. Aus dem zwischenzeitlichen Verbot der SA, das durch von Hindenburg vor allem auf Druck der Länderinnenminister widerwillig verhängt worden war, konnte das Republikanerbündnis kein politisches Kapital schlagen.

148 Tschachotin war kurz nach der Jahrhundertwende zum Studium nach Deutschland, u. a. in Heidelberg, gekommen. 1910 kehrte er als Assistent Pawlows nach Moskau zurück. Von dessen Ideen zu konditionierten Reflexen bei Tieren beeinflusst, entwickelte Tschachotin auf „bedingten Reflexen" beruhende und auf die Politik übertragbare Propagandamethoden, die er erst nach seiner Flucht aus dem revolutionären Russland verwirklichen konnte. Nach mehreren wissenschaftlichen Stationen in ganz Europa kehrte Tschachotin Anfang der 1930er-Jahre nach Heidelberg zurück, wo er als Gastwissenschaftler am Kaiser-Wilhelm-Institut für Medizinische Forschung arbeitete und als überzeugter Sozialdemokrat (Menschewiki) den Kontakt zu den deutschen Genossen suchte.

149 Berndt Guben, Schwarz, Rot und Gold. Biographie einer Fahne, Berlin u. a. 1991, S. 306.

Aufmarsch der „Eisernen Front" in Mannheim im Vorfeld der Reichstagswahl, Sommer 1932.
Quelle: Marchivum, AB00559-034

Reichsbanner Schwarz-Rot-Gold

Bund Deutscher Kriegsteilnehmer und Republikaner E. V.

Gau Baden

IV. Ordentliche Gau-Generalversammlung

zu Mannheim

„Harmonie", D 2, 6

Samstag, den 28. Januar

und

Sonntag, 29. Januar 1933

Deckblatt zu Rechenschaftsbericht, Tagesordnung und Anträgen zur IV. ordentlichen Gau-Generalversammlung des Reichsbanner-Gaus Baden vom 28. bis 29. Januar 1933 in Mannheim, o. D.

Quelle: Kreisarchiv Rhein-Neckar-Kreis, Nachlass Willy Gärtner, 1933/1

Im Gegenteil wurden Gerüchte gestreut, das Verbot sei als eine Konzession Hindenburgs an das Reichsbanner für die geleistete Wahlhilfe zu werten, sodass sich Höltermann bald gezwungen sah, die ihm unterstehenden Schutzformationen einstweilen aufzulösen.[150]

Konsequenter als im Reich verfolgte das Land Baden die zunehmende Gewalt aus den Reihen von NSDAP bzw. SA. Als der neue Reichskanzler von Papen das SA-Verbot rückgängig machte, reagierte die Regierung in Karlsruhe umgehend mit einem umfassenden Demonstrations- und Uniformverbot sowie einem Verbot von militanten Geländeübungen. Diese Maßnahmen trafen zwar auch das Reichsbanner und schränkten dessen Aktivität ein, doch konnte die Landesregierung dadurch verhindern, dass „die im nord-, west- und ostdeutschen Raum um sich greifenden bürgerkriegsähnlichen Zustände auf Baden übergriffen".[151] Währenddessen wurde der Reichstagswahlkampf mit brutaler Härte und nie dagewesener verbaler Schärfe weitergeführt, sodass man im Sommer 1932 mit Recht von „Kriegsschauplätze[n] in der eigenen Heimat" bzw. von einem „Zustand des latenten Bürgerkriegs"[152] sprechen konnte. Man kann davon ausgehen, dass im Frühjahr und Sommer 1932 der Organisationsalltag des Reichsbanners auch in den Südwestländern weitgehend zum Erliegen kam und vollständig hinter die kurzfristigen Anforderungen der Wahlkämpfe zurückgestellt wurde. Die Vielzahl der Veranstaltungen beanspruchte die Ortsgruppen in bis dahin nie gekanntem Maße. „Der ständige Wahlkampf, der Tag und Nacht vollen Einsatz verlangte, wurde in erster Linie von den arbeitslosen Reichsbannermännern getragen."[153] Aus Südbaden berichtete der Reichsbanner-Bezirksführer Ernst Bühler Anfang 1933 zurückblickend:

150 Vgl. Rundschreiben an die Gauvorstände im Reich vom 14.4.1932, AdsD, NL Franz Osterroth, Box 63, Mappe 165.
151 Ernst Otto Bräunche, Die NSDAP in Baden 1928–1933. Der Weg zur Macht, in: Thomas Schnabel (Hrsg.), Die Machtergreifung in Südwestdeutschland. Das Ende der Weimarer Republik in Baden und Württemberg 1928–1933, Stuttgart u. a. 1982, S. 15–48, hier S. 32.
152 Ulrich, S. 18.
153 Mintert, S. 92.

„Propagandaausfahrten, Saalschutz und Flugblattverteilung wechselten in rascher Reihenfolge, oft mußte eine Schufokameradschaft an einem Tage an 4–5 Orten Saalschutz stellen. 80 und mehr Kilometer wurden oft mit dem Fahrrade zurückgelegt, um in bedrohten Orten den Saal- und Rednerschutz zu übernehmen, große persönliche Opfer gebracht."[154]

Der Karlsruher Reichsbannerfunktionär Erwin Sammet (1887–1973) klagte nach dem Zweiten Weltkrieg, die „immer mehr aufeinanderfolgenden Reichstagswahlen und Reichskanzlerwahlen [sic!] und die Streitigkeiten innerhalb der Koalitionsparteien" hätten nicht nur ein allgemeines Nachlassen des politischen Interesses, sondern auch eine „ziemlich nachlassende zahlenmäßige Beteiligung der Kameraden des Reichsbanners"[155] bewirkt.

Doch noch vor dem Wahlgang am 31. Juli 1932 wurden Tatsachen geschaffen, die das Reichsbanner und die „Eiserne Front" in ihren Grundfesten erschütterten. Die seit April nur noch geschäftsführend amtierende preußische Regierung unter dem Sozialdemokraten Otto Braun (1872–1955) wurde am 20. Juli durch eine verfassungswidrige Amtsenthebung („Preußenschlag") von Reichskanzler von Papen, der sich von Hindenburg als „Reichskommissar für Preußen" einsetzen ließ, gestürzt. Während Höltermann und die Reichsbannerführung angesichts des Staatsstreichs die Stunde der Entscheidung gekommen sahen, plädierte der SPD-Vorstand für einen gewaltfreien Protest. Nach intensiven Beratungen noch am selben Abend lenkten Höltermann und sein Mitstreiter Albert Grzesinski (1879–1947) schließlich ein und schlossen sich der SPD-Erklärung an, welche die Anhänger auf den 31. Juli als „Tag der Abrechnung" vertröstete, an dem man „vernichtend [...] mit dem Stimmzettel"[156] antworten werde.

So verständlich die Enttäuschung und Verbitterung bei den Mitgliedern über die „kampflose Kapitulation"[157] auch war, geht die Forschung davon aus, dass ein bewaffneter Widerstand von Reichsbanner bzw. „Eiserner Front" – selbst mit dem möglichen Beistand der preußischen Polizei – zu diesem Zeitpunkt bereits aussichtslos gewesen wäre.

154 Protokoll der IV. Gau-Generalversammlung zu Mannheim vom 28./29.1.1933, KrA Rhein-Neckar, NL Willy Gärtner, 1933/1.
155 Erinnerungsbericht zur Arbeit des Reichsbanners, StadtA Karlsruhe, 7/NL Erwin Sammet, Nr. 50.
156 Zit. nach Rohe, S. 427.
157 Ebenda, S. 438.

„Eine Chance, den Staatsstreich vom 20. Juli 1932 durch Waffengewalt zu verhindern oder rückgängig zu machen, haben die republikanischen Kräfte in der Tat nicht gehabt."[158]

Für die Regierung von Papen war die Liquidierung der Weimarer Koalition in Preußen eine Voraussetzung für die geplante Einschränkung von Arbeiterrechten und gleichsam ein „Testfall für die ‚Toleranzschwelle' der Sozialdemokratie".[159] Deren Parteiführung beschränkte sich darauf, verbalen Protest zu äußern und vor dem Staatsgerichtshof Klage zu erheben, was sich im Wahlkampf verheerend auswirken musste. Auch im Südwesten, wo sich die Ereignisse in Berlin anfangs nur „als dumpfes Grollen bemerkbar"[160] machten, sorgte die Zäsur des „Preußenschlags" für tiefe Resignation und Fatalismus, denn auch in Baden und Württemberg wurde man sich bewusst, dass die Organisation ihre Abwehrkraft maßlos überschätzt hatte. Die aus dem Kapp-Lüttwitz-Putsch bewährte letzte Option eines Generalstreiks fiel angesichts der desolaten Wirtschaftslage aus. Von den ehemals über acht Millionen ADGB-Mitgliedern im Jahr 1920 war 1932 gerade einmal die Hälfte übriggeblieben, von denen 46 Prozent arbeitslos waren und mehr als 20 Prozent in Kurzarbeit standen.[161] Während sich das republiktreue Millionenheer in den Monaten zuvor in zahlreichen Massenaufmärschen und Kundgebungen verbraucht hatte, erwies sich die „Eiserne Front" bei der entscheidenden Bewährungsprobe als wirkungslos.

„Die immer wieder […] dokumentierte Kampfbereitschaft der Millionen von Reichsbannerkameraden konnte niemals auch nur annähernd gleichbedeutend sein mit der nötigen, bürgerkriegsadäquaten Kampffähigkeit."[162]

Trotzig verkündete die badische Gauführung noch Anfang 1933 in Verkennung der realen Situation:

„Wille zur Macht war von je das oberste Gesetz des Reichsbanners. Die Entwicklung in Baden, ebenso wie der schwarze 20. Juli 1932 in Preußen können diesen Willen nur aufhalten, nicht lähmen. Der Kampf geht in vermehrter Schärfe weiter. […] Kameraden! Noch steht bevor die letzte Schlacht."[163]

158 Winkler, Weg, S. 675.
159 Staatliche Kunsthalle Berlin (Hrsg.), 1933 – Wege zur Diktatur. Katalog zur Ausstellung vom 9.1. bis 10.2.1983, Berlin 1983, S. 76.
160 Berghahn u. a., S. 112.
161 Vgl. Ulrich, S. 33.
162 Ebenda, S. 24.
163 Protokoll IV. Ordentliche Gau-Generalversammlung zu Mannheim vom 28./29.1.1933, KrA Rhein-Neckar, NL Willy Gärtner, 1933/1.

Der 20. Juli 1932 leitete eine Phase des verzweifelten Abwehrkampfes des Reichsbanners bis zum Verbot im Frühjahr 1933 ein, in dem man auf so gut wie verlorenem Posten stand. Das Reichsbanner setzte sich zwar unvermindert mit machtvollen Kundgebungen in den noch folgenden Wahlkämpfen ein, konnte aber keine entscheidenden Stimmungswechsel mehr erzwingen. Vielmehr verbreiteten sich zunehmend Missstimmung, Lethargie und Anzeichen von Resignation. In der Wahlkampfführung konnten das Reichsbanner und seine Trägerparteien nicht länger mit der großen Anzahl von Propagandaveranstaltungen der NSDAP konkurrieren. Die Abstimmung am 31. Juli geriet dann auch nicht zu der erhofften Abrechnung mit den Gegnern von rechts. Im Gegenteil, das magere Ergebnis der SPD von 21,6 Prozent auf Reichsebene (Verlust von 2,9 Prozent) zeigte die Grenzen der reformierten Wahlkampfmethoden auf. SPD- und Reichsbanner-Funktionäre verfolgten zwar weiterhin den neuen Propagandastil, doch waren die Führung von Partei und Reichsbanner desillusioniert.

Im Januar 1933 fand in Mannheim in Anwesenheit von Höltermann die vierte und letzte ordentliche Gau-Generalversammlung des badischen Reichsbanners statt, deren Tagesordnung vollständig erhalten ist und einen recht genauen Zustandsbericht der Organisation am Vorabend der „Machtergreifung" liefert. Die Versammlung zog eine gemischte Bilanz. Aus der Gründung der „Eisernen Front" habe man einen erfreulichen Mitgliederzuwachs gewonnen, gleichwohl gebe es immer noch „eine Reihe von größeren Orten, wo trotz aller Versuche die Organisation nicht Fuß fassen konnte"; ein Zeichen dafür, dass man nicht überall „den Ernst der Stunde mit allen Konsequenzen durchdacht" habe. Ein Problem bildete nach wie vor die Herstellung geordneter Kassenverhältnisse. Verschärft durch die Wirtschaftslage sei es weiterhin „außerordentlich schwer, die Beitragsanteile hereinzubekommen". Die Aufstellung der Einnahmen und Ausgaben für das „Kampfjahr" 1932 zeigt, dass die meisten Aufwendungen im ersten Halbjahr (besonders im ersten Quartal) getätigt wurden und im zweiten Halbjahr für den Wahlkampf zur Novemberwahl nur noch wenige Mittel zur Verfügung standen. Dazu beförderte die Wahlniederlage der NSDAP am 6. November die fatale Annahme, man habe das Schlimmste schon überstanden.[164] Eindringlich warnten die Vertreter des Gauvorstandes vor einer Ernennung Hitlers zum Reichskanzler und erinnerten Hindenburg daran, „daß es die deutschen Republikaner waren, die ihn im Frühjahr letzten Jahres unter

164 Vgl. Schumann, S. 349.

Opfern von Gut und Blut als Garanten der Verfassung in seinem Amt bestätigt haben". Sie erinnerten in Anspielung an den Kapp-Lüttwitz-Putsch von 1920 daran, dass „schon einmal ein Angriff der Gegenrevolution am wehrhaften Widerstand des arbeitenden Volkes zerschellt"[165] sei und betonten die Bereitschaft des Reichsbanners zum Widerstand für den Fall eines offenen Verfassungsbruchs.

Verbot und Untergang

Wenngleich deren Ernennung nicht völlig überraschend kam, wurde die „neue Qualität der Hitler-Regierung gegenüber den vorangegangenen Präsidialkabinetten [...] von der SPD-Führung aufgrund der ‚Legalität' der Machtübernahme zunächst vollkommen unterschätzt". An die Adresse der „Eisernen Front" richtete die Parteiführung lediglich die beschwichtigende Parole „Bereit sein ist alles".[166] Die von der Reichsbannerpresse als „Kabinett der konzentrierten Katastrophenfront"[167] begrüßte Regierung Hitler verfolgte vom Zeitpunkt der Machtübernahme an Mitglieder des Reichsbanners, die sich aber trotz der Repressionen im Wahlkampf zur letzten (halbfreien) Reichstagswahl am 5. März 1933 engagierten.[168] Die letzte Bundesgeneralversammlung in Berlin konnte am 17. und 18. Februar 1933 noch weitgehend störungsfrei stattfinden. Auch veranstaltete die „Eiserne Front" während des Wahlkampfes noch riesige Aufmärsche in Berlin und anderen Großstädten. Im Südwesten markierte ein Aufmarsch in Mannheim am Abend des 3. März den letzten öffentlichen Auftritt der „Eisernen Front", der bereits starken Beschränkungen unterlag:

„Der Fackelzug bewegte sich durch die Straßen der Innenstadt nach dem Friedrichsplatz, wo hinter dem Rosengarten die Auflösung stattfand. Während des Aufmarsches, der durch ein starkes Polizeiaufgebot gesichert war, ereigneten sich keinerlei Zwischenfälle. Im vollbesetzten Nibelungensaal des Rosengartens sprach nach der Begrüßung durch den Vorsitzenden der Mannheimer Sozialdemokratie, Stadtrat Trumpfheller,

165 Zit. nach Jörg Schadt (Hrsg.), Alles für das Volk – Alles durch das Volk. Dokumente zur demokratischen Bewegung in Mannheim 1848–1948, Stuttgart u. a. 1977, S. 217.
166 Herlemann, Reichsbanner, S. 78.
167 Zit. nach Rohe, S. 457.
168 Im Wahlkampf des Frühjahrs 1933 verloren noch einmal etwa 50 Menschen ihr Leben. Vgl. Ulrich, S. 37.

Reichstagsabgeordneter Roßmann – Stuttgart, der Vorsitzende des Bundesausschusses des Reichsbundes der Kriegsbeschädigten. Das gemeinschaftlich gesungene Lied ‚Brüder zur Sonne, zur Freiheit' und ein Fanfarenmarsch beschlossen die Kundgebung, die sich in aller Ruhe auflöste."[169]

Wenige Tage nach der Reichstagswahl am 5. März 1933 holten die neuen Machthaber zum Schlag gegen das Reichsbanner aus. In Magdeburg besetzten Nationalsozialisten dessen Bundeszentrale, die später demonstrativ als „Horst-Wessel-Haus" zum örtlichen SA-Hauptquartier umfunktioniert wurde.[170] Ähnlich wurde mit der Mannheimer Zentrale der „Eisernen Front" verfahren.[171] Die Gliederungen erhielten unterdessen von der Gauleitung die Anweisung, „alles was irgend möglich ist, beiseite zu schaffen und zu vernichten".[172] In Baden nutzten die Nationalsozialisten einen tragischen Zwischenfall als Vorwand, um sich der Sozialdemokratie und ihrer Verbündeten vorzeitig zu entledigen. Der durch

169 Vgl. „Neue Mannheimer Zeitung", 4.3.1933.
170 Vgl. Herlemann, Reichsbanner, S. 84.
171 Vgl. Berghahn u. a., S. 120.
172 Schreiben Polizeikommissar Lahr an Badisches Bezirksamt Lahr vom 18.3.1933, StA Freiburg, B717/10, Nr. 5.

Kundgebung der „Eisernen Front" vor der Festhalle Rosengarten in Mannheim, 1933.
Quelle: „Illustrierte Republikanische Zeitung", 4. März 1933

Kundgebung des Reichsbanners vor dem Rathaus Heilbronn, 1933.
Quelle: „Illustrierte Republikanische Zeitung", 18. Februar 1933

die NS-Verunglimpfungen psychisch schwer angeschlagene Freiburger SPD-Landtagsabgeordnete Christian Daniel Nußbaum hatte bei einer Hausdurchsuchung in den frühen Morgenstunden des 17. März 1933 im Glauben, es handele sich um einen bewaffneten Überfall, zwei Polizisten erschossen, woraufhin die Behörden sofort reagierten. Gestützt auf die am 28. Februar erlassene „Verordnung zum Schutze von Volk und Staat" wurde, neben anderen Repressionen gegen die „marxistischen" Parteien SPD und KPD, das Reichsbanner in Baden verboten.

In Württemberg wurde die Auflösung des Reichsbanners noch früher als in Baden in die Wege geleitet. Der dort noch viel größere Druck führte zu einer Nachgiebigkeit der württembergischen Sozialdemokratie, die von Kurt Schumacher als „Kapitulation" später heftig kritisiert wurde. Der Gau Württemberg hatte sich noch vor der letzten Reichstagswahl auf Repressionen eingestellt und ein auf den 1. März 1933 datiertes, an alle Ortsgruppenvorsitzenden gerichtetes hektographiertes Schreiben verschickt, in dem sie zu entsprechenden Vorkehrungen angehalten wurden.

Wahlkundgebung der „Eisernen Front" in der Stadthalle Stuttgart unter Beteiligung des Reichsbanners, 1933.
Quelle: Archiv der sozialen Demokratie, 6/FOTB001534

Für den Fall, dass „größere Unruhen eintreten, oder das Reichsbanner verboten wird, oder ein Verbot angekündigt wird", müsse der Vorsitzende sein Material „schnellstens in Sicherheit bringen", ebenso der Kassierer. „Es darf nichts, was irgendwie von Wert ist, in die Hände der Gegner oder Behörden fallen. Auskunft, wo das Material ist, muß verweigert werden."[173] Aus Sicherheitsgründen kamen die meisten Ortsgruppen im Südwesten der Aufforderung zur Vernichtung der Unterlagen nach. Nur wenige Mitglieder besaßen den Mut und die Möglichkeiten, Unterlagen oder auch Fahnen vor den neuen Machthabern zu verstecken. Zu diesen Ausnahmen gehörte der langjährige Kassierer und spätere Schriftführer der Schiltacher Ortsgruppe, Gottlieb Trautwein, der es schaffte, deren Unterlagen dem Zugriff von Polizei und SA zu entziehen, obwohl er im März 1933 wie andere Mitglieder auch Hausdurchsuchungen über sich ergehen lassen musste. Die nächtlichen Willküraktionen und die Empörung darüber, dass „ehemalige Kriegsteilnehmer von solchen,

173 Zit. nach Harter, S. 298.

die dauernd in der Heimat saßen, oder noch zur Schule gingen, als man längst wieder vom Kriege daheim war, sich so im Namen der jetzigen Reichsregierung […] behandeln lassen müssen, ohne ein Recht zur Beschwerde zu haben",[174] verdeutlichen die tiefe Zäsur des 30. Januar 1933. Gleichzeitig machten sich Verbitterung und Schuldzuweisungen breit. Bereits am 10. März untersagte der zum württembergischen Landespolizeikommissar bestellte vormalige SA-Führer Dietrich von Jagow den Druck und die Verbreitung sozialdemokratischer Zeitungen, „insbesondere der ‚Eisernen Front' und des ‚Reichsbanners Schwarz-Gold'". Drei Tage später folgte mit sofortiger Wirkung deren Verbot.[175]

Zunächst verweigerte sich das Reichsbanner einer Selbstauflösung und versuchte vielmehr in einigen preußischen Gauen bis in den Mai 1933 hinein, den Organisationsbetrieb notdürftig aufrechtzuerhalten. Als jedoch am 9. Mai sowohl die Kassenbestände der SPD als auch des Reichsbanners zentral beschlagnahmt wurden, musste auch dem letzten Mitglied klar sein, dass es für die Organisation keine Zukunft gab. Zu diesem Zeitpunkt befanden sich reichsweit schätzungsweise 3000 Angehörige der SPD und ihrer Vorfeldorganisationen in Haft. In wenigen Wochen waren insgesamt nahezu 27 000 Menschen aus politischen Gründen in „Schutzhaft" genommen worden. Trotzdem flohen nur wenige badische Sozialdemokraten ins benachbarte Ausland, darunter Georg Reinbold, der über das Saargebiet nach Straßburg emigrierte. In Karlsruhe organisierten SA-Schergen am 16. Mai 1933 eine Fahrt durch die Innenstadt, auf der sieben prominente Sozialdemokraten, darunter die ehemaligen badischen Minister Adam Remmele und Ludwig Marum (1882–1934) vor ihrer Verschleppung in das Konzentrationslager Kislau öffentlich zur Schau gestellt wurden. Ludwig Marum wurde dort am 29. März 1934 ermordet.

174 Schreiben von Gottlieb Trautwein vom 20.3.1933, StadtA Schiltach, AS-2055.
175 Vgl. Schreiben Polizeikommissar Württemberg an Polizeipräsidium Stuttgart vom 10.3.1933, HStA Stuttgart, F 152 III, Bü 651.

„Schandfahrt" der Gefangenen Hermann Stenz, Adam Remmele, Erwin Sammet, Ludwig Marum, Gustav Heller, Sally Grünebaum und August Furrer durch Karlsruhe, 16. Mai 1933.

Quelle: Stadtarchiv Karlsruhe, 8_Alben5_31_b

Appel

Auch für die württembergischen Sozialdemokraten wurde die Situation nach ersten Verhaftungswellen im Frühjahr 1933 unhaltbar, sodass häufig nur die Flucht ins benachbarte Ausland blieb. Der als scharfer Rhetoriker den Nationalsozialisten besonders verhasste Kurt Schumacher lehnte es aber ab, Deutschland zu verlassen und fiel am 6. Juli 1933 in Berlin seinen Verfolgern in die Hände. Der Stuttgarter „NS-Kurier" triumphierte, mit Schumacher sei „einer der schamlosesten Hetzer nicht nur Württembergs, sondern ganz Deutschlands unschädlich gemacht worden". Kein Württemberger werde es je vergessen, wie „der rote Obergenosse in der Schwäbischen Tagwacht vom Leder"[176] gezogen habe. Mitte Juni 1933 waren die meisten ehemaligen Mitglieder des SPD-Landesvorstandes in Konzentrationslagern, obwohl sie am 11. Mai 1933 in einer vom massiven Anpassungsdruck gekennzeichneten Erklärung ihre Ämter niedergelegt und den Mitgliedern zur Einstellung jeglicher Parteitätigkeit geraten hatten, was de facto einer Selbstauflösung gleichkam.[177] Den vorläufigen Schlusspunkt setzte Reichsinnenminister Wilhelm Frick mit dem endgültigen Verbot der SPD am 22. Juni. Am 28. Juni erfolgte die Selbstauflösung der Deutschen Staatspartei, am 5. Juli folgte das Zentrum als letzte der sogenannten bürgerlichen Parteien.

176 Zit. nach Schober, S. 462.
177 Vgl. Hermann Wichers, Möglichkeiten und Grenzen des Widerstandes von Sozialdemokraten und Kommunisten in Baden und Württemberg, in: Thomas Schnabel (Hrsg.), Formen des Widerstandes im Südwesten 1933–1945. Scheitern und Nachwirken, Ulm 1994, S. 31.

3

Alltag und Aktivitäten

3.1
Wahlkämpfe und Saalschutz

Die Jahre der Weimarer Republik müssen auf die Zeitgenossen wie eine stetige Aneinanderreihung von Wahlkämpfen gewirkt haben.

„In den 13 Jahren der Republik gab es im Südwesten nicht weniger als neun Reichstags- und vier (Baden) bzw. fünf (Württemberg) Landtagswahlen.“[178]

Dazu kamen noch Kommunalwahlen, insgesamt vier Wahlgänge zu den Reichspräsidentenwahlen 1925 und 1932 sowie diverse Abstimmungen zu Volksbegehren, die meist zu besonders polarisierenden Auseinandersetzungen führten. In die Zeit nach der Gründung des Reichsbanners fielen sieben Reichstagswahlen, fünf Landtagswahlen im Südwesten sowie eine Reihe von Plebisziten auf nationaler Ebene, um die teilweise mit dem gleichen Aufwand wie vor Reichstagswahlen gekämpft wurde. Dem Reichsbanner war von Beginn an eine wichtige Rolle in den Wahlkämpfen der Weimarer Republik zugedacht. Freilich gestaltete sich diese Aufgabe nicht ganz einfach, da er als überparteilicher Verband trotz der sozialdemokratischen Dominanz offiziell Neutralität wahren musste. Nach den „Richtlinien des Reichsbanners für den Wahlkampf“ sollte die Führung der Kampagnen grundsätzlich den Parteien obliegen. Das Reichsbanner veranstalte folglich „überall dort, wo die Parteien Versammlungsmöglichkeit haben, keine eigenen Wahlversammlungen“.[179] Eine zentrale Aufgabe bildete in den Wahlkämpfen der Saal- bzw. Versammlungsschutz, durch den die Abhaltung von Veranstaltungen der drei Trägerparteien gewährleistet werden sollte. Das Reichsbanner stellte

178 Schnabel, Geschichte, S. 104.
179 StA Sigmaringen, Wü 65/4 T2, 933.

„auf Anfordern einer der republikanischen Parteien den erforderlichen Saalschutz sowie den Schutz für Veranstaltungen unter freiem Himmel", bekräftigte aber zugleich, dass seine Tätigkeit beendet war, sobald irgendwo die Polizei eingriff. Grundsätzlich galt, dass man sich nicht von politischen Gegnern wie Faschisten, Bolschewisten und den „aufgehetzten Bauern usw." provozieren lassen sollte. Soweit möglich, sollte im Falle von Auseinandersetzungen sofort die Polizei benachrichtigt werden.

„Es ist und bleibt unserer unwürdig, uns mit den Feinden der Republik herumzuschlagen; nur die äußerste Notwehr – sonst nichts – erlaubt die Selbstverteidigung."

Aus Sicherheitsgründen sollten Mitglieder in Reichsbannerkleidung „niemals einzeln – besonders auf dem Lande – in der Wahlarbeit tätig" sein. Ebenso galt die Regel, dass „gegnerische Versammlungen von rechts und links" nicht in Bannerkleidung besucht werden durften. Um die Überparteilichkeit zu wahren, durfte es keine geschlossenen Wahlkampfaufmärsche von Formationen zugunsten nur einer der Weimarer Koalitionsparteien geben. Demonstrationszüge hatten sich vielmehr gegen die „Feinde der Republik und der sozialen Demokratie" zu richten. Ansonsten hatten sich aber die parteipolitisch organisierten Mitglieder unter den Reichsbanner-Anhängern „restlos in den Dienst der politischen Partei"[180] zu stellen, der sie angehörten.

180 Ebenda.

Umzug des Reichsbanners in Durlach, ca. 1926.
Quelle: Pfinzgaumuseum, Ul 535

Reichstagswahl Dezember 1924 und Reichspräsidentenwahl 1925

Im Wahlkampf zu den Reichstagswahlen am 4. Mai 1924 konnte das Reichsbanner noch keine nennenswerte Rolle spielen. In den Kerngebieten Norddeutschlands befand sich die Organisation gerade im Aufbau, in den südwestdeutschen Ländern hatten sich noch nicht einmal die entsprechenden Gaue konstituiert. Anders verhielt es sich bei den vorgezogenen Reichstagswahlen vom 7. Dezember 1924. In einem Rundschreiben des Gaues Baden bezeichnete der Gauvorsitzende Kraus den Versammlungsschutz für die drei großen republikanischen Parteien als die „hauptsächlichste Aufgabe unseres Bundes". Besonders in der letzten Woche vor der Wahl müsse der Bund „scharf in Erscheinung treten", die von der Mannheimer Zentrale den einzelnen Ortsgruppen zugesandten Flugblätter seien „intensivst zu verteilen und zu plakatieren". Für den Sonntag vor der Wahl hatte das badische Reichsbanner einen Großkampftag vorgesehen. In landesweiten Umzügen sollten Flugblätter verteilt und damit demonstriert werden, „dass die Republik heute über eine überwältigende Anzahl zu ihrem Schutz entschlossene Bürger" verfügt. Von den Städten und Dörfern aus, die über Ortsgruppen verfügten, sollte „die ganze Umgegend nochmals bearbeitet", auf Lastautos, die die umliegenden Dörfer abfuhren, Flugblätter verteilt und kurze Reden gehalten werden. Am Wahltag galt es, überall „Musik- und Trommlerkorps scharf einzusetzen, um die Säumigen wachzurütteln und sie – wenn möglich – dazu zu bewegen, an die Urne zu gehen".[181] Das Ergebnis der Reichstagswahl erfüllte zwar nicht alle Erwartungen der Parteien der Weimarer Koalition, ließ aber eine gewisse Stabilisierung nach dem drastischen Einbruch von 1920 erkennen.

Nach dem unerwarteten Tod von Reichspräsident Friedrich Ebert am 28. Februar 1925 standen im Frühjahr Neuwahlen für das höchste Staatsamt an, die zur ersten großen Bewährungsprobe für das Reichsbanner werden sollten. Im ersten Wahlgang traten die drei Trägerparteien noch mit eigenen Kandidaten an: für die SPD der preußische Ministerpräsident Otto Braun, für das Zentrum der ehemalige Reichskanzler Wilhelm Marx (1863–1946) sowie der badische Staatspräsident Willy Hellpach (1877–1955) für die DDP. Erwartungsgemäß erreichte im ersten Durchgang am 29. März 1925 keiner der insgesamt sieben angetretenen Bewerber die erforderliche absolute Mehrheit. Für den entscheidenden zweiten

181 Rundschreiben Gauvorstand Baden vom 19.11.1924, KrA Rhein-Neckar, NL Willy Gärtner, 1924/5.

Wahlgang am 26. April 1925 verständigten sich daher die Parteien der „Weimarer Koalition" auf den gemeinsamen Kandidaten Marx, obwohl dieser im ersten Wahlgang rund 3,9 Millionen weniger Stimmen als Braun erhalten hatte. Allerdings bot die Kandidatur von Marx die besten Aussichten, da sich neben den Anhängern des politischen Katholizismus auch die Sozialdemokraten und die Linksliberalen mit ihm arrangieren konnten. Durch den Zusammenschluss des „Volksblocks" aufgeschreckt, zogen die Rechtsparteien DVP und DNVP ihren Kandidaten, den Duisburger Oberbürgermeister Karl Jarres (1874–1951), zurück und schickten stattdessen den populären ehemaligen Feldmarschall Paul von Hindenburg ins Rennen. Den 78-jährigen umgab für viele Wähler noch immer der Nimbus eines Kriegshelden. Seine vom „Reichsblock" aus DVP, DNVP, Bayerischer Volkspartei, Stahlhelm und Völkischen unterstützte Kandidatur sorgte dafür, dass der Ausgang des zweiten Wahlgangs völlig offen schien. Die Reichspräsidentenwahl war zu einem klaren Lagerwahlkampf geworden. Für das Reichsbanner bedeutete diese Konstellation die ideale Voraussetzung, sich mit dem ganzen Schwung der noch nicht abgeebbten Gründungseuphorie in die Wahlkampagne zu stürzen.

„Im ersten Wahlgang um die Reichspräsidentschaft war das Reichsbanner zur Passivität verurteilt. Da die republikanischen Parteien getrennt marschierten, verbot der überparteiliche Charakter des Reichsbanners ein aktives Eingreifen in den Wahlkampf von selbst. Anders lag die Situation im zweiten Wahlgang. Durch die Präsentierung eines gemeinsamen republikanischen Kandidaten wurden die im Reichsbanner Schwarz-Rot-Gold aufgespeicherten Energien für den Wahlkampf frei. […] Überall, wo der republikanische Kandidat Wilhelm Marx sein Programm entwickelte, fanden imposante Aufmärsche der republikanischen Schutzorganisation statt […] mit Reichsbannerleuten bemannte Kraftwagen fuhren durch die ländlichen Gebiete und warben unter der Bevölkerung für den republikanischen Kandidaten."[182]

In den Großkundgebungen des „Volksblocks" ging es vor allem darum, diejenigen Wähler hinter Marx zu versammeln, die im ersten Wahlgang für den SPD- und den DDP-Kandidaten gestimmt hatten. So fanden in Baden in der letzten Woche vor der Wahl in Karlsruhe, Mannheim, Heidelberg und Freiburg Großveranstaltungen statt, an denen Vertreter aller drei republikanischen Parteien teilnahmen. Entgegen kritischer

182 „Das Reichsbanner", 15.5.1925, Nr. 10.

Reichsbanner Ulm vor dem Abmarsch zu einem Saalschutz-Einsatz, o. D.
Quelle: Stadtarchiv Ulm, G731-1538

Magirus

Stimmen aus der SPD beschworen die Redner bei der Heidelberger Kundgebung das übergeordnete Interesse der Weimarer Demokraten – „an die Stelle, wo Ebert saß, darf kein Monarchist".[183] Der Wahltag selbst wurde für das südwestdeutsche Reichsbanner von einem Zwischenfall in Durlach bei Karlsruhe überschattet, der ein langes juristisches Nachspiel haben sollte. Bei einem Zusammenstoß von Reichsbanner-Mitgliedern mit Angehörigen des „Reichsblocks" am Abend des Wahlsonntags kam der 17-jährige Nationalsozialist Karl Gräber durch einen Steinwurf ums Leben. Außerdem erlitten Anhänger beider Seiten Verletzungen. Die Darstellungen zum Tod Gräbers gingen in der Presse weit auseinander. Die reichsbannernahen Zeitungen beschuldigten die „Hakenkreuzler", die Reichsbanner-Gruppe provoziert und mit Schusswaffen angegriffen zu haben, sodass diese zur Notwehr greifen musste. Mehr als ein Jahr später wurde das dafür verantwortlich gemachte Reichsbannermitglied wegen Körperverletzung mit Todesfolge sowie Landfriedensbruch zu einem Jahr Gefängnis verurteilt.[184]

Im Südwesten hatten die Bürger wie schon im ersten Wahlgang mehrheitlich für Marx gestimmt. Doch muss man den Erfolg für den „Volksblock" relativieren. In Baden stimmten zwar 60,4 Prozent der Wähler im zweiten Wahlgang für Marx und sorgten nach den katholischen Wahlkreisen im Rheinland für das reichsweit drittbeste Ergebnis. Aber im ersten Wahlgang hatten die drei Kandidaten der Weimarer Koalition zusammen 66,6 Prozent geholt. Hindenburg konnte dagegen, bei höherer Wahlbeteiligung, den Stimmanteil von 27,6 Prozent, den Jarres im ersten Wahlgang erzielt hatte, auf 35,6 Prozent steigern. Noch deutlicher wirkte der Mobilisierungseffekt zugunsten Hindenburgs in Württemberg. Hier konnte Marx 3000 Wähler gegenüber den Stimmen für Braun, Hellpach und ihn im ersten Wahlgang hinzugewinnen, Hindenburg holte aber 195 000 Stimmen mehr als Jarres im ersten Wahlgang. Hindenburg steigerte damit das relative Ergebnis von Jarres von 34,7 auf 45,7 Prozent, während der Stimmanteil des nur noch durch Marx vertretenen „Volksblocks" von 58,3 auf 49,4 Prozent zurückging. Der Ausgang der Wahl bedeutete für die Anhänger des

183 „Volkszeitung", 23.4.1925.
184 Der Reichsbanner-Ortsgruppe Durlach gab Sondermarken zum Preis von 25 Pfennig heraus, um den durch den Prozess in finanzielle Not geratenen Reichsbannermann Otto Reize (1886–1939) zu unterstützen. Reize wurde 1933/34 und erneut 1935/36 im Konzentrationslager Kislau inhaftiert. Vgl. Rundschreiben des Gauvorstands Baden vom 30.5.1927, KrA Rhein-Neckar, NL Willy Gärtner, 1927/10.

Die Kandidaten der drei republikanischen Parteien Willy Hellpach (DDP), Otto Braun (SPD) und Wilhelm Marx (Zentrum) zur Reichspräsidentenwahl am 29. März 1925, o. D.

Quelle: „Illustrierte Reichsbanner-Zeitung", 21. März 1925

Die republikanischen Kandidaten.

Dr. med. Hellpach,
Badischer Staatspräsident,
Demokrat.
Phot. E. Bieber

Dr. Marx,
Reichskanzler a. D.
Photothek

(Nebenstehend):
Otto Braun,
Ministerpräsident a. D.
Phot. Graudenz

Reichsbanners eine herbe Enttäuschung. Trotzig verkündete zwar die Verbandszeitung, dass die deutschen Republikaner eine Schlacht, nicht aber den Krieg verloren hätten. Dennoch gab es an der Schwere der Niederlage, zu deren Erklärung auch militärische Vergleiche herangezogen wurden, keinen Zweifel:

„Was unsre Kameraden in den Wochen zwischen dem 29. März und dem 26. April geleistet haben, ist erstaunlich. Sie waren wirklich die Stoßtruppen der Republik. [...] Umsonst? [...] In der ersten Stunde, nachdem die Wahl Hindenburgs bekannt wurde, glaubte es mancher. Es ging uns alten Soldaten wie so oft im Felde. Da hatten wir wochenlang geschanzt, gebaut, Munition geschleppt. Endlich kam der Tag des großen Angriffs. Die Stoßtruppen nahmen die feindlichen Gräben; waren gerade dabei, sich einzurichten oder machten sich fertig zu neuem Vorgehen. – Da kam der Befehl: ‚Zurück! Der Angriff ist mißlungen!' Warum? [...] Erst nach und nach wurden die Ursachen des Fehlschlags bekannt. Links war die Nachbardivision nicht vorwärtsgekommen, dort waren die Reserven im Sperrfeuer liegengeblieben, und rechts war der Gegner zum Gegenangriff übergegangen."[185]

Die Wahlanalyse zeigte, dass der Stimmengewinn von Marx im zweiten Wahlgang an Orten, wo das Reichsbanner schwach entwickelt war, gering ausgefallen war und Hindenburg überdurchschnittlich viel Zustimmung gewonnen hatte. Auch die Übermacht der gegnerischen Presse, die für Hindenburg Partei ergriffen hatte, machte man für die Niederlage verantwortlich. Entscheidend sei aber gewesen, dass nicht alle Anhänger der Republik ihrer Pflicht nachgekommen, sondern in „grillenhaftem Doktrinarismus und mißverstandenem ‚Radikalismus' fahnenflüchtig"[186] geworden seien. Tatsächlich aber war es nicht mangelnde Wahldisziplin im „Volksblock", die Hindenburgs Wahl ermöglichte, sondern die Parteinahme der BVP für den Reichsblock und das Beharren der KPD auf der chancenlosen Kandidatur Ernst Thälmanns auch im zweiten Wahlgang.

Die Wahl Hindenburgs stellte das Reichsbanner vor das Problem, einen angemessenen Umgang mit dem neuen Amtsinhaber finden zu müssen. Als betont staatstreue Organisation konnte es dem höchsten Repräsentanten der Republik nicht ohne weiteres Missachtung entgegen-

185 „Das Reichsbanner", 1.3.1925, Nr. 5.
186 Ebenda.

bringen, auch wenn Hindenburg als Ehrenmitglied des gegnerischen Stahlhelms geführt wurde. Wie man sich zukünftig gegenüber dem Reichspräsidenten verhielt, wollte man von der Verfassungstreue von dessen Handeln abhängig machen. Da man dies gewährleistet sah, „gab es [fortan] kaum einen Besuch Hindenburgs in der ‚Provinz', bei dem nicht das Reichsbanner in geschlossenen Kolonnen aufmarschierte".[187] Der Politikwissenschaftler Karl Rohe sieht hierin nicht nur einen Ausdruck bloß äußerer Disziplin, sondern auch ein Zeugnis von bewusster Staatsgesinnung und Loyalität gegenüber der Republik. Im Stuttgarter Reichsbanner entbrannte dagegen bei einer Versammlung am 19. Oktober 1925 noch eine erregte Diskussion darüber, ob Hindenburg bei seinem bevorstehenden Besuch in der Landeshauptstadt vom örtlichen Reichsbanner empfangen werden sollte. Als der Gauvorsitzende Buse der Versammlung den entsprechenden Wunsch des Bundesvorsitzenden Hörsings übermittelte, wurde er laut Polizeibericht von den Zuhörern „stürmisch unterbrochen". Buse argumentierte, dass Hindenburg oberster Beamter der Republik sei und man nicht in das Verhalten zurückfallen dürfe, das die Rechtsverbände Ebert gegenüber gezeigt hätten. Nachdem sich ein anderer Redner unter „stürmischem Beifall" gegen die Beteiligung am Empfang ausgesprochen hatte, versuchte Schumacher als Vorsitzender des Stuttgarter Reichsbanners „die aufgeregten Gemüter zu beruhigen" und Vor- und Nachteile einer Teilnahme abzuwägen.

„Als Schumacher im weiteren Verlauf seiner Ausführungen merkte, daß die überwältigende Mehrheit seiner Zuhörer ganz und gar gegen die Beteiligung [...] gesinnt war, sprach er sich am Ende seiner Rede auch dagegen aus."[188]

Mit 400 gegen 11 Stimmen lehnte das Stuttgarter Reichsbanner schließlich die Beteiligung am Empfang Hindenburgs ab. Insgesamt entwickelte sich die Einstellung des Reichsbanners gegenüber Hindenburg jedoch moderater. 1928 kommentierte die „Reichsbanner-Zeitung", Hindenburg habe sich den Erwartungen der Rechtsverbände entzogen und sich nicht der Radikalisierung des Stahlhelms angeschlossen.

187 Rohe, S. 263.
188 StA Sigmaringen, Wü 65/4 T2, 932.

„Ist es wirklich klug, einem Manne Mißachtung auszusprechen, der sich nicht verführen ließ – trotzdem er Ehrenmitglied des Stahlhelms ist! –, sein Amt zu mißbrauchen und deshalb so heftig angegriffen wird? Mit den gegen Hindenburg rebellierenden Stahlhelmern in einer Linie zu stehen – das ist bestimmt nicht die Aufgabe des Reichsbanners."[189]

Volksentscheid zur Fürstenenteignung 1926

Der Volksentscheid über die entschädigungslose Enteignung der Fürsten geriet zur zentralen politischen Auseinandersetzung des Jahres 1926. Bei den Vermögenskonflikten zwischen den deutschen Teilstaaten und den ehemaligen Fürsten handelte es sich um eine Hinterlassenschaft der Novemberrevolution, die der junge Weimarer Staat nicht zu lösen vermochte und die „bis in die Mittelphase der Republik verschleppt"[190] wurde. Aus Überdruss mit diesem nicht enden wollenden Streit entstand im Herbst 1925 – befeuert durch kommunistische Propaganda – eine rasch an Eigendynamik gewinnende Bewegung, die mit einem Plebiszit weiteren Ansprüchen seitens der Fürsten einen Riegel vorschieben wollte. Die linken Parteien sprangen auf diesen politischen Zug auf, als sie dessen Bedeutung erkannten. Die Beteiligung der SPD an der plebiszitären Bestrebung stellte das zunächst unbeteiligte Reichsbanner vor erhebliche Probleme. Zum einen bedeutete das taktische Zusammengehen mit der KPD einen Bruch der vorherigen Abgrenzungsstrategie, was die bürgerlichen Partner verschrecken konnte. Zum anderen musste sich das Reichsbanner gemäß seiner selbstauferlegten Überparteilichkeit zurückhalten, falls eine der drei Trägerparteien das Vorhaben ablehnte. In der Sache unterstützte die überwältigende Zahl der Reichsbanner-Mitglieder die Forderung nach entschädigungsloser Enteignung von Beginn an. Für den 9. und 10. Januar sind erste „republikanische Kundgebungen" gegen die Fürstenabfindung, organisiert von der Ortsgruppe Ulm, nachweisbar.[191] In Freiburg stand die Generalversammlung der Ortsgruppe Anfang 1926 ganz im Zeichen der Abfindungsfrage, wobei der Kreisführer Albert Kuntzemüller (1880–1956) die Fürsten scharf attackierte:

189 „Das Reichsbanner", 16.9.1928, Nr. 31.
190 Otmar Jung, Direkte Demokratie in der Weimarer Republik. Die Fälle „Aufwertung", „Fürstenenteignung", „Panzerkreuzerverbot" und „Youngplan", Frankfurt a. M. u. a. 1989, S. 51.
191 Vgl. „Das Reichsbanner", 1.2.1926, Nr. 3.
192 Ebenda, 15.2.1926, Nr. 4, Gaubeilage Baden.

„Der Redner verstand es in altgewohnter meisterhafter Weise, die Zuhörer durch seine volkstümliche Redeweise zu fesseln. Er zog eine Parallele zwischen der deutschen Fürstenabfindung und der Verabschiedung der Bourbonen. Das französische Volk hat keine Abfindung gezahlt. Und dabei hatten die Bourbonen keinen verlornen Krieg auf dem Gewissen, wie unsre fürstlichen Herrschaften. […]

Und diese von Größenwahn befallenen Herrschaften wollen heute noch unser armes Volk von einer Sorge in die andere hetzen und verlangen für ihre überflüssige Lakaiengesellschaft und Mätressenherde Pensionen und Gehälter. […] Nichts darf uns abhalten, dafür zu sorgen, daß die nötige Zahl Stimmen zusammenkommt."[192]

Kundgebung des Reichsbanners gegen die Fürstenabfindung vor dem Ulmer Münster mit 3000 Teilnehmern, Januar 1926.
Quelle: „Illustrierte Reichsbanner-Zeitung", 30. Januar 1926/A. Hils

Offiziell musste das Reichsbanner ansonsten Zurückhaltung üben. Mit Beginn der Kampagne für das Volksbegehren wies die badische Gauleitung ihre Mitglieder wiederholt darauf hin, dass „es den Ortsgruppen verboten ist, mit den Kommunisten gemeinsame Aktionen zu machen". Wo das Reichsbanner alleine zu schwach sei, dürften Protestversammlungen „nur in Gemeinschaft mit den Parteien der

Weimarer Koalition oder des Republikanischen Reichsbundes geschehen".[193] Da sich das Zentrum nicht zu einer Unterstützung des Volksbegehrens bewegen ließ, durften keine geschlossenen Reichsbanner-Formationen bei Veranstaltungen der SPD und DDP zum Volksbegehren teilnehmen. Die Gauleitung Baden verkündete gemäß den Richtlinien des Bundesvorstands, die Organisation werde „vorerst keine zu großen Aktionen [...] unternehmen", und vertröstete die Mitglieder darauf, die „ganze Schlagkraft auf den etwa zu erwartenden Volksentscheid zu verlegen".[194] Das Volksbegehren geriet tatsächlich zu einem Erfolg für dessen Befürworter. Mit 12,5 Millionen Unterschriften, die im März 1926 an den Eintragungsstellen gesammelt wurden, wurde das erforderliche Quorum um das Dreifache übertroffen. Auch in Baden war das Volksbegehren ein durchschlagender Erfolg. Von den rund 1,44 Millionen Stimmberechtigten trugen sich 500 238 in die Liste ein, darunter eine erhebliche Zahl Zentrum-Anhänger.

Auf den enormen Mobilisierungserfolg der Plebiszit-Befürworter reagierte die Gegenseite mit verschiedenen Abwehrstrategien, die einen Erfolg beim eigentlichen Volksentscheid verhindern sollten: Die öffentliche Meinung sollte in einer Propagandaschlacht zurückerobert werden. Autoritäten wie Hindenburg, katholische Bischöfe sowie die evangelischen Kirchenleitungen sollten mobilisiert und alternative Gesetzesvorschläge zur Untergrabung des Vorhabens unterbreitet werden. Schließlich sollte zum Boykott der Abstimmung aufgerufen werden.[195] Der Boykottaufruf erwies sich gerade in ländlichen Gebieten als wirkungsvoll, wenn Beobachtungsposten vor den Stimmlokalen Listen führten. Die Teilnahme am Volksentscheid unter dieser sozialen Kontrolle erforderte deutliche Zivilcourage. Angesichts der gewaltigen Gegenpropaganda im Vorfeld der Abstimmung am 20. Juni 1926 blieb das Reichsbanner nicht untätig. Die badische Gauleitung erklärte in einem Rundschreiben,[196] den republikanischen Parteien zur Verfügung zu stehen, falls diese um Saal- oder Versammlungsschutz bei Propagandaveranstaltungen bitten würden. Im Übrigen verwies man auf einen Aufruf in der Bundeszeitung, in dem es hieß:

193 Rundschreiben des Gauvorstands Baden (undatiert), KrA Rhein-Neckar, NL Willy Gärtner, 1926/4.
194 Rundschreiben des Gauvorstands Baden vom 27.1.1926, KrA Rhein-Neckar, NL Willy Gärtner, 1926/12.
195 Vgl. Jung, S. 55 f.
196 Vgl. Rundschreiben des Gauvorstands Baden vom 9.6.1926, KrA Rhein-Neckar, NL Willy Gärtner, 1926/52.

„Die schwierige Aufgabe, die uns diesmal gestellt ist, eigentlich die Aufgabe des Reichsbanners, ist die Sicherung der Freiheit der Stimmabgabe und die Sicherung der geheimen Stimmabgabe! […] Der Abstimmung am 20. Juni wollen die Gegner der Demokratie den Charakter einer öffentlichen geben, indem sie die Parole ausgeben: Fernbleiben der Abstimmung! Mit geschäftlichem und gesellschaftlichem Boykott wird schon jetzt jeder deutsche Bürger bedroht, der am 20. Juni überhaupt zur Urne geht. Die schwarzweißroten Parteien unternehmen den Versuch, durch Terror das deutsche Volk an der Ausübung eines demokratischen Staatsbürgerrechts zu hindern. […] Der Terror richtet sich insbesondere gegen die kleinen Leute auf dem flachen Lande, die Geschäftsleute, die Angestellten, die Beamten, die Arbeiter. […] Diesem Terrorversuch muß das Reichsbanner mit allen Mitteln entgegentreten."[197]

Mit dem Eintreten für die Ausübung des freien Wahlrechts rechtfertigte das Reichsbanner sein Engagement in einer Kampagne, die auch von linker Seite mit einem „riesigen Propagandaaufwand weit über Reichstagswahl-Maßstäbe hinaus"[198] geführt wurde. Offiziell überließ es das Reichsbanner mit Rücksicht auf die bürgerlichen Partner seinen Mitgliedern, nach ihrem Gewissen zu entscheiden. Doch ließ die Organisation keinen Zweifel daran, welches Abstimmungsverhalten sie bevorzugte. Mit den bürgerlichen Partnern Zentrum und DDP war man sich zwar im Grundsatz einig, dass die Forderungen der Fürsten überzogen und unannehmbar waren. Doch lehnte insbesondere das Zentrum das plebiszitäre Verfahren ab. Ein erheblicher Teil der Zentrumsmitglieder verweigerte, wie schon beim Volksbegehren, der Parteileitung die Gefolgschaft.

Der Ausgang des Volksentscheids vom 20. Juni 1926 bescherte den Unterstützern einen Achtungserfolg, der allerdings etwas hinter den Erwartungen zurückblieb, die das Volksbegehren geweckt hatte. Mit 14,5 Millionen Ja-Stimmen, davon mutmaßlich rund vier Millionen aus dem bürgerlichen Lager, verfehlten die Befürworter der Fürstenenteignung das notwendige Quorum von 20 Millionen deutlicher als erwartet. Bei der Analyse des Abstimmungsverhaltens muss es für das Reichsbanner ernüchternd gewesen sein, dass die Boykottaufrufe der Gegner besonders in den ländlichen Gebieten ihre Wirkung nicht verfehlt hatten. Wenngleich der Wahlsonntag am 20. Juni im Südwesten ruhig verlief, zeigten in Württemberg die Drohungen des Bauernbundes und der Deutschnationalen (unterstützt durch die württembergische

197 „Das Reichsbanner", 1.6.1926, Nr. 11.
198 Jung, S. 57.

Landeskirche), alle Abstimmenden namentlich zu erfassen, eine erkennbare Wirkung.[199] Die größten Zuwächse gegenüber dem Volksbegehren verbuchten die Unterstützer in den ländlichen katholischen Gebieten sowie in der preußischen Enklave Hohenzollern-Sigmaringen. Insgesamt blieb der Volksentscheid für das Reichsbanner jedoch zweischneidig. Einerseits bedeutete die Abstimmung zwar das „plebiszitäre Ende der Monarchie"[200] (einschließlich der als volkstümlich geltenden Monarchien in Baden und Württemberg), andererseits vergaben die drei Trägerparteien trotz inhaltlicher Übereinstimmungen die Chance, in der hochgradig aufgeladenen Debatte eine gemeinsame Position zu finden. Vielmehr entfremdete das Zusammengehen mit der KPD die SPD von ihren bürgerlichen Partnern, das Zentrum schwächte sich durch seine der Wählerbasis zuwiderlaufende Positionierung, und die DDP saß mit ihrer Mittelposition zwischen allen Stühlen.

Wahlkämpfe 1928 und 1930

Nach einem wahlkampffreien Jahr 1927 mobilisierte das Reichsbanner erst wieder zur Kampagne für die vorgezogene Reichstagswahl am 20. Mai 1928. Durch die Niederlagen bei der Präsidentschaftswahl und der Volksabstimmung ernüchtert, sah sich das Reichsbanner Anfang 1928 zudem einer Neuauflage des „Bürgerblocks" aus Zentrum, BVP, DVP und DNVP unter Reichskanzler Marx gegenüber. Entsprechend verhalten zeigte sich der badische Gauvorsitzende Helffenstein zu Beginn des Wahljahres, als er von „Enttäuschungen" sprach, von denen „uns das politische Leben genug gebracht" hätte. Angesichts der sozialpolitischen Maßnahmen der Regierung und zunehmender rechter Gewalt äußerte er die Hoffnung, „die Wahlen mögen aufräumen mit der Rechtsregierung und die Regierung bringen, die der Struktur des Volkes entspricht".[201] Stärker als bei den Reichstagswahlen von 1924 positionierte sich das Reichsbanner im linken Spektrum, wie der Wahlaufruf unter der Überschrift „Macht den linken Flügel stark!"[202] eine Woche vor dem Urnengang zeigt. Der Aufruf lässt eine klare Präferenz für SPD und DDP erkennen, während die Regierungspartei Zentrum keine Erwähnung findet.

199 Vgl. Detlef Lehnert, Von der politisch-kulturellen Fragmentierung zur demokratischen Sammlung. Der „Volksblock" des „Reichsbannerlagers" und die katholischen Republikaner, in: Klaus Megerle (Hrsg.), Pluralismus als Verfassungs- und Gesellschaftsmodell. Zur politischen Kultur in der Weimarer Republik, Opladen 1993, S. 98.

200 Thomas Schnabel, Niederlage der Monarchisten und Niederlage der Demokraten: Volksbegehren und Volksentscheid zur Fürstenenteignung 1926 in Württemberg, in: Dieter Langewiesche/Peter Steinbach (Hrsg.), Der deutsche Südwesten. Regionale Traditionen und historische Identitäten, Stuttgart 2008, S. 103.

201 „Das Reichsbanner", 15.1.1928, Nr. 2.

202 Ebenda, 13.5.1928, Nr. 13.

Die Wahlkampagne sollte zu einer Abrechnung mit den in der Regierung vertretenen reaktionären Kräften genutzt werden. Gemäß den Richtlinien des Bundesvorstands erklärte man, dass „die Führung des Kampfes Aufgabe der republikanischen Parteien" sei, das Reichsbanner hingegen „nur in den Orten, in denen entweder eine oder alle republikanischen Parteien keine Möglichkeit haben, Versammlungen abzuhalten, eigene Kundgebungen zu veranlassen"[203] habe. Nach der Wahl wurde diese Zurückhaltung kritisiert, denn trotz des Sieges der SPD hätten die „Erfahrungen dieses Wahlkampfes [...] gezeigt, daß das Reichsbanner bei kommenden Wahlen mehr als dieses Mal auch selbständig in Erscheinung treten muß".[204] Trotz des Sieges der republikanischen Idee und der Zertrümmerung des „Bürgerblocks" habe es dort, wo „vom Reichsbanner keine Propaganda getrieben wurde, wo das Feld den Rechten überlassen wurde [...] und dort wo die Ortsgruppen recht flau sind, d. h. sich nicht an der Öffentlichkeit zeigen",[205] signifikante Zugewinne für die Nationalsozialisten gegeben, zum Beispiel im Bezirk Sinsheim oder in Lahr und Eberbach. Trotz des schwachen Gesamtergebnisses für die NSDAP tauchten 1928 in der Wahlkampfnachlese die Nationalsozialisten zum ersten Mal als ernsthafte politische Konkurrenten auf. Die Hauptgegner im Zeichen von Schwarz-Weiß-Rot schienen besiegt zu sein, sodass die Bundesführung in der KPD einen neuen Erzfeind ausmachte. Unter der Parole „Reichsbanner – linksum!" erschien ein Leitartikel in der Verbandszeitung, der den Sieg über die Deutschnationalen relativierte, indem er auf die Zugewinne der Kommunisten verwies, die den Republikanern in den Rücken gefallen seien. Auf die gleichzeitig mit der Reichstagswahl stattfindende Landtagswahl in Württemberg hatte das Reichsbanner offenbar keinen Einfluss nehmen können. Die „besonderen Verhältnisse in Württemberg" (das belastete Verhältnis zum Zentrum) hätten, abgesehen von wenigen Propagandafahrten größerer Ortsgruppen, ein geschlossenes Auftreten im Wahlkampf nicht gestattet.[206]

Nachdem die NSDAP bei mehreren Landtagswahlen bedeutende Achtungserfolge erzielt hatte, so auch bei den badischen Landtagswahlen am 27. Oktober 1929, stand der Wahlkampf zur Reichstagswahl 1930 unter völlig anderen Vorzeichen. Zwar hatten die Parteien der Weimarer Koalition bei der Badenwahl noch eine deutliche Mehrheit von zusammen 63,4 Prozent erzielt, doch hatte das Abschneiden der NSDAP mit sieben Prozent aufhorchen lassen. Schon im Vorfeld hatte

203 „Volkszeitung", 14.4.1928.
204 „Das Reichsbanner", 3.6.1928, Nr. 16, Gaubeilage Baden.
205 Rundschreiben des Gauvorstands Baden vom 1.6.1928, KrA Rhein-Neckar, NL Willy Gärtner, 1928/16.
206 „Das Reichsbanner", 3.6.1928, Nr. 16, Gaubeilage Württemberg.

die badische Gauleitung gewarnt, dass von links und rechts versucht werde, „die bisherige ruhige Entwicklung in Baden und die Zusammenarbeit der drei Koalitionsparteien mit allen Mitteln zu stören". Wiederum verzichtete das Reichsbanner grundsätzlich auf eigene Veranstaltungen und verlegte sich auf den Versammlungsschutz; Sonderveranstaltungen durften nur im Rahmen von „Abwehrmaßnahmen gegen das volksverhetzende Treiben der Nationalsozialisten oder Kommunisten" ausgerichtet werden, wobei besonders erstere „unsere ganze Aufmerksamkeit und ein energisches Entgegentreten"[207] erforderten. Konkret bedeutete dies vor allem das flächendeckende Verteilen von Flugblättern durch die Ortsgruppen. So unternahm die mitgliederstarke Ortsgruppe Mannheim am 26. September 1929 eine Propagandafahrt in die umliegenden Orte des Kreises, um Flugblätter gegen die „Nat-Soz-Seuche"[208] zu verteilen. Zum Landtagswahlkampf erschien auch eine Propagandaschrift unter dem Titel „Das wahre Gesicht des Nationalsozialismus", die für 30 Pfennige vertrieben wurde.[209] Nach dem Wahlausgang kommentierte die „Reichsbanner-Zeitung" mit Blick auf die Trägerparteien kritisch:

„Wohl das wichtigste für uns Republikaner ist das über Erwarten starke Anwachsen der Nationalsozialisten. Diese Frage bedarf eingehender Beachtung vor allem bei den politischen Parteien, die unsers Erachten nach den Kampf gegen die Volksverhetzung viel zu spät begonnen haben und ein Unkraut schießen ließen, das dann nicht mehr mit der Wurzel entfernt werden konnte."[210]

Gleichwohl räumte die Organisation erneut ein, dass „dort, wo die Republikaner versagten, [...] ihre verhetzende Propaganda, die sich in 2000 Versammlungen Luft machte, unbestreitbar einen Erfolg errungen"[211] habe. Warnungen des Reichsbanners seien zu häufig in den Wind geschlagen worden. Als Lehre aus den nationalsozialistischen Erfolgen in der demokratischen Hochburg Baden gelte es, dem Reichsbannergedanken wieder stärker Unterstützung zu geben und die Organisation gerade auf dem flachen Lande weiter auszubauen, heißt es weiter.

207 Rundschreiben des Gauvorstands Baden vom 17.9.1929, KrA Rhein-Neckar, NL Willy Gärtner, 1929/19.
208 Schreiben vom 26.9.1929, KrA Rhein-Neckar, NL Willy Gärtner, 1929/20.
209 Vgl. Schreiben vom 7.10.1929, KrA Rhein-Neckar, NL Willy Gärtner, 1929/21.
210 „Das Reichsbanner", 9.11.1929, Nr. 45, Gaubeilage Baden.
211 Ebenda.

Die Reichstagswahl vom 14. September 1930 bedeutete den endgültigen Durchbruch für die nationalsozialistische „Bewegung“ und einen tiefen Einschnitt in die Geschichte des Reichsbanners. Die NSDAP erreichte nach den kümmerlichen 2,6 Prozent von 1928 nun reichsweit 18,2 Prozent, statt zwölf saßen nun 107 Nationalsozialisten im Reichstag. Während die NSDAP in Württemberg mit 9,4 Prozent weit unter dem Reichsdurchschnitt blieb, schnellte sie in Baden auf 19,2 Prozent empor. Zwar traf das Ergebnis das Reichsbanner nicht ganz unvorbereitet, da es im Wahlkampf bereits vielerorts Anfeindungen der NS-Parteigänger ausgesetzt gewesen war. Trotzdem führte die Höhe des NS-Wahlergebnisses zu einem Schock. Selbstkritisch bekannte man nach der Wahl, die schon 1928 und 1929 angemahnte flächendeckende Präsenz in den ländlichen Gebieten verfehlt zu haben, wodurch der NSDAP zusätzlicher Spielraum erwachsen sei.

„Wir haben gesehen, dass es die Nazis, Stahlhelmer und Kommunisten darauf abgesehen haben, überall unsre Versammlungen zu stören und unsre Werbearbeit unmöglich zu machen. Stück für Stück versuchen sie, das flache Land zu erobern, was ihnen zum Teil gelungen ist. Aus dieser fanatischen Agitation haben wir zu lernen. Wir müssen uns fragen, haben wir alle unsre Pflicht getan? Leider müssen wir sagen nicht immer. Oft hat es Laue gegeben, oft haben wir nicht die Unterstützung der Parteien und sonstiger befreundeter Organisationen erhalten. Das muß anders werden. Wir müssen zum Generalangriff gegen die Hitlerseuche kommen.“[212]

Als Aktivposten im Wahlkampf tat sich erneut das Mannheimer Reichsbanner hervor, das weit über die Grenzen der Stadt hinaus aktiv war. So schützten die Mannheimer einen Auftritt von Adam Remmele in der NSDAP-Hochburg Eberbach und unternahmen eine „Antinazifahrt“ durch 35 Orte im Odenwald. In der Verbandszeitung abgedruckte Eindrücke von dieser Werbefahrt spiegeln die Probleme des Reichsbanners in ländlichen Gebieten wider, wenn auch insgesamt „eine gute Begegnung mit den Leuten festzustellen“ gewesen sei. Aber die Hitlerbewegung sei in allen Dörfern ein Begriff gewesen. Viele Bauern seien auf leere Versprechungen hereingefallen („Ja, wenn die Hitler darankommen, dann brauchen wir keine Steuern mehr zu zahlen.“) und hätten den Reichsbannerleuten Vorhaltungen gemacht. („Ihr kommt immer nur, wenn Wahl ist, kommt doch das Jahr hindurch und klärt uns auf.“).[213]

212 „Das Reichsbanner“, 27.9.1930, Nr. 39, Gaubeilage Baden.
213 Ebenda.

Der NSDAP-Wahlerfolg war nach der Analyse des Reichsbanners zwar „kein Bekenntnis für den Sozialismus, wohl aber eine gefühlsmäßige Revolte gegen den Kapitalismus,"[214] die auch größere Teile der Arbeiterschaft erfasst habe. Das Wahlergebnis des 14. September ließ die Stimmen verstummen, die Ende der 1920er-Jahre die Existenzberechtigung des Reichsbanners in Frage gestellt hatten. Der Verband erfuhr schlagartig eine „Aufwertung und Neueinschätzung",[215] musste sich aber fragen, wie es trotz des bisherigen Engagements zu dem verheerenden Wahlergebnis hatte kommen können. Die Bundesführung kam eine Woche nach der Wahl zu einer Sitzung mit Abgesandten aus allen Gauen in Magdeburg zusammen, um über die Konsequenzen aus dem Ergebnis zu beraten. Man beschwor die dringende Notwendigkeit, den Feinden der Republik energischer als bisher entgegenzutreten und die Aktionen auszuweiten:

„‚Aktivität bis zum Fanatismus' – das ist das Gebot der Stunde, und keine Anstrengung wird für die Sozialdemokratie zu groß sein, um das Reichsbanner zu unterstützen."[216]

Die badische Gauleitung mahnte in einem Aufruf, der Faschismus stehe vor den Toren und könne nur durch eine „Koalition der Vernünftigen"[217] abgewendet werden. Im Unterschied zu den bereits zuvor bekannten (Durchhalte-)Parolen begann das Reichsbanner diesmal tatsächlich, systematisch und selbstkritisch die Ursachen der schweren Wahlniederlage zu ergründen. Am 4. Oktober erschien in der Verbandszeitung ein großer Leitartikel des Reichstagsabgeordneten Theodor Haubach (1896–1945) unter dem programmatischen Titel „Vom Gegner lernen!", in dem er forderte, nachahmenswerte Elemente der gegnerischen Propaganda zu studieren und gegebenenfalls zu übernehmen:

„Nützt es etwas, uns gegenseitig Beteuerungen zuzurufen? […] Gibt es noch eine Steigerung, noch eine Möglichkeit, mehr zu tun, mehr zu leisten als bisher? Wir haben Umzüge gemacht, Fahnen geweiht, Denksteine errichtet, republikanische Feiern veranstaltet, große Propagandafahrten durchgeführt und vieles andere mehr getan, was in aller Welt sollen wir noch tun? Ganz einfach: Wir sollen auf den Gegner schauen und vom Gegner lernen."[218]

214 Richard Saage, Die gefährdete Republik. Porträt der Zeitung des „Reichsbanners Schwarz-Rot-Gold", in: ders. (Hrsg.), Solidargemeinschaft und Klassenkampf. Politische Konzeptionen der Sozialdemokratie zwischen den Weltkriegen, Frankfurt a. M. 1986, S. 291.

215 Rohe, S. 363.

216 „Volkszeitung", 22.9.1930.

217 „Das Reichsbanner", 25.10.1930, Nr. 43, Gaubeilage Baden.

218 Ebenda, 4.10.1930, Nr. 40.

Der Wahlausgang sorgte im Reichsbanner für einen bis dahin beispiellosen Mobilisierungsschub, der sich in einer Welle von Veranstaltungen und der Gründung der „Schufo" niederschlug. Auch im bislang in vermeintlich sicherer republikanischer Hand befindlichen Südwesten stellte es seine Strategie auf den Prüfstand.

„Ist es notwendig, daß das Reichsbanner [...] einen neuen Kurs einschlägt? Haben die alten Parolen, unter denen die aktive Schutztruppe der Republik ihren organisatorischen Aufbau und ihren Kampf um die Demokratie durchführten, ihren Sinn verloren?",[219]

fragte sich der Mannheimer Reichsbanner-Vorsitzende Ernst Roth. Er kritisierte, dass man bislang „viel zu schwach, viel zu zaghaft, viel zu weich" gegen die erklärten Feinde vorgegangen sei.

„Wahlschlachten" 1932

Vor dem Wahljahr 1932 hatte sich das Reichsbanner mit der SPD, den Freien Gewerkschaften und den SPD-nahen Arbeitersportverbänden zur „Eisernen Front" zusammengeschlossen, um der zunehmenden Gewalt auf den Straßen begegnen zu können und für einen nochmaligen Mobilisierungsschub der Anhängerschaft zu sorgen. Im Januar und Februar fanden im ganzen Reich Großveranstaltungen statt, mit denen die Anhänger des Reichsbanners wieder die Initiative ergreifen wollten. In Stuttgart bildeten drei Reichsbanner-Kundgebungen den Auftakt zur Kampagne der „Eisernen Front". Am 6. Januar fand im großen Saal des Schwabenbräu Cannstatt die Bannerweihe des Jungbanners von Groß-Stuttgart statt.[220] Am 22. Januar hielt das Reichsbanner im überfüllten Dinkelackersaal eine Veranstaltung mit dem prominenten Funktionär Major a. D. Karl Mayr ab, der in einer flammenden Ansprache die Nationalsozialisten mit „Schakalen und Hyänen in der Wüste" verglich, die im Falle ihres Sieges nicht zögern würden, Gegner „aufhängen und Köpfe rollen [zu] lassen".[221] Am 27. Januar 1932 erfolgte schließlich die Gründungsversammlung der „Eisernen Front" Stuttgart in der Liederhalle, bei der Adam Remmele als Hauptredner auftrat und Vertreter der an der „Eisernen Front" beteiligten Organisationen Erklärungen

219 „Volkszeitung", 30.9.1930.
220 Vgl. „Schwäbische Tagwacht", 7.1.1932.
221 Ebenda, 22.1.1932.

verlasen.[222] In derselben Woche kamen auch die badischen Republikaner zu Gründungstreffen zusammen, nachdem die Mannheimer am 18. November 1931 mit der Gründung der Hifo bereits vorgeprescht waren und die Formierung der „Eisernen Front" vorweggenommen hatten.[223]

Der erste 1932 zu führende Wahlkampf betraf die Reichspräsidentschaftswahl. Unter der Parole „Schlagt Hitler! – Wählt Hindenburg!" entschlossen sich SPD und „Eiserne Front", die Wiederwahl des greisen Reichspräsidenten gegen die Hitler-Kandidatur zu unterstützen. In mehr als 1000 Veranstaltungen, in denen zumeist eine Schallplatte mit einer aufgezeichneten Rede Hindenburgs abgespielt wurde, engagierte sich die „Eiserne Front" für dessen Wiederwahl. Trotz des überdurchschnittlichen Ergebnisses im Südwesten (Baden: 56 Prozent, Württemberg: 58,5 Prozent) verpasste Hindenburg am 13. März 1932 mit 49,5 Prozent knapp die absolute Mehrheit. Für den erforderlichen zweiten Wahlgang am 10. April steigerte die „Eiserne Front" noch einmal ihre Aktivitäten. In der sozialdemokratischen Presse abgedruckte Übersichten über die Veranstaltungen am Freitag und Samstag vor der Wahl geben einen Eindruck von der umfassenden Mobilisierung. So fanden allein im Einzugsbereich des Karlsruher „Volksfreunds", also in Mittelbaden, am Freitag 19 und am Samstag sogar 25 Kundgebungen statt.[224] Hindenburg wurde schließlich mit 53,1 Prozent wiedergewählt. In Württemberg steigerte er sich auf 63,1, in Baden um 1,4 auf 57,4 Prozent.

Bei der Landtagswahl in Württemberg am 24. April 1932 erreichte die SPD lediglich 16,6 Prozent und büßte damit gegenüber der Landtagswahl 1928 deutlich ein. Zusammen mit dem Zentrum, das sich leicht auf 20,5 Prozent steigerte, und der DDP, die auf 4,8 Prozent zurückfiel, kamen die Parteien der einstigen „Weimarer Koalition" nur noch auf 41,9 Prozent. Die NSDAP katapultierte ihr Ergebnis auf 26,4 Prozent (1928: 1,8 Prozent), die KPD steigerte sich um zwei Prozentpunkte auf 9,4 Prozent. Im Wahlkampf hatte die SPD württembergische Traditionen, wie die weit zurückreichende Verfassungstradition, den Bauernkrieg und den schon vor dem Weltkrieg ausgeprägten Parlamentarismus, in den Vordergrund gestellt.[225] Im Bericht der württembergischen Polizei hieß es, dass die „SPD und ihre antifaschistische Hilfsorganisation

222 Vgl. „Volkszeitung", 28.1.1932.
223 Vgl. „Säumt keine Minute!", S. 397–400.
224 Vgl. „Volksfreund", 8.4.1932.
225 Vgl. Schnabel, Württemberg, S. 115.

‚Die Eiserne Front' [...] den Wahlkampf mit großer Intensität geführt" hatten. Der Wahlausgang sei aus Sicht der SPD auch „beachtenswert", weil die Partei seit acht Jahren in Opposition zu einer bürgerlichen Regierung gestanden hatte und „trotz dieser wahlkampftaktisch günstigen Situation [...] auch in Württemberg ihre Positionen nicht halten konnte".[226]

Die vorgezogene Reichstagswahl am 31. Juli 1932 schließlich brachte einen Wahlkampf mit sich, wie ihn Deutschland noch nicht erlebt hatte. Nach der zwischenzeitlichen Selbstauflösung der „Schufo" am 14. April als Reaktion auf das Verbot der SA wurden die militanten Gruppen des Reichsbanners mit einem Aufruf am 18. Juni binnen einer Woche wieder aktiviert.[227] In den folgenden sechs Wochen bis zur Wahl entfaltete die „Eiserne Front" eine rastlose Aktivität, die zahlreiche Opfer forderte: Allein zwischen dem 14. Juni und dem 20. Juli hatte das Reichsbanner reichsweit acht Tote und 72 Schwerverletzte zu beklagen.[228] Sozialdemokratische Zeitungen listeten für dieselbe Zeitspanne 42 Opfer politisch motivierter Morde aus den eigenen Reihen auf.[229] Mitten in die Endphase des Wahlkampfes fiel jedoch der „Preußenschlag", mit dem die bis zur Grenze der Belastbarkeit geführte Kampagne der Sozialdemokraten jäh gestoppt wurde. Bis dahin hatte die „Eiserne Front" wie auch ihre politischen Gegner das Reich mit einer beispiellosen Veranstaltungswelle überzogen, die bis in die kleinsten Landgemeinden reichte.

226 StA Sigmaringen, Wü 65/26, T1–2, 343.
227 Vgl. „Volkszeitung", 18.6.1932.
228 Rohe, S. 425.
229 Vgl. „Volksfreund", 19.11.1932.

3.2 Bildungsarbeit

Das Reichsbanner entfaltete ein reges Verbandsleben, das die Mitglieder ganzjährig in Anspruch nahm und auch abseits der Großveranstaltungen für Zusammenhalt und Geselligkeit sorgen sollte. Als in weiten Teilen vom sozialdemokratischen Milieu geprägter Verband gehörte das Reichsbanner zum Organisationsnetz der seit dem 19. Jahrhundert gewachsenen sozialistischen „Gegenkultur", in der die Mitglieder einen Großteil ihrer Freizeit verbrachten. Einen hohen Stellenwert im Reichsbanner-Alltag nahm die Bildungsarbeit ein, in der die Mitglieder und Anhänger staatspolitisch geschult werden sollten. Seinen „staatspolitischen Erziehungsauftrag" nahm das Reichsbanner von Beginn an sehr ernst und widmete sich in der Verbandspresse in unzähligen Artikeln Themen wie „Arbeiterschaft und Staat" oder „Arbeiterschaft und Nation". Darin wurde die unbedingt notwendige Hinwendung zum Staat betont, auch wenn viele mit dessen gegenwärtiger Gestalt noch unzufrieden seien.[230] In der lokalen Bildungsarbeit wurden vor allem während der Wintermonate Vortragsveranstaltungen angeboten:

„Die Sommermonate sind vorüber und damit glücklicherweise auch die republikanischen Tage und Bannerweihen. Nun ergibt sich für unsre Führer eine neue Frage: Wie beschäftigen wir unsre Kameraden über die Wintermonate? [...] Überall muss versucht werden, durch geeignete Kameraden Vorträge über verschiedene Themen halten zu lassen."[231]

230 Vgl. Rohe, S. 260.
231 „Das Reichsbanner", 1.11.1926, Nr. 21, Gaubeilage Baden.

Bereits Anfang 1926 betonte die „Reichsbanner-Zeitung", der Kampf um die Republik sei vor allem mit geistigen Waffen zu führen. Es gelte daher, „von der äußern lauten Demonstrationsarbeit zur inneren stillen Bildungsarbeit überzugehen".[232] Jede Ortsgruppe müsse versuchen, mindestens einmal im Monat eine Zusammenkunft abzuhalten, zu der auch Frauen eingeladen würden.[233] Stärker in den Fokus rückte die Bildungsarbeit aber erst Ende 1928. Im Gau Baden sollten Bildungsausschüsse geschaffen werden, um die praktische Ausgestaltung der Bildungsarbeit vor Ort zu organisieren. In einem Rundschreiben der Gauleitung heißt es, Bildungsvorträge seien möglichst „nicht in dem Rahmen eines nüchternen Vortrages zu führen", sondern vielmehr „seminaristisch", also in „Frage- und Antwortspiel", zu gestalten, um das Interesse der Teilnehmer „allseits wachzuhalten". Auch empfehle es sich in kleineren Ortsvereinen, „Bildungsvorträge in den Rahmen eines Unterhaltungsabends einzuflechten".[234] Auch Satire sollte dazu genutzt werden, Bildungsarbeit unterhaltend zu gestalten. Ihren Kern bildeten aber dennoch belehrende Vorträge und Kurse über Themen wie:

„a) Über den bestehenden Staat. Beispiele: ‚Der neue Staat', ‚Der Geist der Reichsverfassung', ‚Die Selbstverwaltung' / b) Über den bedrohten Staat. Beispiele: ‚Die reaktionären Kampfverbände', ‚Der Versailler Vertrag', ‚Klassenjustiz' und so weiter / c) Reformvorschläge für die Zukunft. Beispiele: ‚Reform des Völkerbundes', ‚Pan-Europa', ‚Demokratisierung der Verwaltung', ‚Die Justizreform', ‚Die Anschlußbestrebungen Deutschösterreichs' usw."[235]

Weiter empfahl die Reichsbannerpresse Lese- und Diskussionsabende, um das Gehörte weiter zu vertiefen. „Dort können Artikel, am besten aus der Reichsbannerzeitung und der Illustrierten Reichsbannerzeitung, diskutiert werden oder eine staatspolitische Schrift von Lassalle und andern."[236] Pragmatisch gab sich das Reichsbanner bei der Auswahl von möglichen Referenten: In kleinen Ortsgruppen solle man für bestimmte Themen Schullehrer heranziehen. Selbst wenn diese keine Republikaner seien, könne man sie etwa die Reichsverfassung behandeln lassen: „Damit lernen auch die Antirepublikaner die Verfassung der deutschen Republik gut kennen." Da die Lehrer in den kleinen Orten häufig großen Einfluss hätten, ließen sich Zuhörer über die eigene Mitgliedschaft hinaus

232 „Das Reichsbanner", 1.2.1926, Nr. 3.
233 Vgl. ebenda, 1.11.1926, Nr. 21, Gaubeilage Baden.
234 Rundschreiben des Gauvorstands Baden vom 31.12.1928, KrA Rhein-Neckar, NL Willy Gärtner, 1928/36.
235 „Das Reichsbanner", 1.2.1926, Nr. 3, Gaubeilage Baden.
236 Ebenda.

zu den Vorträgen anziehen und dabei vielleicht für die Sache gewinnen.[237] Grundsätzlich sei aber „größte Vorsicht bei der Auswahl der Referenten erforderlich",[238] um eine einseitige parteipolitische Färbung der Bildungsarbeit zu verhindern. Als geeignete Themen für Vorträge in den Ortsgruppen listete die badische Gauleitung zur Jahreswende 1928/29 auf:

„1. Verfassung und Verwaltung, a) Inhalt der deutschen Reichsverfassung, b) Vergleich zwischen der alten und neuen Verfassung, c) der deutsche Parlamentarismus, d) der Aufbau der Verwaltung. 2. Der Einheitsstaat und seine Probleme. 3. Demokratie und Reaktion. (Faschismus und Bolschewismus), 4. Die Bündische Bewegung (Stahlhelm, Wehrwolf [sic!], Jungdo, Rotfront), 5. Das Landvolk und die Republik. 6. Jugend und Volksstaat. 7. Geschichte der deutschen Republik. 8. Die europäische Verständigung. 9. Die Abrüstungsfrage. 10. Die Anschlußfrage."[239]

Das Reichsbanner setzte es sich außerdem als Aufgabe, zu überprüfen, „welche Schriften aus den [öffentlichen] Büchereien entfernt werden und welche hineinkommen müssen". Man habe dafür zu sorgen, „daß die Büchereien dementsprechend gereinigt bzw. ergänzt" würden. Zumindest von größeren Ortsgruppen wurde zudem die Einrichtung einer Handbibliothek, die eine „Zusammenstellung von einigen guten und billigen Schriften"[240] bieten sollte, erwartet. Insgesamt nahm die Bildungsarbeit einen zentralen Stellenwert in der Alltagsarbeit des Reichsbanners ein. Die Organisation wollte damit das Wissen zur verfassungsmäßigen Ordnung der Weimarer Republik stärken, zumal aus Sicht des Reichsbanners die viel zu zurückhaltende Außendarstellung des neuen Staates die verleumderische Propaganda der zahlreichen Republikgegner begünstigte. Um zumindest die eigene Klientel von den Vorzügen des demokratischen Staatsaufbaus zu überzeugen, unternahm man große Anstrengungen, Bildungsinhalte in wohldosierter Form zu vermitteln. Es liegt auf der Hand, dass diese Bildungsinhalte nicht immer dazu geeignet waren, junge Männer für eine Mitarbeit zu begeistern. Doch selbst in der Phase zunehmender Militarisierung gab das Reichsbanner den selbst auferlegten Bildungsauftrag nicht vollständig auf. In der Bildungsarbeit erwarb sich das Reichsbanner große Verdienste bei der Popularisierung bestimmter Themen, nicht zuletzt bei der Erinnerung an die 1848er-Revolution.

237 Vgl. Rundschreiben des Gauvorstands Baden vom 31.12.1928, KrA Rhein-Neckar, NL Willy Gärtner, 1928/36.
238 „Das Reichsbanner", 1.2.1926, Nr. 3.
239 Rundschreiben des Gauvorstands Baden vom 31.12.1928, KrA Rhein-Neckar, NL Willy Gärtner, 1928/36.
240 „Das Reichsbanner", 1.2.1926, Nr. 3, Gaubeilage Baden.

3.3
Verbandspresse und Mitgliederwerbung

Das Reichsbanner gab seit 1924 die „Illustrierte Reichsbanner-Zeitung" (seit 1929: „Illustrierte Republikanische Zeitung", IRZ) heraus, die über das Geschehen im Verband informierte und häufig politische Grundsatzfragen erörterte. Zugleich diente die reich bebilderte Zeitschrift Unterhaltungszwecken und enthielt Reiseberichte, Glossen, Fortsetzungsromane, Rätsel und Berichte über Kuriositäten. Ausführlich berichtet wurde über die Bundesverfassungsfeiern. Veranstaltungen aus den Gauen und viele Ortsgruppen, auch regelmäßig aus Südwestdeutschland, wurden fotografisch dokumentiert. Als zentrales Verbandsorgan und Sprachrohr des Reichsbanners fungierte die gleichnamige Zeitung, die zunächst 14-tägig, ab April 1928 wöchentlich erschien. Die „Reichsbanner-Zeitung" enthielt Artikel zu aktuellen politischen Fragen, Hintergrundberichte, Reportagen und ebenfalls unterhaltende Beiträge wie Fortsetzungsromane oder Rätsel. Der Einzelpreis für die IRZ betrug Mitte der 1920er-Jahre 25 Pfennig, für die „Reichsbanner-Zeitung" zehn Pfennig. Seit 1925 enthielt die „Reichsbanner-Zeitung" vermehrt Gaubeilagen, in denen die Nachrichten aus den einzelnen Verbandsgauen abgedruckt wurden. Kleinere Gaue hatten zumeist eine gemeinsame Beilage. In den Gaubeilagen konnten regionale Betriebe und Geschäfte inserieren und damit indirekt ihre Verbundenheit mit der Republik zum Ausdruck bringen.

Am 1. Dezember 1925 erschien die erste Beilage für die Gaue Baden und Pfalz. Die Gauvorstände äußerten die Hoffnung, dass „alle Kameraden, besonders die Schriftführer der Ortsvereine, möglichst viel Gebrauch von dieser Einrichtung machen, und immer kleine Berichte über ihre Versammlungen sowie Ankündigungen derselben"[241] einsenden.

241 „Das Reichsbanner", 1.12.1925, Nr. 23, Gaubeilage Baden.

Anfang 1927 folgte die Gaubeilage für Württemberg, die sich zunächst die Seiten mit Baden und der Pfalz, später mit den bayerischen Gauen teilte. Die Gauleitungen unternahmen wiederholt Versuche zur stärkeren Verbreitung der beiden Bundeszeitungen, die jedoch nur von geringem Erfolg gekrönt waren. So klagte die badische Gauleitung im Frühjahr 1927, dass sich die Zahl der Bezieher trotz einer vorangegangenen Werbewoche nicht wesentlich erhöht habe.[242] Noch im Sommer 1928 musste die Gauleitung feststellen, dass „einzelne Ortsgruppen weder die Bundeszeitung noch die I. R. Z. beziehen", obwohl alle Ortsgruppen dazu verpflichtet seien, mindestens ein Pflichtexemplar zu abonnieren. Man appellierte, alles Mögliche dafür zu tun, die Abonnentenzahl zu heben und damit die Existenz der beiden Zeitungen zu sichern. Zwar stehe der Gau Baden schon „recht annehmbar mit dem Zeitungsbezug" da, es müsse aber „noch manches nachgeholt" werden. „Solange nicht mehr Verständnis für die Verbreitung der Presse aufgebracht wird, [...] ist alle Arbeit vergebens",[243] warnte die Verbandszeitung Ende 1926.

Häufig blieben Ortsvereine die Abonnementkosten schuldig. Der Gau Baden monierte Anfang 1926, es gäbe Ortsgruppen mit mehr als 600 Mark Zeitungsschulden. Bei Nicht-Begleichung drohte der Gauvorstand die Einberufung von Mitgliederversammlungen in den betroffenen Ortsvereinen an, bei denen man „ohne Rücksicht auf die Vorstandsmitglieder den Kameraden reinen Wein einschenken" werde.[244] In der Wirtschaftskrise Anfang der 1930er-Jahre verloren die Reichsbanner-Blätter zahlreiche Abonnenten.[245] Dennoch blieb die Verbandspresse (insbesondere die IRZ) neben den Mitgliedsbeiträgen das zweite wichtige Standbein für die Finanzierung der Organisation. Ein Dauerthema innerhalb des Reichsbanners bildete die geringe Zahlungsmoral zahlreicher Mitglieder und Ortsgruppen, die immer wieder die fälligen Fristen für Abrechnungen mit dem Gau verstreichen ließen. Der Mitgliedsbeitrag betrug je nach Einkommen zwischen 40 Reichspfennig und einer Reichsmark; Mitglieder unter 18 Jahren hatten 20 Reichspfennige zu entrichten.[246] Eine Vielzahl von Rundschreiben aus dem Gau Baden griff das Problem ausstehender Abrechnungen auf, ohne dass eine Verbesserung eintrat. Noch 1928 beanstandete der badische Gauvorstand ausstehende Abrechnungen bei insgesamt 45 Ortsgruppen, von denen

242 Vgl. Rundschreiben des Gauvorstands Baden vom 17.5.1927, KrA Rhein-Neckar, NL Willy Gärtner 1927/8.
243 Rundschreiben des Gauvorstands Baden vom 23.10.1928, KrA Rhein-Neckar, NL Willy Gärtner, 1928/31.
244 Vgl. „Das Reichsbanner", 1.6.1926, Nr. 11, Gaubeilage Baden.
245 Vgl. Bericht IV. Ordentliche Generalversammlung zu Mannheim am 28./29.1.1933, KrA Rhein-Neckar, NL Willy Gärtner 1933/1.
246 Vgl. Ulrich, S. 15.

viele schon länger als Zahlungssünder aufgefallen waren.[247] Auch in Württemberg deutet manches darauf hin, dass es viele Funktionäre in Finanzangelegenheiten nicht allzu genau nahmen.[248]

Um die Zahl ihrer Anhänger zu erhöhen, veranstaltete das Reichsbanner mehrmals reichsweite „Werbewochen" mit koordinierten Aufmärschen, Umzügen und Veranstaltungen. Die badische Gauleitung forderte in ihren Direktiven zur Werbewoche im März 1927, dass besonders mitgliederschwache Ortsgruppen besucht werden sollten und Werbeversammlungen bevorzugt dort stattzufinden hatten, wo es noch keine Gliederung des Reichsbanners gab.[249] Einen – freilich nicht ganz objektiven – Eindruck von der Werbewoche vermittelt der Bericht über den Fackelzug der Ortsgruppe Stuttgart am Abend des 8. März 1927 durch das Stadtzentrum und mehrere Vororte im Westen und Süden:

247 Vgl. Rundschreiben des Gauleiters (undatiert), KrA Rhein-Neckar, NL Willy Gärtner, 1928/11.
248 Vgl. „Schwäbische Tagwacht", 29.2.1928.
249 Vgl. Rundschreiben des Gauvorstands Baden vom 5.3.1927, KrA Rhein-Neckar, NL Willy Gärtner, 1927/4.
250 Vgl. „Das Reichsbanner", 1.4.1927, Nr. 7, Gaubeilage Württemberg.

„Imponierend war das Bild, das der abmarschbereite Zug mit den lodernden Fackeln bot. Trotz des strömenden Regens begleitete eine große Menschenmenge den Fackelzug auf allen seinen Wegen. Unter Vorantritt der Musikkapelle und dreier Trommler- und Pfeiferkorps ging es durch die Straßen der nächtlichen Stadt. […] Überall auf dem Marsch durch die Stadt stauten sich die Menschen und ständig war der Zug von einer größern Menge begleitet. Auf dem Marktplatz staute sich eine große Menge Gesinnungsfreunde und Schaulustiger."[250]

Den Abschluss bildete eine Kundgebung auf dem Marktplatz, auf der Kurt Schumacher scharfe Angriffe gegen die Staatsregierung Bazille, die Reichsregierung, die Kommunisten und die Faschisten unternahm. Zum Teil führten die Propagandafahrten weit über die Grenzen der eigenen Stadt hinaus. Die Ulmer Ortsgruppe unternahm an einem Juliwochenende 1927 eine groß angelegte Rundfahrt über Ravensburg, Friedrichshafen, Lindau und Bregenz, um „im württembergischen Oberland für den Gedanken der Republik zu werben". Zum Abschluss fand in Bregenz eine gemeinsame Kundgebung mit dem Republikanischen Schutzbund statt, auf der der Gauvorsitzende Buse für einen Anschluss Österreichs warb.[251]

251 Vgl. „Das Reichsbanner", 1.8.1927, Nr. 15, Gaubeilage Württemberg.

3.4 Jugendarbeit und Jungbanner

Nach dem Urteil des Historikers Hans Mommsen gehörte es zu den Grundschwächen des politischen Systems der Weimarer Republik, dass es ihm nicht gelang, die Vertreter der jüngeren Generation ausreichend zu integrieren. NSDAP und KPD zeichneten sich durch einen überproportional hohen Anteil junger Wähler und Funktionäre aus, was sie in ihrer Propaganda offensiv zur Geltung gebracht hätten. Die verfassungstreuen Parteien, wie auch der Staat selbst, habe den extremistischen Gegnern als „Republik der Greise"[252] gegolten, die das berechtigte Mitspracherecht der Jugend unterdrückt habe. Durch seine Jugendarbeit im Jungbanner (für 14- bis 21-Jährige) und später im Vortrupp (für 10- bis 14-Jährige) versuchte das Reichsbanner, der negativen Haltung junger Menschen zur Weimarer Demokratie entgegenzutreten.

Im Gegensatz zur Sozialistischen Arbeiterjugend (SAJ), die ihre Anhänger in klassenkämpferischem Geiste erzog und dabei „politisch-sektiererischer Züge nicht entbehrte", fanden Neumitglieder bei der Reichsbannerjugend ein „vergleichsweise tolerantes und undogmatisches Klima" vor. Daher darf man die Entscheidung mancher Jugendlicher für den Beitritt zum Jungbanner nicht als politisch bewusstes Bekenntnis zur Republik überinterpretieren. Für viele stand nicht die geistig-politische Ausrichtung im Mittelpunkt des Interesses, sondern

252 Hans Mommsen, Generationenkonflikt und politische Entwicklung in der Weimarer Republik, in: Jürgen Reulecke (Hrsg.), Generationalität und Lebensgeschichte im 20. Jahrhundert, München 2003, S. 115–143, hier S. 119.

„der bündisch-militärische Zuschnitt des Reichsbanners, das Leben in einer Jungengemeinschaft". Deswegen fühlte sich „der Typ des draufgängerischen, unkomplizierten Jungen, den theoretische Fragen nicht gerade im Übermaß beschäftigten",[253] besonders vom Jungbanner angezogen.

In seiner Anfangszeit prägten vor allem die Veteranen des Weltkrieges das Reichsbanner, war es doch als „Bund republikanischer Kriegsteilnehmer" gegründet worden. Zwar konnten auch republikanisch gesinnte Jugendliche Mitglieder werden, doch legte man zunächst offenbar auch aus Rücksicht auf die Jugendorganisationen der Trägerparteien keinen allzu großen Wert auf eine eigene Nachwuchsarbeit. In einem Rundschreiben der badischen Gauleitung hieß es, dass nur „an Orten, wo republikanische Jugendgruppen nicht existieren", nach vorheriger Genehmigung des Gauvorstandes Jugendgruppen gebildet werden dürften. Allerdings sollten diese „unter gar keinen Umständen mit den Kriegsteilnehmern und Jungmannschaften zusammen aufmarschieren". Es erging die ausdrückliche Weisung, „im Interesse des Ansehens unserer Organisation" zu verhindern, „dass bei offiziellen Aufmärschen und Anlässen halbwüchsige Kinder mitmarschieren".[254] Um das gewünschte militante Erscheinungsbild zu gewährleisten, präzisierte ein Beschluss der Gaukonferenz in Karlsruhe vom Januar 1925, dass bei größeren Aufmärschen Jugendliche unter 18 Jahren nicht teilnehmen dürften, ebenso Jugendliche über 18 Jahre, „deren Wachstum zurückgeblieben ist", also diejenigen, die „nicht körperlich kräftig"[255] seien. Seit circa 1927 änderte sich die Haltung des Reichsbanners gegenüber jugendlichen Mitgliedern in der Erkenntnis, dass man sich angesichts der drohenden Überalterung nicht dauerhaft dem Nachwuchs verschließen konnte, zumal die konkurrierenden Verbände erfolgreich jugendliche Mitglieder rekrutierten.

253 Rohe, S. 269. „Der wichtigste Unterschied zwischen SAJ und Jungba bestand in der Anziehung, die sich auf unterschiedliche Teile der männlichen Jugend ausübte. Während die SAJ überwiegend intellektuelle, an der sozialkritischen Theorie interessierte Jungen an sich binden konnte, war im Jungbanner eher der aktive Typ zu finden, der die paramilitärische Männerorganisation der oft elitär wirkenden, debattenreichen SAJ vorzog.", Mintert, S. 54.

254 Schreiben an Ortsgruppe Ladenburg vom 22.11.1924, KrA Rhein-Neckar, NL Willy Gärtner, 1924/5.

255 Bericht über die Gaukonferenz Baden in Karlsruhe vom 12.1.1925, KrA Rhein-Neckar, NL Willy Gärtner, 1925/5.

„Nachdem sich aber gezeigt hat, dass 60 % aller Jugendlichen nicht in den politischen Parteien und Gewerkschaften erfasst werden können, sondern größtenteils zu den Rechtsverbänden übergehen, die schon längst erkannt haben, dass die Jugend besonders behandelt werden muss, ist es für uns eine Lebensfrage geworden, die Jugend zu erfassen."[256]

Im ganzen Reich entstanden sogenannte Jungbanner- (Jungba-) Gruppen,, in denen die 14- bis 21-jährigen Reichsbanner-Mitglieder zusammengefasst wurden.[257] Seit 1929 kamen in manchen Städten Vortrupp-Abteilungen hinzu, die Kinder im Alter von zehn bis 14 Jahren umfassten. Im Südwesten scheint der Aufbau von Jugendformationen zunächst nur schleppend vorangekommen zu sein. Auf der badischen Gau-Generalversammlung 1926 in Offenburg wurde bemängelt, dem Jungbanner werde „noch nicht in allen Ortsgruppen die nötige Beachtung gezollt".[258] Dennoch markiert bereits die Jugend-Konferenz der Gaue Baden, Württemberg und Pfalz am 25. September 1925 ein Umdenken in der Jugendfrage. Der Bundesjugendleiter Artur Pape räumte hier ein, dass seit 1918 „die Jugendfrage bis heute noch von keiner Partei gelöst" worden sei. Daher wolle man im Reichsbanner „die Jugend erfassen, wo wir nur können".[259] Die Orientierung an den Idealen der Bündischen Jugend war auch im Jungbanner nicht zu übersehen. Sie drückte sich bei bündischen Organisationen aus im Streben nach stärkerer Unabhängigkeit von der Dachorganisation und bündischer Autonomie, nach erlebtem Führertum und dem Gemeinschaftserlebnis, etwa in Form von Fahrten, Lagerfeuern und „bündischer" Symbolfreude.[260]

256 Rundschreiben des Gaujugendführers Baden vom 3.10.1927, KrA Rhein-Neckar, NL Willy Gärtner, 1927/29.
257 Dem Jungbanner gehörten Ende der 1920er-Jahre vermutlich über 500 000 Mitglieder an; vgl. Weber, Reichsbanner, S. 130.
258 „Das Reichsbanner", 1.4.1926, Nr. 7, Gaubeilage Baden.
259 Ebenda, 1.11.1927, Nr. 21, Gaubeilage Baden.
260 Vgl. Rohe, S. 101.

Mitglieder des Jungbanners im Mannheimer Luisenpark, o. D.
Quelle: Kreisarchiv Rhein-Neckar-Kreis, F 110

„Die Militarisierung der Jugend in der Weimarer Zeit erfolgte nicht parallel zum Sport, sondern im Sport."[261] Für das Jungbanner stand der sogenannte Schutzsport im Mittelpunkt. Damit wollte man sich inhaltlich und semantisch vom Wehrsport der rechten Wehr- und Jugendverbände abheben. Wehrsport werde im „Geist der kriegerischen Wehrhaftmachung" betrieben, das Reichsbanner hingegen wolle nur „das unbedingt Notwendige und für jeden Gesunden im Durchschnitt Erreichbare an Kraft und Gelenkigkeit schulen".[262] Der „Schutzsport", der im Zuge der zunehmenden Militarisierung auf alle Reichsbanner-Mitglieder ausgedehnt wurde, sollte in erster Linie die „Kameraden befähigen, sich selbst und die Republik gegen die Angriffe andrer zu schützen".[263] Boxen und Jiu-Jitsu galten als die wichtigsten Abwehrmethoden gegenüber potenziellen Übergriffen. Doch auch Marschübungen, Gymnastik, Leichtathletik, Schwimmen, Ballspiele sowie Wasser- und Wintersport wurden als Schutzsport in den Jugendformationen gepflegt.[264] Im Gegensatz zum Wettbewerbssport der Vereine betonte das Reichsbanner den gemeinschaftsstiftenden Charakter des Sports und stand hochleistungsorientierten Wettkämpfen eher skeptisch gegenüber.

Die körperliche Ertüchtigung sollte neben der Förderung der Kameradschaft dazu dienen, junge Mitglieder für den Dienst in den Polizeitruppen vorzubereiten. Das Engagement der Mitglieder sollte sich nicht im Schutzsport oder anderen Freizeitangeboten erschöpfen. Der Bundesjugendleiter Pape warnte 1927 davor, das Reichsbanner dürfe „kein Sammelbecken sogenannter Indifferenter"[265] werden. Vielmehr ging es um ein umfassendes Bildungskonzept.

„Eine Jungbannergruppe, die in Sport und Unterhaltung völlig aufginge, käme dem eigentlichen Sinne ihres Daseins nicht nahe. Gruppen junger Menschen und vornehmlich noch demokratisch gesinnte Jugendgruppen müssen dauernd von einem ernsten Bildungsbedürfnis und einem aufrichtigen Selbsterziehungswillen getrieben werden. Die Hauptaufgabe unsrer Jungbannerarbeit ist, demokratisch lebende politisch denkende, republikanisch aktive Staatsbürger heranzubilden."[266]

261 Bernd A. Rusinek, Krieg als Sehnsucht. Militärischer Stil und „junge Generation" in der Weimarer Republik, in: Reulecke (Hrsg.), Generationalität, S. 127–144, hier S. 136.
262 Bundesvorstand Reichsbanner Schwarz-Rot-Gold (Hrsg.), Sport und Leibesübungen im Reichsbanner Schwarz-Rot-Gold, Magdeburg 1930, S. 11.
263 Ebenda, Vorwort.
264 Vgl. ebenda, S. 12; Rohe, S. 164.
265 „Das Reichsbanner", 1.11.1927, Nr. 21, Gaubeilage Baden.
266 Bundesvorstand Reichsbanner Schwarz-Rot-Gold (Hrsg.), Das Jungbanner. Jugendpflege im Reichsbanner Schwarz-Rot-Gold, Magdeburg o. J., S. 19.

Die staatsbürgerlich anmutende Bildungsarbeit bestand nach den offiziellen Vorgaben in der Übermittlung von Wissensstoff, der Schulung von Fähigkeiten (mündlicher und schriftlicher Ausdruck, Organisationsgeschick u. a.) sowie in der Ausbildung des Charakters (Wahrhaftigkeit, Selbstbeherrschung, Gruppendisziplin, Sachlichkeit, Ritterlichkeit, Hilfsbereitschaft, Uneigennützigkeit, demokratisches Selbstgefühl und Selbstverantwortung).[267]

„Die Aufgaben der Jugend sind darum zweifach: einmal muß sie versuchen, gezwungen durch die Politisiererei Rechts- wie Linksradikaler, eine gewaltige Aufklärungsarbeit durchzuführen, die erst einmal die Jugend abbringen soll, bauernfängerischen Jugendorganisationen als Schaufiguren bei Paraden oder Putschen zu dienen [...] Die Jugend muß geschult werden zu Staatsbürgern, deren Handeln und Denken beeinflußt sein muß von der Verantwortung gegen den Staat. [...] Die Weimarer Verfassung wie die Grundgesetze der Demokratie müssen eiserner Bestandteil im Bewußtsein eines jeden Jungen werden."[268]

Die veränderte Einstellung der Reichsbanner-Führung gegenüber der Jugend drückte sich in neuen Anweisungen an die Ortsgruppen aus: Das aktive Jungbanner sollte von nun an bei allen Veranstaltungen an der Spitze der Ortsgruppe bzw. des Kreises marschieren. Dadurch werde das Bild „einheitlicher und geschlossener".[269] Das Jungbanner sei nun einmal eine Formation für sich innerhalb des Reichsbanners und unterstehe nur dem jeweiligen Ortsvereinsvorsitzenden. Seit dem 1. April 1928 erschien zudem eine eigene – gleichnamige – Beilage des Jungbanners in der Verbandszeitung. Der Bundesvorsitzende Hörsing würdigte in der ersten Ausgabe die „ehrliche Begeisterung", mit der sich der größere Teil der deutschen Jugend für Schwarzrotgold einsetze.[270] Bei einem Besuch in Stuttgart resümierte der Bundesjugendleiter Pape 1929 zufrieden, niemand stelle mehr in Frage, dass das Reichsbanner berufen sei, für die geistige und körperliche Schulung der Jugendlichen zu sorgen, da die Organisation die „staatsbürgerliche Erziehung und Schulung der breiten Masse des Volkes" als besondere Aufgabe sehe und sich als Mahner hinter den republikanischen Parteien begreife.

267 Vgl. ebenda, S. 19 f.
268 Ebenda, S. 21.
269 Vgl. Rundschreiben des Gaujugendführers Baden vom 3.10.1927, KrA Rhein-Neckar, NL Willy Gärtner, 1927/29.
270 Vgl. „Das Reichsbanner", 1.4.1928, Beilage Jungbanner, Nr. 1.

„Spontan" seien in den letzten Jahren „die Massen der Jugend" zumeist politisch ungeschult in das Jungbanner geströmt. Es sei gelungen, die jungen Mitglieder auch mit äußerlichen Mitteln zu gewinnen und für eine Laufbahn in der Reichswehr oder der Schutzpolizei zu begeistern.[271] Die Jugendarbeit des Reichsbanners hatte insofern eine wichtige Funktion für das Ziel einer „Republikanisierung" der Republik mittels einer Durchdringung ihrer Exekutivorgane. Selbst wenn die Stimmung nicht immer so enthusiastisch und voller Tatendrang gewesen sein mag, wie die Berichte der Verbandspresse suggerieren, muss man doch davon ausgehen, dass das Freizeitangebot des Reichsbanners für viele Jugendliche eine willkommene Abwechslung darstellte. Das Jungbanner bot Jugendlichen oft die einzige Möglichkeit, mit relativ geringen Geldmitteln dem engen Alltag zu entfliehen, zumal als sich die wirtschaftliche Lage seit 1929 deutlich verschärfte. Freilich glaubte die Organisation, dass sie die Jugendlichen nicht überfordern dürfe. Besonders als sich seit 1930 die Konflikte mit den konkurrierenden Verbänden verschärften, legte das Jungbanner den Akzent stärker auf die Praxis als auf die Theorie. Es gehe nicht darum, aus der republikanischen Jugend „Büchergelehrte [...], Kenner der Staatsrechtstheorien und Grübler über parlamentarische Theorien" zu machen. Dies sei nur einer Minderheit dafür Befähigter zuzumuten. Stattdessen sollten angesichts der existenziellen Nöte nur „allgemeine politische Erkenntnisse"[272] vermittelt werden.

Nach dem NSDAP-Wahlsieg im September 1930 erlebte das Jungbanner im Südwesten einen spürbaren Aufschwung. Infolge der nationalsozialistischen Krawalle strömten dem Reichsbanner besonders viele junge Leute zu.[273] Aus den „wenigen Jungbannergruppen, die wir vor den Reichstagswahlen hatten", berichtete die „Reichsbanner-Zeitung" im Herbst 1931, sei eine „ganz stattliche Anzahl lebensfähiger und rühriger Formationen"[274] gewachsen. Man dürfe aber nicht zufrieden sein und müsse eine Steigerung im Winter 1931/32 anstreben. Auf einer Gaujugendkonferenz bei Stuttgart am 21. September 1930, auf der der Heilbronner August Weinstock (1904–1969) einstimmig zum Gaujugendführer gewählt wurde, forderte der Versammlungsleiter Wirthle in seiner Analyse der Reichstagswahl ein stärkeres Eingehen auf die Bedürfnisse der Reichsbanner-Jugend.[275] Bei einer weiteren Gaujugend-

271 Vgl. „Das Reichsbanner", 25.5.1929, Nr. 21, Gaubeilage Württemberg.
272 Ebenda, 7.6.1930, Nr. 23.
273 Vgl. „Volkswacht", 6.12.1930.
274 „Das Reichsbanner", 26.9.1931, Nr. 39, Gaubeilage Württemberg.
275 Vgl. ebenda, 11.10.1930, Nr. 41, Gaubeilage Württemberg.

Mannheimer Vortrupp beim Appell, o. D.

Quelle: „Illustrierte Republikanische Zeitung", 31. Oktober 1931

konferenz in Stuttgart am 3. und 4. Oktober 1931 wurde die Zahl der Jungbanner-Gruppen im Gau Württemberg mit 37 angegeben.[276] Das Reichsbanner wollte nun auch systematisch Jugendliche direkt in den Schulen rekrutieren. Ein Aufruf forderte die Ortsgruppen-Jugendleiter auf, durch persönliche Ansprache und Werbebriefe Schulentlassene für die Organisation zu gewinnen.[277] Über eine Werbeveranstaltung des Ulmer Reichsbanners für Schulabgänger und deren Eltern im März 1930 berichtete die sozialdemokratische „Donau-Wacht":

276 Vgl. „Das Reichsbanner", 24.10.1931, Nr. 43, Gaubeilage Württemberg.
277 Vgl. ebenda, 4.7.1931, Nr. 27, Gaubeilage Württemberg.

„Mit einigen schneidigen Märschen der rührigen Reichsbannerkapelle wurde die Veranstaltung eröffnet, in deren Mittelpunkt ein Lichtbildvortrag [...] stand, in dem auf die historische Bedeutung der Reichsfarben Schwarz-Rot-Gold hingewiesen und deren geschichtliche Entwicklung dargelegt wurde. Ausgehend von den Lützow'schen Freiheitskämpfern des Jahres 1813 [...] wurden in Wort und Bild die Kämpfe um die Freiheit des deutschen Volkes veranschaulicht. [...] Besondere Beleuchtung erfuhr die Tätigkeit des Jungbanners, dem die gesamte republikanische Jugend zugeführt werden sollte. [...] Die Schutzsportabteilung des Reichsbanners Schwarz-Rot-Gold gab in gut gelungenen Vorführungen erfreuliche Proben ihres eifrigen Arbeitens an der Ertüchtigung ihres Körpers. Die auch in Sportkreisen nicht alltäglichen Übungen fanden den stürmischen Beifall der Teilnehmer der Veranstaltung. [...] Der Vorsitzende des Ulmer Reichsbanners, Kamerad Wirthle, hielt ein freudiges Schlußwort, in dem er besonders die Schulentlassenen und ihre Eltern ermahnte, treue Republikaner zu bleiben und im republikanischen Lager mitzukämpfen."[278]

Der durch überproportional viele junge Wähler ermöglichte Erfolg der NSDAP bei der Reichstagswahl von 1930 hatte also eine nochmalige Aufwertung der Jugendarbeit innerhalb des Reichsbanners zur Folge. Alle Ortsvereine wurden aufgerufen, Jugendgruppen oder -abteilungen zu gründen, seien sie auch noch so klein.[279] Eine klare Absage erteilte das württembergische Jungbanner zunächst den Plänen zu einer allgemeinen Arbeitsdienstpflicht, die einzig zu Hungerlöhnen und zu einem Zwölfstundentag führen würde.[280] In der Endphase der Republik war das Jungbanner in den Dauerwahlkampf der „Eisernen Front" voll eingespannt, worunter die Pflege des Gruppenlebens und die Werbearbeit in eigener Sache zu leiden hatten. Durch die ständige Beanspruchung des Jungbanners habe es „in den letzten Jahren [...] an vielen Orten Einschrumpfung oder Stillstand" erlebt, beklagte man Ende 1932. Um die Abwehr des Faschismus wirkungsvoll unterstützen zu können, forderte die Zeitschrift „Der Jungba-Führer" eine Entwicklung des Jungbanners zur „wehrsportlichen [sic!] Ausbildungsformation des Bundes". Generell sei eine „Verschärfung des Militanten und Straffen" erforderlich. Bei der Auswahl jugendlicher Führer wollte man künftig „Männern der Tat" den Vorzug geben:

278 „Donau-Wacht", 25.3.1930.
279 Vgl. „Das Reichsbanner", 6.6.1931, Nr. 23, Gaubeilage Württemberg.
280 Vgl. ebenda, 26.9.1931, Nr. 39, Gaubeilage Württemberg.

Teilnehmer eines Stuttgarter Jungbanner-Führerkurses, o. D.
Quelle: „Illustrierte Republikanische Zeitung", 13. Februar 1932

„Eine Auswahl wirklicher Führer ist unerläßlich für eine gedeihliche und aufbauende Arbeit in unsern Jungbannergruppen. Leider machen einige Gruppen gerade hier schwerwiegende und geradezu unverzeihliche Fehler. [...] Kameraden mit körperlichen Gebrechen und solche, denen man ihre Ungeeignetheit auf den ersten Blick ansieht, taugen nicht zum Führer, auch wenn sie auf unseren Zusammenkünften noch so ausdauernd und meinetwegen achtunggebietend reden können. Unsre Führer müssen ganze Kerle sein." [281]

Theodor Haubach versicherte noch im Januar 1933, das Reichsbanner habe in seinen Reihen „Hunderttausende von Kämpfern, ganze Kerle aus einem Guß", und die Organisation wisse, dass sie durchhalten müsse. Reichsbannerführer Höltermann hatte schon 1931 erklärt, entweder sei die Jugend Soldat für ihre Freiheit oder sie werde Soldat für fremde Machthaber sein müssen.[282] Offen warf das Reichsbanner nun auch seine letzten Vorbehalte gegen den anfangs verpönten Wehrsport über Bord. Ob die äußere und innere Militarisierung der Jugendarbeit im

281 „Der Jungba-Führer", 1932, Nr. 3, S. 2.
282 Vgl. AdsD, NL Franz Osterroth, Box 53, Mappe 138 (Zitatsammlung zum Reichsbanner Schwarz-Rot-Gold).

Reichsbanner eine Entwicklung aus eigenem Antrieb oder eine (als erzwungen empfundene) Anpassung an einen militaristisch gesinnten Zeitgeist darstellte, soll an anderer Stelle erörtert werden. Festhalten lässt sich aber bereits, dass sich der Schwerpunkt der Jugendarbeit zunehmend in Richtung „aktivistischer" Elemente verlagerte, während die politisch-historische Bildung ihren zunächst sehr hohen Stellenwert einbüßte. Zwar verschwanden die staatsbürgerlichen Bildungsinhalte nie ganz, traten aber doch gegenüber Saalschutz, Propagandafahrten, Zeltlagern und Geländeübungen in den Hintergrund. Mit den neuen Formen der Jugendarbeit, die sich der Tätigkeit in den Jugendverbänden der politischen Gegner annäherte, schreckte man zweifellos einen Teil der demokratisch und republiktreu gesinnten Heranwachsenden ab. Dagegen wurden durch die „bündischen" Elemente viele Indifferente angezogen, die mit den Anliegen des Reichsbanners ansonsten wenig gemein hatten.

Stuttgarter Jungbanner-Mitglieder bei einer Werbefahrt nach Ulm und Blaubeuren, o. D.

Quelle: „Illustrierte Republikanische Zeitung", 13. Februar 1932

Das Reichsbanner veranstaltete regelmäßig sogenannte Winterfeste, die kurz vor Weihnachten ein geselliges Beisammensein ermöglichten, aber mehr politische als religiöse Botschaften transportierten. Auch hierbei tat sich Mannheim hervor, wo sich 1926 mehr als 3000 Anhänger aus Baden und der Vorderpfalz im Nibelungensaal der Festhalle „Rosengarten" versammelten. Eine Bannerweihe bildete den Mittelpunkt der Feier, die von Ansprachen, Chordarbietungen und Kapellenauftritten begleitet wurde. Die „Reichsbanner-Zeitung" berichtete pathetisch:

„Dann Fanfaren. Das Orchester fällt ein. Jungbanner-Abteilungen marschieren auf. Heller und heller wird es im Saal. Die große Festbeleuchtung erstrahlt, Trommelwirbel donnern auf. Sie leiten über in den Fahnenmarsch. Da, die Fahnen der Kameradschaften ziehen ein, mit ihnen eine Ehrenabteilung des Reichsbanners. Die Musik bricht ab. Ein Trompetensignal. Ein Vorhang fliegt auf. Feierliche Stille, erwartungsvolles Schweigen. Junge Hände, durchpulst vom Blute junger, opferbereiter und freiheitsliebender Herzen tragen sacht und behutsam ein verhülltes Banner durch die von den Leibern der Soldaten der Republik gebildete Gasse in den Saal. Da bricht der Bann, der über der Versammlung liegt. Jubel begrüßt den ans Pult tretenden Kameraden Friedrich Ebert [junior, d. Verf.]. Wir feiern heute ein Winterfest."[283]

Neben dem offiziellen Programm hatten die Winterfeste auch einen „gemütlichen" Teil. Bei der Mannheimer Feier 1926 kamen die Gäste im Rosengarten durch „reichliche Tanzgelegenheit voll auf ihre Rechnung". Für Unterhaltung sorgten außerdem Künstler des Nationaltheaters, die mit ihren „witzigen, manchmal etwas derben Vorträgen die Lacher auf ihre Seite brachten", das Kinderballett des Theaters, der Chor der Volksingakademie sowie die Freie Turnerschaft mit Darbietungen ihres Könnens.[284] Die Weihnachtsfeier der Ortsgruppe Konstanz am 26. November 1927 wurde mit sogenannten Lebenden Bildern und einem Einakter umrahmt. Zwei „Lebende Bilder" stellten die Sicht des Reichsbanners auf die Erfahrungen im Weltkrieg dar. Ein Bild stellte „ins Feld ziehende Feldgraue mit weinenden Frauen und Kindern an der Hand" zechenden Offizieren auf der anderen Bühnenseite gegenüber. In dem anderen „Lebenden Bild" inszenierten die Laiendarsteller das Frontleben:

283 „Das Reichsbanner", 1.12.1926, Nr. 23.
284 Vgl. ebenda, 1.1.1927, Nr. 1, Gaubeilage Baden.

„Auf der einen Seite der Bühne die vorderste Schlachtfront, im Vordergrund tote und verwundete Feldgraue. Als Gegenstück hierzu [...] Offiziere mit Weibern auf dem Schoß beim Sekt."[285]

Die Darstellungen auf dieser Weihnachtsfeier führten zu heftigen Auseinandersetzungen in der Öffentlichkeit. Auf Betreiben von DNVP und DVP wurden sie sogar zum Gegenstand einer Debatte im Badischen Landtag, wo die Anträge der Rechtsparteien einschließlich eines Misstrauensvotums gegen die Regierung jedoch mit großer Mehrheit abgeschmettert wurden.[286] Größere Ortsgruppen wie in Stuttgart und Ulm luden ihre Mitglieder auch außerhalb der Weihnachtszeit regelmäßig zu Familienabenden oder -festen ein, bei denen ein Unterhaltungsprogramm geboten wurde.[287] Das Sommer- und Kinderfest des Stuttgarter Reichsbanners wartete beispielsweise mit einem Reigen, Geschenken und Belustigungen wie einem Puppentheater auf.[288]

Reine Geselligkeitsveranstaltungen ohne Propagandaabsicht fanden selten statt. Die Mannheimer Ortsgruppe unternahm aber im Frühjahr 1927 eine Radtour zu Burgen im Neckartal, die angesichts des schlechten Wetters unter dem Motto „Regen, Wind, wir lachen darüber" stand.[289] Besuche unter den Ortsgruppen ermöglichten den Teilnehmern, relativ preiswert ein Wochenende in einer anderen Stadt zu verbringen. Gegenseitige Besuche beschränkten sich allerdings zumeist auf Ortsgruppen eines Gaues, die sich schon von vielen offiziellen Begegnungen kannten. Gastquartiere wurden bereitwillig zur Verfügung gestellt. Stolz merkte der „Volksfreund" anlässlich eines Besuches des Freiburger Reichsbanners in Karlsruhe, dass unter den Quartierwirten viele Arbeitslose waren, die es sich trotz ihrer materiellen Not „nicht nehmen ließen, ihr Weniges mit den Freiburger Brüdern zu teilen".[290]

285 GLA Karlsruhe, 233, Nr. 25982.
286 Vgl. „Das Reichsbanner", 1.2.1928, Nr. 3, Gaubeilage Baden.
287 Vgl. ebenda, 15.12.1927, Nr. 24, Gaubeilage Württemberg.
288 Vgl. ebenda, 22.7.1928, Nr. 23, Gaubeilage Württemberg.
289 Vgl. ebenda, 15.5.1927, Nr. 10, Gaubeilage Baden.
290 „Volksfreund", 18.10.1932.

3.5 Funktionäre und Anhängerschaft

Systematische Erhebungen über die Zusammensetzung von Führung und Mitgliedschaft des Reichsbanners lassen sich aufgrund der fragmentarischen Quellenlage kaum anstellen. Aus nachvollziehbaren Gründen gehörten die Mitglieder- und Beitragslisten mutmaßlich zu den ersten Dokumenten, die von den Ortsgruppen im Frühjahr 1933 in Erwartung des drohenden Verbots vernichtet wurden. Daher müssen „alle Aussagen über die parteipolitische und soziale Struktur des Verbandes [...] vage und unbestimmt"[291] bleiben. Genauere Angaben können allenfalls zur Führungsebene gemacht werden, auf der Zentrum- und DDP-Anhänger weit stärker vertreten waren als unter den einfachen Mitgliedern. In den Gauvorständen dominierten fast überall die SPD-Vertreter, die meist auch den ersten Vorsitzenden stellten. Der Gau Baden bildete hier eine von nur drei Ausnahmen. Die meisten Gauvorsitzenden und -sekretäre (so auch in Württemberg) waren „Männer in partei- oder gewerkschaftsabhängiger Position – Partei- und Gewerkschaftsfunktionäre, einige Redakteure von Parteizeitungen, Angestellte sonstiger parteinaher Verbände –, die teilweise gleichzeitig als Abgeordnete tätig"[292] waren. Ein Blick auf die 42 Unterzeichner des Gründungsaufrufs für den Gau Württemberg von 1924, die den Gauausschuss bildeten, bestätigt diesen Befund. Mindestens 15 Personen fallen unter die angesprochene Kategorie, darunter Redakteure parteinaher Zeitungen, Parteisekretäre, Bezirksleiter des ADGB oder Geschäftsführer von Einzelgewerkschaften, die oftmals zudem eine Vielzahl von Ehrenämtern, Beiratsmitgliedschaften und kommunalen Mandaten ausübten.[293] Über das untere Führer- und

291 Rohe, S. 273.
292 Ebenda, S. 277.
293 Vgl. Aufstellung von Carsten Kohlmann zu den biographischen Angaben der Mitglieder des Gauvorstandes und des Gauausschusses (1924) aus dem Jahr 2002, Sammlung Carsten Kohlmann.

Funktionärskorps lassen sich nur vorsichtige Aussagen treffen. Einzelne Quellen deuten darauf hin, dass in dieser Gruppe vor allem „Partei- und Gewerkschaftsfunktionäre, Facharbeiter, Kleingewerbetreibende und Kaufleute, teilweise Akademiker, in kleineren Orten häufiger Lehrer, vor allem aber Angestellte“[294] zu finden waren. Die Technischen Führer rekrutierten sich vor allem aus weltkriegserfahrenen Arbeitern, die über die für diese Aufgaben notwendigen militärischen Kompetenzen verfügten.

Insgesamt zeigte sich das Reichsbanner auch im Südwesten als eine Bewegung der Groß- und Mittelstädte, die in erster Linie von Arbeitern getragen wurde. Die Ausbreitung der Organisation begann in den industriell geprägten Großstädten mitsamt ihren Einzugsgebieten und erreichte dann die Klein- und Mittelstädte. Erst als mit Beginn der 1930er-Jahre das Reichsbanner auch in kleineren Landgemeinden Einzug hielt, konnte man von einem annähernd flächendeckenden Organisationsnetz sprechen. Aber die Erfolgsmeldungen aus dieser Zeit sollten nicht darüber hinwegtäuschen, dass sich das Reichsbanner in ländlichen Gebieten oft in einer deutlichen Minderheitenposition befand. Nur wo es ein starkes Industrieproletariat gab, konnte das Reichsbanner auf eine Massenanhängerschaft bauen, während sich Bauern und das mittelständische Besitzbürgertum kaum gewinnen ließen. Nach einer etwas überspitzten These Höltermanns organisierte das Reichsbanner jedoch weniger den „Typ des militanten, kampf- und angriffslustigen Arbeiters“, sondern vielmehr den „Dulder“ und Anhänger von „märtyrerhafter Leidensfähigkeit“.[295]

Neben Arbeitern waren Angestellte im Reichsbanner stärker vertreten, die auch den größten Anteil von Funktionären auf mittlerer und unterer Ebene stellten. Hinzu kamen kleinere und mittlere Beamte – vor allem Lehrer –, Angehörige des Bildungsbürgertums und selbstständige Geschäftsleute sowie Handwerker (häufig aus den Reihen der DDP). Das Reservoir des „neuen Mittelstandes“ öffnete sich für das Reichsbanner dennoch kaum. Auch Offiziere blieben eine Ausnahmeerscheinung. Selbst republikanisch gesinnte Berufsoffiziere scheuten häufig davor zurück, sich aus Furcht vor Isolation in der mehrheitlich „national“ denkenden Reichswehr bzw. in Vereinigungen ehemaliger Offiziere offen zum Reichsbanner zu bekennen.

294 Vgl. Rohe, S. 275.
295 Ebenda, S. 270.

Der Badische
Finanzminister

Karlsruhe, den 1. Juli 1925.

Sehr geehrter Herr!

Unter Bezugnahme auf unseren früheren Schriftwechsel beehre ich mich Jhnen mitzuteilen, dass ich am nächsten Sonntag gegen 1 Uhr im Kraftwagen dorthin kommen werde, um an Jhrem republikanischen Tag teilzunehmen. Jch wäre Jhnen für eine Mitteilung verbunden, wohin ich mich nach meinem Eintreffen begeben soll.

Jn vorzüglicher Hochachtung

ergebenster

H. Köhler

An den Vorstand der Ortsgruppe
Ladenburg des Reichsbanners
Schwarz - Rot - Gold

L a d e n b u r g a/N.

Zusage des Badischen Finanzministers Heinrich Köhler an die Ortsgruppe Ladenburg zur Teilnahme am „Republikanischen Tag" mit Bannerweihe am 5. Juli 1925, 1. Juli 1925.

Quelle: Kreisarchiv Rhein-Neckar-Kreis, Nachlass Willy Gärtner, 1925/53

„Die viel beschworene ‚Reichsbannergemeinschaft' von Arbeitern, Bauern, Beamten, Angestellten, Künstlern und Gelehrten, die ‚Front von Hand und Stirn' [...] war kaum mehr als eine Fiktion, da der Verband immer nur Bruchteile der erwähnten ‚nichtproletarischen' Schichten und Berufsgruppen zu integrieren vermochte. Kerntruppe und tragende Schicht der Organisation blieb die Arbeiterschaft, blieben jene, die ‚in harten Fäusten die schwarzrotgoldene Fahne' schwangen."[296]

Der langjährige Ulmer Ortsgruppenvorsitzende Wilhelm Wirthle sprach in seinen 1953 verfassten Erinnerungen von „bunt zusammengewürfelten Menschen aller Berufe und Altersklassen", die sich 1924 im Reichsbanner zusammenfanden, in der Hauptsache jedoch „politisch geschulte und gewerkschaftlich gesiebte Arbeiter".[297] Auf der Führungsebene waren laut Wirthle Mitglieder aller drei Parteien vertreten. Zum aktiven Dienst hätten sich dagegen von beiden bürgerlichen Parteien nur wenige jüngere Mitglieder bereitgefunden. So bekleidete das DDP-Mitglied Helffenstein seit 1926 das Amt des Gauvorsitzenden in Baden, der Linksliberale Wirthle fungierte in Württemberg lange Jahre als stellvertretender Gauführer. Auch das Zentrum war z. B. durch den badischen Landtagsabgeordneten Wolfgang Hoffmann (1893–1956) oder den Ludwigsburger Zentrumspolitiker und Erzberger-Vertrauten Ernst Bauer (1881–1940) in den südwestdeutschen Gauführungen vertreten. Joseph Wirth war das vielleicht prominenteste und profilierteste Reichsbanner-Mitglied aus dem Südwesten überhaupt, auch wenn er kein offizielles Amt in einem Gau- oder Ortsvereinsvorstand versah.

Auch in den Vorständen kleinerer Ortsvereine saßen Vertreter der bürgerlichen Parteien, wie die gut dokumentierten Beispiele Ladenburg und Schiltach zeigen. Eine Mitgliederliste der Ortsgruppe Ladenburg von 1930 zeigt, dass Angehörige aller Berufssparten vertreten waren: Arbeiter, Angestellte, Beamte und Selbstständige. Zu den Mitgliedern zählten der Verleger der örtlichen „Neckar-Bergstraß-Post" ebenso wie drei Lehrer der örtlichen Realschule, Beamte und Angestellte der Stadtverwaltung, darunter Ratsschreiber, Verwaltungsratsschreiber, Verwaltungssekretär, Sekretäre, Stadtrechner oder Feldhüter. Die meisten der als DDP-Anhänger zu identifizierenden Reichsbannermänner waren als Kaufleute tätig. Hinsichtlich der Parteimitgliedschaft dominierten in Ladenburg zwar die Mitglieder und Anhänger der SPD, doch dürfte der

296 Rohe, S. 272.
297 StadtA Ulm, NL Wilhelm Wirthle, Erinnerungen, S. 25

Anteil der Parteianhänger von Zentrum und DDP Mitte der 1920er-Jahre bei immerhin 25 bis 30 Prozent gelegen haben. Genaue Angaben sind nicht möglich, da in den Mitgliederverzeichnissen die Parteizugehörigkeit nicht durchgehend vermerkt wurde.[298] Den größten Mitgliederzuwachs erfuhr die Ladenburger Ortsgruppe unmittelbar nach dem „Südwestdeutschen Republikanertag" im Herbst 1924 und nach der Bannerweihe der Ortsgruppe im Juli 1925. Bezogen auf das religiöse Bekenntnis spiegelte die Ortsgruppe in Ladenburg den gemischt konfessionellen Charakter der Kleinstadt wider. Bemerkenswert ist allerdings der relativ hohe Anteil jüdischer Mitglieder, der bei acht Prozent lag.[299] Dies brachte der Ortsgruppe seitens der politischen Rechten den Schmähnamen der „Judenschutztruppe" ein. Ein selbstverständliches Engagement von Juden und ein entschiedenes Eintreten gegen Antisemitismus zeigten sich also auch in den kleineren Ortsgruppen abseits der Großstädte.

Noch präzisere Angaben über die lokale Basis des Reichsbanners im Südwesten erlauben die unmittelbar vor der Auflösung angefertigten Aufzeichnungen des Schriftführers der Ortsgruppe Schiltach im Schwarzwald, Gottlieb Trautwein (1892–1953).[300] Danach zählten im März 1933 von 73 Reichsbannerleuten in Schiltach 59 zur Sozialdemokratie, acht zur DDP und sechs zum Zentrum. Bei letzteren handelte es sich um katholische Arbeiter, die sich aus dem örtlichen „Gesellenverein" rekrutierten. Sie hielten sich in der Organisationsarbeit zurück, bevor 1933 zwei von ihnen in den Vorstand aufrückten. Die Führung der im Mai 1926 ins Leben gerufenen Ortsgruppe hatten sich zuvor allein SPD und DDP geteilt. Die Mitgliederzahl in Schiltach von 73 entspricht einem Anteil an der lokalen männlichen Bevölkerung im Alter von 21 bis 70 Jahren von etwa 12 Prozent. In Ladenburg waren etwa zehn Prozent der Männer in dieser Altersgruppe im Reichsbanner organisiert. Zu den Schiltacher Sozialdemokraten im Reichsbanner zählten in erster Linie Arbeiter aus den örtlichen Tuch- und Metallwarenfabriken, aber auch aus den Sägewerken, sowie Beschäftigte aus dem Handwerk und dem städtischen Dienst. Viele gehörten zugleich dem Turn- sowie dem Kraftsportverein an, die beide stark sozialdemokratisch geprägt waren. Personelle Verflechtungen gab es auch mit dem SPD-Ortsverein sowie den SPD-Gemeinderäten. So gehörten der erste Vorsitzende des Ortsvereins und drei SPD-Gemeinderatsmitglieder dem Reichsbanner an.

298 Vgl. Kreutz, Ladenburger Reichsbanner, S. 585 (Anm. 51).
299 Vgl. Kreutz, Fahne, S. 249.
300 Vgl. Harter, S. 285 f.

Die DDP-Mitglieder in der Ortsgruppe repräsentierten als Prokurist, Kaufmann, Gipsermeister, Färbermeister, Gerbereiteilhaber, Schneidermeister und Werkmeister den ansässigen Mittelstand sowie die lokalen Honoratioren. Der zunehmende Rückzug der DDP aus dem Reichsbanner traf die Ortgruppe Schiltach besonders hart, da diese bei schwacher Vertretung des Zentrums auf der Zusammenarbeit von Sozialdemokraten und progressiven Liberalen fußte. Mit der Schwächung der DDP gingen die Aktivitäten der Ortsgruppe folgerichtig zurück. Seit Beginn der 1930er-Jahre war das Reichsbanner auch in Schiltach immer stärker sozialdemokratisch geprägt.

Festumzug anlässlich des Kreistreffens des Reichsbannerkreises Freiburg-Villingen und der Bannerweihe in Schiltach, 14. Juli 1929.

Quelle: „Illustrierte Republikanische Zeitung", 21. September 1929

4

Symbolpolitik und Erinnerungskultur

4.1 Festkalender des Reichsbanners

Das Reichsbanner beging im Jahresverlauf verschiedene Festtage, an denen man sich möglichst in Massenveranstaltungen öffentlichkeitswirksam präsentierte. Zu diesen „republikanischen" Feiertagen zählten zuvorderst der Verfassungstag am 11. August, der Gründungstag des Reichsbanners am 22. Februar, Gedenktage zu Ereignissen der 1848er-Revolution (besonders der 18. März), die Jahrestage von Kriegsausbruch am 1. August und Novemberrevolution am 9. November sowie eine große Anzahl von „Republikanischen Tagen" (teilweise in Verbindung mit Bannerweihen), die in unregelmäßigen Abständen in den Gauen veranstaltet wurden. Großen Wert legte das Reichsbanner dabei stets auf Ordnung und Disziplin und knüpfte damit an lange Traditionen in der sozialdemokratischen Bewegung an.[301] SPD und Reichsbanner erwarteten von ihren Mitgliedern, Gästen und Zuschauern ein angemessenes Auftreten in der Überzeugung, dass Beobachter über das Erscheinungsbild von öffentlichen Auftritten Rückschlüsse auf die politische Organisation ziehen würden.[302] Mit der Ausrichtung dieser Großveranstaltungen unter Einbeziehung vieler Zuschauer wollte das Reichsbanner der antirepublikanischen Propaganda der Rechtsverbände entgegentreten, die behauptete, ein Großteil der Öffentlichkeit sei nicht an der jungen Demokratie interessiert und nur der harte Kern der Reichsbannermitglieder nehme an den Auftritten teil.

301 Vgl. Rossol, S. 148.
302 Vgl. ebenda, S. 164.

„Südwestdeutscher Republikanertag“ in Mannheim 1924

Nach dem ersten überregional beachteten Großaufmarsch des Reichsbanners zum fünften Jahrestag der Unterzeichnung der Verfassung am 11. August 1924 sorgte das badische Reichsbanner erstmals am 27. und 28. September für Aufsehen, als es in Mannheim einen „Südwestdeutschen Republikanertag“ beging, der die Vitalität der entstehenden Massenorganisation in der Region unter Beweis stellen sollte. Die von der starken Mannheimer Ortsgruppe organisierte Großveranstaltung wurde für Kameraden „aus ganz Südwestdeutschland“ ausgerichtet, einschließlich der „besetzten sowie verloren gegangenen Gebiete[n] und Deutschösterreich“.[303] Das Programm des „Republikanertages“ zeigte eine „Mischung aus politischen, militärischen und vereinsmäßigen Elementen“, die für die Festkultur des Reichsbanners typisch werden sollte.[304] Nach einem Treffen der badischen Delegierten am Samstagmittag trafen die Teilnehmer aus den anderen Gauen gegen Abend mit Sonderzügen in Mannheim ein. Die „Heidelberger Volkszeitung“ berichtete begeistert:

„Der Bahnhof in Mannheim glich in den Nachmittagsstunden des Samstag einem Ameisenhaufen. Geschäftig ging es hin und her. Züge kamen aus allen Himmelsrichtungen mit Reichsbannerleuten. Sie wurden herzlich empfangen und mit Musik zu ihren Quartieren geleitet. […] Aber nicht nur die Reichsbannerleute aus Südwestdeutschland waren erschienen, sondern auch aus Schlesien, Schleswig-Holstein, Berlin, Hannover, Kassel usw. waren Vertretungen anwesend. So wurde eigentlich aus einem südwestdeutschen ein deutscher Republikanertag.“[305]

Ein Festakt am Abend im Nibelungensaal der Festhalle „Rosengarten“, auf dem prominente Politiker Ansprachen hielten, bildete den ersten offiziellen Programmpunkt. Vor rund 8000 Zuhörern in der überfüllten Halle überbrachte der Gauvorsitzende Emil Kraus ein Grußtelegramm von Reichspräsident Friedrich Ebert, der sich für sein Fehlen entschuldigte und dem Reichsbanner für dessen politische Arbeit seine vorbehaltlose Unterstützung zusicherte. Ein Grußtelegramm des erkrankten Bundesvorsitzenden Hörsing würdigte den raschen Organisationsaufbau in Baden. Dass binnen weniger Monate bereits 8000 bis 10 000 Mitglieder organisiert seien, sei nicht zuletzt der „ehrliche[n] Staatsregierung“ zu verdanken, die „zum republikanischen Gedanken stehe“.[306] Nach der

303 „Das Reichsbanner“, 1.9.1924, Nr. 8.
304 Vgl. Harter, S. 284.
305 „Volkszeitung“, 29.9.1924.
306 Kreutz, Fahne, S. 246.

Begrüßung der zahlreich anwesenden Politiker aus den Reihen der Weimarer Koalition, darunter der aus Mannheim stammende Reichskanzler a. D. Hermann Müller (1876–1931), sprachen der badische Staatspräsident Heinrich Köhler, der ehemalige Reichskanzler Joseph Wirth, Reichstagsvizepräsident Paul Löbe (1875–1967), der Chefredakteur der „Vossischen Zeitung" Georg Bernhard (1875–1944, DDP) sowie der Reichstagsabgeordnete Ludwig Haas (1875–1930). Den Abschluss bildete eine unter großem Jubel aufgenommene Rede des zum Pazifisten gewandelten Weltkriegsgenerals Berthold von Deimling. Nach dem Festakt zogen die Teilnehmer in einem Fackelzug durch die Innenstadt bis zum Marktplatz, wo eine Bannerweihe rund um ein großes Holzfeuer den Schlusspunkt des ersten Tages markierte. Als Höhepunkt der Veranstaltung erlebten die Teilnehmer am Sonntagvormittag den Festzug zur Einweihung eines Denkmals für den 1914 gefallenen SPD-Politiker Ludwig Frank, das die Mannheimer Ortsgruppe im Auftrag des Bundesvorstands hatte errichten lassen. Unter die bis zu 20 000 Teilnehmer des Umzugs hatten sich auch Gruppen in historischen Verkleidungen gemischt, darunter „Lützower Jäger, Typen aus dem Bauernkrieg mit Götz von Berlichingen und Florian Geyer",[307] außerdem Abordnungen, die Fahnen aus den Befreiungskriegen und der 1848er-Revolution trugen.[308] Pressefotos zeigen das rege Interesse der Mannheimer Bevölkerung, die zahlreich am Straßenrand Spalier stand.[309] Nach der Enthüllung des Denkmals klang der „Republikanertag" am Nachmittag mit geselligem Beisammensein und künstlerischen Darbietungen im Rosengarten aus.

307 Ebenda, S. 247.
308 Vgl. „Volksfreund", 29.9.1924.
309 Vgl. „Volkszeitung", 1924, Nr. 43, Beilage „Volk und Zeit".

REICHSBANNER SCHWARZ-ROT-GOLD
BUND REPUBLIKANISCHER KRIEGSTEILNEHMER EINGETRAGENER VEREIN + GAU BADEN

Republikanischer Tag für Südwestdeutschland
am 27. und 28. September 1924 in Mannheim, aus Anlaß der Einweihung eines Denkmals für den gefallenen Republikaner und Kriegsteilnehmer, Reichstagsabgeordneten
Dr. LUDWIG FRANK

EHREN-KARTE

für ....

Diese Karte berechtigt zum Zutritt zu allen Veranstaltungen und zum Passieren aller Absperrungen. Unsere Ordner haben dem Inhaber bereitwilligst Auskunft zu geben und Unterstützung zu gewähren

PROGRAMM

Samstag, den 27. September 1924
bis abends 7 Uhr: Eintreffen der Sonderzüge, Abholung der Teilnehmer u. Geleiten in die Quartiere.

Nachm. 6 Uhr: Im Parkhotel Begrüßung der auswärtigen Gäste mit kleinem Imbiß.

Abds. 8 Uhr: Großer Fackelzug durch die Stadt. Aufstellung an der Augustaanlage.

Abds. 10 Uhr: Festakt in den Sälen des Rosengartens und andern Sälen der Stadt.

Sonntag, den 28. September 1924
vorm. 6 Uhr: Wecken durch die Spielleute.

vorm. 11 Uhr: Großer Festzug aller Teilnehmer durch die Stadt. (Historische Gruppen, 3 Festwagen, zahlreiche Musikkapellen und anderes mehr.)

Mittags 12 Uhr:

Denkmals-Enthüllung

Nachmittags 2.30 Uhr: Kameradschaftliches Beisammensein mit künstlerischen Darbietungen im Rosengarten.

Nachmittags und Abends: Rückfahrt der Sonderzüge.

Diese Karte muß der Inhaber bis zum Schluß der Tagung sorgfältig aufbewahren!
Sonst kein Zutritt zu den Veranstaltungen.

Ehrenkarte und Programm zum „Republikanischen Tag" für Südwestdeutschland im September 1924 in Mannheim, o. D.

Quelle: Archiv des Liberalismus, N26-2

Mit dem „Republikanertag" hatte das badische Reichsbanner gegenüber Freund und Feind ein Ausrufezeichen gesetzt. Entsprechend positiv fielen die Reaktionen in der verbandsnahen Presse aus. Noch ganz unter dem Eindruck des Treffens kommentierte die sozialdemokratische „Volkszeitung" überschwänglich:

„Die Saat, die Ludwig Frank – zu dessen Gedenken dieser Republikanertag veranstaltet wurde – ausgestreut hat, ist üppig aufgegangen und mit der Ernte kann begonnen werden. Die ersten Erntewagen sind durch das Reichsbanner Schwarz-Rot-Gold heimgebracht und wir sprechen angesichts des Verlaufs dieses Republikanertages die Zuversicht aus, daß das Reichsbanner die ganze Ernte heimbringen wird, ohne von einem reaktionären Unwetter noch überrascht werden zu können. Diese Überzeugung mußte man gewinnen, denn was sich an den beiden letzten Tagen in Mannheim abspielte, darf man wohl als die größte und machtvollste republikanische Kundgebung ansprechen, die wir bis heute in der deutschen Geschichte zu verzeichnen haben."[310]

Selbst wenn man die positiven Kommentierungen, z. B. in Hinsicht auf die genannten Teilnehmerzahlen, relativieren muss, sollte die psychologische Wirkung der „imposante[n] Mannheimer Machtdemonstration“[311] nicht unterschätzt werden. Die Expansion des Reichsbanners im Südwesten schritt voran, neue Ortsgruppen konstituierten sich und mit dem Ludwig-Frank-Denkmal verfügte das Reichsbanner nun über einen „Kristallisationspunkt“, der zu einer regelrechten „Pilgerstätte der südwestdeutschen Reichsbannerbewegung“[312] avancierte.

„Republikanertage“ 1925 bis 1928

Nach dem erfolgreich verlaufenen Auftakt in Mannheim veranstaltete das badische Reichsbanner noch in vier weiteren Städten Republikanische bzw. Gautage, um die ungebrochene Aktivität und Mobilisierungskraft der Organisation unter Beweis zu stellen. Bei dem nur ein halbes Jahr nach Mannheim ausgerichteten „Republikanischen Tag“ am 15. März 1925 in der Landeshauptstadt Karlsruhe – als bürgerlich geprägte Beamtenstadt nicht gerade eine Reichsbanner-Bastion – stand für das Reichsbanner der Schulterschluss mit der prominent vertretenen badischen Regierung im Mittelpunkt. Große Beachtung schenkte man der Frage, inwieweit die Landes- und städtischen Behörden, aber auch die Bevölkerung mit der Beflaggung ihrer Häuser ihre Verbundenheit mit den Zielen des Reichsbanners zum Ausdruck brachten. Den Höhepunkt des Programms bildete am Nachmittag ein großer Festakt zur Gaubannerweihe mit dem Bundesvorsitzenden Hörsing.[313] Mit Staatspräsident Willy Hellpach, Joseph Wirth, Berthold von Deimling und den beiden Reichstagsabgeordneten Ludwig Haas und Georg Schöpflin (1869–1954) bot das Reichsbanner wiederum Redner aller drei Trägerparteien auf.
Beim Marsch zum Veranstaltungsort legte man noch mehr Wert auf ein militantes Erscheinungsbild als in Mannheim:

„Menschenmassen umschirmten die Straßen, und die Überraschung, daß das Reichsbanner in solcher Stärke sich zeigen konnte, war allgemein. […] Während des nur einjährigen Bestehens hat das Reichsbanner in der Tat gelernt, eine ausgezeichnete Marschdisziplin herzustellen; die korrekte Art, wie dieser Vorbeimarsch durchgeführt wurde, rief immer wieder die Freude eines so alten Soldaten hervor, wie des Generals v. Deimling.“[314]

310 „Volkszeitung“, 29.9.1924.
311 Kreutz, Fahne, S. 245 u. 248.
312 Ebenda, S. 248.
313 Vgl. „Volksfreund“, 13.3.1925.
314 Ebenda, 15.3.1925.

Der „Badische Beobachter" berichtete von „dichten Scharen der Zuschauer", die den Festzug „stellenweise [mit] Tücherwinken und Freiheil-Rufen" gegrüßt hätten. Ausführlich wiedergegeben wurde der Redebeitrag von Finanzminister Heinrich Köhler, der wohl mit Blick auf die Sozialdemokraten es als Erfolg des Reichsbanners würdigte, dass „Millionen von Männer[n], die einst dem Staat feindlich oder gleichgültig gegenübergestanden" hatten, „für die Bejahung des Staatsgedankens gewonnen werden"[315] konnten. Getrübt wurde das Gesamtbild durch die enttäuschende Beteiligung des Karlsruher Bürgertums, das dem Aufruf zur Beflaggung der Häuser kaum gefolgt war.

„Und das gleiche Bürgertum, das einst lakaienhaft vor dem ‚angestammten Fürstenhause' dienerte und dann in unsäglicher Feigheit den Herrscher von ‚Gottes Gnaden' im Stiche gelassen hat, [...] bewies gestern ‚deutschen Sinn' und ‚deutsches Verhalten' durch sein trauriges Gebaren. Karlsruhe ist eben ein Beamten- und Spießernest', das war gestern das allgemeine Urteil."[316]

Der „Republikanertag" in Konstanz an Pfingsten 1926 stand ganz im Zeichen des kurz zuvor aufgeflammten „Flaggenstreits", der die Regierung unter Hans Luther (1879–1962) zu Fall brachte.[317] Das Reichsbanner wandte sich auf seinem Treffen am Bodensee scharf gegen die revisionistischen Tendenzen in der Flaggenfrage, wie der Konstanzer Kreisführer, der Reichstagsabgeordnete Martin Venedey (1860–1934, DDP), in seiner Festrede zum Ausdruck brachte: „Hände aber weg von der Fahne der Republik! Für uns ist die Flaggenfrage gelöst. [...] Von dieser Farbe ausgehend werden immer wieder Versuche nach dem Sturz der Reichsfarbe unternommen werden."[318] Schon im Vorfeld des Treffens hatte der Gauvorstand den Bezug zur 1848er-Tradition der Stadt hergestellt und dazu aufgerufen, Hörsing einen großen Empfang zu bereiten:

315 „Badischer Beobachter", 16.3.1925.
316 „Volksfreund", 15.3.1925.
317 Den Auslöser des Konflikts bildete die sogenannte Flaggenverordnung der Reichsregierung vom 5. Mai 1926, die bestimmte, dass u. a. auf allen außereuropäischen Botschaften und Konsulaten neben der schwarz-rot-goldenen Dienstflagge die schwarz-weiß-rote Handelsflagge des Deutschen Reiches zu wehen habe.
318 „Volksfreund", 25.5.1926.

„Von Konstanz ging 1848 die republikanische Bewegung aus. An derselben Stelle wird der Bundespräsident [Hörsing, d. Verf.] eine Schau abhalten über die jetzigen süddeutschen Republikaner. [...] Wir wollen zeigen, dass nicht nur an der Wasserkante und in Köln tausende von Republikanern es sich zur Ehre angelegen sein lassen, unseren Bundespräsidenten zu begrüßen. Für uns ist es eine persönliche Ehre, dass [er] an der äußersten Ecke unseres Vaterlandes zu uns spricht."[319]

Der „Konstanzer Republikanertag" war die erste Großveranstaltung in Südbaden, mit der man zeigen wollte, dass man auch im Seegebiet Fuß gefasst hatte. „Mannheim war die erste Probe in der Geschichte der badischen Reichsbannerbewegung, Konstanz soll zeigen, dass der eingeschlagene Weg der richtige ist."[320] Zur Finanzierung der kostspieligen Anreise aus Nordbaden hatte die Mannheimer Ortsgruppe gleich nach der Vergabe der Veranstaltung eine Reisekasse eingerichtet.[321] Durch ihre geographische Nähe zu Österreich bot sich die „Grenzstadt an der Fünfländerecke"[322] außerdem an, um für die großdeutschen Absichten des Republikanerbundes zu werben. So nahm an der Veranstaltung auch eine Abordnung von rund 300 Mitgliedern des Republikanischen Frontkämpferbundes Wien und der Gewerkschaft Deutsch-Österreichischer Eisenbahner aus Vorarlberg teil, die mit einem Sonderschiff über den Bodensee angereist waren und es verstanden, „in ihren schmucken Uniformen und in ihrer disziplinierten Haltung sich schnell in die Herzen der Konstanzer und ihrer Gäste einzuschmeicheln".[323] Der Begrüßungsfeier am Samstagabend im Konzilsgebäude folgten am Pfingstsonntag eine Gedächtnisfeier auf dem Friedhof und anschließend ein Festzug mit gut 3000 uniformierten Teilnehmern zum Döbele-Platz, auf dem die Bannerweihe der Ortsgruppe Konstanz stattfand. Am Sonntagabend und am Pfingstmontag bot das Reichsbanner seinen Mitgliedern und ihren Familien diverse Freizeitunternehmungen an, z. B. Dampffahrten auf dem Bodensee, Ausflüge in die benachbarte Schweiz und sogar eine um 50 Prozent ermäßigte „Fahrt mit dem Flugzeug".[324] Hier zeigt sich die für das Reichsbanner typische Festkultur mit ihrer Mischung aus staatstragend-offiziellen Elementen und einem nicht zu vernachlässigendem Anteil an Geselligkeit und Freizeit.

319 Rundschreiben des Gauvorstands Baden vom 16.4.1926, KrA Rhein-Neckar, NL Willy Gärtner, 1926/42.
320 Rundschreiben des Gauvorstands Baden vom 6.3.1926, KrA Rhein-Neckar, NL Willy Gärtner, 1926/19.
321 Vgl. „Das Reichsbanner", 1.4.1926, Nr. 7, Gaubeilage Baden.
322 Rundschreiben des Gauvorstands Baden vom 6.4.1926, KrA Rhein-Neckar, NL Willy Gärtner, 1926/37.
323 Badischer Beobachter, 26.5.1926.
324 Rundschreiben des Gauvorstands Baden vom 6.4.1926, KrA Rhein-Neckar, NL Willy Gärtner, 1926/37.

Plakat für den „Republikanischen Tag“ des Reichsbanners vom 22. bis 24. Mai 1926 in Konstanz, o. D.
Quelle: Stadtarchiv Konstanz, Plakatsammlung/A. Krumm

Das große Gautreffen in Heidelberg an Pfingsten 1927 markiert den Abschluss des Konsolidierungsprozesses des Reichsbanners im Südwesten. Drei Festtage in der Universitätsstadt boten die „wohlbekannte Programmpalette des Reichsbanners – Fackelzug am Abend, Festkommers, Totenehrung, Festzug durch die Stadt mit großer Abschlusskundgebung, Volksfest“[325] und standen zudem im Zeichen des zwei Jahre zuvor verstorbenen Reichspräsidenten Friedrich Ebert. Viele der rund 6000 Teilnehmer suchten während der Veranstaltungstage Eberts Grab auf dem Bergfriedhof auf. Unter großer Anteilnahme

325 Rossol, S. 262 f.

enthüllte das Reichsbanner am Pfingstsonntag eine Gedenktafel an Eberts Geburtshaus in der festlich geschmückten Pfaffengasse.[326] Der „Pfälzer Bote" berichtete, dass die Beflaggung in der Stadt nicht ganz so eindrucksvoll gewesen sei wie zur Beisetzung Eberts. Mancher um sein Geschäft bangender Bürger habe sich nicht getraut, Schwarz-Rot-Gold zu zeigen. Insgesamt habe aber „doch der überwiegende Teil der Bürgerschaft an der Tagung der Männer, die den Schutz unseres Staatswesens als Pflicht fühlen, erfreulich regen Anteil"[327] genommen.

Der Gautag in Freiburg am 7. und 8. Juli 1928 gibt einen Eindruck davon, dass die Republik selbst in der Phase ihrer vermeintlich größten Stabilität keineswegs in allen Kreisen der Bevölkerung ungeteilte Zustimmung erfuhr. Während das offizielle Freiburg in Person des Oberbürgermeisters Karl Bender (1880–1970) die Veranstaltung herzlich begrüßte, reagierte die Universität ausgesprochen kühl auf die Anfrage des Freiburger Kreisführers Kuntzemüller, die Universitätsgebäude während der Festtage zu beflaggen.[328] Man verwies auf einen Senatsbeschluss von 1888 [sic!], nach dem „die Universitätsgebäude nur an nationalen und Landesfesttagen beflaggt werden"[329] sollten. Im Übrigen sei man sehr auf die Wahrung von Neutralität bedacht. Schon auf die Anfrage, dem sogenannten Ehrenausschuss – einer Art kollektiver Schirmherrschaft – beizutreten, hatte der Rektor mit Verweis auf die ihm obliegende „strengste politische Neutralität" ablehnend reagiert.[330] Als der badische Kultusminister Otto Leers zugunsten des Reichsbanners intervenierte und die Beflaggung der Universität anordnete, erntete er im Landtag heftige Kritik der DVP und DNVP.[331] Entsprechend gehässig fielen die Reaktionen der konservativen Presse auf den Freiburger Gautag aus. So berichtete die „Breisgauer Zeitung" mit Genugtuung, dass „eine Teilnahme der Bevölkerung kaum zu Tage [trat], trotz vorausgegangener aufdringlicher Agitation für Beschaffung schwarz-rot-goldener Fahnen waren sie an den Häusern sehr vereinzelt zu sehen, desto reichlicher in dem sonst sehr armseligen ‚Festzuge'".[332] Für besonderes Aufsehen

326 Vgl. „Volkszeitung", 7.6.1927.
327 „Pfälzer Bote", 7.6.1927.
328 Vgl. Privatsammlung Fiedler, NL Albert Kuntzemüller, Schreiben der Universität Freiburg vom 21.6.1928.
329 Ebenda, Schreiben der Universität Freiburg vom 26.6.1928.
330 Vgl. ebenda, Schreiben vom 26.5.1928.
331 Vgl. „Karlsruher Zeitung", 28.7.1928.
332 „Breisgauer Zeitung", 9.7.1928.

Empfang der Delegierten des österreichischen Republikanischen Schutzbundes zum „Republikanischen Tag" des Reichsbanners in Konstanz, 23. Mai 1926.
Quelle: Lothar Burchardt, Konstanz im 20. Jahrhundert, Die Jahre 1914 bis 1945, Konstanz 1990

sorgte ferner die Teilnahme des Ehrenpräsidenten der französischen Conférence Internationale des Associations de Mutilés et d'Anciens Combattants (Ciamac),[333] Henri Pichot aus Orléans, der in fließendem Deutsch zur Versöhnung der einstigen Kriegsgegner aufrief. Die Festrede in Freiburg hielt der pfälzische Gauvorsitzende und Reichstags-abgeordnete Friedrich Wilhelm Wagner (SPD), was den seit der Gründung besonders engen Kontakt der Gauführungen aus Baden und der Pfalz dokumentierte. Die rechte Presse mokierte sich derweil über die enge Verbundenheit des Reichsbanners mit den Vertretern aus Landes- und Kommunalpolitik sowie dem lokalen Establishment, wie sie in der Zusammensetzung des Ehrenausschusses zum Ausdruck kam.

333 Die Ciamac entstand 1926 als dritter internationaler Dachverband von Kriegsopfer- und Kriegsteilnehmer-organisationen, der sich als „Vereinigung linker und gemäßigter Verbände profilierte". Vgl. Christian Weiß, „Soldaten des Friedens". Die pazifistischen Veteranen und Kriegsopfer des „Reichsbundes" und ihre Kontakte zu den französischen anciens combattants 1919–1933, in: Wolfgang Hardtwig (Hrsg.), Politische Kultur-geschichte der Zwischenkriegszeit 1918–1939, Göttingen 2005, S. 183–204, hier S. 191.

Abseits der großen „Republikanischen Tage" nahm die öffentliche Präsenz des Reichsbanners Mitte der 1920er-Jahre spürbar ab. Mahnend vermeldete die badische Gauführung am Jahresende 1927, dass „unter allen Umständen das Überhandnehmen von republikanischen Tagen verhindert" werden müsse. Die Mannheimer Gauleitung habe den Eindruck gewonnen, dass „verschiedene Ortsgruppen glauben, dass das Reichsbanner nur dafür da ist, den Wirten einzelner Orte die Tasche zu füllen". Diese nähmen keine Rücksicht darauf, dass „unsere Kameraden in den meisten Fällen dem Arbeiterstand angehören und mit jedem Pfennig rechnen müssen". Wenn in einem Ort eine Veranstaltung eines Kriegervereins oder eine Bannerweihe des Stahlhelms stattfinde, bedeute dies nicht, dass man am darauffolgenden Sonntag einen „Republikanischen Tag" als Gegenveranstaltung ausrichten müsse. „Das Reichsbanner ist nicht dazu da um Sonntag für Sonntag auf republikanische Tage zu gehen."[334]

„Südwestdeutscher Republikanertag" in Mannheim 1929

Die Erfolge der Badischen Gautage von Heidelberg und Freiburg hatten nicht kaschieren können, dass das Reichsbanner in Baden wie anderenorts auch Mitte der 1920er-Jahre an Elan eingebüßt hatte. Erst mit dem „Südwestdeutschen Republikanertag" vom 31. August bis 2. September 1929 in Mannheim, mit dem das Reichsbanner gleichsam zu seinen Wurzeln zurückkehrte, konnte es wieder an politischer Kampfkraft gewinnen und noch einmal eine gewaltige Demonstration für die Weimarer Demokratie auf die Beine stellen. Zur Teilnahme an der Kundgebung aufgerufen wurden Reichsbanner-Mitglieder aus den Gauen Oberbayern, Niederbayern, Franken, Württemberg, Pfalz, Saargebiet, Volksstaat Hessen, Frankfurt/Main und Hessen-Kassel.[335] Flankiert wurde der „Republikanertag" von der Ausstellung „Die politische Bewegung der Jahre 1848/49" im Mannheimer Schloss, die am Vorabend eröffnet wurde und „eine reiche Fülle von zeitgenössischem Material aus den Jahren 1848/49 – Flugblätter, Plakate, Karikaturen, Briefe"[336] – zeigte.

334 Rundschreiben des Gauvorstands Baden vom 24.12.1927, KrA Rhein-Neckar, NL Willy Gärtner, 1927/31.
335 Vgl. „Das Reichsbanner",8.6.1929, Gaubeilage Baden.
336 Popp, S. 76.

Plakat des Reichsbanners zum „Südwestdeutschen Republikanertag" vom 31. August bis 2. September 1929 in Mannheim, o. D.

Quelle: Marchivum, Plak 652/ Carl Maria Kiesel

Das Reichsbanner
Schwarz-Rot-Gold Gau Baden gibt sich die Ehre

Herrn Erwin S a m m e t, Karlsruhe

zu den Veranstaltungen aus Anlaß des Südwestdeutschen Republikanertages vom 31. August bis 2. Septbr. 1929 in Mannheim herzlichst einzuladen

EHREN
KARTE

Ehrenkarte für den badischen Reichsbanner-Funktionär Erwin Sammet zum „Südwestdeutschen Republikanertag" 1929 in Mannheim, o. D.

Quelle: Stadtarchiv Karlsruhe, 7/Nl Sammet 35

Den Auftakt zu den Feierlichkeiten bildete am Abend des 31. August 1929 fast schon traditionell der Festakt im Nibelungensaal der Festhalle „Rosengarten", wo vor 6000 Zuhörern der Gießener Universitätsprofessor Walter Kinkel (1871–1937) und der Redakteur Heinrich Harpuder (1882–?) unter dem Motto „Von der Paulskirche bis Weimar" über die Errungenschaften der 1848er-Erhebung und ihre Auswirkungen sprachen.[337] Zum Tagesabschluss fand ein großer Zapfenstreich auf dem Friedrichsplatz rund um den Wasserturm mit dem ehemaligen Gauvorsitzenden Emil Kraus, inzwischen Bürgermeister in Mainz, statt. Am Sonntag versammelte sich das Reichsbanner zunächst zu einer Feier am Frank-Denkmal, um anschließend im Luisenpark zur zentralen Festveranstaltung zusammenzukommen, auf der neben Hörsing und von Deimling auch der Vorsitzende der Ciamac, André Liautey (1896–1972), das Wort ergriff. Hellsichtige Kommentatoren nahmen am Rande bereits die nationalsozialistische Bedrohung wahr:

„Man muß sich schon vergegenwärtigen, was in diesem Jahre wieder alles von den Kameraden verlangt wurde und kann nur mit Bewunderung feststellen, wie trotz aller wirtschaftlichen Schwierigkeiten unsre Aufmärsche sich eines vorbildlichen Besuches erfreuen. Ist es doch Tatsache, daß gerade Organisationen mit ideellen Zielen am meisten unter der Wirtschaftsnot und dadurch bedingten Arbeitslosigkeit zu leiden haben. Hinzukommt, daß dem stärker[e]n und frecheren Auftreten der Nationalsozialisten in Baden durch Gegendemonstrationen, die aber immer Opfer an Geld und Zeit erfordern, entgegengetreten werden mußte und auch entgegengetreten wurde."[338]

Insgesamt scheint die Veranstaltung in Mannheim jedoch noch einmal einen großen Eindruck hinterlassen zu haben, selbst wenn dem Reichsbanner wenig gesonnene Blätter wie die „Neue Mannheimer Zeitung" von einem geringen Interesse der Einwohner und „halbleere[n] Straßen"[339] beim Umzug berichteten. Auch das NS-Organ „Der Führer" oder kommunistische Zeitungen führten hämische Attacken.[340] Der „Südwestdeutsche Republikanertag" sollte die letzte große Machtdemonstration des badischen Reichsbanners bleiben.

337 Vgl. „Volksfreund", 2.9.1929.
338 „Das Reichsbanner", 28.9.1929, Nr. 39, Gaubeilage Baden.
339 „Neue Mannheimer Zeitung", 8.9.1929.
340 Vgl. „Das Reichsbanner", 28.9.1929, Nr. 39, Gaubeilage Baden.

„Republikanische Tage" in Württemberg

Das württembergische Reichsbanner trat zum ersten Male mit einer Großveranstaltung im Frühjahr 1925 in den Blickpunkt der Öffentlichkeit. Parallel zum „Republikanertag" in Karlsruhe organisierte die Stuttgarter Ortsgruppe, ebenfalls unter dem Eindruck des Todes des Reichspräsidenten Ebert, ihre Bannerweihe am Wochenende des 14. und 15. März. Beim großen Festakt in der Liederhalle sprachen neben dem Bundesvorsitzenden Hörsing Kurt Schumacher als Leiter der Stuttgarter Ortsgruppe und der Zentrumspolitiker Ernst Bauer. Neben scharfen Attacken auf den grassierenden Antisemitismus und die Verleumder Eberts rief Hörsing dazu auf, die anstehenden Reichspräsidentenwahlen zu einem Votum für die Republik werden zu lassen. Das Reichsbanner habe in diesem Kampf seine „Feuerprobe"[341] zu bestehen. Am folgenden Tag versammelten sich die Abordnungen des Reichsbanners zu einem Marsch zum Cannstatter Uff-Friedhof, wo eine Gedenkfeier am Grabe des 1848er-Dichters Ferdinand Freiligrath stattfand, bei der Löbe die Festrede hielt. Freiligraths Grab gewann in den folgenden Jahren für das württembergische Reichsbanner einen ähnlichen Stellenwert als Gedenk- und Erinnerungsort wie die letzte Ruhestätte Eberts für den Gau Baden.

Im folgenden Jahr versammelte sich das württembergische Reichsbanner am 3. und 4. Juli 1926 zu einem „Republikanertag" in Ulm, wo die einheimische Ortsgruppe mit Abordnungen aus der bayerischen Schwesterstadt Neu-Ulm und aus Geislingen ihre Bannerweihe abhielt. In der Festschrift zum „Republikanertag" zogen Vertreter der drei Trägerparteien zufrieden Bilanz des bisherigen Wirkens der Organisation. „Die alte freie Reichsstadt Ulm, in der einstmals ein stolzes freies Bürgertum zu Hause war", sei nach Kriegsende durch die „Beeinflussung durch reaktionäre Demagogen" zu einer Hochburg der Konservativen geworden. So habe Ulm bis 1924 zu einem „Einfallstor der Hakenkreuzlerhorden aus dem Bayernlande" werden können, ehe der Aufstieg der Reichsbannerorganisation dem Treiben ein Ende bereitet habe. Heute zähle die Ortsgruppe Ulm zu den „stolzesten und zielbewußtesten [...], achtunggebietend ob ihrer Stärke und ihrer Arbeit, bei den Gegnern gefürchtet, umsomehr beliebt bei den Republikanern".[342] Das Programm enthielt die wohlbekannten Elemente aus dem Festkatalog des Reichsbanners: den abendlichen Festakt mit Bannerweihe im städtischen Saalbau, die

341 „Schwäbische Tagwacht", 16.3.1925.
342 Festschrift zum Republikanertag in Ulm und Neu-Ulm 1926.

Gefallenenehrung auf dem Friedhof, eine Besichtigung des Ulmer Münsters, ein großer Festzug zum Stadion mit zentraler Abschlussfeier und zum Ausklang ein geselliges Beisammensein. Als „Trommler der Republik" feierte die sozialdemokratische Presse die Teilnehmer, deren machtvolles Auftreten „verwundert, begeistert oder auch bestürzt"[343] von den Ulmer Bürgern aufgenommen worden sei. Immerhin konzedierte die konservative Presse, dass die „Pazifistentruppe stramm militärisch mit stramm militärischen Kommandos geführt" wurde, was dem ungedienten Nachwuchs „wenigstens auf diese Weise etwas militärischen Drill" vermittele".[344]

343 „Donau-Wacht", 5.7.1926.

Titelblatt der Festschrift zum „Republikanertag" am 3. und 4. Juli 1926 in Ulm und Neu-Ulm, 1926.
Quelle: Bibliothek der Friedrich-Ebert-Stiftung

WURSTWAREN

Gedächtnisfeier des Reichsbanners für die Gefallenen des Ersten Weltkrieges und der Republik auf dem Marktplatz in Göppingen anlässlich des württembergischen Gautreffens, 8. September 1928.
Quelle: „Illustrierte Reichsbanner-Zeitung", 29. September 1928

Den nächsten großen „Republikanertag" erlebte Württemberg am 8. und 9. September 1928 in der Stauferstadt Göppingen, wo sich ebenfalls eine starke Ortsgruppe des Reichsbanners etabliert hatte. Das zweitägige Fest stand noch ganz im Zeichen der Erfolge der Reichsbannerparteien bei den Reichstags- und württembergischen Landtagswahlen am 20. Mai. Nun gelte es, „den Staat mit dem wahren Geist eines sozialen Republikanismus zu erfüllen; mit einem Geist, dass die Masse, der wirkliche Träger der Republik, auch wirklich Anteil am Staate hat". Die hier zitierte lokale SPD-Presse sah einen besonderen Symbolgehalt des Veranstaltungsortes:

„Dort hinter dem Oberholz der Hohenstaufen als stummer Zeuge alter Gewaltherrschaft, im Tale die Fabrikschornsteine wie riesige Zeigefinger in die Höhe weisend, Symbole einer Zukunft, die wir uns formen und gestalten können, wenn wir nur wollen."[345]

Verfassungstag am 11. August

Der Verfassungstag am 11. August, an dem der Unterzeichnung der Weimarer Verfassung durch den Reichspräsidenten Friedrich Ebert gedacht wurde, galt dem Reichsbanner als wichtigster Gedenktag, dem der „Charakter eines Kampftages"[346] zukam. Wiederholt scheiterten Versuche von SPD und DDP, den 11. August reichsweit zu einem gesetzlichen Feiertag zu erheben, sodass die Weimarer Republik bis zu ihrem Ende ohne offiziellen Nationalfeiertag blieb. Immerhin fanden auf Initiative der Regierung Wirth seit 1921 (bis einschließlich 1932) alljährliche zentrale Verfassungsfeiern im Reichstagsgebäude statt, deren äußere Gestaltung in den Händen des Reichskunstwarts Edwin Redslob (1884–1973) lag.[347] In den Ländern genoss der 11. August je nach politischer Couleur eine unterschiedliche Beachtung. So begingen Preußen, Hessen oder Baden offizielle Feiern, während Bayern oder Württemberg den Tag weitgehend ignorierten.[348] Umso größeren Aufwand betrieb das Reichsbanner bei der Inszenierung des Tages auf nationaler, regionaler und lokaler Ebene. „Gerade den Verfassungstag zu einem rechten Volksfeiertag werden zu lassen, ist eine der wichtigsten

344 „Süddeutsche Zeitung", 6.7.1926.
345 „Freie Volkszeitung", 8.9.1928.
346 Ulrich, S. 16.
347 Vgl. Robert Gerwarth, The Past in Weimar Germany, in: Contemporary European History 15 (2006), S. 1–22, hier S. 17.
348 Vgl. Manuela Achilles, With a Passion for Reason. Celebrating the Constitution in Weimar Germany, in: Central European History 43 (2010), S. 669.

Aufgaben des Reichsbanners."[349] Zwischen 1924 und 1930 richtete das Reichsbanner an einem Wochenende um den 11. August zentrale Bundesverfassungsfeiern an wechselnden Orten aus (1924: Weimar; 1926: Nürnberg; 1927: Leipzig; 1928: Frankfurt/Main; 1929: Berlin; 1930: Koblenz). Die Austragungsorte wurden sehr bewusst nicht nur nach logistischen, sondern auch nach symbolpolitischen Gesichtspunkten ausgewählt. So beging man 1928 den 80. Jahrestag der 1848er-Revolution am Tagungsort der Paulskirche, 1930 fiel die Wahl auf das erst kurz zuvor geräumte Koblenz im von der alliierten Besatzung „befreiten" Rheinland. Von den Teilnehmern an den Bundesverfassungsfeiern verlangte die Führung ein Höchstmaß an Disziplin und Korrektheit. In einem Orientierungsplan zum Verfassungstag 1929 in Berlin erhielten die Teilnehmer eine ganze Liste von Benimmregeln, nach denen sie allzeit freundlich und hilfsbereit sein sollten, jeder Provokation aus dem Wege gehen, mit der Polizei im Bedarfsfall kooperieren und sich nicht betrunken in der Öffentlichkeit zeigen sollten.[350]

Da der 11. August in Baden als gesetzlicher Feiertag begangen wurde, fanden in größeren Städten wie Karlsruhe, Mannheim, Freiburg oder Heidelberg offizielle Feiern statt, auf denen prominente Vertreter der Weimarer Parteien sprachen. Die Verfassungsfeier in Karlsruhe 1924 war eine der ersten Gelegenheiten, bei der das badische Reichsbanner sich öffentlich präsentierte. Ungefähr 500 uniformierte Mitglieder der Karlsruher Ortsgruppe marschierten auf, um an der offiziellen Feier mit Staatspräsident Heinrich Köhler und Altreichskanzler Joseph Wirth teilzunehmen.[351] Wie bei den „Republikanischen Tagen" und Bannerweihen verband das Reichsbanner beim Verfassungstag offizielle, staatstragende Elemente (Aufmarsch, Grußworte und Ansprachen, Absingen des Deutschlandliedes) mit Freizeitattraktionen im Rahmenprogramm. So konnten die Besucher der Heidelberger Verfassungsfeier 1925 den Tag mit der Schlossbeleuchtung ausklingen lassen,[352] und im folgenden Jahr beschlossen zwei Klassikkonzerte die Veranstaltung. In Mannheim veranstaltete die Reichsbanner-Ortsgruppe alljährlich am Vorabend des 11. August einen Sternmarsch für Kinder, an dem 1926 nach eigenen Angaben rund 10 000 junge Teilnehmer mit schwarz-rot-goldenen Lampions teilnahmen.[353] Häufig trugen die Feiern so einen volksfestartigen Charakter, auch durch die Beteiligung von Abordnungen

349 „Das Reichsbanner", 1.8.1926, Nr. 15.
350 Vgl. Rossol, S. 31.
351 Vgl. „Das Reichsbanner", 15.8.1924, Nr. 7, S. 11.
352 Vgl. „Volkszeitung", 10.8.1925.
353 Vgl. „Das Reichsbanner", 1.9.1926, Nr. 17, Gaubeilage Baden.

von freiwilliger Feuerwehr, Gesangsvereinen, Musikkapellen und Sportklubs.[354] Trotz des militärischen Auftretens war dem Reichsbanner der grundsätzlich zivile Charakter der Verfassungsfeiern wichtig. Das Ausmaß der Beflaggung am Verfassungstag galt dem Reichsbanner als ein wichtiger Indikator für die Verbreitung republikanisch-demokratischer Gesinnung. Sehr häufig aber fand man daran etwas auszusetzen. Selbst in einer republikanischen Hochburg wie Mannheim bemängelte das Reichsbanner, dass „noch manches verbesserungsbedürftig" sei, und fragte sich, ob der „Druck der Gegenseite" so sehr fehle, „daß man sich in Lethargie"[355] wiege.

354 Vgl. ebenda.
355 „Das Reichsbanner", 1.10.1926, Nr. 19, Gaubeilage Baden.

Orientierungsplan für die Reichsbannerkameraden zur Bundesverfassungsfeier des Reichsbanners 1929 in Berlin, o. D.
Quelle: Gedenkstätte Deutscher Widerstand, Schaudepot, RB 145

Orientierungsplan

FÜR DIE REICHSBANNERKAMERADEN ZUR

Bundesverfassungsfeier
des Reichsbanners Schwarz-Rot-Gold
am 10. u. 11. August 1929
IN BERLIN

INHALTS-VERZEICHNIS

1. Quartierverteilung und Standquartiere
   a) der Gastgaue
   b) der Kreise des Gaues Berlin-Brandenburg.
2. Sammelplätze und Stellzeiten für den großen Aufmarsch am 11. 8.
3. Zehn Gebote für den Reichsbannermann in Berlin.
4. Sonstige wichtige Mitteilungen.

Nicht aufschneiden!
Enthält auf der Rückseite den Stadtplan.

Insgesamt fand der Verfassungstag in den großen Städten mehr Anklang als in ländlichen Gebieten. Aber das Reichsbanner war bemüht, die republikanische Idee mit einem „differenzierte[n] Repertoire von Ritualen, das neben Aufmärschen unter Verwendung der schwarz-rot-goldenen Fahnen auch Lebende Bilder, Theateraufführungen und Chorgesänge umfasste",[356] auch in entlegenere Gebiete zu tragen. Die Erinnerungen Kuntzemüllers an einen Auftritt in Donaueschingen am Verfassungstag 1929 verdeutlichen die unverhüllte Skepsis, mit der in vielen kleineren Städten Verfassungsfeiern und Reichsbanner begegnet wurde:

„In Donaueschingen begrüßte uns Bürgermeister Fischer, mit Fackeln zog das Reichsbanner zur Festhalle, die gedrängt voll war. Major, Landrat, Forstrat und etliche andre Prominente saßen am Honoratiorentisch. […] Der Landrat eine offenbare Null, der Major sicherlich noch königlich preußisch, aber immerhin: Man musste eben anwesend sein. Ich sprach vor einer lautlosen Zuhörerschaft, immer die größte Freude für einen Redner. Was ich sagte, war für manchen vielleicht ganz heilsam. [Meine Frau] konnte beobachten, wie der Major gelegentlich nervös hin und her rutschte, während der Landrat ziemlich entgeistigt dreinschaute, wahrscheinlich konnte er nicht anders."[357]

In Württemberg kämpfte das Reichsbanner vor allem seit der Amtsübernahme von Staatspräsident Wilhelm Bazille und dessen rechtsbürgerlicher Regierung zudem gegen die staatliche Missachtung des Verfassungstags an. Während das „badisch Muschterländle"[358] den 11. August zum Feiertag erklärt hatte, stellte sich die Situation im Nachbarland ganz anders dar:

„Bei seiner [Bazille, d. Verf.] Zuneigung zum Ewiggestrigen […] gab's bisher auch unter SEINEM ‚glorreichen' erzreaktionären Regime in Württemberg keine staatlichen Verfassungsfeiern mehr. Vom Beflaggen der Staatsgebäude in den IHM in der Seele zuwidern Reichsfarben Schwarz-Rot-Gold ganz zu schweigen. […] Seit das Reichsbanner in Württemberg immer mehr an Bedeutung gewinnt, hat sich dieser Zustand in erfreulicher Weise ganz erheblich gebessert."[359]

356 Ziemann, Zukunft, S. 55.
357 StadtA Freiburg, Erinnerungen Albert Kuntzemüller, S. 145.
358 „Das Reichsbanner", 1.9.1926, Nr. 17, Gaubeilage Baden.
359 Ebenda, 1.11.1927, Nr. 21, Gaubeilage Württemberg.

Kaiser

Verfassungsfeier des württembergischen Reichsbanners in der Stadthalle Stuttgart, 9. August 1931.
Quelle: Archiv der sozialen Demokratie, 6/FOTB044021

Auch in Württemberg hielt das Reichsbanner in den größeren Städten, in denen es auf eine breite Mitgliederbasis zählen konnte, Verfassungsfeiern ab. Für 1927 sind Festakte in Stuttgart, Ulm, Reutlingen, Tübingen, Esslingen, Göppingen, Geislingen, Ravensburg, Schwenningen, Heilbronn, Sontheim, Schramberg und Zuffenhausen belegt.[360] Dennoch kritisierte die „Reichsbanner-Zeitung" die fehlende Wertschätzung des Verfassungstages in vielen süddeutschen Orten, in denen sich der „engstirnige und kleinhirnige wilhelminische Junkergeist" breitmache".[361] Auch in den Berichten zum Verfassungstag spiegeln sich der Niedergang des Reichsbanners und die Aushöhlung der Verfassung wider. Noch 1929 hatte die regionale Gaubeilage der „Reichsbanner-Zeitung" unter dem Eindruck der Feiern in Berlin und Mannheim zufrieden festgestellt, dass trotz aller feindlichen Sticheleien gegen das „republikanische Klimbim [...] der Nationalfeiertag sich mehr und mehr einlebt".[362] Zwei Jahre später warnte man dagegen davor, dass sich selbst in Baden „schon in manchem Kopf das Dritte Reich breitmache" und man es in der „Frage der Einhaltung des Verfassungstages [...] nicht sehr genau nimmt".[363]

1932 schließlich wurde der Verfassungstag auch in Baden – wie Kuntzemüller klagte – „zum simplen Werktag degradiert" und verlor selbst im „liberal-demokratischen Musterländle seinen Charakter als Feiertag".[364] Bei der internen Verfassungsfeier 1932 in Karlsruhe – öffentliche waren aufgrund des Demonstrations- und Uniformverbots nicht mehr möglich – musste man unter dem Eindruck von „Preußenschlag" und verlorener Reichstagswahl einräumen, dass „bei manchem treuen Republikaner in den letzten Tagen und Wochen eine deprimierende Stimmung eingekehrt"[365] sei. Insgesamt schaffte der Verfassungstag trotz der Bemühungen des Reichsbanners und seiner Trägerparteien nie den Durchbruch zu einem von einer breiten Mehrheit getragenen Feiertag. Dennoch widerlegen gerade die aufwändig gestalteten Feiern des Reichsbanners die oft vertretene These, der Weimarer Republik habe es „per se an sinnfälligen Ritualen und Inszenierungen [gemangelt], welche die tragenden Ideen der Republik zum Ausdruck brachten und damit sinnlich greifbar machten".[366]

360 Vgl. ebenda.
361 „Das Reichsbanner", 15.9.1927, Nr. 18.
362 Ebenda, 28.9.1929, Nr. 39, Gaubeilage Baden.
363 Ebenda, 29.8.1931, Nr. 35, Gaubeilage Baden.
364 StadtA Freiburg, Erinnerungen Albert Kuntzemüller, S. 162.
365 „Volksfreund", 12.8.1932.
366 Ziemann, Zukunft, S. 11 f.

Erinnerung an den Kapp-Lüttwitz-Putsch 1920

In der kollektiven Erinnerung sehr präsent waren die Tage des Kapp-Lüttwitz-Putsches vom 13. bis 15. März 1920, an dessen Scheitern das Reichsbanner mit Veranstaltungen und regelmäßigen Presseartikeln als einen Sieg für die Republik und als Ausdruck der Wehrhaftigkeit der Arbeiterschaft, die mit ihrem Generalstreik wesentlich zu diesem Abwehrerfolg beigetragen hatte, erinnerte.[367] Für das Reichsbanner bewies der Fehlschlag des Kapp-Lüttwitz-Putsches die unterschätzte Widerstandskraft der deutschen Republikaner und bot bis 1930 Anlass zu der trügerischen Selbstvergewisserung, dass die damaligen Zustände ein für alle Mal überwunden seien. Schon im Frühjahr 1924 hatte der später für das Reichsbanner häufig als Redner auftretende Polizeioberst a. D. Hermann Schützinger (1888–1962) bei einer Wahlrede in Freiburg gespottet, jeder kommunistische Lehrling hätte den Putsch besser führen können. Zugleich warnte er, dass die damaligen Akteure aus ihren Fehlern gelernt hätten und gerade in Süddeutschland ein gewaltiges Aufmarschgebiet für einen erneuten Angriff auf Berlin schaffen wollten.[368]

Am 15. März 1930 fand zum 10. Jahrestag in Stuttgart, dem Zufluchtsort der vor den Putschisten geflüchteten Reichsregierung, eine Großveranstaltung mit Reichskanzler Hermann Müller vor mehr als 4000 Zuschauern statt.[369] Müller würdigte die Rolle Stuttgarts bei der Abwehr des Kapp-Lüttwitz-Putsches und erinnerte an die Auflösung des Rumpfparlaments der Paulskirchen-Versammlung 1849, die 1920 durch den erfolgreichen Widerstand der rechtmäßigen Regierung ihre Auferstehung gefeiert habe. Er lobte die Geschlossenheit der Streikenden gegen den Putsch und besonders die Loyalität der Staatsbeamten, die fester denn je zur Republik stünden, wie die Unterstützung des Volksbegehrens gegen den Young-Plan aus der Ministerialbürokratie gezeigt habe. Die nationalsozialistische Presse spottete dagegen, dass die Republikaner das Zurückweichen der Reichsregierung nach Süddeutschland feierten wie die „Mohammedaner“ die Flucht ihres Propheten von Mekka nach Medina, die sogenannte Hedschra, der Beginn der islamischen Zeitrechnung im Jahr 622.[370]

367 Vgl. „Das Reichsbanner“, 15.3.1930, Nr. 11.
368 Vgl. Bericht zur Wahlrede Polizei-Oberst Dr. Schützinger, StA Freiburg, T1 Blankenhorn, Nr. 30.
369 Vgl. „Schwäbische Tagwacht“, 17.3.1920.
370 Vgl. „Der Führer“, 22.3.1930.

4.2 Erinnerung an republikanische Märtyrer

Um die Deutungshoheit über die Auslegung der jüngeren Vergangenheit zu erlangen, konnte das Reichsbanner nicht darauf verzichten, in seinem Sinne vorbildliche Politiker zu Vorkämpfern und Märtyrern für Demokratie und Republik zu stilisieren. Dazu zählten neben den Protagonisten der 1848er-Revolution der 1921 ermordete ehemalige Reichsfinanzminister Matthias Erzberger, der ein Jahr später ebenfalls einem Attentat zum Opfer gefallene Reichsaußenminister Walther Rathenau sowie der im Februar 1925 verstorbene Reichspräsident Friedrich Ebert. Für das südwestdeutsche Reichsbanner speziell spielte noch der 1914 kurz nach Kriegsausbruch gefallene Mannheimer SPD-Reichstagsabgeordnete Ludwig Frank eine große Rolle als Symbolfigur im Kampf um Republik und Demokratie. Nicht zuletzt die Morde an Erzberger und Rathenau gaben den „Kitt für die einheitliche republikanische Front"[371] der drei Reichsbannerparteien. Erst der Schock nach dem Anschlag auf Rathenau sorgte dafür, dass die Zusammenarbeit der SPD mit dem Zentrum und der DDP in einem pro-republikanischen Abwehrbündnis zu einer realen Option wurde.

„Eine Vielzahl von Gedenksteinen an markanten Landschaftspunkten, die an Rathenau, aber auch an Ebert und Erzberger erinnern sollten, schufen der Republik einen ersten überparteilichen Traditionsbestand, mit dem sich die Hoffnung auf politische Versöhnung in einem gespaltenen Land verband."[372]

In ganz Deutschland errichtete das Reichbanner Denkmäler für die prominenten Verstorbenen und setzte sich für die entsprechende (Um-)Benennung von Straßen, Plätzen und markanten Bauwerken ein.[373]

371 Posse, S. 62.
372 Martin Sabrow, Die Macht der Mythen. Walther Rathenau im öffentlichen Gedächtnis, Berlin 1998, S. 77.
373 Vgl. Herlemann/Tuchel, S. 20.

In Karlsruhe bemühte sich die Ortsgruppe im Sommer 1928 um die Errichtung eines Denkmals, auf dem die Porträts von Ebert, Erzberger und Rathenau als Relief oder Rundplastik aus Bronze angebracht werden sollten. Sie wünschte sich ausdrücklich kein „pompöses Monumentalwerk, sondern der Wesensart der 3 Staatsmänner entsprechend [...] eine schlichte und geschmackvolle Gedenkstätte".[374] Regelmäßig erschienen zudem an Geburts- und Todestagen ausführliche Artikel und Aufsätze in der Reichsbanner-Presse, oft von Weggefährten und prominenten Politikern verfasst, in denen die Verdienste der Verstorbenen gewürdigt wurden.

Matthias Erzberger und Walther Rathenau

Der am 26. August 1921 ermordete Matthias Erzberger befand sich als Unterzeichner des Waffenstillstands von Compiègne vom ersten Tag der Republik an im Visier der nationalistischen Rechten. Als „Vaterlandsverräter" und „Erfüllungspolitiker" diffamiert, überlebte er bereits am 26. Januar 1920 nur mit Glück ein Attentat in Berlin und blieb auch danach im Fokus völkisch-nationaler Polemik, insbesondere durch den deutschnationalen Politiker Karl Helfferich (1872–1924), der Erzberger in mehreren Artikeln scharf angriff und dessen Hetze in dem Aufruf „Fort mit Erzberger!" gipfelte. Als Reichsfinanzminister war Erzberger nicht nur für die Annahme des Versailler Vertrages eingetreten, sondern hatte mit entschlossenen Reformen auch eine Besteuerung der Besitzenden durchgesetzt, um die finanziellen Folgelasten des Krieges gerechter zu verteilen. Seine Ermordung in Bad Griesbach im Schwarzwald durch zwei ehemalige Marineoffiziere machte ihn zum „Märtyrer der deutschen Republik und verlieh ihm bei den linksstehenden Massen eine Popularität, die er zu seinen Lebzeiten nie genossen hatte".[375] Fünf Jahre nach seinem gewaltsamen Tod würdigte die „Reichsbanner-Zeitung" Erzbergers Verdienste und erklärte angesichts seiner zu diesem Zeitpunkt immer noch flüchtigen Mörder, dass man „natürlich von seinen mit giftigem Haß erfüllten Gegnern nicht verlangen könne[n], das [sic!] sie ihre Untaten einsehen und ihre Ansichten ändern". Umso mehr sei es „für jeden deutschen Republikaner [...] Pflicht, diesen Mann nicht zu vergessen, sein Wollen zu vollenden und sein Werk zu krönen".[376]

374 Schreiben Ortsgruppe Karlsruhe vom 20.7.1928, StadtA Karlsruhe, 1/H-Reg 4351.

375 Klaus Epstein, Matthias Erzberger und das Dilemma der deutschen Demokratie, Berlin 1962, S. 441.

376 „Das Reichsbanner", 15.9.1926, Nr. 18.

Erzberger eignete sich besonders als Bezugspunkt des Gedenkens, da er als Mitglied der Zentrumspartei den überparteilichen Anspruch des Reichsbanners untermauern konnte. Seine Herkunft – er stammte aus dem kleinen Ort Buttenhausen[377] auf der Schwäbischen Alb – bot dem Württemberger Reichsbanner die Gelegenheit, dort an den Politiker zu erinnern. Sowohl an seinem Geburtshaus als auch an seinem Grab in Biberach versammelte sich das Reichsbanner an Gedenktagen.[378] Am 8. Mai 1927 veranstaltete das Reutlinger Reichsbanner in Buttenhausen eine Kundgebung, bei der an Erzbergers Geburtshaus eine Gedenktafel enthüllt wurde mit der Inschrift: „Matthias Erzberger – Reichsminister in Deutschlands schwerster Zeit – für das Vaterland gestorben am 26. August 1921". Fotoaufnahmen von der Feier zeigen die „starke Beteiligung der Bevölkerung".[379] Neben knapp 500 Reichsbannerangehörigen nahm der Großteil der Einwohner Buttenhausens teil.[380] Die „Reichsbanner-Zeitung" paraphrasierte die Rede des Reutlinger Gemeinderats und Reichsbannerfunktionärs Hans Freytag:

„Warum gerade wir vom Reichsbanner Schwarz-Rot-Gold zur Ehrung Erzbergers hier stehen? [...] weil er allezeit für ‚Einigkeit und Recht und Freiheit' sich einsetzte, für die Republik und Demokratie, für ein einheitliches und größeres Deutschland, für alle die Ideale, die wir in den Farben Schwarz-Rot-Gold zusammenfassen. Und weil wir der Überzeugung sind, daß der Geist der drei Toten, die als Opfer am Tore der deutschen Republik bestattet sind: Matthias Erzberger, Walter Rathenau und Fritz Ebert, noch oft und oft die Mehrheit des deutschen Volkes wird zusammenführen müssen, wenn der Weg in eine bessere Zukunft wieder ein Stück weit frei gemacht werden soll."[381]

Rathenau verkörperte die zweite wichtige Identifikationsfigur des Reichsbanners, wenngleich er als Berliner für das südwestdeutsche Reichsbanner eine geringere Rolle spielte. Seine Ermordung durch drei Angehörige der konspirativen nationalistischen „Organisation Consul" am 24. Juni 1922 löste – vom rechtsextremen Spektrum abgesehen – Empörung und Abscheu, aber auch eine „gewaltige republikanische Sympathiewelle" aus. Die Republik erlebte einen nie dagewesenen Aufschrei der Empörung, den Reichskanzler Joseph Wirth in einer aufsehenerregenden Reichstagsrede am Tag darauf auf den Punkt brachte:

377 Buttenhausen ist heute ein Ortsteil der Gemeinde Münsingen im Landkreis Reutlingen.
378 Vgl. Erinnerungen Wilhelm Wirthle, S. 26.
379 „Illustrierte Reichsbanner-Zeitung", 28.5.1927, Nr. 22.
380 Vgl. „Schwäbische Tagwacht", 9.5.1927.
381 „Das Reichsbanner", 15.6.1927, Nr. 12.

Matthias Erzberger, 1919.

Quelle: Bundesarchiv,
Bild 146-1989-072-16/Robert Sennecke

Enthüllung einer Gedenktafel am Geburtshaus von Matthias Erzberger in Buttenhausen, 8. Mai 1927.
Quelle: Stadtarchiv Münsingen

„Da steht [nach rechts] der Feind, der sein Gift in die Wunden eines Volkes träufelt. – Da steht der Feind – und darüber ist kein Zweifel: dieser Feind steht rechts!“[382] Als Reaktion auf den gewaltsamen Tod Rathenaus verabschiedete der Reichstag am 21. Juli 1922 das „Republikschutzgesetz“, das das staatliche Vorgehen gegen republikfeindliche Vereinigungen erleichtern sollte und bis 1932 in Kraft blieb. Das Reichsbanner erinnerte seit 1924 regelmäßig an Rathenau. Als Angehöriger der DDP eignete er sich ähnlich gut wie Erzberger zur Demonstration des überparteilichen Charakters des Reichsbanners. Die „Abteilung Vereinsbedarf“ der Magdeburger Zentrale bot den Ortsgruppen neben Porträtbildern, Büsten und anderen Devotionalien Eberts auch Radierungen von Erzberger und Rathenau an.[383]

382 Verhandlungen des Reichstags. Stenographische Berichte. I. Wahlperiode 1920, Bd. 356, 236. Sitzung, Berlin 1922, S. 8058.
383 Vgl. KrA Rhein-Neckar, NL Willy Gärtner, 1926/18.

Friedrich Ebert

Friedrich Ebert nimmt unter den vom Reichsbanner verehrten „Märtyrern" eine Sonderrolle ein. Anders als Erzberger, Rathenau oder Frank starb er keines gewaltsamen Todes, wurde aber dennoch als ein Opfer antirepublikanischer Propaganda und Verleumdungskampagnen in die Reihe der für die Republik gestorbenen Staatsmänner eingegliedert. Eberts plötzliche Krankheit und Tod am 28. Februar 1925 überraschte die Reichsbanner-Mitglieder fast auf den Tag genau ein Jahr nach Gründung der Organisation und überschattete den „Südwestdeutschen Republikanischen Tag" in Karlsruhe am 14. und 15. März 1925 und den zeitgleichen „Republikanischen Tag" in Stuttgart, auf dem der Zentrumspolitiker Ernst Bauer eine bemerkenswerte Würdigung formulierte. Gerade Ebert habe bewiesen, „daß Leute aus dem Volk etwas werden können". Von daher sei es umso unverständlicher, wenn „von Angehörigen des schaffenden Volkes und des Mittelstandes über Eberts Herkunft gewitzelt" worden sei. Mit Anspielung auf die vermeintliche Weltläufigkeit Wilhelms II. erklärte Bauer, Ebert habe „in sieben Sprachen schweigen können, wo sein Vorgänger in sieben Sprachen Lohkäs geredet"[384] habe.

384 „Schwäbische Tagwacht", 16.3.1925.

Gedenktafel für Matthias Erzberger an seinem Geburtshaus in Buttenhausen, 8. Mai 1927.

Quelle: „Illustrierte Reichsbanner-Zeitung", 28. Mai 1927/Elbs

Zur Feier des ersten Reichsbanner-Gründungstages am 22. Februar 1925 in Magdeburg hatte Ebert noch als eine seiner letzten Amtshandlungen ein Telegramm gesandt, in dem er seine besten Wünsche „für seine Weiterentwicklung und die Erfüllung seiner großen staatspolitischen Aufgaben"[385] aussprach. Doch ausgerechnet in Magdeburg hatte er wenige Wochen zuvor eine empfindliche Niederlage erlitten, die nach Ansicht vieler seinen Tod beschleunigte. Wegen eines Beleidigungs-prozesses vor dem dortigen Amtsgericht, den er nach einem verleumderischen Artikel mit einem Landesverratsvorwurf in der „Mitteldeutschen Presse" gegen den verantwortlichen Redakteur angestrengt hatte, hatte er eine überfällige Operation verschoben. Den Hintergrund der Anschuldigungen, gegen die sich Ebert wehrte, bildete sein Verhalten während des Berliner Munitionsarbeiterstreiks im Januar 1918, als er vorübergehend in die örtliche Streikleitung eingetreten war.

385 „Das Reichsbanner", 15.3.1925, Nr. 6.

Ehrengeleit des Reichsbanners im Trauerzug durch Heidelberg zur Beisetzung von Friedrich Ebert, 28. März 1925.
Quelle: Süddeutsche Zeitung Photo, Scherl/26115

Gedenkfeier des Reichsbanners am Grab von Friedrich Ebert auf dem Heidelberger Bergfriedhof aus Anlass des Verfassungstages, August 1925.
Quelle: Archiv der sozialen Demokratie, 6/FOTB003662

Das Magdeburger Verfahren, der 143. Beleidigungsprozess des Reichspräsidenten, endete am 23. Dezember 1924 mit einem mehr als ernüchternden Urteil.[386] Zwar verurteilte das Gericht den Redakteur zu einer geringfügigen Gefängnisstrafe, hielt aber in seiner Urteilsbegründung fest, dass Ebert durch seine Beteiligung an dem Massenstreik Anfang 1918 unter strafrechtlichen Gesichtspunkten Landesverrat begangen habe. Was für seine Gegner ein unverhofftes Geschenk darstellte – jedermann durfte nun den Reichspräsidenten ungestraft als „Landesverräter" bezeichnen – geißelte die sozialdemokratische und Reichsbanner-Presse als Skandalurteil und Justizkomödie.

Die Beisetzungsfeierlichkeiten für Friedrich Ebert am 4. und 5. März 1925 in Berlin und anschließend in seiner Heimatstadt Heidelberg gerieten zu einer gewaltigen Demonstration der Weimarer Republikaner, an der das Reichsbanner maßgeblichen Anteil hatte. In Berlin beteiligte es sich an dem riesigen Trauerzug mit geschätzt einer Million Teilnehmern und Schaulustigen. Auf der nächtlichen Fahrt des Sonderzugs mit Eberts Sarg nach Heidelberg erwiesen Abordnungen des Reichsbanners auf allen größeren Bahnhöfen dem Reichspräsidenten die letzte Ehre.[387]

386 Vgl. Walter Mühlhausen, Friedrich Ebert 1871–1925. Reichspräsident der Weimarer Republik, Bonn 2006, S. 952 f.
387 Vgl. ebenda, S. 977.

Auch an dem wegen des großen Andrangs in drei Teile aufgeteilten Trauerzug von circa 30 000 Menschen zum Heidelberger Bergfriedhof beteiligte sich das Reichsbanner.[388] Das Grab Eberts fungierte fortan als Erinnerungsort der SPD und des Reichsbanners, die dort alljährlich am Todestag Eberts oder am Verfassungstag, in Anwesenheit der Witwe Louise Ebert und zumeist auch der beiden Söhne, Gedenkfeiern abhielten. Die Anziehungskraft der Grabstätte auf das Reichsbanner illustriert ein Besuch von 1000 Münchner Reichsbannerleuten, die 1928 auf dem Weg zur Bundesverfassungsfeier in Frankfurt am Main in Heidelberg Station machten, um Ebert zu gedenken.[389] Zum Gautag des badischen Reichsbanners an Pfingsten 1927 enthüllte man zudem an Eberts Geburtshaus in der Heidelberger Pfaffengasse eine Gedenktafel für den großen Sohn der Stadt.[390] Insgesamt zeichnete das Reichsbanner, anders als seine Partei, die bei allen Würdigungen auch Kritik anklingen ließ, ein äußerst positives Bild von Ebert. Der „Vorwärts" hatte in seinem ersten Nachruf davon gesprochen, dass das Staatsamt Ebert dem Parteileben entfremdet habe. Er sei infolge der „vollkommenen Überparteilichkeit",[391] mit der er sein Amt ausgefüllt habe, nur noch bei offiziellen Anlässen mit „Volksmassen in Berührung" gekommen. Für das Reichsbanner hingegen war es gerade jene überparteiliche Amtsführung, die Ebert auszeichnete.

Ludwig Frank

Eine herausragende Verehrung im badischen und besonders im Mannheimer Reichsbanner erfuhr der 1914 an der Westfront gefallene SPD-Reichstagsabgeordnete Ludwig Frank. Den postumen Aufstieg zum „Symbol der Mannheimer Reichsbanner-Bewegung"[392] und zu „eine[r] Art Schutzpatron"[393] der Organisation verdankte Frank seinem Wirken vor und zu Beginn des Krieges. 1874 als Sohn eines jüdischen Kaufmanns im mittelbadischen Nonnenweier bei Lahr geboren, ließ sich Frank nach dem Jurastudium in Freiburg und Berlin als Rechtsanwalt in Mannheim nieder. 1905 wurde er als jüngster Abgeordneter in den badischen Landtag gewählt und vertrat seit 1907 den Wahlkreis 11 (Mannheim) für die SPD im Reichstag. Der charismatische und rhetorisch begabte Politiker, der als „‚rote[r] Kronprinz innerhalb der sozialdemokratischen Führungsschicht"[394] und „große Hoffnung der Sozialdemokratie vor dem ersten

388 Vgl. „Volkszeitung", 4.3.1925.
389 Vgl. ebenda, 10.8.1928.
390 Vgl. ebenda, 7.6.1927.
391 Mühlhausen, S. 982.
392 Berghahn u. a., S. 105.
393 Harter, S. 287.
394 „Mannheimer Morgen", 4.3.1950.

Weltkrieg"[395] galt, profilierte sich als scharfer Kritiker des wilhelminischen Militarismus und bemühte sich noch bis zuletzt dank seiner zahlreichen guten Kontakte nach Frankreich und Großbritannien um einen Ausgleich mit den anderen Großmächten. Umso überraschender kam daher für viele, dass Frank auf einer Kundgebung der Mannheimer SPD am 29. Juli – der österreichisch-serbische Krieg war bereits ausgebrochen – zwar zum Frieden aufrief, dann aber hinzufügte, dass

„wir ‚vaterlandslosen Gesellen' wissen, daß wir, wenn auch Stiefkinder, so doch Kinder Deutschlands sind und daß wir uns unser Vaterland gegen die Reaktion erkämpfen müssen. Wenn ein Krieg ausbricht, so werden also auch die sozialdemokratischen Soldaten gewissenhaft ihre Pflicht erfüllen."[396]

Um mit gutem Beispiel voranzugehen, meldete sich Frank als vierzigjähriger Landsturmmann nach der Reichstagsabstimmung zu den Kriegskrediten als freiwilliger Soldat an die Front. Er fiel bereits am 3. September 1914 südöstlich des lothringischen Lunéville und blieb einer von nur zwei Reichstagsabgeordneten, die im Weltkrieg ums Leben kamen.[397] Theodor Heuss schrieb dazu in seinen Erinnerungen:

„Um seiner äußeren Erscheinung willen, wohl auch im Wissen um den realistischen Machtsinn, der ihn trug, verglich man Ludwig Frank gerne mit Ferdinand Lassalle, und er hat vermutlich nichts gegen eine solche Meinung gehabt. Sie bekam einen schier unheimlichen Zug: Frank fiel, auf den Tag, als sich Lassalles Tod zum fünfzigsten Male jährte, wie jener im vierzigsten Jahre."[398]

Im Jahr 1926 fand eine Mannheimerin auf der Suche nach den Gräbern ihrer Brüder zufällig die letzte Ruhestätte Franks, was in der lokalen Presse einiges Aufsehen erregte.[399] Zu seinem 10. Todestag errichtete das Mannheimer Reichsbanner im Auftrag des Bundesvorstands ein Denkmal für Frank am Eingang zum Oberen Luisenpark, das anlässlich des „Südwestdeutschen Republikanertages" am 27. und 28. September 1924 unter den Klängen des Deutschlandliedes enthüllt wurde. Seit 1925 schon wurde der Gedenkort mehrfach von Gegnern des Reichsbanners

395 Friedrich-Ebert-Stiftung (Hrsg.), Ludwig Frank. Beiträge zur Würdigung seiner Persönlichkeit, Bonn 1986, S. 33.
396 Ebenda, S. 29.
397 „Das Reichsbanner", 8.4.1928, Nr. 8, Beilage „Jungbanner".
398 Friedrich-Ebert-Stiftung, S. 33. Tatsächlich fiel Frank vier Tage nach Lassalles 50. Todestag.
399 Vgl. „Israelitisches Wochenblatt für die Schweiz", 1926, Nr. 27; „Neue Mannheimer Zeitung", 16.10.1926.

Mitglieder des Reichsbanners Mannheim vor dem Denkmal für Ludwig Frank im Mannheimer Luisenpark, 1924.
Quelle: Marchivum, AB00559-003

geschändet,[400] bevor es die Nationalsozialisten kurz nach der „Machtergreifung" im Frühjahr 1933 zerstörten.[401] Zur Enthüllung defilierten in einem Festzug weit mehr als 10 000 Teilnehmer des „Republikanertages",[402] die Fahnen des Reichsbanners und der 1848er-Revolution mit sich führten, am Denkmal vorbei. Die Festrede zur Einweihung hielt Friedrich Stampfer (1874–1957), der als österreichischer Soldat am Weltkrieg teilgenommen hatte. Er würdigte den Politiker Frank, der es als einer der wenigen geschafft habe, „Volksmann und Staatsmann" gleichermaßen zu sein. Er habe angesichts seines Einsatzes für einen Ausgleich mit Frankreich vor 1914 „fremde Schuld mit eignem Blute bezahlt".[403]

Schon in den Wochen vor dem Mannheimer Treffen hatte die Verbandspresse Frank eingehend gewürdigt. Wenn ein Name berufen sei, dem Bunde republikanischer Kriegsteilnehmer als „Leitstern" zu dienen, so sei es Ludwig Frank, verkündete die Reichsbanner-Zeitung: Ein „leuchtender Meteor am Himmel der deutschen Demokratie, schnell und stolz aufsteigend, verlosch [...] jäh". Zu Franks jüdischem Hintergrund erklärte die Reichsbanner-Zeitung:

400 Vgl. „Illustrierte Reichsbanner-Zeitung", 16.5.1925, Nr. 20; „Das Reichsbanner", 15.7.1927, Nr. 14, Gaubeilage Baden; Kreutz, Fahne, S. 249.
401 Vgl. „Mannheimer Morgen", 4.3.1950.
402 Kreutz, Fahne, S. 245.
403 „Das Reichsbanner", 15.10.1924, Nr. 11.
404 Ebenda, 1.9.1924, Nr. 8.

„Ludwig Frank war ganz und von Herzen Deutscher; von tiefster deutscher Bildung durchtränkt [...] Deutsch war sein überlegener freudiger Humor, sein oft kindlich anmutendes Lachen. Nichts lag ihm ferner als finsteres Puritanertum und dogmatischer Doktrinarismus, die auch bei demokratischen Politikern vorkommen. [...]

Frank war Jude und gehörte nicht zu denen, die es verleugneten oder abschüttelten. Er war der schlagendste Beweis gegen das Märchen alldeutscher und jüdischer Nationalisten, daß zwischen Deutschen und Juden eine unüberbrückbare Kluft liege."[404]

Hier zeigt sich, dass es das Reichsbanner beim Kampf gegen den grassierenden Antisemitismus ernst meinte, wie man es ein halbes Jahr zuvor im Gründungsaufruf angekündigt hatte. Dieser hatte sich scharf gegen die „schmachvolle Judenhetze" gewandt, die völlig außer Acht lasse, „daß Schulter an Schulter mit Katholiken, Protestanten und Freidenkern jüdische Soldaten gekämpft und geblutet haben".[405] Zugleich fällt auf, wie sehr noch 1924 Franks „deutsche" Eigenschaften betont werden und dass letztlich doch ein Gegensatz zwischen Deutschen und Juden hergestellt wird. Selbst davon abgesehen, muss man bezweifeln, ob das Wirken Franks tatsächlich unter den Mitgliedern des Reichsbanners die ungeteilte Zustimmung fand, die von der Verbandspresse suggeriert wurde. Durch seine freiwillige Meldung 1914 galt er für einen Teil der SPD-Anhänger als „Symbol für den Burgfrieden"

405 „Das Reichsbanner", 15.4.1924, Nr. 1.

Postkarte des Reichsbanner-Denkmals im Mannheimer Luisenpark für Ludwig Frank mit der Inschrift „Einer muss die Fundamente gesehen haben, die Fundamente des neuen Staates", o. D.
Quelle: Stadtarchiv Karlsruhe, 7-Nl Sammet 59-1

und Verkörperung eines Irrwegs, den die SPD beschritten hatte.[406] Daran konnten auch Laudatoren wie Stampfer nichts ändern, der Franks Vorkriegsengagement für die folgenden politischen Ziele heraushob: „Republikanische Demokratie, gleiches Wahlrecht, Bund der Völker, allgemeine Abrüstung, internationale Schiedsgerichtsbarkeit".[407] Die Vorbehalte gegen Frank wurden dagegen indirekt durch die Reaktionen der konservativen Presse auf die Denkmalseinweihung bestätigt, in denen streng zwischen Frank und seiner Partei unterschieden wurde. So bemerkte die „Neue Mannheimer Zeitung", Frank sei ein Mann gewesen, der in sich „Sozialismus und Deutschtum in glücklicherer Weise vereinigte als ungezählte viele seiner Parteigenossen nach dem Kriege". Man solle sich nur einmal vorstellen, hieß es mit deutlichem Seitenhieb auf Ebert, „was wohl geschehen wäre, wenn Frank im Rate der Volksbeauftragten gesessen hätte, anstelle einer sonstigen Parteinull". Man konstatierte, Frank werde „zum Bannerträger einer Bewegung gestempelt",[408] der er womöglich sehr distanziert gegenüberstehen würde. Franks gute Reputation in bürgerlichen Kreisen verdeutlichen auch die Reaktionen der Zentrumspresse auf die Denkmalsenthüllung:

„War es ein Wagnis, die Denkmalsenthüllung des im Weltkriege gefallenen bekannten Republikaners und Sozialdemokraten Ludwig Frank zum Anlaß einer überparteilichen gewaltigen Kundgebung für den Bestand der deutschen Republik und die republikanische Idee zu machen? Das Reichsbanner hat es unternommen [...], um dem deutschen Volke und der aufhorchenden Welt zu zeigen, daß das unheilvoll in Parteien zerklüftete Deutschland zu einer alle umfassenden großen Idee bereit und fähig ist, auch dann, wenn der gewählte äußere Anlaß die Ehrung eines Parteimannes ist, eines Mannes, der, abgesehen von seiner politischen Weltanschauung, das Symbol eines ehrenhaften, geraden und nationalen deutschen Bürgers war."[409]

Der „Badische Beobachter" lobte, Frank habe mit seiner Entscheidung zur Verteidigung des Vaterlandes 1914 „ganz Reichsbannergeist und Reichsbannerprogramm"[410] vorgelebt. Eher gemischte Erinnerungen verband das Zentrum mit Franks Wirken als badischer Landtagsabgeordneter, mit dem er sich durch eine pragmatische Politik der Kooperation parteiübergreifende Anerkennung erworben hatte. Durch eine Wahlabsprache mit dem Zentrum überhaupt erst in den Karlsruher

406 Ziemann, Kriegserinnerung, S. 393.
407 „Volksfreund", 29.9.1924.
408 „Neue Mannheimer Zeitung", 27.9.1924.
409 „Freiburger Tagespost", 30.9.1924.
410 „Badischer Beobachter", 29.9.1924.

Landtag gewählt, führte Frank mit anderen die SPD aus der jahrelangen Fundamentalopposition, was allerdings innerparteilich höchst umstritten blieb. Absprachen vor Stichwahlen mit der Fortschrittspartei und den Nationalliberalen verhinderten, dass Zentrum und Konservative die befürchtete absolute Mehrheit erzielten. Dies schuf einen Präzedenzfall für die Zusammenarbeit von SPD und Linksbürgerlichen, wie sie im Reichstag während des Weltkriegs unter den Mehrheitsparteien Schule machte. Im Jahre 1907 nahm Frank zusammen mit Wilhelm Kolb (1870–1918) an der Beerdigung des badischen Großherzogs Friedrich I. (1826–1907) teil und erwirkte ein Jahr später maßgeblich die Zustimmung seiner Fraktion zum Budget, was einer Sensation gleichkam. Noch 20 Jahre später griff die „Reichsbanner-Zeitung" diesen Konflikt auf und räumte ein, Frank habe „mit Zustimmung der badischen Arbeiter, aber nicht mit Billigung vieler seiner Parteigenossen im Reiche" gehandelt. Diese hätten in „unbedingter, oft unfruchtbarer Gegnerschaft" zur politischen Ordnung des Kaiserreichs gestanden. Frank hingegen habe eine „politisch weitsichtigere, geschickte Realpolitik"[411] betrieben. So ließ sich Frank ideal für eine Zusammenarbeit mit den gemäßigten bürgerlichen Parteien in Anspruch nehmen.

411 „Das Reichsbanner", 8.4.1928, Nr. 8, Beilage „Jungbanner".

4.3 Die Farben Schwarz-Rot-Gold

Von Beginn an war die politische Kultur Weimars in „zwei Großlager", das republikanische („schwarz-rot-gold") und das traditionalistische („schwarz-weiß-rot"), gespalten.[412] Bewusst wählte das Reichsbanner die Reichsfarben Schwarz-Rot-Gold als Bestandteil seines Namens. Am Ende des Gründungsaufrufs vom Frühjahr 1924 heißt es: „Das Banner der deutschen Republik mit den alten deutschen Farben Schwarzrotgold ist unser Zeichen."[413] Der Einsatz für diese bis zum Ende der Republik höchst umstrittene Trikolore und die Verteidigung ihrer Legitimität und Würde bildeten wichtige Faktoren in der Arbeit des Reichbanners. Nach Einschätzung des Historikers Bernd Buchner signalisierte die Bezeichnung „Reichsbanner" einen Rückgriff auf mittelalterliche Feldzeichen und „suggerierte damit einen Traditionalismus, dessen Wurzeln bis in das 1806 untergegangene Heilige Römische Reich Deutscher Nation zurückreichten". Die Wahl der Farben Schwarz-Rot-Gold stand für das Bekenntnis zum demokratischen Nationalstaat inklusive des großdeutschen Anspruchs, repräsentierte aber ebenso die proklamierte Überparteilichkeit des Verbandes, der Anhänger aller drei Trägerparteien gewinnen wollte.[414]

Die Ursprünge der Farben Schwarz-Rot-Gold und ihre Entwicklung zu den deutschen Nationalfarben stellte in Ansprachen und Vorträgen ein beliebtes Thema bei Reichsbanner-Veranstaltungen dar. Auch die Verbandspresse beschäftigte sich häufig mit dem Thema.[415] Schwarz-Rot-Gold habe schon „in der gewaltigsten deutschen Revolution der neueren Geschichte, im großen Bauernkrieg [...] eine bedeutende Rolle gespielt". Im 19. Jahrhundert seien die Farben zu dem Banner geworden, „unter dem sich das deutsche Volk der freiheitlichen Bewegung Europas

412 Vgl. Lehnert, S. 78.
413 „Das Reichsbanner", 15.4.1924, Nr. 1.
414 Vgl. Bernd Buchner, Um nationale und republikanische Identität. Die deutsche Sozialdemokratie und der Kampf um die politischen Symbole in der Weimarer Republik, Bonn 2001, S. 99 f.
415 Vgl. z. B. „Illustrierte Reichsbanner-Zeitung", 21.2.1925, Nr. 8.

anschloß" und schließlich durch die Abgeordneten in der Frankfurter Paulskirche zum „ohne Widerspruch angenommene[n] Reichsbanner"[416] der Revolution von 1848 erhoben worden. Besonderes Augenmerk legte das Reichsbanner auf die Beflaggung bei festlichen Anlässen wie den „Republikanischen Tagen" oder den Gedenktagen zum 11. August. Eine mangelnde oder fehlende Beflaggung zu Fest- und Gedenktagen wurde in der nahestehenden Presse oft scharf kritisiert. So verurteilte der „Volksfreund" nach dem „Republikanertag" im März 1925 das „geradezu herausfordernde Verhalten des größten Teils des Karlsruher Bürgertums",[417] das durch Nichtbeflaggung seiner Häuser dem Festtag die kalte Schulter gezeigt habe. In seiner Rede auf dem Badischen Gautag in Freiburg 1928 bezeichnete der SPD-Reichstagsabgeordnete Stefan Meier (1886–1944) die passive Haltung der Freiburger bei der Beflaggung gar als „Freveltat gegen den Staatsgedanken".[418]

Besondere Brisanz gewann die Flaggenfrage im Mai 1926, als eine durch die Reichsregierung Luther auf den Weg gebrachte Verordnung in Kraft trat, nach der an den deutschen Botschaften und Konsulaten in Übersee und in europäischen Hafenstädten neben der schwarz-rot-goldenen Dienstflagge die schwarz-weiß-rote Handelsflagge zu hissen war. Auch die Ergänzung der Handelsflagge durch eine kleine schwarz-rot-goldene Gösch änderte nichts an dem Eindruck, dass die von Reichspräsident von Hindenburg unterzeichnete Verordnung ein wichtiges Zugeständnis an die monarchistischen Kräfte darstellte. Auch vor dem Hintergrund der politischen Polarisierung im Zuge der beginnenden Kampagne zur Frage der Fürstenabfindung brach nach Bekanntwerden der Verordnung bei Sozialdemokratie und Reichsbanner ein Sturm der Entrüstung los. Der „Vorwärts" sprach von einem „Attentat gegen Schwarzrotgold" und einer „Herausforderung der republikanisch gesinnten Bevölkerung".[419] An anderer Stelle war von einem „schwarz-weiß-roten Flaggenputsch" und „Flaggensabotage"[420] die Rede. Protestkundgebungen im ganzen Land machten gegen die Entscheidung mobil, die nach einem Misstrauensvotum im Reichstag am 12. Mai 1926 zum Rücktritt von Reichskanzler Hans Luther führte. In Mannheim mobilisierte das Reichsbanner am 8. Mai rund 5000 Mitglieder und Anhänger zu einer Kundgebung auf dem Marktplatz unter dem Motto

416 Zit. nach Saage, S. 279.
417 „Volksfreund", 25.3.1925.
418 „Oberrheinischer Beobachter", 10.7.1928.
419 Zit. nach Buchner, S. 111.
420 Vgl. „Volkszeitung", 6.5.1926.

„Fort mit Luther!", auf der Landtagsabgeordnete aller drei Trägerparteien sprachen, obwohl Zentrum und DDP an der Regierung beteiligt waren.[421] Die Stuttgarter SPD-Politikerin Anna Blos (1866–1933) widmete der Frage, welche Verantwortung den Frauen bei der Verteidigung von Schwarz-Rot-Gold zukomme, einen großen Artikel in der „Illustrierten Reichsbanner-Zeitung":

„Unter diesen Farben sichert die Verfassung der deutschen Republik Männern und Frauen grundsätzlich die gleichen Rechte und Pflichten. [...] Wie es unter den schwarz-weiß-roten Fahnen damit aussah, zeigt ein Blick in das Bürgerliche Gesetzbuch, wo alle Eheparagraphen auf der Ansicht beruhen, daß das Vorrecht des Mannes durch die Natur der Dinge begründet sei, und daß in allem der Wille des Mannes vorgehe. Über keine ihrer eigensten Angelegenheiten durften die Frauen unter der schwarz-weiß-roten Fahne entscheiden. [...] Zum erstenmal in der Geschichte sind die Frauen berufen worden, das Fundament der deutschen Republik, die deutsche Verfassung, mit zu entwerfen und mit zu beschließen. Über diesem Fundament aber flattert die schwarzrot-goldene Fahne. [...] Sollten nicht gerade aus diesem Grunde schon die Frauen sich um die Flagge der deutschen Republik scharen und sie schützen helfen?"[422]

Der Proteststurm trug zwar zum Sturz Luthers bei, konnte aber das Inkrafttreten der Verordnung zum 1. August 1926 nicht verhindern. Die in der Frage gespaltene Nachfolgeregierung unter Wilhelm Marx ging rasch zur Tagesordnung über, sodass dem Reichsbanner ein eher „zweifelhafter Sieg"[423] zufiel.

Eine Reihe von Vorkommnissen verdeutlicht, dass die Reichsfarben auch im vermeintlich republikanisch gesinnten Südwesten alles andere als unumstritten blieben. In einem Artikel im „Singener Volkswille" hatte der Reichsbanner-Funktionär Albert Kuntzemüller dem Festausschuss eines Vereins im schwarzwäldischen Triberg vorgeworfen, bei einem von der Stadt mitfinanzierten Fest neben schwarz-rot-gold auch schwarz-weiß-rot geflaggt zu haben. Er kritisierte dieses Verhalten als „weder schlau noch neutral, sondern charakterlos"[424] und löste damit einen Proteststurm von Leserbriefen aus, der Kuntzemüller zum

421 Schadt (Hrsg.), Volk, S. 213–215.
422 „Illustrierte Reichsbanner-Zeitung", 28.8.1926, Nr. 39.
423 Buchner, S. 115.
424 StadtA Freiburg, Erinnerungen Albert Kuntzemüller, S. 105.

Gegenstand des Stadtgesprächs werden ließ. Rund ein Jahr später geriet er als neuer Direktor der Neuberg-Oberrealschule in Freiburg wegen einer Rede zu seinem Dienstantritt erneut in die Schusslinie:

„Am 15. September berief ich dann auf zwölf Uhr alle 500 Schüler mit der Lehrerschaft in den Festsaal der Anstalt, um auch sie in kurzer, aber gut republikanisch-demokratischer Ansprache zu begrüßen. [...] dann sprach ich von der Schwere der Zeit und dem Zusammenbruch 1918. Hierbei rühmte ich im Gegensatz zu den Männern, die ‚damals in Holland und Schweden das Weite gesucht hätten', den ‚ersten Reichspräsidenten Friedrich Ebert als Staatsmann und den zweiten, Paul von Hindenburg, als Militär', die beide in schwerster Zeit dem Reiche die Treue gehalten hätten. Danach kam noch – o Schmerz lass nach! – eine energische Hervorhebung der Farben Schwarzrotgold [...] An den Mienen etlicher Schüler, selbst kleinerer, bemerkte ich gelegentlich ein verstecktes, halb süffisantes, halb verlegenes Lächeln, eine sichtbare Folge der rechtsradikalen Propaganda [...].“[425]

Kuntzemüller berichtete, dass seine Rede bei Kollegen, in der bürgerlichen Presse und selbst im Stadtrat hohe Wellen schlug. Man stieß sich an den Anspielungen auf Kaiser Wilhelm II. und den am Kapp-Lüttwitz-Putsch beteiligten Erich Ludendorff sowie daran, dass er „Ebert und Hindenburg auf eine Stufe gestellt“[426] habe. Kuntzemüller wies in seinen Erinnerungen außerdem darauf hin, dass bei den Reichssportfesten an seiner Schule „von 1919 bis 1926 kein Mensch an die Hissung der schwarzrotgoldenen Reichsflagge gedacht hatte – eine von den vielen Unbegreiflichkeiten der ‚Systemzeit' [sic!]“. Mit Übernahme der Rektorenstelle habe er dagegen großen Wert auf die Beflaggung bei festlichen Anlässen und Schulfeiern gelegt, „zumal solche Äußerlichkeiten in der Republik – sehr zu ihrem Schaden! – in falsch verstandener Großzügigkeit sträflich vernachlässigt wurden“. Das Reichssportfest 1927 habe so erstmals unter den Farben Schwarz-Rot-Gold stattgefunden und war für Kuntzemüller ein Beleg dafür, „welch geringen Anstoßes es im allgemeinen bedarf, einer Sache zum Durchbruch zu verhelfen und Gleichgesinnte dafür zu gewinnen“.[427]

425 Ebenda, S. 111 f.
426 Ebenda, S. 112.
427 Ebenda, S. 117.

Albert Kuntzemüller, 1920er-Jahre.
Quelle: Privatbesitz

Um gegen Angriffe auf die republikanische Staatsform und ihre Symbole systematisch vorgehen zu können, richteten die Gauführungen in Mannheim und später auch in Stuttgart „Republikanische Beschwerdestellen" bzw. „Abwehrstellen" ein, die beispielsweise Verstöße gegen den Gebrauch von Schwarz-Rot-Gold registrieren sollten.[428] Die dem jeweiligen Gaubüro unterstellten Abwehrstellen hatten zudem die Aufgabe, einen Meldedienst über gegnerische Versammlungen und Veranstaltungen einzurichten, um rechtzeitig Gegenmaßnahmen organisieren zu können. Die badische Gauleitung bekundete, die Arbeit der Beschwerdestellen sei „für uns von ungeheurer Wichtigkeit" und dürfe nicht vernachlässigt werden.[429] Die Stuttgarter Abwehrstelle wurde mit ihren Eingaben und Anfragen der württembergischen Regierung so unbequem, dass diese überhaupt nicht mehr beantwortet wurden.[430]

Insgesamt wird man fragen müssen, ob der zweifellos aufopferungsvolle Einsatz des Reichsbanners für die Reichsfarben die Gegensätze zwischen den politischen Lagern nicht noch verschärft hat, indem die „Flaggenfrage zu einer Prestige- und Machtangelegenheit" hochgespielt wurde, die einen Ausgleich auf Dauer unmöglich machte. Immerhin muss man dem Reichsbanner zugutehalten, dass erst seine Agitation den Symbolen der jungen Republik ein „gewisses Maß an Anerkennung und Verbreitung"[431] verschaffte, womit man die staatlichen Versäumnisse der frühen Weimarer Jahre, „in denen die Präsentation der republikanischen Symbolik von großer Zurückhaltung und mehr Reaktion als Aktion geprägt war",[432] teilweise korrigierte. Symbolcharakter erhielt Schwarz-Rot-Gold erst durch das Reichsbanner, dessen große Leistung der Politikwissenschaftler Rohe darin sieht, die Arbeiterschaft an ein nationales Symbol gewöhnt und der Republik damit „ein gewisses Maß von feierlich-spontanem Gepräge"[433] verliehen zu haben. Die Beispiele aus dem Südwesten illustrieren, wie hindernisreich der Weg zur Anerkennung der Reichsfarben in breiten Bevölkerungsschichten gewesen ist und welche hartnäckigen Widerstände und Beharrungskräfte einer allgemeinen Akzeptanz entgegenstanden. Selbst im Kernland der 1848er-Revolution verzeichnete das Reichsbanner eine ausgeprägte Skepsis gegenüber Schwarz-Rot-Gold, die durch ständige Präsenz im

428 „Volkstimme", 24.2.1929 u. 25.11.1926. Eine zentrale „Republikanische Beschwerdestelle e. V." existierte zudem in Berlin, vgl. Weber, Reichsbanner, S. 136.
429 Rundschreiben des Gauvorstands Baden vom 28.2.1929, KrA Rhein-Neckar, NL Willy Gärtner, 1929/5.
430 Vgl. Jacob Toury, Die Judenfrage in der Entstehungsphase des Reichsbanners Schwarz-Rot-Gold, in: Ludger Heid/Arnold Paucker (Hrsg.), Juden und deutsche Arbeiterbewegung bis 1933. Soziale Utopien und religiös-kulturelle Traditionen, Tübingen 1992, S. 226.
431 Rohe, S. 244 f.
432 Buchner, S. 100.
433 Rohe, S. 245.

öffentlichen Raum und Aufklärungsarbeit allmählich abgeschliffen werden sollte. Das Beispiel Kuntzemüllers zeigt zudem, dass auch Einzelne in verantwortlicher Position in der Lage waren, den neuen Reichsfarben höhere Geltung zu verschaffen, vorausgesetzt sie verfügten über entsprechende politische Rückendeckung, was in Baden bis 1932 weit mehr gegeben war als im rechtskonservativ regierten Württemberg.

Reichsbanner-Postkarte, ca. 1925.
Quelle: Gedenkstätte Deutscher Widerstand, Schaudepot, RB 6018

4.4 Erinnerung an 1848 im Kerngebiet der Revolution

Für viele deutsche Zeitgenossen blieb die Weimarer Republik untrennbar mit der Kriegsniederlage und dem Zusammenbruch der staatlichen Ordnung 1918/19 verbunden. Daher unternahm das Reichsbanner große Anstrengungen, dem Vorwurf der politischen Rechten entgegenzuwirken, „Demokratie und Republik seien fremdländische, undeutsche, welsche Einfuhrartikel",[434] indem es an die Traditionslinien der Revolution von 1848 anknüpfte und der Republik damit gleichsam eine „historische Tiefendimension"[435] verlieh. „Das Reichsbanner verstand sich als Erbe der Revolution von 1848, freiheitlich-demokratisch und national."[436] Es ließ keinen Zweifel daran, dass es die Erhebung der 1848er als den „entscheidende[n] Meilenstein auf dem Weg Deutschlands zur demokratischen Republik"[437] ansah. Immer wieder wurden sowohl im Verbandsalltag mit (Lichtbild)-Vorträgen und Bildungsabenden als auch in der Presse Entstehung, Verlauf und Wirkung der Revolution von 1848 aufgegriffen.

„Sie scheidet zwei Zeitalter in der deutschen Geschichte. Vormärzlich ist alles Veraltete, alles Feudal-Absolutistische im Gegensatz zu den sich durchsetzenden konstitutionellen Gedanken. Ein weiteres Merkmal ist der Eintritt der arbeitenden Klassen in die politische Welt."[438]

Neben den Aspekten des Konstitutionalismus und der Emanzipation der Arbeiterklasse bildete die antimonarchistische und großdeutsche Ausrichtung der Erinnerung an 1848 ein verbindendes Element, mit dem sich alle drei Reichsbannerparteien leicht identifizieren konnten.

434 Das Reichsbanner Schwarz-Rot-Gold, Berlin o. J. [1924], S. 6.
435 Rohe, S. 231.
436 Herlemann/Tuchel, S. 16.
437 Saage, S. 279.
438 Zit. nach ebenda, S. 281.

Der Historiker Eric Bryden sieht fünf wichtige Gründe für den herausgehobenen Stellenwert der 1848er-Erinnerung im Reichsbanner: 1. den Beweis für den Willen der Deutschen zu demokratischer Selbstbestimmung gegenüber den Fürstendynastien und damit den Besitz einer eigenen demokratischen Tradition; 2. als geschichtliche Waffe gegen die von Konservativen und Rechtsliberalen verfochtene Überzeugung, der nationale Charakter der Deutschen spreche für eine monarchische Ordnung; 3. das Scheitern der Revolution als Warnung vor einem Zusammengehen mit der konservativen Rechten und vor einer arglosen Einschätzung der Feinde der Republik; 4. die Rolle der „Helden" und „Märtyrer" von 1848 auf den Barrikaden als Vorbilder für potenziell bevorstehende Kämpfe des Reichsbanners um die Republik; 5. sollte die Stilisierung von 1848/49 in einen Heldenmythos und die Verehrung der Revolutionskämpfer als Fundament einer Art „politischen Religion" eine emotionale Identifikation mit den historischen Protagonisten ermöglichen und den Barrikadenmythos weitertragen.[439] Allerdings dürfte es schwergefallen sein, tatsächlich eine solche emotionale Identifikation herzustellen. Nach Bryden „waren die Revolutionäre von 1848 wohl kaum dazu geeignet, die Öffentlichkeit für die neue freiheitlich-demokratische Verfassungsordnung zu begeistern."[440]

„Keine andere Bewegung der Weimarer Jahre, abgesehen vielleicht von der DDP, hat sich im gleichen Maße um eine Popularisierung der 1848-Ideale bemüht wie das Reichsbanner Schwarz-Rot-Gold."[441]

Dies gilt insbesondere für das Reichsbanner im Kerngebiet der 1848er-Revolution, dem Südwesten. Insbesondere im Jubiläumsjahr 1928, in dem die Bundesverfassungsfeier in Erinnerung an die Paulskirchen-Versammlung 1848/49 in Frankfurt am Main stattfand, sowie 1929 richtete das Reichsbanner eine Vielzahl von Gedenkveranstaltungen aus. Broschüren und Handreichungen der Bundeszentrale informierten die Ortsgruppen über den gewünschten Ablauf solcher Feiern und stellten Vortragsdispositionen zur Verfügung.[442] Empfohlen wurden beispielsweise Gedichte und Lieder von Ferdinand Freiligrath, Heinrich Heine (1797–1856), Friedrich von Sallet (1812–1843) oder Hoffmann von Fallersleben (1798–1874). Zudem gab man unterschiedliche Empfehlungen für Feiern in städtischen oder ländlichen Orten sowie für

439 Vgl. Eric Bryden, Heroes and Martyrs of the Republic. Reichsbanner „Geschichtspolitik" in Weimar Germany, in: Central European History 43 (2010), S. 641
440 Ebenda, S. 642.
441 Rohe, S. 229.
442 Vgl. G. Wilke (Hrsg.), Reden für republikanische Gelegenheiten und für Reichsbanner-Veranstaltungen, Berlin 1926.

öffentliche Veranstaltungen oder nichtöffentliche Kameradschaftsfeiern.[443] Die Reichsbannerpresse stellte die Kontinuitäten der Verfassungen von 1849 und 1919 heraus,[444] feierte die Errungenschaften der jungen Republik und mahnte zugleich, dass das Vermächtnis der Revolution weiter umkämpft sei:

„Was den Männern der Paulskirche als Ziel ihrer Arbeit vor Augen stand, findet in den politischen Kämpfen der Gegenwart noch seinen Widerhall."[445]

Da es an einem vorzeigbaren Gründungsmythos für die Weimarer Republik mangelte, griff das Reichsbanner auf die acht Jahrzehnte zurückliegende Revolution zurück. Anlässlich des „Südwestdeutschen Republikanertages" in Mannheim 1929 eröffnete im Schlossmuseum eine Ausstellung über die „politische Bewegung der Jahre 1848/49", die in erster Linie deren „Ideen, Führer und Ereignisse" beleuchten sollte. Die bürgerliche Presse protestierte gegen die Verquickung der Ausstellung mit dem Reichsbannertag und befand, dass die Mannheimer es ablehnten, die Bewegung von 1848/49, „ihren Geist und ihre Führer unter dem Aspekt des Reichsbanners zu betrachten".[446]

Bei aller offiziellen Begeisterung darf nicht übersehen werden, dass gerade die Bezugnahme auf 1848 für viele Historiker einen Ausdruck der Legitimitätsschwäche des Weimarer Staates darstellt. Rohe sieht das Wissen um diese schwache historische Legitimation als eine mögliche Ursache für die „gelegentlich hemmungslos übertreibende und grobschlächtige Propaganda"[447] gegen alle Formen des Monarchismus. Dem Reichsbanner galt die Erfahrung von 1848 als Warnung, sich auf keine Versöhnung mit der oder Anbiederung an die monarchistische Reaktion einzulassen. Bis zum Erstarken des Nationalsozialismus malte man, in deutlicher Überschätzung der Gefahr einer Restauration nach dem Vorbild von 1849, eine monarchistische Bedrohung der Republik an die Wand. Dabei richtete sich die Polemik des Reichsbanners in Veranstaltungen und Presse, so etwa während der Kampagne für die entschädigungslose Enteignung der Fürsten, primär gegen den preußischen Monarchismus und die Hohenzollern-Herrschaft.

443 Vgl. Vortragsdisposition, Winke und Beispiele für die Gestaltung von Bundesgründungs- und 1848er-Gedenkfeiern, AdsD, NL Franz Osterroth, Box 63, Mappe 165. Ferner empfahl die Broschüre, dass die eigentliche Feier nicht länger als eine Stunde dauern solle, um im Anschluss an eine Pause zum „gemütlichen Teil" übergehen zu können.

444 Vgl. „Illustrierte Reichsbanner-Zeitung", 17.3.1928, Nr. 11.

445 Ebenda, 11.8.1928, Nr. 32.

446 „Neue Mannheimer Zeitung", 8.9.1929.

447 Rohe, S. 243.

Gedenkfeier des Reichsbanners mit Kurt Schumacher (Bildmitte) am Grab von Ferdinand Freiligrath auf dem Uff-Kirchhof in Cannstatt bei Stuttgart, 1925.
Quelle: Privatbesitz

Die badischen und württembergischen Fürstenhäuser wurden dagegen im Südwesten kaum explizit angegangen. Gleichwohl kann man kritisch hinterfragen, inwieweit das kompromisslose Eintreten für einen „doktrinären Republikanismus intoleranter Machart"[448] verhinderte, dass das Reichsbanner in politisches Neuland vorstoßen und die Anhängerbasis über das Klientel der drei Trägerparteien hinaus ausweiten konnte. Unter den jungen SPD-Parteirechten um Kurt Schumacher und Theodor Haubach, die zu Beginn der 1930er-Jahre zu den Protagonisten der „Eisernen Front" aufstiegen, erhoben sich kritische Stimmen zur idealisierenden Verklärung von 1848. Haubach erinnerte daran, dass die 1848er-Bewegung nicht an ihren Idealen, sondern schlicht an physischer Gewalt gescheitert sei, weswegen es gelte, aus dem „historischen Fehler der deutschen Schwarz-Rot-Gold-Bewegung"[449] zu lernen.

448 Werner Schneider, Die Deutsche Demokratische Partei in der Weimarer Republik 1924–1930, München 1978, S. 250.
449 Zit. nach Beck, S. 102.

Für das Reichsbanner spielte neben demokratischen und liberalen Traditionen auch der in der 1848er-Revolution forcierte Versuch einer großdeutschen Einigung eine zentrale Rolle. Zum Ausdruck kam der Wunsch nach einer großdeutschen Lösung in der engen Verbundenheit zwischen Reichsbanner und dem österreichischen Republikanischen Schutzbund unter der Leitung von Julius Deutsch (1884–1969), den man in gewisser Hinsicht als Vorbild für das Reichsbanner sehen kann. In einer Vielzahl von Vorträgen und Ansprachen erinnerten Funktionäre des Reichsbanners an die „längstvergessene, in der Schlacht bei Königgrätz zu den Toten gesenkte großdeutsche Idee",[450] die der Ausgang des Weltkrieges wieder in die Tagespolitik zurückgeholt habe. Der Bezug auf die Revolution von 1848 in Verbindung mit den großdeutschen Ambitionen „stellte vor dem Hintergrund der politischen Situation der Weimarer Republik mehr dar als nur den Versuch, für die deutsche Demokratie eine positive Nationalgeschichte zu konstruieren". Vielmehr gehörten diese Forderungen zum „genuinen Ideologiebestand des Verbandes".[451] Es musste große Zweifel an der außenpolitischen Souveränität und Handlungsfähigkeit der jungen Republik hervorrufen, dass aufgrund des alliierten Anschlussverbots die Schaffung einer großdeutschen Republik scheiterte.

Zu den großdeutschen Forderungen gesellten sich solche nach einer Überwindung des als Kleinstaaterei gebrandmarkten Föderalismus alter Prägung. Die Reichsbannerpresse bemängelte, dass die Grenzen der deutschen Länder auch nach 1918 „weder nach wirtschaftlichen, noch nach kulturellen, sondern einzig nach dynastischen Gesichtspunkten gezogen"[452] worden waren, und forderte unter dem Schlagwort „Reichsreform" eine radikale Neugliederung der Länder und die Schaffung eines Einheitsstaates.[453] Bei einer Kundgebung in Mannheim zum Jahreswechsel 1928/29 sprach der ehemalige badische Gauvorsitzende Emil Kraus zur „Kernfrage der deutschen Innenpolitik, das Verhältnis von Reich und Ländern, die Bestrebungen zur Schaffung einer deutschen Einheitsrepublik".[454] Historisch Gewachsenes habe zwar seine Existenzberechtigung, doch nur wenn es zweckmäßig sei. 1918 hätten die

450 „Das Reichsbanner", 15.5.1926, Nr. 10, Gaubeilage Baden.
451 Stefan Vogt, Nationaler Sozialismus und Soziale Demokratie. Die sozialdemokratische Junge Rechte 1918–1945, Bonn 2006, S. 122; vgl. auch Gerwarth, S. 13 f.
452 Zit. nach Saage, S. 288.
453 Vgl. z. B. „Das Reichsbanner", 15.5.1927, Nr. 10 u. 9.9.1928, Nr. 30.
454 „Das Reichsbanner", 5.1.1929, Nr. 1, Gaubeilage Baden

Republikaner geglaubt, mit der Überwindung der Dynastien auch den Weg zum Einheitsstaat bereitet zu haben, was sich aber als Trugschluss erwies. Für die Forderung nach einer Vereinigung Badens und Württembergs zu einem Südweststaat finden sich aber keine Belege.

Einen hohen Stellenwert innerhalb des 1848er-Gedenkens und im öffentlichen Erscheinungsbild des Reichsbanners genossen historische Flaggen aus der Revolutionszeit. Sie wurden bei Verfassungsfeiern und Aufmärschen an prominenter Stelle mitgeführt und stellten gleichsam als materielle Veteranen einen emotionalen Bezug zu den damaligen Ereignissen her.[455] Ein Bericht der „Reichsbanner-Zeitung" liefert ein Beispiel für diesen Fahnenkult:

„Tiefste Rührung ergreift den, dem es gelingt, in den Geist der im Jahre 1848 zum Ausbruch gekommenen mächtigen Volksbewegung einzudringen, der es vermag, den reinen Willen, den heiligen Ernst und das höchste Streben der Volkskräfte zu erfassen, die 1848 in lebendigem Strome kreisten. [...] Und wie Schwarzrotgold das Symbol der großen 1848er Freiheits- und Einigkeitsbestrebung überhaupt war, so waren diese geliebten Farben auch das Zeichen, unter dem die Bürgerwehren standen. Ehrfurcht bringen wir Republikaner den noch erhaltenen Fahnen entgegen, um die sich 1848 unsere Väter scharten."[456]

Die Erinnerung an 1848 konzentrierte sich vor allem auf die Tage um den 18. März, an denen auf Gedenkfeiern der „Märzgefallenen" der Berliner Barrikadenkämpfe, aber auch anderer getöteter Revolutionäre, gedacht wurde. Einen Eindruck vom Ablauf einer Gedenkfeier vermittelt ein Bericht aus Heidelberg von 1927:

455 Vgl. Bryden, S. 662 f.
456 „Das Reichsbanner", 15.4.1926, Nr. 22, Gaubeilage Baden.

„Gedächtnisfeier für die Märzgefallenen von 1848. Aufrüttelnde, zündende Musik, ein Weckruf zu neuem Kampfe für unsern Staat – die deutsche Republik; ernste, getragene Melodien dann des Sängerquartetts – ein dankbarer Gruß an die Toten; und endlich Ferdinand Freiligraths: Die Toten an die Lebenden! – […] so gedachte bei seiner Feier im ‚Prinz Max' das Reichsbanner Schwarz-Rot-Gold der Revolutionsopfer des Jahres 1848, die gefallen waren im Kampfe gegen Fürstentum und Reaktion für die einige große deutsche Republik.“[457]

Die Rede auf einer Gedenkfeier in Karlsruhe am 19. März 1928 kommentierte die „Reichsbanner-Zeitung" mit den Worten, es könne für einen Republikaner nichts Fesselnderes geben, „als in der Geschichte des 19. Jahrhunderts die ersten Pulsschläge eines zur Idee gewordenen Strebens nach einem Großdeutschland der Freiheit und Demokratie zu verspüren".[458] Immer wieder stellten die Redner auf den 1848-Veranstaltungen Bezüge zur Gegenwart her, um die damaligen Geschehnisse plastischer darzustellen und ihre aktuelle Relevanz zu verdeutlichen. Bei der Märzfeier in Mannheim 1928 forderte der Festredner, dass das Reichsbanner neben der Erinnerung an die Kämpfer vor 80 Jahren auch „den Kämpfern um die heutige Republik, [...] dem ersten Reichspräsidenten Ebert, den Vorkämpfern Rathenau und Erzberger"[459] gedenken solle. Dem Reichsbanner war es zudem wichtig, nicht nur an prominente Protagonisten der 1848er-Erhebung wie Robert Blum (1807–1848) oder Friedrich Hecker (1811–1881) zu erinnern, sondern auch an unbekannte Teilnehmer der Revolution. Das Ziel der verbandseigenen Geschichtspolitik war es, vergessene Vordenker und Aktivisten der Revolutionszeit, die sinnbildlich für den militanten Republikanismus des Reichsbanners stehen konnten, in das Bewusstsein einer breiteren Öffentlichkeit zu bringen. So wurden in Dossenbach einige Gräber von Freischärlern, die dort unter der Führung Georg Herweghs (1817–1875) gekämpft hatten, auf Betreiben des badischen Reichsbanners neu hergerichtet.[460] Die Freiburger Ortsgruppe richtete Gedenkfeiern für den am 31. Juli 1849 von preußischen Truppen standrechtlich erschossenen Studenten Maximilian Dortu (1826–1849) aus. Die „Volkswacht" erklärte es für jeden „Kameraden" zur Ehrenpflicht, sich an der „Ehrung des jugendlichen Freiheitshelden Dortu"[461] zu beteiligen.

In Rastatt versammelten sich im Oktober 1929 mehrere hundert Reichsbannerleute aus Mittelbaden, die der von preußischen Truppen hingerichteten Freischärler an ihrem 80. Todestag gedachten.[462] Die Festredner erinnerten an den Fall Rastatts als letzte Bastion der Revolutionäre und die blutige Vergeltung des preußischen Militärs an den Anführern des Widerstands, die in vielen Darstellungen des Reichsbanners kritisiert wurde.[463] In Mannheim gedachten Abteilungen des örtlichen Reichsbanners an einem Denkmal fünf namenlosen Revolutionären, die 1849 von

457 „Das Reichsbanner", 15.4.1927, Nr. 8, Gaubeilage Baden.
458 Ebenda, 29.4.1928, Nr. 11, Gaubeilage Baden.
459 Ebenda, 1.4.1928, Nr. 7, Gaubeilage Baden.
460 Ebenda, 13.4.1929, Nr. 15, Gaubeilage Baden.
461 „Volkswacht", 21.7.1927.
462 „Das Reichsbanner", 12.10.1929, Nr. 41, Gaubeilage Baden.
463 Vgl. Bryden, S. 654.

preußischen Truppen exekutiert worden waren. Das Denkmal sei „noch vor ein paar Jahren einsam und vergessen"[464] gewesen, erfreue sich nun aber dank des Reichsbanners neuer Wertschätzung. Bei einem gemeinsamen Geländespiel der Jungbanner-Abteilungen Mannheim und Karlsruhe, das zur Erinnerung an Revolutionskämpfe in Kirrlach bei Waghäusel ausgetragen wurde, kam der Gedanke auf, systematisch nach Zeugnissen und Zeitzeugen zu suchen. Es sei von geschichtlichem Wert, „Material aus dieser Gegend, Erzählungen und Erinnerungen älterer Leute [...] zu sammeln, um dies der Öffentlichkeit zu übergeben". Sicher fänden sich genug ältere Leute, die Angaben zu jener Zeit machen könnten.[465] Überhaupt gedachte das Reichsbanner besonders dem letzten Kapitel der 1848er-Revolution, der Niederwerfung Badens durch preußische Truppen im Juni und Juli 1849.

Die Gedenkfeiern für die Opfer der 1848er-Bewegung fanden fast ausschließlich an Grabstätten oder Denkmälern statt, wodurch die Veranstaltungen einen ähnlichen Charakter wie die Gedächtnisfeiern für die Kriegstoten erhielten.[466] Überhaupt gewann der historische Bezugspunkt „Märzgefallene" eine weit über die Barrikadenkämpfe von 1848 hinaus reichende Bedeutung in der Geschichtspolitik des Reichsbanners.[467] Die „Märzgefallenen" wurden so mehr und mehr zur Chiffre für alle für die Republik gestorbenen „Märtyrer". So verwendete das Reichsbanner den Begriff auch für die während des Kapp-Lüttwitz-Putsches im März 1920 getöteten Arbeiter, die den Staatsstreich mit ihrem Generalstreik zum Scheitern gebracht hatten. Auch dass die Gedenkfeiern für die Weltkriegstoten und für Friedrich Ebert stets um den 18. März abgehalten wurden, ist ein Indiz für die Bedeutung des Märzgefallenen-Mythos in der Erinnerungskultur des Reichsbanners. Er sollte zu einer Art Gegenmodell zum „Fronterlebnis" der politischen Rechten aufgebaut werden, wobei man teilweise auf ähnliche Stilmittel zurückgriff. Analog zur Verklärung des Fronterlebnisses baute man auf eine mythische Überhöhung der Barrikadenkämpfer, die den Reichsbannermännern als Inspiration und Vorbild dienen sollten, sich ohne Rücksicht auf das eigene Wohlergehen für die Belange der Republik einzusetzen.[468]

464 „Das Reichsbanner", 27.4.1929, Nr. 17, Gaubeilage Baden.
465 Vgl. ebenda, 14.10.1928, Nr. 35, Gaubeilage Baden.
466 Bryden, S. 659.
467 Vgl. ebenda, S. 650.
468 Vgl. ebenda, S. 647.

PROGRAMM.

Samstag, den 7. Juli, abends 8 Uhr

in der Städt. Kunst- und Festhalle

Begrüßungs-Abend

unter Mitwirkung der **Polizeikapelle Freiburg,** Leitung: Kammermusiker Götz; des **Arbeitersängerkartells,** Dirigent: Musikdirektor Ketterer; des **Ballets vom Stadttheater** unter persönlicher Leitung der Balletmeisterin Tilla Düring, sowie des Herrn Stauder vom Stadttheater.

Redner: **Kamerad Fr. Wagner,** Gauvorsitzender des Gaues Pfalz.

Begrüßungsansprachen der Vertreter der staatlichen und städtischen Behörden.

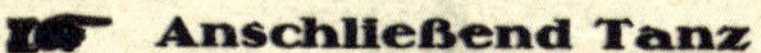

Anschließend Tanz

Sonntag, den 8. Juli

6 Uhr. Wecken in allen Stadtteilen.
Allen Kameraden ist Gelegenheit zum Besuch des Gottesdienstes gegeben.

10 Uhr. Abmarsch der Fahnendelegationen zur Kranzniederlegung am Grabe Max Dortus auf dem Wiehrefriedhof. Redner: Kamerad Martin Venedey, Konstanz. Antreten am Rotteckplatz.

11 Uhr. Konzert im Stadtgarten.

2 Uhr. Festzug — Aufstellung: Spitze Emmendingerstraße. Anschließend Bannerweihe und Kundgebung auf dem Festplatz an der Schwarzwaldstraße (bei schlechter Witterung in der Festhalle).

Redner:

Dr. Josef Wirth, Reichskanzler a. D., M. d. R. **Dr. Ludwig Haas,** M. d. R. **Bertold von Deimling,** General der Infanterie a. D. **Stefan Meier,** M. d. R.

Anschließend kameradschaftliches Beisammensein.

Kameraden, besucht nur Lokale, die in den Reichsfarben beflaggt haben.

Gebr. Günther G. m. b. H., Freiburg i. Br., Kartäuserstr. 35

Programm zum Badischen Gautag, verbunden mit Bannerweihe der Ortsgruppe Freiburg vom 7. bis 8. Juli 1928 in Freiburg/Br., o. D.

Quelle: Kreisarchiv Rhein-Neckar-Kreis, Nachlass Willy Gärtner, 1928/18

Totengedenken des Reichsbanners auf dem Alten Friedhof in Rastatt am Denkmal für die 1849 erschossenen Revolutionäre, 1929.
Quelle: Stadtarchiv Karlsruhe, 7/Nl Sammet 36/3

Anstecknadel zum „Südwestdeutschen Republikanertag" vom 31. August bis 2. September 1929 in Mannheim mit einem Bild von Friedrich Hecker, 1929.
Quelle: Kreisarchiv Rhein-Neckar-Kreis, Nachlass Willy Gärtner

Zur Erinnerung an die 1848er-Revolution wurden einzelne Protagonisten wie Ludwig Uhland[469] (1787–1862) oder Ferdinand Freiligrath[470] hervorgehoben, letzterer gerade im Reichsbanner-Gau Württemberg in besonderem Maße. Schon bei seinem ersten Auftreten in der Öffentlichkeit am 15. März 1925 versammelte sich das württembergische Reichsbanner am Grabe Freiligraths auf dem Uff-Friedhof in Cannstatt.[471] Zu der Gedenkfeier mit Paul Löbe und Kurt Schumacher marschierten rund 50 Kolonnen mit Reichsbanner-Mitgliedern aus Stuttgart, Esslingen, Rottweil und Heilbronn auf. Das Grab des Revolutionsdichters wurde in den kommenden Jahren zum zentralen Erinnerungsort des württembergischen Reichsbanners, zumal Freiligraths Todestag am 18. März auf den Höhepunkt des 1848er-Gedenkens fiel. Sein Fahnenlied „In Kümmernis und Dunkelheit" mit dem Refrain „Pulver ist schwarz, Blut ist rot, golden flackert die Flamme" wurde zur Bundeshymne des Reichsbanners. Bei der Erinnerung an Freiligrath, wie auch bei anderen Rückgriffen auf 1848, handelte es sich um Versuche, „etwas fast nur mehr Historisches für die Gegenwart zu aktualisieren". Rohe sieht daher der schwarz-rot-goldenen Erinnerung an die Revolution, trotz aller anderslautenden Bekenntnisse und pathetischen Proklamationen, stets eine „gewisse Blässe und Künstlichkeit"[472] anhaften. Nach 80 Jahren war die Erinnerung an die 1848er-Bewegung auch auf der politischen Linken weitgehend verschüttet. Dennoch ist die Bedeutung der 1848er-Traditionslinie für das Selbstverständnis des Reichsbanners kaum zu überschätzen. In der auf halbem Wege steckengebliebenen Revolution sah es die eigenen Ziele von Freiheit, Demokratie und Einheit aller Deutschen vorweggenommen.

469 Vgl. Gerwarth, S. 16.
470 Vgl. „Das Reichsbanner", 15.3.1927, Nr. 6.
471 Vgl. „Schwäbische Tagwacht", 16.3.1925.
472 Rohe, S. 240.

4.5 Symbolkrieg im Zeichen der „Drei Pfeile"

Die Gründung der „Eisernen Front" am 16. Dezember 1931 ging mit einer grundlegenden Neuorganisation der Agitation und Wahlpropaganda einher. Der Ausgangspunkt für das Umdenken in Fragen der Außendarstellung lag in den Tagen nach der Reichstagswahl vom 14. September 1930, als das Reichsbanner und Teile der SPD forderten, nicht nur mit Durchhalteparolen zu reagieren, sondern die Ursachen für das eigene Versagen bei der Wahl zu analysieren und gegebenenfalls überlegene Strategien des politischen Gegners zu adaptieren.

„[Der NS-]Wahlerfolg vom 14. September war ein Triumph der agitatorischen Schlagkraft und der politischen Technik. [...] Die Aufgaben der antifaschistischen Abwehr sind deshalb in erster Linie agitatorischer und propagandistischer Art, es ist ein Problem der Massenpsychologie, des Massenfaktors in der Politik. Die Eigenart der faschistischen Gefahr in Deutschland fordert von uns deshalb die Überprüfung der Methoden des Kampfes um Massen, unserer gesamten politischen Technik auf ihre Schärfe und Wirksamkeit. Nichts wäre jetzt gefährlicher als Passivität und Konservatismus der Methoden."[473]

Bis dahin hatte die SPD in ihren Kampagnen – das Idealbild des vernünftigen Wählers vor Augen – auf eine mitunter etwas bieder wirkende Informationsarbeit und die Macht des guten Arguments gesetzt.[474]
An die Stelle der „alten, recht hausbackenen Methoden"[475] sollte dagegen im Zeichen der „Eisernen Front" ein offensives Werben um die Gunst der Wähler treten. Der Exilrusse Sergej Tschachotin erkannte als einer der ersten das „emotionelle Vakuum", bzw. den von links nicht besetzten

473 Pyta, Hitler, S. 469.
474 Vgl. Achilles, S. 666.
475 Pyta, Hitler, S. 472.

„Hohlraum der Gefühle"[476] und entwickelte auf der Basis wissenschaftlicher Erkenntnisse neue Propagandamethoden. Die Schaffung eines eigenen, einprägsamen Symbols, das dem nationalsozialistischen Hakenkreuz entgegengesetzt werden konnte, gehörte zu den ersten Schritten. Mit den „Drei Pfeilen" entwickelte der „propagandistische Chefberater der Eisernen Front" die „interessanteste propagandistische Neuigkeit"[477] in der Aufbruchsstimmung zur Jahreswende 1931/32.

Unter dem Eindruck der Entdeckung der „Boxheimer Dokumente" in der Nähe von Worms im Herbst 1931 organisierte Tschachotin eine Aktion, bei der er in Heidelberg zusammen mit einigen Arbeitern systematisch „Jagd" auf gemalte Hakenkreuze machte.[478] Mit dicken Kreidestrichen wurden die Hakenkreuze durchgestrichen und damit „vernichtet". Ein Beteiligter erinnerte sich 50 Jahre später:

„Man hörte damals, es war 1932, daß er [Tschachotin] vor den Bolschewisten aus Rußland geflohen sei und er der Regierung der Menschewiken angehört hätte. Wir trafen uns abends im Kreise junger Sozialisten im Gewerkschaftshaus in Heidelberg und hörten seine Vorträge. Er machte uns an Hand von Aufzeichnungen deutlich, wie man durch Werbung und Propaganda auf die Menschen einwirken kann, er verstand es ausgezeichnet, uns für seine Ideen zu begeistern. So entstand auch die Idee mit den 3 Pfeilen. Er setzte auf ein Hakenkreuz Pfeile darüber, als Zeichen der Vernichtung. Eines Abends, nach seinem Vortrag, drückte er jedem von uns 1 Stück Kreide in die Hand, um damit jedes Hakenkreuz an den Häuserwänden mit den 3 Pfeilen durchzustreichen! gesagt, getan! Die Wirkung war verblüffend. Die Nazis waren schockiert, ganz Heidelberg sprach von dieser Aktion. Wie ein Lauffeuer ging es überall herum mit den ‚3 Pfeilen'."[479]

Aus den Pfeilen sollte sich das Dreipfeil-Abzeichen der „Eisernen Front" entwickeln, das zunächst in einigen süddeutschen Städten erprobt und rasch populär wurde. Trotz durchaus vorhandener symbolischer Traditionen zur Frühzeit der SPD beharrte die Parteiführung darauf, in den Vorschlägen „nur ‚Zubehör' und ‚bloße Äußerlichkeiten' zu sehen, die

476 Nach einer Formulierung von Kurt Hiller (1885–1972) bzw. Anna Seghers (1900–1983), in: Richard Albrecht, Symbolkampf in Deutschland 1932. Sergej Tschachotin und der „Symbolkrieg" der Drei Pfeile gegen den Nationalsozialismus als Episode im Abwehrkampf der Arbeiterbewegung gegen den Faschismus in Deutschland, in: Internationale Wissenschaftliche Korrespondenz zur Geschichte der deutschen Arbeiterbewegung 22 (1986), S. 506.

477 Rohe, S. 404 u. 406.

478 Vgl. ebenda, S. 406.

479 Zit. nach Albrecht, S. 523.

vom ‚Eigentlichen' ablenkten".[480] Tschachotin wurde auf Vermittlung Carlo Mierendorffs eingeladen, vor der Führung von SPD und Reichsbanner seine Ideen vorzustellen. Trotz einiger Bedenken übertrug man ihm schließlich die Propagandaleitung der „Eisernen Front". Sein Drei-Pfeil-Symbol, das je nach Lesart für den Dreibund der „Eisernen Front" (SPD, Gewerkschaften, Reichsbanner mit den Arbeitersportorganisationen) und damit für die politische, wirtschaftliche und physische Macht der Arbeiterklasse[481] oder für die Tugenden der Arbeiterbewegung (Einigkeit, Aktivität, Disziplin) stehen konnte,[482] breitete sich über die Ortsgruppen rasch in Deutschland aus.

Tschachotins Anregungen für einen Wahlkampf neuen Typs beschränkten sich nicht auf ein Gegensymbol zum Hakenkreuz, sondern betrafen die gesamte Wahlkampfführung. Er und Mierendorff zielten auf eine umfassende Mobilisierungsstrategie, die deutliche Anleihen bei der NSDAP-Propaganda nahm. Für eine zeitgemäße Propaganda müssten „alle Triebe der menschlichen Seele ins Spiel gezogen werden",[483] in erster Linie der Selbsterhaltungs- und der Vermehrungstrieb. Um Hitler gleichsam mit seinen eigenen Waffen zu schlagen, musste eine stärkere Aktivierung der sozialdemokratischen Anhängerschaft erreicht werden. Das Mobilisierungsdefizit beschrieb Tschachotin am Beispiel seiner Wahlheimat Heidelberg:

„Nehmen wir eine kleine Stadt, z. B. Heidelberg, mit etwa 60 000 Wählern. [...] Wenn wir uns fragen, wieviel von diesen 60 000 als unsere aktiven Mitstreiter gelten können, so können wir es aus der Besucherzahl in den Versammlungen ergründen: es sind etwa 1000, höchstens 2000 Menschen. Dasselbe gilt von den aktivsten Gegnern. Beide Gruppen zusammengerechnet ergeben etwa 5000 Menschen. Wo sind die anderen 55 000, die ja das gleiche Wahlrecht haben wie die aktiven und deshalb mit ihrer Zahl das Endergebnis bestimmen? Die Aufgabe der Propaganda muß also sein, diese 55 000 Indifferenteren zu erfassen."[484]

Die Nationalsozialisten, so die Analyse, erreichten diese Unentschlossenen instinktiv mit drei zentralen Propagandamitteln: ihrem Symbol, ihrem (Kampf-)Ruf und ihrem Gruß. Zur Situation des Reichsbanners konstatierten Tschachotin und Mierendorff dagegen: „Wir hatten kein

480 Rohe, S. 409.
481 Vgl. Sergej Tschachotin/Carlo Mierendorff (Hrsg.), Grundlagen und Formen politischer Propaganda, Magdeburg 1932, S. 6.
482 Vgl. Herlemann/Tuchel, S. 48; Ulrich, S. 20. Nach anderer Lesart konnten die drei Pfeile ebenso gut auf die drei Feinde der Bewegung Kapitalismus, Faschismus und Reaktion zielen.
483 Tschachotin/Mierendorff, S. 4 u. 48.
484 Ebenda, S. 4.

Werbung für Zigaretten der „Eisernen Front", 1932.
Quelle: Archiv der Münchner Arbeiterbewegung, Sammelkarton 8

Symbol, wir hatten keinen Gruß und unser Ruf [„Frei Heil!" oder „Freundschaft!", d. Verf.] war ungeeignet."[485] Sie bemängelten, dass die SPD-Wahlkämpfe sich bisher fast nur auf die Mittel Versammlungen, Presse und Flugblätter verlassen hatten, denen es aber an Reichweite mangelte. „Sie beeindrucken gerade denjenigen Teil der Wähler nicht, der z. B. von den Nationalsozialisten aufs stärkste beeinflußt und benebelt worden ist. [...] Wie kommen wir an diese Wähler heran, an diese politisch Inaktiven, die sich zudem in der Regel noch gefühlsmäßig entscheiden?"[486] Die „Eiserne Front" sah die Antwort auf diese Frage in neuen Methoden, die auf die Außenwirkung der Sammlungsbewegung zielten. Zunächst sollte das „Drei-Pfeil"-Symbol in einem „Flaggenkrieg" den öffentlichen Raum erobern. Die Anhänger waren gehalten, die neue „Kampffahne" der „Eisernen Front" – drei weiße Pfeile auf rotem Grund – aus den Fenstern ihrer Wohnungen zu hängen, um den weit verbreiteten Hakenkreuz- und Sowjetfahnen entgegenzuwirken. Zahlreiche Fotografien aus dem Sommer 1932 zeigen die Allgegenwart dieses „Flaggenkrieges", der für die Mitglieder des Reichsbanners

485 Ebenda, S. 5.
486 Pyta, Hitler, S. 476.

Klebezettel der „Eisernen Front": Heil't Hiltler vom Größenwahn, 1932.
Quelle: Bundesarchiv, R 9350/723

nichts gänzlich Neues bedeutete, da schon zuvor die Besetzung des öffentlichen Raumes anlässlich republikanischer Feiertage und Feste durch schwarz-rot-goldene Beflaggung von hoher Bedeutung gewesen war. Verbreitung fanden die „Drei Pfeile" außerdem durch Abzeichen an Kleidung, Wimpel an Fahrrädern oder durch die von der „Eisernen Front" vertriebenen „Freiheitszigaretten".[487] Schließlich erschien auch die gesamte SPD- und Reichsbannerpresse unter dem Symbol der „Eisernen Front".

An die Gaue gingen detaillierte Anweisungen, wie der Symbolkampf um den öffentlichen Raum zu führen war. Der Gau Baden ernannte „Kreideobmänner", die „ganz planmäßig die Durchstreichung von Hakenkreuzen vornehmen und außerdem unsere drei Pfeile an alle geeigneten Plätze malen. Es darf in Baden kein Hakenkreuz geben, das nicht mit den drei Pfeilen durchstrichen ist."[488] Tschachotin und Mierendorff präsentierten Vorgaben, wie Plakate der NSDAP, beispielsweise mit dem Konterfei Hitlers, mit geringem Aufwand und wenigen Pinselstrichen so verunstaltet werden konnten, dass sich ihre Botschaft ins Gegenteil verkehrte.[489] Darüber hinaus führte die „Eiserne Front" als „volkstümliche" Propagandamethode einen regelrechten „Kleinzettelkrieg", in dem das „Drei-Pfeile"-Symbol durch Klebemarken mit bildlichen Darstellungen und Klebezettel mit kleinen Propagandaversen verbreitet wurde. In diesem Kampf um den öffentlichen Raum

487 Rundschreiben der Landesleitung der „Eisernen Front" Baden vom 20.12.1932, StA Freiburg, W 307, Nr. 61.

488 Rundschreiben der Landesleitung der „Eisernen Front" Baden vom 29.6.1932, StA Freiburg, W 307, Nr. 61.

489 Vgl. Tschachotin/Mierendorff, S. 16 f.

bediente man sich, im Gegensatz zum sachlichen Ton früherer Jahre, beißenden Spotts und Ironie. So verbreiteten Tschachotin und seine Mitstreiter nach dem zweiten Wahlgang zur Reichspräsidentenwahl überall in Heidelberg den Vers: „Durchgefallen, durchgefallen / ist der Adolf bei den Wahlen! / So hat's die Eiserne Front gewollt!" Auch die Verspottung des Hitler-Grußes: „Heil't Hitler – vom Größenwahn!" wurde populär. Allerdings warnte Tschachotin davor, es nicht zu übertreiben. Der Propaganda-Feldzug der „Eisernen Front" müsse vielmehr zu 80 Prozent aus Einschüchterung und zu 20 Prozent aus Verspottung bestehen.[490] Ein Mittel, das für beides genutzt werden konnte, war der ausgedehnte Einsatz von Lautsprecherwagen, der eine „bislang nicht erreichte Verbreitung sozialdemokratischer Wahlreden" ermöglichte. „Erste Ansätze einer phantasievollen Plakatpropaganda",[491] häufig vor Ort gestaltet, begannen die zuvor häufig bieder-sachliche Plakatwerbung abzulösen. Neu eingeführt wurde ein Freiheits-Gruß bzw. -Ruf, der den Reichsbannergruß „Frei Heil!" ablöste und sich vom Gruß der Kommunisten und der Nationalsozialisten abgrenzte:

„Unsere Gebärde soll der senkrecht erhobene, energisch ausgestreckte Arm mit geballter Faust sein. [...] Sie symbolisiert unseren Kampfeswillen (daher geballt), auch die Kraft der schaffenden Arbeit (das Hauptwerkzeug der Arbeit – der Arm) und auch unsere Bereitschaft, Angriffslust (erhoben, zum Niedersausen bereit); zugleich kommt darin auch unser Emporstreben zum Ausdruck (erhoben, nach oben gestreckt) [...]. Mit der Kampfgebärde wird der Kampfruf ‚Freiheit' verbunden, weil er unsere Hauptforderung in diesem Kampfe darstellt. [...] Der Ruf und Gruß sollen nicht schlapp, wie bei den Nazis, sondern mit höchster Energie hervorgebracht werden."[492]

Weiterhin sollten im „neuen" Wahlkampf Außenstehenden und Neugierigen durch eine Vielzahl von öffentlichen Kundgebungen, Aufmärschen und Umzügen „unsere Bewegung in ihrer ganzen Wucht und Geschlossenheit vor Augen" geführt werden.[493] „Nicht große Aufmärsche und Kundgebungen unter freiem Himmel mit zehntausenden von Teilnehmern und einem ausgefeilten Programm, sondern die zu Wahlkampfzeiten kulminierenden Versammlungswellen und der sich um sie herum entwickelnde Versammlungskleinkrieg bestimmten das Bild, das die politischen Auseinandersetzungen am Ende der

490 Vgl. ebenda, S. 8.
491 Vgl. Pyta, Hitler, S. 477 u. 479.
492 Tschachotin/Mierendorff, S. 20 f.
493 Vgl. ebenda, S. 9.

Weimarer Republik boten."[494] Durch die Demonstrationsverbote in Reich und Ländern eingeschränkt, musste die „Eiserne Front" Wege finden, um der Auflösung ihrer Versammlungen vorzubeugen. So verzichtete man in der Endphase des Reichstagswahlkampfes in Baden auf herkömmliche Demonstrationen und hielt Veranstaltungen in Sälen und auf umfriedeten Plätzen ab. Der Anmarsch zu den Kundgebungen durfte sich „nicht in Form von Marschkolonnen vollziehen". Vielmehr sollten die Versammlungsteilnehmer „in loser Form, ohne Bindung als Marschkolonne, sich freundschaftlich unterhaltend, nach dem Kundgebungslokal spazierengehen".[495] Auch auf diese Art werde der demonstrative Effekt erreicht, auf den es in erster Linie ankomme. Für die Versammlungen selbst regte Tschachotin, von der Überzeugung geleitet, die gesamte Propaganda müsse auf wenige, aber prägnante Formeln gebracht werden, Sprechchöre und sogenannte Aufpeitsch-Dialoge zwischen Redner und Publikum an. Außerdem empfahl er bei Aufmärschen und Umzügen das „karnevalistische Element" nicht zu kurz kommen zu lassen. Die Teilnehmer sollten durch allegorische Darstellungen oder mit Hilfe von Transparenten und Fahnen die Botschaften der „Eisernen Front" bildlich vermitteln. Dies stellte in gewisser Weise eine Weiterentwicklung der „Lebenden Bilder" dar.

In den Wahlkampf im Vorfeld der Reichstagswahl am 31. Juli 1932 brachten die neuen Methoden tatsächlich neuen Schwung. Allerdings beließ es die SPD bei der Einrichtung von Werbeabteilungen in den Gliederungen zur Führung des Symbolkrieges, während eine zentrale Koordination des Wahlkampfes – anders als in Hessen – unterblieb. Dadurch blieb die Umsetzung des neuen Propagandastils regional sehr unterschiedlich. Man kann davon ausgehen, dass im Südwesten in Stuttgart, Karlsruhe und Mannheim die neuen Methoden zum Einsatz kamen. In Stuttgart dürfte Kurt Schumacher als ein überparteilicher Verbündeter Carlo Mierendorffs für die Verbreitung von dessen Ideen gesorgt haben. Über einen Großaufmarsch der „Eisernen Front" in Mannheim berichtete die sozialdemokratische Presse:

494 Schumann, S. 334.
495 Vgl. Rundschreiben der Landesleitung der „Eisernen Front" Baden vom 19.7.1932, StA Freiburg, W 307, Nr. 61.

„Zu ihrem ersten Wahlausmarsch hatte am Samstagabend die Eiserne Front Mannheim aufgerufen. Zu ungezählten Massen leistete die freiheitlich denkende Bevölkerung Mannheims diesem Aufruf Folge. […] Der Vorbeimarsch dauerte etwa eine Stunde. Er machte mit seinen rund 10 000 Teilnehmern einen gewaltigen und imposanten Eindruck. […] Eine Demonstration, wie sie Mannheim seit den Revolutionstagen von 1918/19 nicht wieder erlebte, war es, mit der die Eiserne Front Mannheim den Wahlkampf eröffnete."[496]

Allerdings gab es an vielen Orten auch weiterhin in Routine erstarrte, lustlos abgehaltene Demonstrationen, „bei denen die Marschierer schwatzend familienweise umherzogen statt mitreißende Lieder anzustimmen".[497] Auch blieben die SPD-Funktionäre skeptisch und konnten sich kaum mit den neuen Propagandaformen anfreunden: „Ihre Funktionäre hielten an der in der Vorkriegszeit üblichen Taktik und Agitation fest und betonten die Kontinuität der Parteitradition."[498] Diese Skepsis beruhte vermutlich hauptsächlich darauf, dass sie eigentlich den politischen Gegner mit den neuen Wahlkampfmethoden identifizierte.[499] Der Sozialwissenschaftler Albrecht dagegen sieht den Grund für das Scheitern des Symbolkampfes weniger in der „politisch-organisatorischen Immobilität der Parteiführung", sondern in einem tieferen Widerspruch bzw. Dilemma der Sozialdemokratie, dass die Wirtschaftskrise die stillschweigende Gleichsetzung von Demokratie und sozialen Errungenschaften widerlegte. Demokratie und materielle Bedürftigkeit der Arbeiter traten zueinander in Widerspruch. Den daraus resultierenden Niedergang der SPD konnte auch Tschachotins Versuch einer „gewaltsamen Propaganda der Gewaltlosigkeit"[500] nicht aufhalten.

Die Nationalsozialisten reagierten auf die Neuerungen im Wahlkampf der „Eisernen Front" mit beißendem Spott: Die „Wellblechfront" habe mit der „dreizinkigen Mistgabel" ihr adäquates Symbol gefunden.[501] Voller Gehässigkeit wurde das viel geschmähte „Badehosenfoto" aus dem Jahr 1919 hervorgeholt, auf dem die SPD-Politiker Friedrich Ebert und Gustav Noske (1868–1946) mit einem als Neptun samt Dreizack posierenden Mann zu sehen sind.

496 „Volkszeitung", 11.7.1932.
497 Pyta, Hitler, S. 482.
498 Hans Mommsen, Die Sozialdemokratie in der Defensive: Der Immobilismus der SPD und der Aufstieg des Nationalsozialismus, in: ders. (Hrsg.), Sozialdemokratie zwischen Klassenbewegung und Volkspartei, Frankfurt a. M. 1974, S. 128.
499 Vgl. Beck, S. 118.
500 Albrecht, S. 533.
501 Vgl. „NS-Kurier", 29.6.1932.

„Dieses schöne Photo, das die Herren Ebert und Noske in der Badehose zeigt, ließ schon einmal die Welt aufhorchen, als es nämlich als Titelbild der jüdischen ‚Berliner Illustrierten' die Runde machte. Jetzt interessieren die Badehosen weniger. Jetzt ist festzustellen, daß wir durch Auffindung dieses Dokuments tatsächlich und unumstößlich die Herkunft und darüber hinaus die Geburtsstunde des SPD-Symbols, der Mistgabel, ermittelt haben, die von der SPD in ein so geheimnisvolles Dunkel gehüllt war. Bei Betrachtung dieses Photos ist besonders zu beachten, daß schon damals die Gabel nicht mehr sauber, sondern dreckbehangen war."[502]

Die Aktionen der „Eisernen Front" belächelten die Nationalsozialisten als „kindisch-naiv und geradezu lächerlich", kündigten aber Gegenwehr an, um „das abgebrochene Stück Gartengeländer"[503] an einer weiteren Ausbreitung zu hindern. Die Marxisten und „Dreizinken-Bonzen", so der Vorwurf der NS-Presse, versuchten, „das Volk durch Schlagworte und rein äußerliche demagogische Mittel [...] zu verwirren", um von der Erfolglosigkeit der vergangenen 14 Jahre abzulenken. Die intensive Auseinandersetzung mit der neuen Symbolsprache der „Eisernen Front" belegt, dass die Nationalsozialisten deren Mobilisierungseffekt und Elan im Jahr 1932 durchaus ernstnahmen.

Mit der widerrechtlichen Absetzung der geschäftsführenden preußischen Regierung unter Otto Braun wurde die Kampagne der „Eisernen Front" ins Mark getroffen, durch den ausbleibenden Widerstand ihr Nimbus gebrochen. Nach dem Misserfolg bei der Reichstagswahl vom 31. Juli 1932 verbreitete sich rasch eine Scheu, die Symbole der „Eisernen Front" weiterhin öffentlich zu zeigen. Viele Sozialdemokraten gingen davon aus, dass das Tragen der „Freiheitspfeile" unnötig geworden sei, und verkannten damit die Intention Tschachotins und Mierendorffs, durch die permanente öffentliche Zurschaustellung sozialdemokratischer Gesinnung den gewünschten Mobilisierungserfolg zu erreichen. Im Reichstagswahlkampf für den 6. November 1932 spielten die „Drei Pfeile" nur noch eine untergeordnete Rolle. Viele Ortsvereine wandten sich von den neuen Methoden ab oder hatten diese nie adaptiert. Man habe die Beobachtung gemacht, dass „nicht in allen Ortsvereinen mit der nötigen Energie die Anweisungen der Landesleitung der Eisernen Front, besonders in Bezug auf die Führung des Symbolkampfes durchgeführt" wurden, klagte die badische Führung. „Wenn nur wenige Ortsvereine versagen, ist gleich eine wesentliche Unterbrechung der Einheitlichkeit vorhanden".[504]

502 „NS-Kurier", 25.7.1932.
503 „Der Führer", 3.7.1932.
504 Rundschreiben der Landesleitung der „Eisernen Front" Baden vom 26.10.1932, StA Freiburg, W 307, Nr. 61.

Sitz der SPD und der „Volksstimme" in der Mannheimer Innenstadt, Juli 1932.
Quelle: Marchivum, KF016046

Noch einmal wurden die Anhänger zu fleißiger Malarbeit aufgerufen, doch ging es im Wesentlichen nur noch darum, die noch von der letzten Wahl herrührenden Aufschriften mit der Parole „Freiheit – Liste 1" mit „Liste 2" zu überschreiben.[505]

In der langen Geschichte der Sozialdemokratie blieb der Symbolkrieg im Zeichen der „Drei Pfeile" nicht mehr als eine Episode. Gleichwohl zeigt die Adaption der neuen Propagandatechniken in der aufgeheizten politischen Stimmung der Jahre 1931 und 1932 die erstaunliche Bereitschaft weiter Teile der SPD und des Reichsbanners, sich beim Propagandaarsenal des politischen Gegners zu bedienen. Die Einführung des Symbols, des Grußes und der neuen Wahlkampftechniken bedeutete in gewisser Weise die konsequente Umsetzung des bereits nach der Reichstagswahl von 1930 von Teilen der Partei eingeforderten Umdenkens („Vom Gegner lernen"). „Aber all diesen Versuchen, den faschistischen Werbemethoden der NSDAP Gleichartiges entgegenzusetzen, haftete etwas Defensives an."[506]

505 Vgl. Rundschreiben der Landesleitung der „Eisernen Front" Baden vom 12.10.1932, StA Freiburg, W 307, Nr. 61.

506 Hans Mommsen, Aufstieg und Untergang der Republik von Weimar. 1918–1933, München 2004, S. 552.

5

Verbündete, Rivalen und Feinde – Trägerparteien und Konkurrenzverbände

5.1 Verhältnis zu den Trägerparteien

Das Verhältnis des Reichsbanners zu seinen drei Trägerparteien SPD, Zentrum und DDP gestaltete sich von Beginn an nicht unkompliziert. Während die neue Organisation 1924 überall im Reich großen Mitgliederzulauf erfuhr, vermisste man „echte politische Unterstützung seitens der Parteispitzen". Viele der aufrechten Anhänger der Reichsbanneridee aus den Reihen der Parteipolitiker, die sich im Reichsausschuss zusammenfanden, waren „bereits entmachtet und zum Teil auch überaltert".[507] Eine schwerwiegende Vernachlässigung des Reichsbanners durch seine Trägerparteien trug viel zu dessen eklatanter Schwäche in der Endphase der Republik bei. Einerseits hielt ein Konkurrenzdenken die Parteien in argwöhnischer Zurückhaltung, da man die potenzielle Gefahr einer Abwerbung und Entfremdung von eigenen Mitgliedern durch das Reichsbanner sah. Zum anderen dürften auch innere politisch-ideologische Vorbehalte eine Rolle gespielt haben. Insofern spiegelt die Situation im Reichsbanner den allmählichen Zerfall der anfänglich mit einer breiten Mehrheit ausgestatteten „Weimarer Koalition" wider, die selbst eine Gründung aus der Defensive, eine Zweckehe gewesen war. Ausdruck fand dies in der gerade in den beiden bürgerlichen Parteien weit verbreiteten Meinung, dass das oberste Ziel des Reichsbanners sein müsse, „sich selbst baldmöglichst überflüssig zu machen".[508]
Für Zentrum und DDP war der Erhalt der Republik das ultimative Ziel des Reichsbanners, während die SPD weitergehende Ziele wie die Verwirklichung eines „Einheitsstaates", den Ausbau des Sozialstaates, eine tief greifende „Republikanisierung" von Verwaltung, Justiz und Militär oder die Schaffung der „Vereinigten Staaten von Europa" verfolgte.

507 Toury, Reichsbanner, S. 88.
508 Chickering, S. 530.

Allerdings muss man bei allen Problemen zugestehen, dass das Reichsbanner den ersten Versuch eines überparteilichen Bündnisses dieser Art darstellte, in einer Zeit, in der die milieuverhafteten Parteien sich noch weitgehend wie „politische Tanks zur Verteidigung ihrer Weltanschauungen"[509] verhielten.

Problematisch für das Reichsbanner war die überall erdrückende Übermacht von Sozialdemokraten oder SPD-nahen Gewerkschaftern in seiner Anhängerschaft, die bei 85 Prozent, seit den frühen 1930er-Jahren sogar bei mehr als 90 Prozent gelegen haben soll.[510] Das Reichsbanner veröffentlichte nie statistische Angaben zur Parteizugehörigkeit seiner Mitglieder, da durch die Dominanz der SPD-Anhänger die klaffende Lücke zwischen Anspruch und Wirklichkeit in Sachen Überparteilichkeit offenkundig geworden wäre. Allerdings krankte das Prinzip der Überparteilichkeit auch an der großen Zurückhaltung der beiden bürgerlichen Parteien, die Vorbehalte hegten und das Reichsbanner nur halbherzig unterstützten. Insbesondere in Wahlkampfzeiten war das Prinzip der Überparteilichkeit besonderen Belastungen ausgesetzt. In den Richtlinien zur Wahlkampfführung legte die Bundesleitung fest, dass nur dort, wo die Trägerparteien keine eigenen Versammlungsmöglichkeiten hatten, das Reichsbanner eigene Veranstaltungen abhalten durfte. Das Reichsbanner stellte lediglich „auf Anfordern einer der republikanischen Parteien den erforderlichen Saalschutz sowie den Schutz für Versammlungen unter freiem Himmel".[511] In der Praxis bedeutete dies, dass sozialdemokratische Mitglieder Veranstaltungen von Zentrum und DDP schützen mussten, was nicht immer auf ungeteilte Zustimmung stieß. Weiterhin legte die Reichsbanner-Führung fest, dass die örtlichen Formationen für keine der einzelnen Trägerparteien jeweils geschlossen auftreten durften. Demonstrationen und Aufmärsche mussten sich immer klar erkennbar gegen die Feinde der Republik und der sozialen Demokratie richten. Die Richtlinien hielten zudem fest, dass sich Parteimitglieder im Reichsbanner „soweit ihre Zeit dieses erlaubt, restlos in den Dienst der politischen Partei, der sie angehören",[512] stellen sollten. Für die Funktionäre schrieb die badische Gauleitung sogar vor, dass sie in einer der drei Trägerparteien politisch organisiert sein mussten. Sie sollten außerdem darauf hinwirken, dass sich auch bisher nicht organisierte Reichsbannermänner einer Partei und/oder einer Gewerkschaft anschlossen.[513]

509 Lehnert, S. 95.
510 Vgl. Ziemann, Zukunft, S. 21. Vgl. auch Rohe, S. 266 u. Voigt, S. 132.
511 StA Sigmaringen, Wü 65/4 T2, 933.
512 Ebenda.
513 Vgl. Rundschreiben des Gauvorstands Baden vom 12.2.1926, KrA Rhein-Neckar, NL Willy Gärtner, 1926/13.

Da bei strittigen Fragen zwischen den drei Trägerparteien das Reichsbanner neutral und damit häufig passiv bleiben musste, lag in seinem überparteilichen Charakter „ein Moment der inneren Schwäche begründet".[514] Vereinfachend sind die schwierigen Beziehungen zwischen dem Reichsbanner und seinen Trägerparteien wie folgt beschrieben worden: „Dem Zentrum war es zu preußisch und zu protestantisch, den Demokraten der DDP [...] zu sozialistisch und den Sozialdemokraten zu militaristisch."[515] Im Folgenden soll geklärt werden, inwieweit diese These im Reich und im Südwesten zutraf. Dabei liegt die Vermutung nahe, dass durch die relative Schwäche der SPD und die weit überdurchschnittliche Stärke von Zentrum und DDP im Südwesten, das Ideal der Überparteilichkeit eher zu verwirklichen war als andernorts.

514 Schneider, S. 247.
515 Guben, S. 296.

5.2 Fleisch vom Fleische? Das Reichsbanner und die SPD

Reichsebene

Das Reichsbanner blieb trotz seines bis 1933 aufrecht erhaltenen Prinzips der Überparteilichkeit ein zutiefst sozialdemokratisch geprägtes Bündnis. Seine Gaue entsprachen weitgehend dem Zuschnitt der SPD-Parteibezirke, und das „Gros der ‚Mannschaften' wie ‚Offiziere' [rekrutierte sich] aus dem sozialdemokratischen Lager".[516]

„Sozial gesehen, entstammten die Mitglieder des Reichsbanners ganz überwiegend der Arbeiterschaft. Der Verband war damit fest im sozialdemokratischen Arbeitermilieu verankert und selbst eine der tragenden Säulen dieses Milieus."[517]

Die Gründung des Reichsbanners 1924 war im Wesentlichen von einer Gruppe Magdeburger Sozialdemokraten ausgegangen, die im 15-köpfigen Bundesvorstand deutlich überwogen. Dem Reichsausschuss gehörte hingegen „fast alles [an], was innerhalb der SPD Rang und Namen besaß", darunter Otto Wels (1873–1939), Hermann Müller, Paul Löbe, Philipp Scheidemann (1865–1939), Otto Braun, Carl Severing (1875–1952), Eduard Bernstein (1850–1932) und Gustav Radbruch (1878–1949). Freilich bedeutete die Mitgliedschaft in diesem „Prominentengremium"[518] nicht selbstverständlich eine enge Verbundenheit mit dem Reichsbanner. Auch die Parteibasis stand keinesfalls geschlossen hinter dem Verband, wobei der Politikwissenschaftler Rohe davor warnt, die Spannungen mit – zumeist – Vertretern des linken Parteiflügels oder SPD-Vorfeldorganisationen, z. B. der SAJ, allein aus

516 Rohe, S. 314.
517 Ziemann, Zukunft, S. 22.
518 Rohe, S. 314.

politischen Motiven zu erklären. Oftmals seien profane Gründe wie „persönliche Eifersüchteleien, Konkurrenzneid [oder] Organisationsrivalitäten“[519] für die Geringschätzung des Reichsbanners durch SPD-Anhänger verantwortlich gewesen. Die Zahl der Gegner innerhalb der SPD, die den Verband offen ablehnten und bekämpften, war zwar nicht groß. Aber es gab weite Kreise, die dem Reichsbanner betont kühl gegenüberstanden und die aktive Mitarbeit verweigerten.[520]

Für die auseinandergehenden Meinungen innerhalb der SPD zum Reichsbanner war auch ein grundlegend unterschiedliches Verständnis des politischen Status quo verantwortlich. Insbesondere der linke SPD-Flügel betrachtete das Reichsbanner als vorübergehend notwendiges Übel, dessen Legitimation an den Grad der Gefährdung für die Republik gebunden blieb. Außerdem herrschte zwischen den Parteiflügeln Uneinigkeit über die Gewichtung der beiden Hauptziele „Republik“ und „Sozialismus“, aus der eine unterschiedliche Bewertung der Republik als Ganzes resultierte.[521] Während der rechte Flügel sie als große Errungenschaft betrachtete und alles daransetzte, sie zu festigen und auf sozialem Gebiet auszubauen, behielten die SPD-Linken ein eher distanziertes Verhältnis zum Weimarer Staat. Für sie stand das Fernziel „Sozialismus“ im Mittelpunkt ihrer politischen Arbeit, da sie ihre wirtschaftlichen und sozialen Vorstellungen noch nicht umgesetzt sahen („Republik, das ist nicht viel – Sozialismus heißt das Ziel!“). Aus dieser unterschiedlichen Bewertung der Republik entsprang ein stark voneinander abweichendes Verständnis des Begriffs „Republikaner“.[522] Die im Reichsbanner dominierenden Vertreter des rechten Flügels setzten diesen gleich mit unbedingter Staatsbejahung und konstruktiver Mitarbeit in Regierungen, was Koalitionen mit den sich zur Verfassung bekennenden bürgerlichen Parteien voraussetzte. Ihre Widersacher auf der linken Seite dagegen misstrauten der demokratischen Überzeugung der Bürgerlichen und behaupteten, nur im Sozialismus könne die wahre Demokratie vollendet werden. Die Beteiligung der Bürgerlichen schwäche daher die Kampfkraft des Reichsbanners; wenn überhaupt, müsse eine rein sozialdemokratische Organisation geschaffen werden. Der Linkssozialist Paul Levi (1883–1930) kritisierte daher, das Reichsbanner sei geradezu die „Fleisch gewordene Idee der Großen Koalition“.[523]

519 Ebenda, S. 318.
520 Vgl. ebenda, S. 318. Vgl. auch Ziemann, Commemorations, S. 71.
521 Vgl. Voigt, S. 199.
522 Vgl. Voigt, S. 200.
523 Zit. nach Heinrich August Winkler, Der Schein der Normalität. Arbeiter und Arbeiterbewegung 1924 bis 1930, Berlin u. a. 1985, S. 380.

In einer Phase zunehmender Spannungen mit den bürgerlichen Partnern formulierte Otto Wels auf dem SPD-Parteitag 1927 in Kiel ein entschiedenes Bekenntnis zum Reichsbanner und wies den Vorwurf zurück, es zu einer „Rekrutenschule" der SPD ausbauen zu wollen. Zugleich aber forderte er ein politisches Engagement der Reichsbanner-Mitglieder ein:

„Das Reichsbanner darf kein Sammelbecken der Unorganisierten sein. Jeder Reichsbannermann soll auch einer republikanischen politischen Partei und seinem Berufsverbande angehören. Wenn ich die Erwartung ausgesprochen habe, daß die Mitglieder des Reichsbanners ihre Parteipflicht gegenüber der Sozialdemokratie nicht vernachlässigen dürfen, […] so habe ich damit nur für die Sozialdemokratie zum Ausdruck gebracht, was die Demokraten für sich und was das Zentrum für seine Partei erwartet und vom Reichsbanner wünscht. […] Die Republik ist nicht das Endziel einer politischen Bewegung. Sie ist vielmehr der Anfang und die Voraussetzung für den freien sozialen Staat."[524]

Obwohl das Reichsbanner zunächst von vielen SPD-Mitgliedern mit Befremden aufgenommen worden war, musste sich die Parteiführung in Kiel zu ihm bekennen. Zugleich war ihr gewahr, dass der Großteil der vom Reichsbanner rekrutierten Jugend sich mehr militärischen Übungen als politischer Arbeit widmete. Für einen Mitgliederzuwachs der SPD sorgte das Reichsbanner nicht. Trotz der politischen Nähe und häufigen Ämterüberschneidungen zur SPD, entwickelte sich ein eigenständiges Selbstbewusstsein des Reichsbanners.

Reichsbanner und Südwest-SPD

Wie gestaltete sich nun das Verhältnis zwischen Reichsbanner und badischer sowie württembergischer Sozialdemokratie? Zunächst lässt sich konstatieren, dass die badische SPD alles andere als einen linken Landesverband bildete: Sie zeigte „schon verhältnismäßig früh eine relativ große Gleichgültigkeit gegenüber der Theoriediskussion innerhalb der Partei".[525] Große Teile ihrer Anhängerschaft hätten sich von ihr abgewandt, „wenn sie versucht hätte, revolutionäre Kampfmethoden zu

524 „Illustrierte Reichsbanner-Zeitung", 2.7.1927, Nr. 27.
525 Thomas Kurz, Feindliche Brüder im deutschen Südwesten. Sozialdemokraten und Kommunisten in Baden und Württemberg von 1928 bis 1933, Berlin 1996, S. 101.

propagieren".[526] Auch die Ablehnung einer Zusammenarbeit mit dem Zentrum dürfte in der badischen SPD nicht weit verbreitet gewesen sein, zieht man die lange gemeinsame Regierungszeit der beiden Parteien im Land in Betracht. Von einer uneingeschränkten Rückendeckung des Reichsbanners, wie in vielen mittel- und norddeutschen Bezirken, wird man im Fall der badischen SPD aber auch nicht sprechen können. Dazu erfolgte in Baden die Gründung des Reichsbannergaues zu spät und seine Entwicklung zu langsam. Die Aktivität des Reichsbanners blieb zu zurückhaltend, als dass man von einem geschlossenen, tatkräftigen Engagement der badischen SPD ausgehen kann. Die Position der badischen SPD zum Reichsbanner ist wohl folgendermaßen zu beschreiben: Man stand ihm wohlwollend gegenüber und unterstützte das Prinzip der Überparteilichkeit nachdrücklich als notwendige Anpassung an die Bedrohungssituation.

Die badische SPD blickte zu Beginn der Weimarer Republik schon auf eine längere Tradition der Zusammenarbeit mit gemäßigten bürgerlichen Parteien zurück. Vor dem Weltkrieg hatte sie bei Stichwahlen in mehreren Wahlkreisen mit Nationalliberalen, Demokraten und Freisinnigen paktiert („Großblock"), um einen Sieg von Zentrum und Konservativen zu verhindern. Auch hatte sie zum Ärger der weniger pragmatischen Parteigenossen, die jede Kooperation mit dem staatstragenden Lager ablehnten, 1908 im badischen Landtag für das von der Regierung vorgelegte Budget gestimmt. Hinzu kamen die in Baden „vergleichsweise starken emotionalen Bindungen eines Großteils der in der SPD organisierten Männer und Frauen an die sich in den politischen Vorstellungen des Zentrums widerspiegelnden christlichen Traditionen".[527] Diese Erfahrungshintergründe sollten dazu beitragen, dass sich „die badische SPD auch in späteren Jahren emotional stärker mit den Politikern des Zentrums und der DDP im eigenen Lande verbunden fühlte als mit der sozialdemokratischen Gesamtpartei".[528] Dies schuf grundsätzlich sehr tragfähige Bedingungen für eine Mitarbeit der badischen SPD im Reichsbanner, was sich auch in der personellen Verschränkung von Partei- und Verbandsämtern zeigte. Als stellvertretender Gauvorsitzender amtierte der langjährige SPD-Landesvorsitzende und Landtagsabgeordnete Georg Reinbold, der eher dem linken Parteiflügel zugerechnet

526 Stehling, S. 58 u. 60.
527 Ebenda, S. 40.
528 Ebenda, S. 58.

Liste 2

SOZIALDEMOKRATISCHE PARTEI

führt zum Ziel

DRUCK: R. GERSTÄCKER & SOHN · CHEMNITZ

wurde[529] und 1933 als ein den Nationalsozialisten besonders verhasster Agitator ins Saargebiet emigrieren musste. Auch der dem rechten Flügel zugerechnete, bis 1929 als badischer Innenminister amtierende Adam Remmele trat regelmäßig als Gastredner bei Veranstaltungen des Reichsbanners auf. Als Vorsitzender der mitgliederstärksten Ortsgruppe in Mannheim amtierte der Chefredakteur der sozialdemokratischen „Volksstimme", Ernst Roth.[530]

Anders als in Baden, wo von 1919 bis 1932 eine zwar nicht konfliktfreie, aber doch stabile schwarz-rote Koalition (zeitweise unter Einschluss der DDP) regierte, spielte die württembergische Sozialdemokratie nur bis 1920 eine bedeutende Rolle, als sie mit Wilhelm Blos (1849–1927) den Staatspräsidenten in Stuttgart stellte. In den Jahren bis 1924 hatten die sozialdemokratische Fraktion und viele ihrer Mitglieder dagegen „keine entschieden positive Haltung zur Regierungsbeteiligung",[531] was zu einem häufigen Wechsel zwischen Regierungszugehörigkeit und Tolerierung führte. Dieses Verhalten bestraften schließlich die Wähler bei den Landtagswahlen 1924, nach denen die SPD nur noch 13 von 80 Abgeordneten stellte. Fortan war sie gänzlich von der Regierungsbeteiligung ausgeschlossen. Dass die SPD seit dem Gründungsjahr des Reichsbanners „praktisch ohne Einfluss auf die Politik des Landes"[532] blieb, war vor allem dem Zentrum geschuldet, das im württembergischen Parteiensystem in der Koalitionsfrage die entscheidende Kraft war. Die württembergische SPD stand in klarer Opposition zu den „schwarzblauen" Mitte-Rechts-Koalitionen aus Zentrum und Deutschnationalen bzw. Bauern- und Weingärtnerbund. Obwohl sich in den Wahlen der Weimarer Zeit die Opposition zumeist auszahlte, konnte die SPD weder 1928 (trotz drei Prozent Zuwachs) noch 1932 von ihrer Rolle als zeitweise fast einzige Oppositionspartei im Landtag profitieren. Sie blieb bei den Landtagswahlen stets etwa um zwei bis sechs Prozent hinter dem Reichsdurchschnitt zurück.

529 Vgl. Kurz, S. 60.
530 Vgl. Martin Schumacher (Hrsg.), M. d. L. – Das Ende der Parlamente 1933 und die Abgeordneten der Landtage und Bürgerschaften der Weimarer Republik in der Zeit des Nationalsozialismus. Politische Verfolgung, Emigration und Ausbürgerung 1933–1945, Düsseldorf 1995, S. 128.
531 Mittag, S. 152.
532 Greiffenhagen, S. 185.

Wahlplakat der SPD zur badischen Landtagswahl am 27. Oktober 1929, o. D.
Quelle: Marchivum, P289

Auch in Baden waren die Entwicklungsmöglichkeiten der Sozialdemokratie aufgrund seiner soziokulturellen Struktur begrenzt. Große Teile des Landes waren noch von der Landwirtschaft geprägt. Eine nennenswerte ländliche Zuwanderung, die das städtische Proletariat vergrößerte und damit die Entstehung einer starken Arbeiterbewegung begünstigte, gab es nur in Mannheim in größerem Umfang. Für die badischen Industriestädte war es ansonsten typisch, dass sich die Industriearbeiterschaft mehrheitlich aus der unmittelbaren Umgebung rekrutierte. Zahlreiche Arbeiter wohnten nach wie vor in ihren Herkunftsorten und pendelten täglich zu ihren Arbeitsstätten, sodass eine soziale Entwurzelung in größerem Umfange ausblieb. Auch bedingt durch die konfessionelle Bindung, entwickelte sich in der Industrie im Südwesten (mit Ausnahme Mannheims) nicht der Typ des großstädtischen Proletariers, wie er für die Herausbildung einer Arbeiterbewegung mit Massenbasis notwendig gewesen wäre.

Die württembergische SPD stand vor ähnlichen Problemen, wie man sich selbst bewusst war. Auf der Generalversammlung des Stuttgarter Reichsbanners am 19. Oktober 1925 erklärte Kurt Schumacher die Probleme beim Organisationsaufbau mit der „Eigenart der schwäbischen Bevölkerung". Während die Arbeiterschaft in den „eigentlichen Hochburgen der Industrie" in Preußen und Sachsen sehr international eingestellt sei und stark fluktuiere, seien die württembergischen Arbeiter „weit bodenständiger".[533] Tatsächlich weist die Sozialstruktur Württembergs darauf hin, dass das Wählerpotenzial der SPD relativ beschränkt war. Gerade die Landtagswahl 1928, die eigentlich eine Abrechnung mit dem erzkonservativen Staatspräsidenten Wilhelm Bazille werden sollte, führte der SPD „schmerzlich die Grenzen ihrer politischen Möglichkeiten in einem traditionell-bürgerlich strukturierten Land"[534] vor Augen. Zwar blieb die SPD in den Industrieregionen des Landes wie schon vor dem Weltkrieg stärkste politische Kraft, doch in den dominierenden ländlichen Regionen konnte man nie Fuß fassen. In den Industriezonen wie dem südlichen Neckargebiet und der südlichen Peripherie von Stuttgart (Nürtingen, Böblingen, Esslingen, Urach) erwuchs der SPD mit der KPD außerdem eine ernsthafte Konkurrenz. Neben Stuttgart blieb Heilbronn mit Ergebnissen zwischen 40 und 50 Prozent die sozialdemokratische Hochburg in Württemberg.[535]

533 StA Sigmaringen, Wü 65/4 T2, 932.
534 Greiffenhagen, S. 186.
535 Vgl. ebenda, S. 184.

In der Spätphase der Republik waren, wie in Württemberg, auch in Baden zunehmend Anzeichen zu erkennen, dass die SPD „politisch erlahmte und erstarrte". Ihre Verluste bei den Reichs- und Landtagswahlen offenbarten auch hausgemachte Probleme, wenn „Überalterung und geistige Verarmung"[536] um sich griffen. Es machte sich nun bemerkbar, dass mit Ludwig Frank und dem 1918 verstorbenen Wilhelm Kolb hoffnungsvolle Politiker der jüngeren Generation verloren gegangen waren. Die ununterbrochene schwarz-rote Koalition bewirkte eine allmähliche „Abkapselung der an der Regierung beteiligten Sozialdemokraten von den übrigen Parteimitgliedern".[537] Frei werdende Positionen wurden mit Vertretern des Parteiestablishments besetzt, während junge Kandidaten kaum Chancen hatten. Dies trug zur Entfremdung von den Wählern, zur Stagnation der Mitgliederzahlen[538] und zu einer zunehmenden Auszehrung der badischen SPD bei. Auch in Baden konnte die SPD ihre sich über das Reichsbanner bietende „Chance, nichtproletarische Anhänger zu gewinnen, [...] nicht hinreichend"[539] nutzen. Die „tendenzielle Vergreisung der Führungsgremien"[540] und die daraus resultierende Unbeweglichkeit dürften auch dazu beigetragen haben, dass Teile der Sozialdemokratie ihre Vorbehalte gegenüber dem paramilitärischen Auftreten des Reichsbanners nie überwinden konnten. Außerdem identifizierten sich zahlreiche SPD-Mitglieder, selbst wenn sie führende Funktionäre im Reichsbanner waren, primär mit der Partei oder der Gewerkschaft, sodass ihr Engagement im Reichsbanner dahinter zurücktrat. Das Problem verschärfte sich, als das Reichsbanner mit Gründung der „Eisernen Front" noch stärker unter den Einfluss der Parteiorganisation geriet und nur noch mit Mühe ein eigenes Profil wahren konnte. Der Politikwissenschaftler Rohe verortet das Reichsbanner als eine „nach ‚rechts' verschobene Sozialdemokratie".[541]

Allerdings gelte dies nur für das „offizielle" Reichsbanner, nicht unbedingt für jede Gliederung und dessen politischen Alltag. Auch habe seit 1930 die politische Linie des Reichsbanners viele linke Sozialdemokraten nicht davon abgeschreckt, der Organisation in großer Zahl beizutreten, da sie die einzige demokratische Kampforganisation war, die eine wirksame Abwehr des aufkommenden Nationalsozialismus versprach. Trotz des enormen Einflusses von SPD-Politikern in der Führung des

536 Jörg Schadt/Wolfgang Schmierer, Einleitung, in: dies. (Hrsg.), Die SPD in Baden-Württemberg, S. 19–35, hier S. 29.
537 Stehling, S. 64.
538 Zwischen 1928 bis 1932 verzeichnete die SPD Badens keinen nennenswerten Mitgliederzuwachs. Der Gauvorsitzende Georg Reinbold sprach im Juni 1932 von einem „Kernbestand von 24 000 Mitgliedern", vgl. Kurz, S. 218 u. 368.
539 Mommsen, Sozialdemokratie, S. 122.
540 Ebenda, S. 123.
541 Rohe, S. 324.

Reichsbanners entwickelte dieses ein gewisses Eigenleben und eine von der Sozialdemokratie abweichende Identität, die sich in der Überparteilichkeit, der eigenen Festkultur oder der Pflege des 1848er-Kultes ausdrückte. Es ist daher verfehlt, das Reichsbanner nur als verlängerten Arm der SPD zu charakterisieren. Dennoch bleibt festzuhalten, dass alle zentralen politischen Entscheidungen nicht im Bundesvorstand in Magdeburg getroffen wurden, sondern von der SPD-Parteiführung. Die selbst auferlegte Maxime, „nichts zu tun und alles zu unterlassen, was uns als Reichsbanner in Gegensatz zu den republikanischen Parteien"[542] bringen kann, ließ der Bundesführung nur einen begrenzten politischen Spielraum.

542 Ebenda, S. 337.

5.3 Schwierige Partnerschaft – Das Reichsbanner und das Zentrum

Die wechselvollen Beziehungen zwischen Zentrum und Reichsbanner sind nicht nur angesichts der überproportionalen Stärke der Partei in Südwestdeutschland von Bedeutung, sondern können auch als ein „wichtiger Präzedenzfall politischer und sozialer Stabilität im Deutschland der 20er Jahre"[543] gelten. Das Zentrum mit seinem stabilen Wähleranteil von 12 bis 13 Prozent bei den Reichstagswahlen verfügte über eine Schlüsselposition bei der Regierungsbildung auf Reichsebene. Die Partei des politischen Katholizismus, in der Mitte des politischen Spektrums angesiedelt und damit die am weitesten rechts stehende Trägerpartei des Reichsbanners, entwickelte sich zum „Kontinuitätselement aller mehrheitsfähigen parlamentarischen Regierungskombinationen [...] der Weimarer Republik".[544] Daher lag es nahe, dass das Reichsbanner von Anfang an sein Augenmerk vor allem auf den linken Zentrumsflügel, dessen herausragende Figur der aus Baden stammende Reichskanzler und -minister Joseph Wirth war, richtete. In die Gründung des Reichsbanners selbst war das Zentrum allerdings kaum involviert. Auch an der Gründung der Gaue und Ortsgruppen im Frühjahr und Sommer 1924 waren nur wenige Zentrumsmitglieder initiativ beteiligt. Noch immer befanden sich in den Reihen des Zentrums, das sich traditionell als klassenübergreifende Interessenpartei des politischen Katholizismus verstand, viele „in der Wolle gefärbter Monarchisten",[545] die eine ambivalente Haltung zur parlamentarischen Demokratie einnahmen. Auch wenn die Parteiführung die Rolle des Zentrums als verfassungstragende Partei wiederholt hervorhob, konnte die Skepsis vieler Mitglieder nie ganz ausgeräumt werden.

543 Thomas A. Knapp, The German Center Party and the Reichsbanner. A case study in political and social consensus in the Weimar Republic, in: International Review of Social History 14 (1969), S. 159.
544 Lehnert, S. 109.
545 Diehl, S. 180.

Joseph Wirth, ca. 1920.
Quelle: Bundesarchiv, Bild 146III-105

Für das Reichsbanner sollte es sich als fatal erweisen, dass das Zentrum die republikanische Staatsordnung zwar als Status quo akzeptierte, aber „nicht geschlossen republikanisch dachte".[546] Es musste ein weites Spektrum auseinanderstrebender sozialer und ökonomischer Interessen seiner Mitglieder abdecken, die nur durch das gemeinsame religiöse Bekenntnis zusammengehalten wurden. Doch trotz aller berechtigten Zweifel an der dauerhaften Integrationskraft des politischen Katholizismus verfügte das Zentrum im Gegensatz zur DDP über die „weit gefächerte Infrastruktur von Milieuorganisationen",[547] deren Einbeziehung für das Reichsbanner unabdingbar erschien, um sich ein Standbein in der bürgerlichen Mitte zu verschaffen. Der wohl wichtigste Grund für das teilweise unterkühlte Verhältnis von Zentrum und Reichsbanner war die grundsätzliche Abneigung des katholischen Milieus gegenüber Wehrverbänden – umso mehr, wenn diese von einer SPD-Übermacht dominiert wurden. In den Augen vieler Zentrumsanhänger handelte es sich beim Reichsbanner um eine de facto sozialistische Vereinigung. Da die katholische Kirche den Sozialismus zu den glaubensfeindlichen Ideologien zählte, war es vor diesem Hintergrund vielen praktizierenden Katholiken schlicht unmöglich, dem Reichsbanner beizutreten. So sollte sich in den Folgejahren herausstellen, dass „die Idee des Republikanischen allein noch nicht stark genug war, eine tragfähige und dauerhafte Brücke zwischen den Erbfeinden Katholizismus und Sozialismus zu schlagen".[548]

Regional sind große Unterschiede in der Haltung des Zentrums gegenüber dem Reichsbanner festzustellen: Es verlief „eine klare Scheidelinie zwischen dem republiktragenden rheinischen und badischen Zentrum einerseits und dem konservativen politischen Katholizismus Bayerns und Österreichs andererseits".[549] Tendenziell bestand auch dort, wo Katholiken in der Diaspora lebten und mehr den Störungen rechtsradikaler Gruppen ausgesetzt waren, ein engeres Verhältnis zwischen Zentrum und Reichsbanner. Daneben spielte die im Südwesten tief verwurzelte „Abneigung gegen die autoritären Traditionen des Hegemonialstaates"[550] eine Rolle. Neben dem konfessionell gemischten Westen gestaltete sich das Verhältnis zwischen Reichsbanner und Zentrum im Südwesten am engsten, vor allem im mehrheitlich katholischen Baden:

546 Wieland Vogel, Katholische Kirche und nationale Kampfverbände in der Weimarer Republik, Mainz 1989, S. 214.
547 Lehnert, S. 103.
548 Vogel, S. 218.
549 Lehnert, S. 104.
550 Ebenda, S. 104.

„Die durchweg positive Haltung des badischen Zentrums stellt für süddeutsche Verhältnisse geradezu eine Ausnahme dar und hängt wohl auch damit zusammen, dass drei prominente badische Zentrumspolitiker – Fehrenbach, Köhler und Wirth, letzterer ohnehin besser bekannt als Prototyp des Republikaners innerhalb des Zentrums – dem Reichsausschuss des Reichsbanners angehörten."[551]

Zu den wichtigsten Trägern des Reichsbannergedankens im Zentrum zählte zweifellos Altreichskanzler Joseph Wirth, der sich durch seinen überzeugten Republikanismus und seinen entschiedenen Widerstand gegen eine Zusammenarbeit mit der nationalistischen Rechten immer mehr in eine linke Außenseiterposition innerhalb seiner Partei manövrierte. Obgleich seine von Erfüllungspolitik geprägte Kanzlerschaft nur mäßig erfolgreich war, hatte Wirth mit seiner engagierten Reichstagsrede nach dem Mord an Walther Rathenau 1922 im republikanischen Lager doch einen bleibenden Eindruck hinterlassen. Sein hohes Ansehen belegt ein Bericht der „Reichsbanner-Zeitung" über eine Kundgebung des Zentrums in Freiburg, bei der Wirth auftrat:

„Ein altes Wort besagt, daß der Prophet nichts in seinem Vaterland gelte. Für Joseph Wirth trifft das erfreulicherweise nicht zu. Wenn er, der in der schwersten Zeit der deutschen Republik das Kanzleramt innehatte, zu seinen Mitbürgern […] spricht, so bedeutet das immer ein politisches Ereignis ersten Ranges. […] ein ehrlicher Demokrat und Republikaner, von offenem Bekennermut beseelt, [der] der Republik und ihren Farben eine Gasse ins Volk bahnte."[552]

Das badische Zentrum reagierte zunächst zurückhaltend auf die Gründung des Reichsbanners, wobei anfangs noch Unklarheit über dessen genaue politische Ausrichtung herrschte. Das Zentrumsorgan „Freiburger Tagespost" vermerkte am 28. Juli 1924 anlässlich der dortigen Formierung einer Ortsgruppe:

„Das ‚Reichsbanner Schwarz-Rot-Gold' verfolgt nach seinen Satzungen durchaus vernünftige und anerkennenswerte Ziele. Insofern wäre es an sich angebracht gewesen, wenn sich auch die Anhänger der Zentrumspartei in größerer Zahl tätig beteiligt hätten. Indessen hat sich aus der Zusammensetzung der Gründer wie der maßgeblichen Leute

551 Vogel, S. 220.
552 „Das Reichsbanner", 1.1.1926, Nr. 1, Gaubeilage Baden.

im Reichsbanner ergeben, daß die Führung in der Hauptsache durch die sozialdemokratische Partei erfolgt, wenngleich nicht bestritten werden soll, daß auch Demokraten und ein Zentrumspolitiker dabei sind. Die in der Hauptsache demgemäß parteipolitisch eingestellte Organisation konnte und durfte von Zentrumsseite nicht Veranlassung zur Beteiligung sein. [...] Es ist also durchaus nicht notwendig noch wünschenswert, daß Zentrumsanhänger sich am ‚Reichsbanner' beteiligen."[553]

Am nächsten Tag korrigierte die Zeitung jedoch ihre Einschätzung, weil man inzwischen von Zentrumsangehörigen im Reichsbanner vernommen habe, dass dessen parteipolitische Neutralität gewährleistet sei. Angesichts der berechtigten Organisationsziele stehe somit der „Beteiligung solcher Zentrumsanhänger nichts entgegen, die sich berufen fühlen, die Verfassung der Republik zu verteidigen".[554] Auch die katholischen Windthorstbünde signalisierten auf ihrer Reichstagung in Glatz (31. Juli bis 3. August 1924) ihr grundsätzliches Einverständnis mit dem republikanischen Abwehrverband, im Gegensatz zu den nationalen Verbänden.[555] In Baden forderte der Jugendverband, der größte Sympathien für Wirth hegte, seine Mitglieder sogar ausdrücklich zum Eintritt in das Reichsbanner auf.[556] Auf dem „Badischen Jungzentrumstag" in Karlsruhe Ende Juli 1924 wurde einstimmig eine Resolution verabschiedet, nach der die „Beteiligung im Reichsbanner Schwarz-Rot-Gold für notwendig erachtet"[557] wurde.

Ganz anders wurde die Gründung des Reichsbanners vom württembergischen Zentrum aufgenommen. Immerhin sprach das zentrumsnahe „Deutsche Volksblatt" ihm die Existenzberechtigung nicht ab:

„In der Zentrumspartei sind Republikaner und Monarchisten vereinigt, so daß wir schon aus diesem Grunde nichts dagegen sagen würden, wenn sich angesichts der zahlreichen Gründungen nationalistischer, rechtsradikaler und antirepublikanischer Organisationen auch die Anhänger der republikanischen Staatsform zusammenschließen. Am wenigsten Grund zur Klage hat nach unserer Auffassung die Rechtspresse, denn sie hat durch ihre Verhätschelung der nationalistischen Verbände die republikanisch Gesinnten zu gleichem Vorgehen förmlich aufgefordert."[558]

553 „Freiburger Tagespost", 28.7.1924.
554 Ebenda, 29.7.1924.
555 Vgl. Vogel, S. 103.
556 Vgl. Rohe, S. 283 f.
557 „Badischer Beobachter", 28.7.1924.
558 „Deutsches Volksblatt", 3.9.1924.

Dagegen warnte das Blatt Zentrumsmitglieder, sich dem Reichsbanner anzuschließen, da es eine „demokratisch-sozialdemokratische Organisation" sei, die keinen überparteilichen Charakter aufweise, wie schon die Zusammensetzung der Gau- und Ortsvorstände beweise. „Mit dieser Stellungnahme", ereiferte sich die sozialdemokratische Schwäbische Tagwacht, „vergleiche man aber das begeisterte Eintreten von Zentrumsorganisationen für das ‚Reichsbanner Schwarz-Rot-Gold' in anderen Teilen des Reiches. [...] Wie unsagbar jämmerlich erscheint die Haltung des ‚Deutschen Volksblatts' neben diesem jubelnden Bekenntnis der badischen Zentrumsjungmannen."[559] Überrascht zeigte sich die „Tagwacht" freilich nicht, denn das „Deutsche Volksblatt" habe lediglich die gegenwärtige offizielle Politik des württembergischen Zentrums wiedergegeben. Eine der wenigen württembergischen Zentrumspolitiker, die positiv reagierten, war der Landtags- und Reichstagsabgeordnete Josef Andre (1879–1950), der die Gründung des Reichsbanners als „absolute Notwendigkeit"[560] sah. Zu den aktiven Zentrumsmitgliedern im württembergischen Reichsbanner zählten ferner Ernst Bauer und der katholische Geistliche Wendelin Ott aus Hechingen. Insgesamt aber war im württembergischen Landesverband die Meinung stark vertreten, „daß die Tätigkeit des Reichsbanners auf verschiedenen Gebieten eine Stärkung dieser Organisation vom Zentrumsstandpunkt als nicht opportun erscheinen lasse".[561]

Zum Schulterschluss zwischen Reichsbanner und Zentrum kam es vor der zweiten Runde der Reichspräsidentenwahl 1925, in der das Reichsbanner Wilhelm Marx als Kandidaten des „Volksblocks" tatkräftig unterstützte. Der Kasseler Parteitag im November 1925 bildete den Höhepunkt des Einverständnisses zwischen Zentrumspartei und Reichsbanner. Unter herzlichem Beifall und lebhafter Zustimmung der Delegierten bekundeten Parteichef Wilhelm Marx, der inzwischen aus einer Art Dankesschuld dem Reichsbanner beigetreten war, sowie Constantin Fehrenbach und Wirth ihre Verbundenheit mit dem Republikanerbund. Der Geist von Kassel blieb jedoch nur von kurzer Dauer. Schon bald zeigten sich neue Risse im Verhältnis des Reichsbanners zu seiner katholischen Trägerpartei. Der Karlsruher „Volksfreund" beklagte im September 1925,

559 „Schwäbische Tagwacht", 3.9.1924.
560 Zit. nach Carsten Kohlmann, Die Republik den Republikanern! Das Reichsbanner Schwarz-Rot-Gold in Württemberg, in: Momente. Beiträge zur Landeskunde von Baden-Württemberg (2002), 4, S. 11.
561 Vgl. ebenda.

dass „große und wesentliche Teile der Zentrumspartei der Reichsbannerbewegung entweder in kühlster Neutralität oder direkt ablehnend"[562] gegenüberstünden. Die im Mai 1926 von Reichskanzler Hans Luther erlassene Flaggenverordnung, der einer bürgerlichen Regierung unter Beteiligung des Zentrums vorstand, sorgte im Reichsbanner für einen Sturm der Entrüstung.

Auch der Volksentscheid zur entschädigungslosen Enteignung der Fürsten im Sommer 1926 stellte das Zentrum hinsichtlich seiner Beteiligung im Reichsbanner vor eine Zerreißprobe, da sich viele Anhänger gegen die Parteiführung stellten und das von KPD und SPD initiierte Vorhaben unterstützten. Das Referendum zeigte eindrucksvoll, dass sich große Teile der Zentrumswähler nicht mehr länger durch kirchliche oder parteipolitische Vorgaben beeindrucken ließen. Besorgt bilanzierte die badische Zentrumspresse angesichts des Ungehorsams der eigenen Gefolgsleute:

„Das Zentrum hat einen sehr schweren, aber einen guten Kampf geführt. Der Einfluß kommunistischer Hetze hat sich auch, z. T. recht stark in unseren Reihen gezeigt. Begriffe, die für Katholiken in normalen Zeiten feststehen wie Fels am Berg, gerieten unter dem Einfluß einer sinnverwirrenden Agitation ins Wanken. Es gab Fälle, da gute Anhänger unserer Sache unseren Argumenten die Gefolgschaft versagten, meist wohl, weil sie sich nicht der Mühe unterzogen, unseren Standpunkt zu verstehen."[563]

Die Spannungen zwischen Reichsbanner und Zentrum nahmen beträchtlich zu, als Marx im Januar 1927 erneut eine „Bürgerblock"-Regierung unter Einschluss der DNVP bildete. Von Beginn an hatten die katholischen Republikaner keinen Hehl aus ihrer erheblichen Skepsis gegenüber den Bürgerblock-Kabinetten gemacht; an vorderster Stelle Wirth, der sich jedoch durch seine unablässige Kritik an der Regierung ins innerparteiliche Abseits manövrierte. Selbst der ihm bislang loyal verbundene badische Landesverband zeigte sich irritiert, zumal mit Heinrich Köhler ein persönlicher Freund Wirths und ausgewiesener Republikaner am Kabinettstisch saß. Wirth schonte seine Partei in keiner Weise. Bei seinem Auftritt in Heilbronn, an dem zahlreiche Zentrumsanhänger teilnahmen, sah man „bald ziemlich betretene Gesichter". Wirth habe dem Zentrum nichts geschenkt; seine Angriffe richteten sich vor allem gegen den württembergischen Landessekretär

562 „Volksfreund", 18.9.1925.
563 „Pfälzer Bote", 19.6.1926.

des Zentrums, der kurz zuvor das Reichsbanner für überholt erklärt hatte. Die konservative, dem regierenden Bauern- und Weingärtnerbund nahestehende Presse, reagierte auf Wirths provokante Auftritte gereizt. Der „ehemalige Reichskanzler von Sozialdemokratengnaden" fühle sich erst bei den Roten wohl und pflege eine innige Verbindung, da sich sein Zukunftsideal weitgehend mit demjenigen der SPD decke. „Herr Wirth ist immer noch sehr besorgt um die Republik und hält sie natürlich erst für gesichert, wenn er wieder Reichskanzler und in allen Beamtungen, angefangen vom Portier bis zu den Ministerien, waschechte Republikaner sind."[564]

Ihren vorläufigen Höhepunkt erreichten die Verwerfungen im Verhältnis von Reichsbanner und Zentrum im Juli 1927 in der sogenannten Marx-Hörsing-Krise, die mit den Ereignissen rund um den Brand des Wiener Justizpalastes zusammenhing. Schon lange waren dem Zentrum die Kontakte des Reichsbanners mit dem österreichischen Republikanischen Schutzbund unter Julius Deutsch ein Dorn im Auge, der eine rein sozialdemokratische Organisation war und im Dauerkonflikt mit den Christlich-Sozialen Österreichs stand. Besonders die BVP, die das Engagement des Zentrums im Reichsbanner grundsätzlich ablehnte, sah die Zusammenarbeit mit dem Schutzbund als ein Haupthindernis für eine Wiedervereinigung mit dem Zentrum.[565] Wirth goss zusätzlich Öl ins Feuer, indem er regelmäßig auf gemeinsamen Kundgebungen von Schutzbund und Reichsbanner in Österreich auftrat. Er verschärfte damit die latenten Spannungen, die aus den engen Bindungen der deutschen Katholiken mit der Christlich-Sozialen Partei Österreichs herrührten. Nachdem es am 15. und 16. Juli 1927 in Wien zu schweren Straßenkämpfen unter Beteiligung von Schutzbund-Mitgliedern gekommen war, erklärte Hörsing öffentlich seine Solidarität mit den Demonstranten und beschuldigte die Wiener Regierung, für die Unruhen verantwortlich zu sein. Reichskanzler Wilhelm Marx nahm diesen Alleingang zum Anlass, am 23. Juli 1927 seinen Austritt aus dem Reichsbanner zu erklären. Zwar räumte selbst die Verbandsführung ein, dass Hörsings Einlassung unangemessen gewesen sei. Doch wurde auch die Reaktion von Marx – insbesondere durch das linksrepublikanische Lager um Wirth – als „überzogen und außerordentlich inopportun empfunden für eine Partei, die sich in einer Mitte-Rechtsregierung um ihr republikanisches Profil

564 Zit. nach „Das Reichsbanner", 15.11.1927, Nr. 22, Gaubeilage Württemberg.
565 Vgl. Knapp, S. 168.

bemühte".[566] Wirth dagegen bekräftigte in der „Reichsbanner-Zeitung" die fortdauernde Verbundenheit des Zentrums mit dem Reichsbanner und würzte seinen Aufruf mit Seitenhieben gegen Marx:

„Die Rechtsparteien und auch die Kreise des Zentrums, die die Existenz des Reichsbanners lästig finden, sollten zunächst die Organisationen und Verbände beseitigen, die das Reichsbanner erst notwendig gemacht haben. Das ist so selbstverständlich, eine so schlichte Fundamentalforderung politischer Logik, dass sie eigentlich gar nicht zu erhoben werden brauchte. Aber es gibt Leute, die ein schlechtes Gedächtnis haben und die aus der Tatsache einer gewissen Beruhigung in den republikfeindlichen Rechtsverbänden den Mut zu der Sorglosigkeit schöpfen, die sie das Reichsbanner als überflüssig empfinden lässt."[567]

Nach der Marx-Hörsing-Krise finden sich zwar „keinerlei Anhaltspunkte für eine Massenaustrittsbewegung der Zentrumsmitglieder", jedoch markierte sie den Beginn von „Ermüdungserscheinungen"[568] ebenso wie eine bereits fortgeschrittene Entfremdung. Für Hörsing hatte die Affäre ein bitteres Nachspiel, da er als preußischer Oberpräsident in Magdeburg zurücktreten musste und damit sein allmählicher Machtverlust einsetzte. Er und Wirth waren zu „Schreckenskindern"[569] ihrer Parteien geworden, die über eine immer geringer werdende Hausmacht verfügten. Wirth bekam den Zorn seiner Parteifreunde zu spüren, als der Landesausschuss der badischen Zentrumspartei ihn im März 1928 nicht mehr auf der Liste für die Reichstagswahl platzierte. Der endgültige Bruch zwischen Wirth und dem Landesverband erklärte sich aus „seine[r] rüde[n] Kritik an der Regierungspolitik, seine[r] Illoyalität gegenüber dem Vorsitzenden [Wilhelm Marx, d. Verf.] und [dem] Abrücken von kulturpolitischen Grundüberzeugungen".[570] Auch fühlte sich das badische Zentrum durch die Alleingänge Wirths zunehmend brüskiert und beklagte, dass die Vermittlungsbemühungen des Landesvorsitzenden Josef Schofer (1866–1930) unbeachtet geblieben seien.

566 Karsten Ruppert, Im Dienst am Staat von Weimar. Das Zentrum als regierende Partei in der Weimarer Demokratie 1923–1930, Düsseldorf 1992, S. 271.
567 „Das Reichsbanner", 1.9.1927, Nr. 17.
568 Vogel, S. 248. Für Lehnert markiert der Austritt von Marx den Beginn der „Demontage des ‚Reichsbanners' als organisatorischer Träger der republikanischen Sammlungsbewegung, an deren Ende die Septemberwahl 1930 stand", Lehnert, S. 108.
569 Knapp, S. 172.
570 Ruppert, S. 318. Dazu zählten das Eintreten die Beibehaltung der Konfessionsschulen und die Bemühungen um den Abschluss eines Konkordats.

Zwar wurde Wirth dennoch auf der Reichsliste nominiert und wiedergewählt, doch vergifteten u. a. die Auseinandersetzungen um seine Person sowie die Nachwirkungen der Marx-Hörsing-Krise das politische Klima in der seit 1928 amtierenden Großen Koalition unter Hermann Müller. Mit der Wahl des Prälaten Ludwig Kaas (1881–1952) zum Vorsitzenden als Nachfolger von Marx rückte das Zentrum weiter nach rechts, was seine Beteiligung am Reichsbanner spätestens nach dem Bruch der Koalition vollends marginalisierte. Mit dem endgültigen Bruch zwischen Wirth und dem badischen Landesverband verschärfte sich die Situation für die pro-republikanischen Kräfte im Zentrum, für die der Altreichskanzler als Integrationsfigur gewirkt hatte.[571] In Württemberg hatte sich das ohnehin nie besonders enge Verhältnis schon zuvor auseinanderentwickelt. Bereits im September 1927 berichtete die „Schwäbische Tagwacht" von einer „täglich reaktionärer werdenden Einstellung des württembergischen Zentrums", ja sogar von einer zunehmenden „Verleugnung des Reichsbanners", die aus den Differenzen in kulturpolitischen Fragen herrühre und das Zentrum veranlasse „alle politischen, ja staatspolitischen Rücksichten über Bord"[572] zu werfen.

Das Reichsbanner erkannte 1930 nicht die epochale Bedeutung des Regierungswechsels zu Heinrich Brüning. Seine Regierung wurde als eine Art Neuauflage des Bürgerblocks interpretiert. Aber auch jetzt kam es nicht zum endgültigen Bruch der Beziehungen mit dem Zentrum. Das Reichsbanner hielt am Prinzip der Überparteilichkeit fest,[573] wenngleich die neue Regierung, trotz der Beteiligung von Wirth als Innenminister, scharfen Angriffen des republikanischen Lagers ausgesetzt war. Durch die Aufrechterhaltung der Kontakte zum Reichsbanner und die Fortsetzung der „Weimarer Koalitionen" in Preußen und Baden verschaffte sich das Zentrum gleichsam ein Alibi gegenüber dem eigenen linken Flügel, der den Rechtsruck der Partei argwöhnisch verfolgte. Wie schon nach der Marx-Hörsing-Krise 1927 blieb die befürchtete Austrittswelle der Zentrumsanhänger aus dem Reichsbanner aus. Tatsächlich war die allmähliche Entfremdung zwischen Reichsbanner und Zentrum nicht den persönlichen Streitigkeiten oder den Entgleisungen Einzelner geschuldet, sondern der gesamtpolitischen Entwicklung, die dafür sorgte, dass „sich beide Partner im Laufe der Jahre immer mehr auseinandergelebt"[574] hatten. Auch die heraufziehende Gefahr durch

571 Vgl. Ruppert, S. 318 f.
572 „Schwäbische Tagwacht", 17.9.1927.
573 Winkler weist zu Recht darauf hin, dass die Überparteilichkeit nach 1930 auch „ein Stück Schutz" für die Organisation bot, da sie als reine Parteiarmee der SPD leichter zu verbieten gewesen wäre; vgl. Winkler, Weg, S. 304.
574 Rohe, S. 301.

den Nationalsozialismus führte nicht dazu, dass das Reichsbanner seine fast nur noch formal bestehenden Bindungen zum Zentrum revitalisierte. Nach dem von der badischen Regierung erlassenen Uniformverbot gegen die Nationalsozialisten im Sommer 1930 und einer schweren Straßenschlacht zwischen NSDAP-Anhängern und Reichsbannerleuten in Mannheim am 14. Juni warf die badische Zentrumspresse andeutungsweise die Frage auf, ob das Verbot nicht auch auf das Reichsbanner auszudehnen sei.[575] Im Wahlkampf 1930 stellte das badische Reichsbanner angesichts sich häufender Angriffe auf katholische Geistliche resigniert die Frage: „Wann erkennen die Zentrumsrepublikaner die Notwendigkeit eines starken Reichsbanners?“[576]

Eine schwere Belastung erfuhr das Verhältnis zwischen Reichsbanner und Zentrum in Baden durch die Frage eines möglichen Konkordats mit dem Heiligen Stuhl, das das Zentrum zu Beginn der 1930er-Jahre erneut auf die Tagesordnung setzte. An der Auseinandersetzung um diese kirchenpolitische Frage sollte im November 1932 die schwarz-rote Koalition in Karlsruhe letztlich zerbrechen. Infolge des Zerwürfnisses legte zudem der letzte Vertreter des Zentrums im badischen Gauvorstand sein Amt nieder.[577] Das Reichsbanner kritisierte, die „höchst überflüssige Aufrollung der Konkordatsfrage“ lasse dem Zentrum das traurige Verdienst zukommen, eine Koalition zerschlagen zu haben, „die dreizehn Jahre hindurch eine ruhige und gedeihliche politische Entwicklung in unserem Grenzland gewährleistet“ habe. Besonders zu bedauern sei, dass durch das Ausscheiden aus der Regierung die SPD das Innenministerium verlor, „umso mehr, als dadurch eine reibungslose Zusammenarbeit von Jahren zwischen Innenministerium und Reichsbanner beendet wurde“. Sorge bereitete dem Reichsbanner außerdem die Annäherung von Zentrum und NSDAP, einer „widernatürlichen Ehe“, der man sich als „nicht zu unterschätzender ‚Störenfried‘“[578] entgegenstellen werde.

In Württemberg konnte das Reichsbanner erst recht nicht auf die Unterstützung des Zentrums hoffen: Hier lagen die „Verhältnisse für das Reichsbanner infolge der Rechtsorientierung des Zentrums etwas ungünstig, was natürlich durch den Eintritt der Demokraten in die württembergische Regierung noch unterstrichen“ wurde. Insgesamt träten allerdings „gemessen an der deutschen politischen Gesamtlage [...]

575 Vgl. „Volkszeitung“, 23. u. 24.6.1930.
576 „Das Reichsbanner“, 30.8.1930, Nr. 35, Gaubeilage Baden.
577 Vgl. Schadt (Hrsg.), Volk, S. 218.
578 Protokoll IV. Ordentliche Gau-Generalversammlung zu Mannheim (28./29.1.1933), KrA Rhein-Neckar, NL Willy Gärtner, 1933/1.

die württembergischen Sondererscheinungen in den Schatten".[579] Zwar hatte der Zentrumspolitiker Josef Andre in seiner Denkschrift „Zentrumspartei und Reichsbanner" 1926 die Kooperation ausdrücklich befürwortet, dennoch überwog weiterhin eine „insgesamt eher kritische Distanz des Zentrums".[580] Auf der Gaukonferenz des Reichsbanners im März 1930 in Esslingen übte der vom Bundesvorstand entsandte Vertreter Kritik am Zentrum. Offenkundig sei, dass in Württemberg „die Zentrumspartei in ihren leitenden Kreisen das Reichsbanner ablehne",[581] weshalb die Mitarbeit von „Zentrumskameraden" umso höher geschätzt werden müsse. „Wer sich versagte, war das Zentrum, nicht das Reichsbanner, das zeitlebens der werbende und damit der schwächere Partner gewesen ist."[582]

579 „Schwäbische Tagwacht", 26.2.1930.
580 Carsten Kohlmann, Das Reichsbanner Schwarz-Rot-Gold in der Industriestadt Schramberg, in: Schwäbische Heimat (2001), 2, S. 190.
581 StA Sigmaringen, Wü 65/4 T2, 933.
582 Rohe, S. 303.

5.4
Schwächelnder Verbündeter – Das Reichsbanner und die DDP

Das Verhältnis des Reichsbanners zur DDP gestaltete sich weit weniger problematisch als dasjenige zum Zentrum.[583] Die linksliberale Partei sah in der Weimarer Verfassung ihre grundlegenden politischen Prinzipien verwirklicht. Wie Friedrich Ebert sah auch der „Vater" der Weimarer Verfassung, Hugo Preuß (DDP), mit ihr den Irrweg der deutschen Geschichte nach 1848 beendet. SPD und DDP erschien die Weimarer Verfassung von 1919 als Ausdruck einer „besseren" historischen Tradition Deutschlands, was half, zumindest vorübergehend, die bedeutenden programmatischen und ideologischen Differenzen zu überbrücken.[584] Die Einbeziehung der DDP sollte dem Reichsbanner nach der Intention seiner Gründer ein Standbein im linksliberalen Spektrum verschaffen. Seitens der DDP bedeutete die Beteiligung am Reichsbanner im rauen politischen Klima der frühen 1920er-Jahre eine „nüchterne Anpassung an die veränderten militanten Kampfbedingungen".[585] Sie war mit ihrem Politikverständnis nur schwer zu vereinbaren. Da aber auch Demokraten und Linksliberale Opfer politischer Gewalt geworden waren, sah sich die DDP „gezwungen, der Not zu gehorchen und sich der von Sozialdemokraten angeführten Abwehrfront anzuschließen".[586] Obwohl die Hauptimpulse der Reichsbannergründung von der SPD ausgingen, lassen sich auch Hinweise für die „Kontinuität des republikanischen ‚Sammlung'-Gedankens innerhalb der DDP"[587] konstatieren. Sie engagierte sich bereits Anfang der 1920er-Jahre im „Republikanischen Reichsbund", dessen erster öffentlicher Aufruf von mehreren prominenten Linksliberalen unterzeichnet wurde. Dabei bedeutete das Einordnen in einen halbmilitärisch organisierten Verband

583 Vgl. Diehl, S. 181.
584 Vgl. Gerwarth, S. 11.
585 Lothar Albertin, Liberalismus und Demokratie am Anfang der Weimarer Republik. Eine vergleichende Analyse der Deutschen Demokratischen Partei und der Deutschen Volkspartei, Düsseldorf 1972, S. 429.
586 Posse, S. 63.
587 Toury, Reichsbanner, S. 83.

einen „Widerspruch zum entscheidenden politischen Prinzip der liberalen Ideologie“,[588] der Aufrechterhaltung eines Dialogs zwischen allen Parteien, der durch politische Kampfverbände zweifellos erschwert wurde.

Dem 15-köpfigen Bundesvorstand des Reichsbanners gehörten zunächst nur zwei Mitglieder der DDP an. Im Reichsausschuss saßen aber immerhin 13 Vertreter der DDP, darunter der Parteivorsitzende Erich Koch-Weser (1875–1949), Berthold von Deimling, der Sekretär der Hirsch-Dunckerschen Gewerkvereine Anton Erkelenz, Ludwig Haas (1878–1945), sowie die Chefredakteure des „Berliner Tageblatts“, Theodor Wolff (1868–1943), und der „Vossischen Zeitung“, Georg Bernhard.[589] Später kamen unter anderem Willy Hellpach, Hermann Hummel (1876–1952), Hugo Preuß sowie der Vorsitzende der Jungdemokraten, Ernst Lemmer (1898–1970), hinzu. Das Engagement prominenter Demokraten und Linksliberaler beschränkte sich dabei nicht auf Repräsentation oder eine Art Schirmherrschaft.[590] Vielmehr gehörten sie zu den überzeugtesten Verfechtern des Reichsbanner-Gedankens, in dessen Dienst sie sich oftmals aktiv stellten.

Spätestens nach der Abspaltung des nationalliberalen Flügels 1919/20 konnte sich die DDP nicht mehr auf eine Massenbasis stützen. Allerdings hatte der „linksliberale Gesinnungsrepublikanismus“ innerhalb des Reichsbanners sowieso von vornherein „andere Aufgaben als die Bereitstellung eines Massenanhangs“.[591] Vielmehr galt es durch seine einflussreichen Sprachrohre wie die „Frankfurter Zeitung“, das „Berliner Tageblatt“ und die „Vossische Zeitung“ die öffentliche Meinung für die junge parlamentarische Republik zu gewinnen. Die DDP diente dem Reichsbanner so mehr mit „Offizieren“ als mit „Soldaten“.[592] Es zeigte sich, selbst unter Berücksichtigung der personellen Auszehrung seit 1920, eine ausgesprochene Zurückhaltung der DDP-Mitglieder, dem Reichsbanner als einfaches Mitglied beizutreten. Dabei spielte sicherlich die Furcht vor möglichen wirtschaftlichen Einbußen und gesellschaftlichem Prestigeverlust durch die Mitarbeit in einer sozialdemokratisch dominierten Organisation eine Rolle. Hörsing brachte es auf den Punkt, als er unverblümt feststellte: „Im Lager der Demokraten ist man in der erdrückenden Mehrheit für das Reichsbanner viel – sehr viel – zu fein.“[593]

588 Schneider, S. 250.
589 Vgl. Winkler, Schein, S. 379.
590 Vgl. Chickering, S. 530.
591 Lehnert, S. 103.
592 Rohe, S. 307.
593 Zit. nach ebenda, S. 307.

Von Anfang an hatte die DDP gemahnt, dass es das „höchste Ziel des Reichsbanners“ sein müsse, sich auf absehbare Zeit möglichst „selbst überflüssig zu machen“.[594] Nach der vorläufigen Stabilisierung der Republik wuchsen aber vorrangig in der SPD Zweifel am Sinn der Überparteilichkeit, was das Verhältnis zu den bürgerlichen Juniorpartnern abkühlen ließ. Die DDP jedoch erklärte noch auf ihrem Parteitag im Frühjahr 1927, kurz nach Amtsantritt der „Bürgerblock“-Regierung Marx, dass das Reichsbanner „gerade in der heutigen Zeit einer Rechtsregierung unentbehrlich“ sei, „um [...] angesichts der sich geltend machenden Verwaschung des republikanischen Gedankens das Ideal einer wahrhaft demokratischen und sozialen Republik hochzuhalten und zu verteidigen“.[595] Der beschleunigte Wählerschwund der DDP seit 1928 führte indes 1930 zum Versuch einer Sammlungsbewegung im liberalen Lager, der die zersplitterten Parteien für die anstehenden Wahlen zusammenführen sollte. Nach zähen Verhandlungen erreichte die DDP nur eine Fusion mit dem Jungdeutschen Orden (Jungdo), einem 1920 gegründeten bündischen Jugendverband, zur Deutschen Staatspartei (DStP). Dieses Zweckbündnis mit dem zwar nicht prinzipiell republikfeindlichen, aber offen antisemitischen Jungdo sorgte beim Reichsbanner für erhebliche Irritationen, zumal mit diesem zuvor ein gespanntes Verhältnis geherrscht hatte.

Die Fusion zur DStP erwies sich unterdessen als eindeutiger Fehlschlag: In den Wahlkreisen Baden und Württemberg verbuchte sie bei den Reichstagswahlen 1930 zwar aufgrund gemeinsamer Wahllisten mit der DVP geringfügige Gewinne (verglichen mit den addierten Ergebnissen von DDP und DVP von 1928 waren es freilich Einbußen), insgesamt erreichte die DStP aber nur 20 Reichstagssitze. Wenig später erfolgte die Trennung vom Jungdo, was das Verhältnis zum Reichsbanner aber nicht mehr wesentlich verbesserte. Auf Reichsebene blieben die Spitzenpolitiker der DStP dem Bund zwar treu, doch ging ihre Zahl im Bundesvorstand zurück. Die fortschreitende personelle Auszehrung degradierte die DStP Anfang der 1930er-Jahre endgültig zur Splitterpartei. Spätestens mit der Gründung der „Eisernen Front“ verfügte die DStP über keinen nennenswerten Einfluss im Reichsbanner mehr.

594 Chickering, S. 530.
595 Zit. nach Lehnert, S. 86.

Der DDP/DStP dürfte im Südwesten ein deutlich höheres Gewicht im Reichsbanner zugefallen sein als reichsweit. Von 1919 bis 1931 war sie, bis auf eine kurze Unterbrechung 1925 und 1926 an der badischen Regierung beteiligt, in Württemberg saß sie nur zwischen 1924 und 1928 nicht am Kabinettstisch. Mit Karl Helffenstein stellte die DDP im Gau Baden zwischen 1926 und 1932 den Reichsbanner-Vorsitzenden. Auch in zahlreichen badischen Reichsbanner-Ortsvereinen außerhalb der Großstädte zeigte die DDP Präsenz, wie das Beispiel von Schiltach zeigt. Noch 1932 gehörten dort acht von 73 Ortsvereins-Mitgliedern der DStP an, und der Vorstand setzte sich paritätisch aus SPD- und DStP-Mitgliedern zusammen.[596] In Mannheim empfahl die Generalversammlung der DStP noch im April 1931 ausdrücklich den Eintritt ins Reichsbanner, „das in stürmischer Zeit als über den Parteien stehende Organisation aller Republikaner [...] eine unbedingte Notwendigkeit“[597] sei. Diese Empfehlung sprach man auch aus, weil man die Überparteilichkeit durch den Gauvorsitzenden Helffenstein garantiert sah. In Ladenburg gehörten mindestens fünf Ortsgruppen-Mitglieder, vor allem lokale Geschäftsleute, der DDP an. In Württemberg erhielt das Reichsbanner vor allem von der Jugendorganisation der DDP rückhaltlose Unterstützung.

596 Vgl. Harter, S. 278.
597 „Das Reichsbanner“, 11.4.1931, Nr. 15, Gaubeilage Baden.

5.5 Konkurrent der ersten Stunde: Stahlhelm – Bund der Frontsoldaten

Die Geschichte des Wehrverbands „Stahlhelm – Bund der Frontsoldaten" ist aufs engste mit der des Reichsbanners Schwarz-Rot-Gold verknüpft, wenngleich er im deutschen Südwesten nie eine bestimmende Rolle im politischen Leben erlangte. An Weihnachten 1918 durch den Reserveoffizier Franz Seldte (1882–1947) in Magdeburg gegründet, entwickelte sich der Stahlhelm zum „bedeutendsten militaristischen Massenverband"[598] vor 1930. Seine Zentren lagen vor allem in den protestantischen Regionen Mittel-, Nord- und Ostdeutschlands.[599] Als ein „Instrument konterrevolutionärer Politik" entstanden, ähnelte der Stahlhelm zunächst einem Freikorps und bemühte sich erst seit der zweiten Jahreshälfte 1919 um eine Ausdehnung über Magdeburg hinaus. Nicht zufällig entwickelte sich daher 1923 der Kern des späteren Reichsbanners aus der ebenfalls in Magdeburg ansässigen „Republikanischen Notwehr" unter Otto Hörsing. Man kann das Reichsbanner also als eine um fünf Jahre verspätete Gegengründung zum Stahlhelm begreifen.[600] In seinen Reihen vereinte der Stahlhelm chauvinistische und reaktionäre Kräfte verschiedener politischer Richtungen. Seine Anführer rekrutierten sich häufig aus ehemaligen kaiserlichen Offizieren und Junkern. Dennoch waren laut einer Erhebung vom Oktober 1929 höchstens zwei Drittel der Mitglieder ehemalige Frontsoldaten, in manchen Landesverbänden nur knapp über die Hälfte.[601] Nach Angaben des Historikers Benjamin Ziemann umfasste der Verband Mitte der 1920er-Jahre zwischen

598 Dieter Fricke (Hrsg.), Lexikon zur Parteiengeschichte. Die bürgerlichen und kleinbürgerlichen Parteien und Verbände in Deutschland 1789–1945, Bd. 4, Leipzig 1986, S. 145.
599 Vgl. Ziemann, Kriegserinnerung, S. 364.
600 Vgl. Herlemann, Gau, S. 226; Volker R. Berghahn, Der Stahlhelm. Bund der Frontsoldaten 1918–1935, Düsseldorf 1966, S. 65; Schumann, S. 253.
601 Vgl. Joachim Tautz, Militaristische Jugendpolitik in der Weimarer Republik. Die Jugendorganisationen des Stahlhelm – Bund der Frontsoldaten: Jungstahlhelm und Scharnhorst, Bund deutscher Jungmannen, Regensburg 1998, S. 490.

200 000 und 300 000 Mitglieder. Seine maximale Größe erlangte er 1929 und 1930, als er circa zwischen 350 000. und 400 000 Mitglieder organisierte,[602] also immer noch um ein Vielfaches weniger als sein republikanisch ausgerichteter Konkurrenzverband.

Ob „Holzhelm", „prügelnde Verfassungsschützer", „Hörsingmännerchen" oder einfach nur „Wegelagerer" und „Landplage"[603] – an Schmähungen gegen das Reichsbanner mangelte es im Stahlhelm über die Jahre nicht. Klagen über den angeblichen Terror des Reichsbanners wechselten sich ab mit radikaler Polemik, Sarkasmus und schlechten Witzen. „Es bestand [...] kein Zweifel, daß bis zum Aufstieg der SA das Reichsbanner und der Stahlhelm die beiden eigentlichen Gegner auf der außerparlamentarischen Bühne waren."[604] Dazu gehörten auch das obligatorische Herunterspielen und Ins-Lächerliche-Ziehen von gegnerischen Veranstaltungen sowie gegenseitige Bezichtigungen des Lügens und Verfälschens. Über eine Stahlhelm-Kundgebung am 6. und 7. Oktober 1928 in Mannheim und Heidelberg berichtete die Reichsbannerpresse:

„Wir haben aber nach Abschluß der Veranstaltung die Vermutung, daß der Stahlhelm nicht wieder so schnell Luft haben wird, eine seiner Tagungen nach Mannheim oder auch Heidelberg zu verlegen. [...] Wohl selten hat man [...] eine Veranstaltung gesehen, die so die Verachtung der Bevölkerung fand, wie gerade dieser Aufmarsch. [...] Als der einstmalige ‚Prinz' August v. Preußen [...] mit seinem Untertanen und Stahlhelmführer Seldte den Bahnhof verließen und die Kapelle einen Militärmarsch spielte, setzten sogleich die ‚begeisterten' Zurufe der Bevölkerung ein, so daß sich die zirka 500 Polizeibeamten [...] gezwungen sahen, gegen die allzu begeisterte Menge vorzugehen, damit dem Stahlhelm nichts Unangenehmes passiere."[605]

Tatsächlich nahmen sich die 3000 bis 4000 Teilnehmer, die von der Bundesleitung erhofft wurden, im Vergleich zum „Südwestdeutschen Republikanertag" 1929 in Mannheim ziemlich bescheiden aus. Mitunter nahm die gegenseitige Polemik auch groteske Züge an, etwa als die Reichsbanner-Presse dem Stahlhelm unterstellte, anlässlich einer

602 Vgl. Ziemann, Zukunft, S. 23. Laut den Angaben im Lexikon zur Parteiengeschichte wuchs die Mitgliedschaft im Stahlhelm von 225 000 (1928) über 280 000 (1931) und 340 000 (1932) auf 750 000 (Mai 1933).

603 Zit. nach Rohe, S. 345.

604 Berghahn, S. 65. Vgl. auch Schumann, S. 243.

605 „Das Reichsbanner", 28.10.1926, Nr. 28, Gaubeilage Baden.

Totenehrung habe er eigens „Zigeuner in feldgraue Uniform gesteckt, um einige Stahlhelmer mehr in seinen Reihen marschieren zu lassen“,[606] was wiederum wütende Reaktionen des Stahlhelms hervorrief.

In Baden und Württemberg kam der Stahlhelm laut Berghahn Anfang der 1930er-Jahre auf zusammen gerade einmal rund 6800 Mitglieder.[607] Nach eigenen Erhebungen des Stahlhelms gehörte Baden-Württemberg zu den mitgliederschwächsten Landesverbänden bzw. Gauen und rangierte von 23 Landesverbänden nur auf Rang 18.[608] Schon die Anfänge nahmen sich bescheiden aus: Erst im Oktober 1924, also noch nach der Entstehung des Reichsbanners, gründeten 14 ehemalige Frontsoldaten die erste südwestdeutsche Ortsgruppe in Karlsruhe; es folgten Gruppen in Baden-Baden und Heidelberg, später in Mannheim, Pforzheim, Lahr, Freiburg und Konstanz.[609] In Württemberg konstituierte sich zunächst lediglich in Stuttgart eine Ortsgruppe, die anfangs vor allem durch interne Querelen auffiel. Am Ende des Jahres 1925 zeigte sich bereits ein Entwicklungsgefälle zwischen den beiden Ländern: Während Baden die Existenz von 18 Ortsgruppen vermelden konnte,[610] verfügte Württemberg nur über drei.[611] Den Landesverband Württemberg führte General Arthur Bopp (1860–1928), den Landesverband Baden sowie ab 1927 den gemeinsamen Landesverband Baden-Württemberg leitete bis zu seiner Auflösung im Jahr 1935 Major Georg von Neufville (1883–1941).

Der Start der Landesverbände Baden und Württemberg verlief sehr schleppend. In Schreiben an die Bundesleitung vom 8. Januar und 19. August 1926 räumten die badischen Stahlhelmer ein, die Zeiten seien „lausig“ und „in Baden die Verhältnisse doppelt schwer zu meistern“.[612] Ein Schreiben der Bundesleitung vom 8. August 1927 prangerte die triste Situation in Württemberg an: „Bedauerlichen Unstimmigkeiten“ und „rein persönlichen Gegensätzen“ in der Ortsgruppe Stuttgart sei es zuzuschreiben, dass „während in allen übrigen Ländern des Reiches die Stahlhelmbewegung […] einen sehr starken erfolgversprechenden Aufschwung genommen“ habe, „dies leider im Lande Württemberg nicht in dem gleichen Maße der Fall gewesen sei“.[613] Die Mitgliederzahl des

606 Ebenda, 1.2.1930, Nr. 5, Gaubeilage Baden.
607 Vgl. Berghahn, S. 287.
608 Vgl. S. Statistik, BArch, R 72, Nr. 19, Bl. 119 f.
609 Vgl. Broschüre des Stahlhelm-Landesverbands Baden-Württemberg, BArch, R 72, Nr. 335. S. auch Der Stahlhelm, 11.1.1925. Zur weiteren Ausbreitung von Ortsgruppen in Baden: Der Stahlhelm, 22.2.1925.
610 Vgl. „Der Stahlhelm“, 8.11.1925.
611 Vgl. ebenda, 20.12.1925. Außer in Stuttgart gab es noch Ortsgruppen in Hechingen und Nürtingen.
612 Schreiben Landesverband Baden vom 8.1.1926, BArch, R 72, Nr. 180, Bl. 3.
613 Schreiben Landesverband Württemberg vom 8.8.1927, ebenda, Bl. 175.

Landesverbands betrug gerade einmal 204.[614] Die als Konsequenz daraus von der Bundesführung angeordnete Auflösung des Landesverbands sowie die Absetzung des Landesführers General Bopp stieß anfangs auf massiven Widerstand der Mitglieder.[615]

Die „Reichsbanner-Zeitung" spottete über das unrühmliche Ende des württembergischen Konkurrenzverbandes („bankrotte Firma") und prophezeite, auch der neue Landesverband werde „in einigen Droschken Platz finden".[616] Immerhin führte die Zwangsvereinigung mit Baden zu einem leichten Aufschwung in Württemberg: Im Frühjahr 1928 zählte der württembergische Landesteil 455 Mitglieder sowie 251 Angehörige des Jungstahlhelms.[617] Ende 1929 verzeichnete die württembergische Polizei eine „langsame aber stetige Zunahme" des Stahlhelms und schätzte dessen Stärke auf 800 bis 1000 Mitglieder, darunter die Ortsgruppe Stuttgart mit 180 bis 200 und die Ortsgruppe Ulm mit rund 400 Mitgliedern. Allerdings seien auch in Ulm nur etwa 40 bis 50 Mitglieder aktiv, sodass der württembergische Stahlhelm weiterhin „zahlenmäßig und organisatorisch sehr schwach"[618] blieb. Zudem führten die Landesverbände aufgrund des zentralistischen Aufbaus des Stahlhelms kaum ein Eigenleben. In Baden traf der Stahlhelm auch von regierungsoffizieller Seite auf Gegenwind. 1926 untersagte die Karlsruher Regierung Schülern höherer Lehranstalten die Mitgliedschaft im Stahlhelm und die Teilnahme an dessen Veranstaltungen, da es sich um eine offen „verfassungsfeindliche Organisation"[619] handele.

Ende 1925 kam es zu einem erbitterten Streit zwischen den beiden bis dahin vom Stahlhelm unterstützten Parteien DVP und DNVP um die parlamentarische Annahme des Vertrags von Locarno. Infolge dieses Konflikts radikalisierte sich der Stahlhelm seit 1926 zusehends. Die im September 1928 verabschiedete „Hassbotschaft von Fürstenwalde" markierte die endgültige Abkehr vom Weimarer Staat:

614 Vgl. Bericht zum Landesverband Württemberg vom 27.9.1927, ebenda, Bl. 188 u. 194.
615 Vgl. Protestschreiben vom 28.8.1927, ebenda., Bl. 182 ff.
616 „Das Reichsbanner", 19.8.1928, Nr. 27, Gaubeilage Württemberg.
617 Vgl. Schreiben vom 31.3.1928, BArch, R 72, Nr. 65, Bl. 115.
618 Vgl. StA Sigmaringen, Wü 65/4 T2, 933.
619 Schreiben des badischen Ministers des Innern vom 5.7. u. 24.11.1926, GLA Karlsruhe 235, Nr. 20050.

„Wir hassen mit ganzer Seele den augenblicklichen Staatsaufbau, seine Form und seinen Inhalt [...], weil er uns die Aussicht versperrt, unser geknechtetes Vaterland zu befreien und das deutsche Volk von der verlogenen Kriegsschuld zu reinigen, den notwendigen Lebensraum im Osten zu gewinnen, das deutsche Volk wieder wehrhaft zu machen.“[620]

Stahlhelmführer Seldte ließ es bei einem Auftritt in Stuttgart am 16. März 1929 ebenfalls nicht an Deutlichkeit fehlen: „Der Stahlhelm hasst nicht den Staat, sondern er liebt ihn; er liebt ihn aber mit einer zornigen Liebe, weil man aus diesem Staat einen solchen Sauhaufen gemacht hat.“ Seit Mitte der 1920er-Jahre weichte zudem die anfangs strikte Abgrenzung gegenüber der nationalsozialistischen Bewegung auf. Dem neuen Kurs entsprechend, entwickelte sich der Stahlhelm zu der Vereinigung unter den „Vaterländischen Verbänden“, die sich am schärfsten vom Reichsbanner abgrenzte. Dieses verkündete seinerseits, dass der Stahlhelm „der Feind“ sei, der „in erster Linie geschlagen werden“[621] müsse.

Im Mai 1928 organisierte die Führung des Stahlhelms eine „Erhebung über gegnerische Verbände“, bei der in allen Landesverbänden die jeweilige Stärke von Reichsbanner, Rotfrontkämpferbund, Jungdeutschem Orden und anderen Organisationen ermittelt werden sollte.[622] Damit sollten die Behauptungen des Reichsbanners widerlegt werden, über eine Anhängerschaft in Millionenhöhe zu verfügen. Penibel versuchte man, sämtliche Ortsgruppen mit ihren Vorsitzenden und parlamentarisch aktiven Mitgliedern zu identifizieren, wobei allerdings fraglich bleibt, ob tatsächlich alle Ortsvereine erfasst wurden.[623] Insgesamt errechnete der Stahlhelm für Baden eine Mitgliedschaft des Reichsbanners von 12 905, für Württemberg von 15 000.[624] Im Hinblick auf die eigene Situation blieb besonders Württemberg für den Stahlhelm ein Sorgenkind, wie ein interner politischer Stimmungsbericht zeigt:

620 Zit. nach Bernd Weisbrod, Gewalt in der Politik. Zur politischen Kultur in Deutschland zwischen den beiden Weltkriegen, in: Geschichte in Wissenschaft und Unterricht 43 (1992), S. 391–404, hier S. 395.
621 Zit. nach Rohe, S. 343.
622 Vgl. Ziemann, Commemoration, S. 65. Vgl. auch BArch, R 72, Nr. 289, Bl. 2 ff.
623 Vgl. ebenda, Bl. 171 f.
624 Vgl. ebenda, Bl. 120.

„Wie bekannt hat sich der Stahlhelm in Württemberg in all den vergangenen Jahren sehr schwer getan. Er kam nie über eine Mitgliederzahl von ca. 150 hinaus. Allein in Ulm entstand unter Anschluß an den Landesverband Bayern im Laufe der Jahre eine größere geschlossene Gruppe, von denen allerdings die meisten Mitglieder auf bayerischem Gebiet wohnen. [...] Die schlechte Entwicklung lag [...] vor allem im Charakter des württembergischen Volkes begründet. Dem Wehrgedanken steht der Württemberger, trotzdem er ein guter Feldsoldat war, außerordentlich fern. Wohl national denkend, aber doch demokratischen Gedankengängen überaus zuneigend, ist der Württemberger nur sehr schwer in einer straffen Organisation zu erfassen."[625]

Obwohl der Bericht die gegnerischen Wehrverbände wie Reichsbanner und Rotfrontkämpferbund als „verhältnismäßig zum Reich schwach" einschätzt, werden die Sozialdemokratie und besonders der Chefredakteur der „Schwäbischen Tagwacht" und Vorsitzende des Stuttgarter Reichsbanners Kurt Schumacher als gefährliche Gegner identifiziert, die „mit allen Mitteln" arbeiteten. Schumacher besitze neben einer hervorragenden Rednergabe und Klugheit „eine ganz unglaubliche Frechheit" sowie größtes Ansehen in der SPD, wobei ihm helfe, dass er im Krieg einen Arm verloren habe. „Der Mann ist gar nicht als gefährlich genug anzusehen. Er ist bereits Landtagsabgeordneter und es hat sich gezeigt, daß im Landtag kein Mensch diesem Redner gewachsen ist."[626]

Das Reichsbanner spottete zur selben Zeit über den am Boden liegenden württembergischen Stahlhelm: Selbst die „so kläglich zusammengeschmolzenen Nationalsozialisten" seien um ein Vielfaches stärker als der kümmerliche Stahlhelm, der nur geringen Anklang finde und seit Jahren durch „ganz unglaubliche persönliche Stänkereien zerrissen und lahmgelegt"[627] sei. Auch in den Augen der württembergischen Polizei, die den Stahlhelm beobachtete, stellte dieser lange keine ernstzunehmende Gefahr dar. Bei der Mitgliederversammlung der Ortsgruppe Stuttgart 1928 zählten die Ordnungshüter gerade einmal 28 Teilnehmer (von etwa 70 Mitgliedern). Drei Dutzend „laue und interessenlose" Mitglieder habe die Ortsgruppe zudem zuletzt ausgeschlossen.[628] Bei einer Erhebung zum Stichtag 1. Oktober 1929

625 BArch, R 72, Nr. 291, Bl. 51.
626 Politischer Stimmungsbericht vom 5.4.1928, ebenda, Bl. 51 u. 53.
627 „Das Reichsbanner", 1928, Nr. 9, Gaubeilage Württemberg.
628 Vgl. StA Sigmaringen, Wü 65/4 T2, 933.

zählte der Landesverband Baden-Württemberg in seinen sieben Gauen (Kurpfalz, Mittelbaden, Breisgau, Seegau, Stuttgart, Ulm, Hohenlohe) insgesamt 2621 Mitglieder (davon 1409 im „Kernstahlhelm"). Der Organisationsschwerpunkt lag nach wie vor in Baden.[629]

In der Zeit der Großen Koalition zwischen 1928 und 1930 steigerte der Stahlhelm seine Aktivität: Auf „Reichsfrontsoldatentagen" trat der Stahlhelm öffentlich in Erscheinung, so z. B. kurz nach der Räumung des Rheinlandes durch die französische Besatzungsmacht im Oktober 1930 in Koblenz. Großen politischen Einfluss gewann der Stahlhelm nicht nur über Reichspräsident von Hindenburg, der als „Ehrenmitglied" geführt wurde, sondern auch über eine Vielzahl von personellen Bindungen zur DNVP.[630] Im Herbst 1929 beteiligte sich der Stahlhelm führend an der Propaganda zugunsten des Volksentscheids gegen den Young-Plan, der aber bei lediglich 13,8 Prozent Zustimmung als Misserfolg endete. In dieser Phase versuchte der württembergische Stahlhelm, die Bedeutung Württembergs als südliches Einfallstor für die „nationale Bewegung" hervorzuheben. Württemberg sei aufgrund seiner politischen, konfessionellen und wirtschaftlichen Struktur „das einzige Land im Süden, wo der Hebel angesetzt werden" könne; „weder in Baden noch in Bayern wird die nationale Bewegung in der Lage sein, sich durchzusetzen".[631] „Von jeher herrschte südlich des Maines ein starkes, gut deutsches Demokratentum, das sich aber nur einsetzt, wenn es merkt, dass das Volk die Bewegung will, nicht aber selbständig zufasst."[632]

Unterdessen ging spätestens mit dem NSDAP-Wahlerfolg vom 14. September 1930 ein schleichender Bedeutungsverlust des Stahlhelms einher: Hatte er noch vor den Wahlen gönnerhaft verkündet, man könne die „Braunhemdenkavallerie am rechten Flügel" als „Hilfstruppe" der eigenen schlachtentscheidenden „schweren Infanterie"[633] abkanzeln, so musste man sich nach der Wahl die neuen Kräfteverhältnisse eingestehen. Das Reichsbanner sah nach dem großen Erfolg der NSDAP in der SA ihren „eigentlichen Gegner", während man den Stahlhelm in die Kategorie der „Mindergefährlichen"[634] degradierte. Der Bericht über eine „Orientierungsreise" des Stahlhelm-Bundesvorstands im Februar 1931 durch den Landesverband Baden-Württemberg gibt Einblick in

629 Vgl. BArch, R72, Nr. 65.
630 1928 gehörten von 78 DNVP-Reichstagsabgeordneten 33 dem Stahlhelm an. Vgl. Fricke, S. 151.
631 Bericht über die politische Lage in Württemberg vom 5.10.1931, BArch, R 72, Nr. 65, Bl. 168.
632 Schreiben an das Bundesamt des Stahlhelms vom 23.7.1928, ebenda, Bl. 23.
633 Zit. nach Rohe, S. 343.
634 Ebenda.

dessen Verfassung. Zwar wurde ein Anwachsen auf nunmehr rund 4000 Mitglieder verzeichnet, doch seien weite Gebiete immer noch „weiße Fläche". Bislang habe man nirgendwo im Südwesten als „Masse" auftreten können.[635] Ein württembergischer Polizeibericht vermerkte im Sommer 1930 die „Gleichgültigkeit, die dem Stahlhelm in Württemberg gerade aus den Kreisen entgegengebracht wird, aus denen er sich in anderen Teilen des Reiches rekrutiert".[636] Auch die Beteiligung an der im Oktober 1931 gegründeten „Harzburger Front" konnte den Bedeutungsverlust des Stahlhelms nicht aufhalten, der bei den Reichspräsidentschaftswahlen 1932 offensichtlich wurde. Der gegen Paul von Hindenburg und Adolf Hitler vom Stahlhelm aufgestellte Zweite Bundesführer Theodor Duesterberg (1875–1950) blieb mit 6,8 Prozent im ersten Wahlgang ohne Chance, verzichtete auf eine Kandidatur im zweiten Wahlgang und rief seine Anhänger dazu auf, sich der Stimme zu enthalten. Im Südwesten blieb der Stahlhelm bis zum Ende der Republik in seiner Entwicklung hinter den Landesverbänden Nord- und Ostdeutschlands zurück. In einem Schreiben der Landesleitung an die Bundeszentrale vom 16. Dezember 1932 heißt es zur „außerordentlich schwierige[n] Arbeit hier in der Südwestecke":

„Die demokratische Einstellung aller Wirtschaftskreise und die beinahe feindliche Einstellung des Klerus teils sogar auch der evangelischen Geistlichkeit, dazu die feindliche und ablehnende Einstellung der drei Länderregierungen [...] Weiter ist der Süddeutsche nie von besonderer Opferfreudigkeit, oder großem Idealismus beseelt gewesen. [...] Das gänzliche Fehlen einer großen Staatsidee, einer großen Geschichte als Volk, hat die Menschen hier unten fast durchweg zu krassen Materialisten und Egoisten werden lassen. [...] In vielen Bezirken wird sogar der Stahlhelm als eine ‚preußische Einrichtung' auch von den national und vaterländisch denkenden Bevölkerungskreisen abgelehnt."[637]

Nach der Machtübernahme durch die Nationalsozialisten fungierte der Stahlhelm kurzzeitig als Auffangbecken von ehemaligen Reichsbanner-Mitgliedern, die ihr Organisationsgefüge mit einem Wechsel zum Stahlhelm zu retten versuchten. In Baden verfolgte seit Anfang 1934 die Gestapo den Stahlhelm, in dem sie zunehmend ein Sammelbecken nicht-anpassungswilliger Elemente vermutete. Laut Gestapo waren von

635 Bericht über eine Orientierungsreise im Landesverband Baden-Württemberg (21.–25.2.1931) vom 6.3.1931, BArch, R 72, Nr. 37, Bl. 22–33.

636 Polizeibericht, StA Sigmaringen, Wü 65/4 T2, 933.

637 Schreiben vom 16.12.1932, BArch, R 72, Nr. 65, Bl. 183.

den insgesamt 6000 seit 1933 aufgenommenen Mitgliedern in Baden ein Viertel vom Zentrum sowie ein Sechstel von den Arbeiterparteien übergelaufen, sodass das badische Gestapoamt noch im Sommer 1935, ein halbes Jahr, bevor Hitler die Organisation endgültig ausschalten ließ, 50 Ortsgruppen verbot.[638]

Der Historiker Albertin identifiziert vier Aspekte des Vergleichs zwischen Reichsbanner und Stahlhelm:[639] 1. die Anknüpfung an das gemeinsame Kriegserlebnis und dessen Auslegung; 2. die Position zum politischen System Weimars und das Selbstverständnis als „überparteilicher Verband"; 3. die Führungsstruktur beider Verbände, bei denen jeweils Anleihen an die Kriegserfahrung sichtbar wurden; 4. die Klassifizierung als „paramilitärische Verbände" angesichts des Aufstiegs der SA seit 1930. Beide Verbände legten in der Anfangszeit großen Wert auf die Trennung von Weltkriegsveteranen und ungedienten Mitgliedern. Ähnlich wie das Reichsbanner erkannte der Stahlhelm jedoch bald die Bedeutung der Nachwuchsförderung, da „wir mehr sein wollen als ein Verein der Veteranen, daß wir uns nicht darauf beschränken wollen, eine langsam absterbende Generation in der Erinnerung an Vergangenes zusammenzuhalten".[640] Dafür wurde zur Jahreswende 1924/25 der Jungstahlhelm gegründet, kurz darauf der „Stahlhelm-Landsturm" (seit 1927 „Ringstahlhelm"), der alle Mitglieder über 24 Jahre ohne Fronterfahrung umfasste. Die fronterfahrenen Mitglieder wurden im „Kernstahlhelm" zusammengefasst. Freilich bewahrte diese Trennung den Stahlhelm nicht davor, dass sich die ehemaligen Frontsoldaten – wie im Reichsbanner – zunehmend der „Vereinsmeierei" widmeten und das „Kriegervereinsmäßige" pflegten.[641] Grundsätzlich sprachen sich Reichsbanner und Stahlhelm gegenseitig das Recht und die Fähigkeit ab, sich angemessen und aus eigener Erfahrung über den Weltkrieg zu äußern.

Beide Organisationen beharrten bei gegensätzlicher Einstellung zum politischen Status quo der Weimarer Republik stets auf ihrer Überparteilichkeit und sprachen diese dem anderen ab. Schon 1924 mutmaßte der „Stahlhelm", die Flagge des Reichsbanners sei eigentlich nicht die schwarz-rot-goldene, sondern die rote, die im November 1918 für ganz andere Ziele gestanden hätte. Auch im Stahlhelm seien „zahlreiche

638 Vgl. Jörg Schadt, Verfolgung und Widerstand, in: Otto Borst (Hrsg.), Das Dritte Reich in Baden und Württemberg, Stuttgart 1988, S. 96–120, hier S. 114.
639 Vgl. Lothar Albertin, Stahlhelm und Reichsbanner. Bedrohung und Verteidigung der Weimarer Demokratie durch politische Kampfverbünde, in: Neue Politische Literatur 13 (1968), S. 462 f.
640 Zit. nach Bernd Ulrich/Benjamin Ziemann (Hrsg.), Krieg im Frieden. Die umkämpfte Erinnerung an den Ersten Weltkrieg, Frankfurt a. M. 1997, S. 172.
641 Vgl. Tautz, S. 492.

Kameraden, die sich zur Republik bekennen", sodass prinzipiell einem „freund-nachbarlichen Verhältnis" nichts im Wege stünde, wenn nicht unter dem national-überparteilichen Deckmantel der „marxistisch-pazifistische Pferdefuß" herausschaue. Andererseits stellte der Stahlhelm anfangs noch eine gewisse Nähe zum Reichsbanner in der Zielsetzung fest: Beide Organisationen verlangten Disziplin und Ordnung und stünden auf dem Boden der Verfassung.[642] Ein in der Frühzeit des Reichsbanners häufig vorgebrachter Vorwurf des Stahlhelms war, dass der Republikanerbund trotz seiner angeblich staatsbejahenden Position die Frage der Staatsform überflüssigerweise wieder aufgewärmt und die Zustimmung zur Republik in eine regelrechte Begeisterung für den neuen Staat umzuwandeln versucht habe. Hier wird der Grundkonflikt zwischen der Reichsbanner-Koalition und dem vom Stahlhelm unterstützten traditionalistisch-restaurativen Lager deutlich, der sich in der Flaggenfrage kristallisierte. Während das Reichsbanner durch seine überparteiliche Haltung eine Sammlungsbewegung schaffen wollte, um die Wirksamkeit von Parlament und Parteien zu ergänzen und zu verbessern, trachtete der Stahlhelm danach, diese zu ersetzen.[643] Bald schon wandte sich der Stahlhelm endgültig von der Republik und dem demokratischen Staatsaufbau ab und machte sich damit das Reichsbanner zum unversöhnlichen Gegner. Spätestens die „Hassbotschaft von Fürstenwalde" von 1928 ließ keinen Interpretationsspielraum mehr offen. Der Stahlhelm geriet im Zuge seiner Radikalisierung in eine immer stärkere personelle Verflechtung mit dem radikalen Flügel der DNVP und positionierte sich mit der Teilnahme an der „Harzburger Front" am äußersten rechten Rand, was den Anspruch auf Überparteilichkeit endgültig ad absurdum führte.

Im Stahlhelm zeigten sich nach wie vor aus dem Krieg übernommene traditionelle Formen von Befehl und Gehorsam, während das Reichsbanner trotz aller Bekundungen von Disziplin und Ordnung stärker demokratisiert war. Bezüglich des mehr oder weniger militärischen Auftretens witterte der Stahlhelm von Beginn an den Versuch des Reichsbanners, die eigenen Auftritte (unzureichend) zu imitieren.

642 Vgl. „Der Stahlhelm", 22.6.1924.
643 Vgl. Albertin, Stahlhelm und Reichsbanner, S. 463.

„Trotz aller Mühen, die sich das Reichsbanner gibt, sein äußeres Auftreten, seine Tagungen, Fahnenweihen usw. nahezu wörtlich vom Stahlhelm ‚abzuschreiben'. Der an unseren Feiern immer so verspottete und bekämpfte ‚militärische Klimbim' allein nämlich macht es nicht. Mag das ‚Reichsbanner' daher auch Millionen Mitglieder [?] zählen, seine Schaustellungen und Paraden werden, verglichen mit denen des ‚Stahlhelm', doch immer wirken wie der Parademarsch des Gesangvereins von Plundersweiler […]"[644]

1931 rühmte Seldte seine Organisation; sie habe den „Begriff des Frontsoldatentums […] der Nation so einpflanzen können, daß heute sehr viele Organisationen Wert darauf legen, ebenfalls aus dem Frontsoldatentum entstammend angesprochen zu werden".[645] Die dem Stahlhelm nahe stehende „Süddeutsche Zeitung für deutsche Politik und Volkswirtschaft" merkte im Juli 1931 süffisant an, man wolle die „Herren Sozialdemokraten nur bitten, dann nicht immer von Soldatenspielerei zu reden, wenn die rechtsstehenden Verbände in den Formen aufmarschieren, die Reichsbanner und Rot-Front nun allmählich doch als nicht so unnütz erkannt"[646] hätten. Tatsächlich legte auch das Reichsbanner größten Wert auf eine imposante Erscheinung in der Öffentlichkeit. Veranstaltungen sollten stets in „musterhafter Ordnung" und „straffer Gliederung" verlaufen. Zugleich vermied man aber ein allzu „zackiges" Auftreten und die Übernahme bestimmter militärischer Rituale wie des Zapfenstreichs.[647] Reichsbanner und Stahlhelm waren sich äußerlich ähnlicher, als sie es öffentlich zugegeben hätten. Sie trennte aber ein tiefer ideologischer Graben. Nach dem Wahlsieg der NSDAP im September 1930 löste die SA quasi über Nacht den Stahlhelm als Hauptgegner des Reichsbanners ab. In Baden und Württemberg hatte der preußisch geprägte Stahlhelm ohnehin nur ein Schattendasein geführt, was den politischen und mentalitätsgeschichtlichen Besonderheiten im Südwesten geschuldet war. Lange hatte die Stahlhelm-Führung die SA als „leichte Kavallerie" abgetan, die allenfalls als Hilfstruppe bei den eigenen Unternehmungen zu gebrauchen sei. Ende 1930 musste der Stahlhelm jedoch erkennen, dass sich die Kräfteverhältnisse gründlich gewandelt hatten.

644 „Der Stahlhelm", 2.11.1924.
645 Zit. nach Richard Bessel, Militarismus im innenpolitischen Leben der Weimarer Republik: Von den Freikorps zur SA, in: Müller/Opitz (Hrsg.), Militär, S. 193–222, hier S. 207.
646 „Süddeutsche Zeitung für deutsche Politik und Volkswirtschaft", 6.7.1931.
647 Vgl. Schumann, S. 250.

5.6
Verfeindeter Bruder: Roter Frontkämpferbund

So wie das Reichsbanner als eine Gegengründung zum Stahlhelm verstanden werden kann, kann man die Bildung des RFB als eine Antwort auf den Republikanerbund interpretieren. Die Gründung des Kampfbundes am 29. Juli 1924 in Halle (Saale) reagierte auf den Rekrutierungserfolg des Reichsbanners in einigen KPD-Hochburgen und sollte die eigene Anhängerschaft gegen die „Besetzung des öffentlichen Raumes durch die rechten Verbände"[648] mobilisieren. Wenngleich der RFB und das Reichsbanner offiziell unabhängige Organisationen darstellten, wurden ihre gegenseitigen Beziehungen doch entscheidend durch das Verhältnis von SPD und KPD bestimmt.[649] Die Haltung des RFB gegenüber dem Reichsbanner ist, von gelegentlichen taktischen Wendungen abgesehen, „in ihren Grundzügen immer konstant geblieben".[650] Sie spiegelte im Wesentlichen die Vorgaben des Zentralkomitees wider. Der ansonsten von den Direktiven der KPD abhängige RFB unterschied sich von der Partei insofern, als er die vom Klassenkampf überzeugten Kriegsteilnehmer zu organisieren suchte und infolgedessen mindestens die Hälfte der Mitglieder kein KPD-Parteibuch besaß.[651] Nichtsdestotrotz galt der RFB als militanter Arm der KPD und wurde entsprechend vom Reichsbanner als Bedrohung eingestuft. Die Kommunisten galten ihm als „gewalttätige Störenfriede des nationalen Wiederaufbaus, als politische Verbrecher". Für den RFB hingegen stellten die Mitglieder des Reichsbanners nichts weiter als eine „Schutztruppe des Kapitals", „Feinde des Proletariats" oder „Prätorianergarde gegen die Arbeiterschaft"[652] dar.

648 Schumann, S. 253.
649 Vgl. Diehl, S. 187.
650 Rohe, S. 350.
651 Vgl. ebenda.
652 Schumann, S. 264 u. „Schwäbische Tagwacht", 28.9.1927.

In seinem Verhältnis zum Reichsbanner verfolgte der RFB im Laufe der Jahre unterschiedliche Strategien, die grundsätzliche Gegnerschaft verschwand jedoch nie. Ein ausführlicher RFB-Bericht von 1925 zeigt die herablassende Sicht, mit der das Reichsbanner betrachtet wurde. Danach habe das Reichsbanner Anfang 1925 seinen Höhepunkt überschritten und befand sich in einer Phase der Stagnation. Für die angeblichen Mitgliederzahlen von über zwei Millionen lägen keine Belege vor, vielmehr sei von einer Mitgliederstärke von circa 600 000 Mann in 5000 Ortsvereinen auszugehen. „Fest organisiert, aktiv tätig und beitragsleistend" seien aber lediglich 220 000 bis 240 000 Mitglieder. Die Tätigkeit beschränke sich auf reine Propagandaveranstaltungen, wobei sich inzwischen innerhalb der Organisation eine „starke Unzufriedenheit über die sinn- und planlosen Feiern" breitmache. Auch die kämpferische Einstellung der Anfangszeit sei gewichen. Die Mitglieder wichen jeder Auseinandersetzung aus, da die Reichsbannerführung ihnen sogar die Selbstverteidigung verboten habe, sodass dennoch erfolgende Zusammenstöße „gewöhnlich mit einer Flucht"[653] des Reichsbanners endeten. Infolge des 6. Weltkongresses der Komintern, auf dem die Sozialdemokraten als „direkte Träger des bürgerlichen Einflusses im Proletariat und als beste Stütze der kapitalistischen Ordnung" bezeichnet wurden, leiteten KPD und RFB 1928 einen Kurswechsel ein. Bereits auf einer Tagung am 28. und 29. November 1928 hatte der RFB den „verschärften Kampf gegen den Sozialimperialismus der SPD und des Reichsbanners" und eine „Verstärkung des Kampfcharakters des RFB"[654] beschlossen. Nach der Reichstagswahl 1928 galten auch dem Reichsbanner die Kommunisten als gefährlichster Feind.[655] Auf Seiten der KPD fand diese Überzeugung ihre Entsprechung in der seit 1928 vertretenen Sozialfaschismus-These. Über das Reichsbanner hieß es in einem internen Papier des RFB vom November 1928:

653 Bericht zur Entwicklung des Reichsbanners Schwarz-Rot-Gold 1925, BArch, RY 12 II, 113–1, Bl. 2–12.
654 Zit. nach Kurt G. P. Schuster, Der Rote Frontkämpferbund 1924–1929. Beiträge zur Geschichte und Organisationsstruktur eines politischen Kampfbundes, Düsseldorf 1975, S. 180.
655 Vgl. „Das Reichsbanner", 27.5.1928, Nr. 15.

„Mit der Steigerung der ideologischen und technischen Kriegsrüstung der deutschen Bourgeoisie und der Bildung der […] Großen Koalition nimmt das Reichsbanner, das zahlenmäßig seit langem alle anderen Verbände überflügelte, auch hinsichtlich seiner politischen Bedeutung die erste Stelle unter den bürgerlichen Wehrverbänden ein. […] das Reichsbanner [ist] mehr als alle anderen Verbände für Krieg und Kriegsvorbereitung geeignet:

a) als Verfechter der burgfriedlich-wirtschaftsdemokratischen Ideologie sowie als Träger und organisatorische Basis des Koalitionsgedankens.

b) als Faktor zur Verbürgerlichung der Arbeiterbewegung […]

c) als ideologisches und organisatorisches Bindeglied zwischen Wehrmacht und Arbeiterschaft."[656]

Andererseits wirkte das Reichsbanner zu diesem Zeitpunkt jedoch weit weniger gefährlich: Es habe seinen Mitgliederhöchststand erreicht, ein weiteres organisatorisches Wachstum sei unmöglich. Zudem mache sich im gesamten Reich „eine außerordentliche, ständig zunehmende Passivität bemerkbar",[657] die sich besonders bei den Aufmärschen zeige und den Großteil der Mitglieder erfasst habe. Den endgültigen Bruch mit der SPD und dem Reichsbanner markierte das am 6. Mai 1929 ausgesprochene Verbot des RFB in Preußen, dem sich in den folgenden Tagen die anderen Länder anschlossen, Baden und Württemberg am 13. Mai.[658] Auslöser für das Verbot waren schwere Ausschreitungen zwischen kommunistischen Demonstranten und der Polizei in den ersten Maitagen in Berlin („Berliner Blutmai") mit über 30 Toten, als sich trotz eines Verbots des sozialdemokratischen Polizeipräsidenten Anhänger des RFB versammelt hatten. Tatsächlich stellte der RFB, der zum Zeitpunkt seiner Auflösung etwa 80 000 Mitglieder umfasste, „kein[en] ernsthafte[n] Bedrohungsfaktor"[659] für seine politischen Gegner mehr dar. Für die KPD bedeutete die zwangsweise Auflösung ihres paramilitärischen Kampfbundes einen herben organisatorischen Rückschlag. In den letzten vier Jahren der Republik mussten der RFB bzw. seine Nachfolger ihre Ziele aus der Illegalität verfolgen, stets misstrauisch beäugt durch das Reichsbanner.[660] Beide südwestdeutsche Reichsbanner-Gaue betrieben bis zuletzt eine strikte Abgrenzung gegenüber den gelegentlich aufkommenden Angeboten zu einer antifaschistischen „Einheitsfront". Die badische Landesleitung der „Eisernen Front" ermahnte ihre Anhänger noch während der letzten Reichstagswahlkämpfe Ende Juni 1932, jeden Versuch der Kommunisten, „sich der Soziald. Partei an die Rockschöße zu hängen", mit aller Entschiedenheit abzuweisen.

„Den Kommunisten kommt es nicht auf die Schaffung der Einheitsfront an, sondern nur auf die Zerstörung der Soziald. Partei. [...] Das Abschütteln der Kommunisten [...] ist deshalb oberstes Gebot bei der Durchführung des Reichstagswahlkampfes."[661]

656 Die Entwicklung der bürgerlichen Wehrverbände seit der IV. Reichskonferenz und unsere Aufgaben. Entschließung des Bundesausschusses am 28./29. November 1928, BArch, RY1/I4/2, Nr. 12, Bl. 5.
657 Ebenda, Bl. 5 f.
658 Vgl. Schuster, S. 223.
659 Mommsen, Aufstieg, S. 291.
660 Vgl. „Das Reichsbanner", 24.5.1930, Nr. 21, Gaubeilage Baden.
661 Rundschreiben der Landesleitung der „Eisernen Front" Baden vom 29.6.1932, StA Freiburg, W 307, Nr. 61.

In Baden erfolgte die Gründung der ersten Ortsgruppe des RFB am 18. September 1924 in Mannheim, wo der Chefredakteur der kommunistischen „Mannheimer Arbeiterzeitung", Rudolf Seyfried (1897–1949), mit dem Aufbau des RFB im Land betraut worden war.[662] Allerdings erfolgte die Ausbreitung nur sehr schleppend. Bis Ende des Jahres entstanden auf badischem Gebiet nur drei weitere Ortsgruppen,[663] und auch zum Zeitpunkt des Verbots 1929 bestanden nur 37 Ortsgruppen in sechs „Untergauen" (Mannheim, Heidelberg, Karlsruhe, Kehl, Lörrach und Konstanz).[664] In Württemberg begann die Existenz des RFB erst Anfang Dezember 1924 in Stuttgart in klarer Abgrenzung zum Reichsbanner. Schon bei der Gründungsversammlung im Stuttgarter Gewerkschaftshaus wurde die scharfe Gegnerschaft zum Reichsbanner deutlich. In der Aussprache zog sich bei allen Diskussionsteilnehmern „der Haß gen das Reichsbanner Schwarz-Rot-Gold wie ein roter Faden"[665] durch die Ausführungen. Anfang 1927 ergab eine Erhebung über den Organisationsstand in Baden, dass die Partei mehr Ortsgruppen und mehr Mitglieder aufwies als der RFB. Das Verhältnis müsse aber, wie in fast allen anderen Gauen, umgekehrt sein, da der RFB vor allem die indifferenten Arbeiter sammeln wolle, die sich (noch) nicht parteipolitisch binden möchten. Leider werde der RFB selbst von vielen Parteigenossen als „überflüssiges Anhängsel"[666] betrachtet, das der Parteiarbeit im Wege stehe. Die Behörden in Baden und Württemberg widmeten dem RFB wie auch der KPD-Parteiorganisation große Aufmerksamkeit. Bei einer Zusammenkunft von badischen und württembergischen Richtern und Staatsanwälten im Stuttgarter Polizeipräsidium waren sich im Januar 1924 alle Beteiligten einig, „eine nähere Kenntnis der KPD, ihrer Einrichtungen und Taktik" sei „von größter Bedeutung", da man es mit einem „entschlossenen, hemmungslosen und gefährlichen Gegner"[667] von Staat und Gesellschaft zu tun habe.

Hinsichtlich einer Zusammenarbeit mit SPD und Reichsbanner verfolgte der RFB nach einer anfänglich strikten Abgrenzung in der Mitte der 1920er-Jahre die Strategie der sogenannten Einheitsfront, mit der gemeinsame Ziele erreicht und zugleich die SPD und ihre Vorfeldorganisationen infiltriert und beeinflusst werden sollten. Mit dem Abrücken der bürgerlichen Bündnispartner vom Reichsbanner seit 1926 und der Kampagne zum Volksentscheid über die Fürstenenteignung

662 Vgl. Schuster, S. 91.
663 Vgl. Werner Hinze, Schalmeienklänge im Fackelschein. Ein Beitrag zur Kriegskultur der Zwischenkriegszeit, Hamburg 2002, S. 72; vgl. auch Diehl, S. 185.
664 Vgl. Schuster, S. 247.
665 „Süddeutsche Arbeiter-Zeitung", 5.12.1924.
666 Schreiben der RFB-Gauführung Baden vom 20.1.1927, BArch, RY1/I4/2, Nr. 16, Bl. 113.
667 Protokoll der Besprechung im Polizeipräsidium Stuttgart vom 30.8.1924, StA Ludwigsburg, F 215, Bü 640.

ergaben sich Anknüpfungspunkte und Ansätze für eine Kooperation, die der RFB zur Tuchfühlung nutzte.[668] Beschlossen wurde die Vorgehensweise gegen den Widerstand des Bezirks Baden auf der 2. Reichskonferenz des RFB im Mai 1925.[669] Dessen Agitation richtete sich von nun an vor allem gegen den rechten SPD-Flügel und die Reichsbannerführung, um im Reichsbanner organisierte Arbeiter abzuwerben, die sich durch die Überparteilichkeit eingeengt fühlten. Die mit großem Aufwand betriebene Zersetzungspolitik stieß im Reichsbanner auf schroffe Ablehnung. In der Presse wurden die Mitglieder vor Anbiederungsversuchen gewarnt und verräterische Anweisungen an die RFB-Mitglieder abgedruckt, nach denen man im Umgang mit Reichsbannerleuten „nicht gleich als RFB-Mann auftreten, sondern als aufrichtiger Freund sich geben"[670] solle. Hörsing stellte klar, dass „unabhängig von der möglicherweise vorhandenen Übereinstimmung der politischen Ziele ‚gemeinsame Aktionen' [...] nicht in Frage" kamen. Nach dem Volksentscheid zur Fürstenenteignung finden sich „kaum noch Meldungen über ein gemeinsames Auftreten beider Organisationen".[671] Eine vom RFB angeregte Reihe von Kundgebungen in Stuttgart und anderen Städten Württembergs gegen einen Stahlhelmtag in Berlin verweigerte das Reichsbanner aus „politischen und aus Gründen der Selbstachtung".[672] Auch gegen eine kommunistische Zellenbildung innerhalb des Reichsbanners verwahrte sich die Gauführung in Stuttgart vehement: „In Württemberg jedenfalls werden wir auch in Zukunft mit diesen üblen Elementen genau so schnell und rücksichtslos Schluß zu machen wissen wie bisher!"[673] Der RFB vermeldete zwar aus vielen Gauen Erfolge bei der Umsetzung der neuen Linie, doch blieb die Taktik der Einheitsfront langfristig ohne durchschlagenden Erfolg.[674]

Physische Auseinandersetzungen scheint es in diesen Jahren auch im Südwesten kaum gegeben zu haben. Trotz aller scharfen Abgrenzungsrhetorik der jeweiligen Führung gab es an der Basis eine Art gemeinsames Klassenbewusstsein, das bis zum Ende der 1920er-Jahre gewaltsame Ausschreitungen verhinderte. Da das Reichsbanner dennoch von Beginn an als ein Hauptfeind betrachtet wurde, sammelte der RFB Informationen über den Konkurrenzverband.[675] Ein Polizeibericht über den Organisationsstand des RFB in Württemberg vom August 1927 nennt eine Mitgliederzahl von 1936 Mann, 1505 im RFB und 431 in seiner

668 Vgl. „Volksstimme" (Mannheim), 9.2.1927.
669 Vgl. Schuster, S. 144.
670 „Schwäbische Tagwacht", 6.5.1927.
671 Schuster, S. 150 u. 152.
672 „Schwäbische Tagwacht", 3.5.1927.
673 Ebenda, 28.9.1927.
674 Vgl. Diehl, S. 188 u. Rohe, S. 251.
675 Vgl. Auszug Protokoll der Besprechungen mit den einzelnen Bezirken am 25.2.1925, BArch, RY 1/I4/2, Nr. 6, Bl. 3 f.

Jugendorganisation „Rote Jungfront". Gezählt wurden nur die Mitglieder, die ihre Beiträge entrichtet hätten. Der tatsächliche Mitgliederbestand dürfte darüber gelegen haben. Der Bericht verzeichnet 36 Ortsgruppen, die größten in Stuttgart, Heilbronn und Esslingen.[676] Die „Erhebung über gegnerische Verbände" des Stahlhelms vom Mai 1928, die allerdings nicht flächendeckend war, nannte eine Mitgliederzahl des RFB in Baden von 490 und in Württemberg von 2500.[677] Bei der Auflösung des Verbandes existierten 29 Ortsgruppen in acht Untergauen (Heilbronn, Ludwigsburg, Esslingen, Göppingen, Ulm, Nürtingen, Backnang und Schwenningen).[678]

Bei einem Vergleich des RFB mit dem Reichsbanner lohnt besonders der Blick auf den Grad der Militarisierung und das Erscheinungsbild in der Öffentlichkeit. Eine auffällige Parallele stellt der hohe Stellenwert des Wehrsports dar, der im RFB auch als solcher bezeichnet wurde. Gemäß der Maxime „Die beste Ausbildung ist die praktischste. Keine langstieligen Zimmerstudien" bot er ähnliche Komponenten wie der „Schutzsport" des Reichsbanners. Zum Wehrsport zählten neben Sportarten zur allgemeinen Ertüchtigung (Turnen, Leichtathletik, Schwimmen, Fußball) auch Kampfsport (Boxen, Jiu-Jitsu, Kleinkaliber-Schießen) sowie Geländeübungen, Lesen geografischer Karten und Demonstrationsübungen für Auseinandersetzungen. Den RFB zeichnete eine deutlich höhere Gewaltbereitschaft als seinen republikanischen Widersacher aus. Bei den Auseinandersetzungen zwischen Reichsbanner und Kommunisten während der letzten Jahre der Republik (auch nach dem RFB-Verbot) gilt es jedoch zwischen Parteikadern und einfachen Anhängern der KPD zu unterscheiden. Denn bei aller offiziellen Polemik der KPD-Presse „gingen Kommunisten nur selten gegen Sozialdemokraten vor" und falls doch, dann meist bei größeren Kundgebungen, die von KPD-Störtrupps sabotiert wurden. „Gewöhnliche Veranstaltungen der SPD und des Reichsbanners wurden hingegen nicht zur Zielscheibe systematischer Attacken seitens der KPD",[679] auch wenn gemeinsame Aktionen gegen die Gegner von rechts eine Ausnahme blieben. Während für den Großteil der RFB-Basis der Hauptgegner weiterhin rechts stand, erkoren viele gewaltbereite Kommunisten die in vielen Ländern sozialdemokratisch geführte Polizei zum Erzfeind.

676 Vgl. Stand des Roten Frontkämpferbundes in Württemberg, StA Sigmaringen, Wü 65/4 T2, 932.
677 Vgl. BArch, R 72, Nr. 289, Bl. 172.
678 Vgl. Schuster, S. 248.
679 Schumann, S. 308 f.

Trotz seiner Außenseiterstellung konnte er durch sein straffes militärisches Auftreten ein gewisses Prestige erlangen. Selbst Gegner mussten anerkennen, dass der im RFB herrschende „soldatische Geist", seine Disziplin und Schlagkraft „wesentlich mehr [beeindruckten] als das Reichsbanner".[680] In den Bereichen „Rituale" und „Symbolsprache" war der RFB seinem republikanischen Widerpart zunächst überlegen. So wurde der mit geballter Faust ausgerufene Gruß „Rot Front!" zu einem populären, weithin akzeptierten Erkennungszeichen innerhalb der kommunistischen Arbeiterbewegung, wogegen es dem Reichsbanner bis zu den Reformen Tschachotins an ähnlich effektvollen Zeichen fehlte.[681] Der Gebrauch militärischer Elemente und Formensprache war bei beiden Verbänden sicherlich eine Antwort auf die Herausforderung durch die Rechtsverbände. Als Teil einer revolutionären Bewegung, die eines Tages gewaltsam die herrschende Bourgeoisie überwinden würde, hatte der RFB viel weniger Skrupel, seinen militanten Charakter nach außen zu zeigen. In diesem Sinne ging das Selbstverständnis des RFB weit über das einer Selbstschutzorganisation hinaus. Vielmehr verstand man sich als Reservoir für eine zukünftige revolutionäre Armee. Dennoch verschwanden trotz der unüberbrückbaren Differenzen die Ängste in weiten Teilen der Bevölkerung, insbesondere der Mittelschichten, nicht, dass im Ernstfall Reichsbanner und RFB gemeinsame Sache machen könnten. So halfen sie unfreiwillig den Wehrverbänden des rechten Spektrums, ihre Existenz als defensive Notwendigkeit zu legitimieren.

680 Voigt, S. 272.
681 Vgl. ebenda, S. 288.

5.7 Hauptfeind der späten Jahre: Sturmabteilung

Was die SA neben allen politischen Differenzen im Wesentlichen von den anderen Wehrverbänden der Weimarer Zeit unterschied, war ihre politische Durchschlagskraft. Als Parteiarmee der NSDAP war ihre Stellung in parteipolitischen Auseinandersetzungen niemals zweideutig.

„Dies machte die SA zu einem ganz anderen Typ von Organisation als die Freikorps oder die Wehrverbände, denen diese klare politische Zielstrebigkeit fehlte."[682]

Auch das Reichsbanner betrachtete die SA als eine „nach militärischen Grundsätzen organisierte, ausgebildete und straff disziplinierte Kampftruppe", die sich grundsätzlich nicht mit der Politik befasste, sondern als „Erziehungs-, Propaganda- und Schutzinstrument"[683] der NSDAP wirkte. Sie verlangte von ihren Mitgliedern umfassende Bereitschaft und Einsatz, sodass für viele die Mitgliedschaft einer Kasernierung gleichkam.[684] Der Dienst in der SA, deren Mitglieder meist zwischen 18 und 25 Jahre alt waren, umfasste viele Stunden militärischer Ausbildung und Übungen, die der „Erziehung des SA-Mannes zu Schnelligkeit, Ausdauer, Härte und Mut"[685] gewidmet wurden. Freilich diente die paramilitärische Ausbildung keinem Selbstzweck, da die NSDAP die Wahlkämpfe nicht als Schauplatz politischer Debatten ansah, sondern als Feldzug, in dem der SA die Aufgabe zukam, durch Straßengewalt und politischen Terror ein Gefühl beständiger Bedrohung zu verbreiten. Typisch für die NS-Parteiarmee war das Übertragen von militärischen Taktiken auf die Innenpolitik, beispielsweise durch den massierten Einsatz von mobilen Einheiten, die ohne Vorwarnung auf Lastkraftwagen vor allem kleinere Landgemeinden anfuhren und regelrecht überschwemmten.

682 Bessel, S. 207.
683 Broschüre des Reichsbanners „Unsre Gegner", S. 4, in: AdsD, NL Franz Osterroth, Box 53, Mappe 140.
684 Vgl. Bessel, S. 211.
685 Zit. nach Bräunche, S. 35.

Um der Gesellschaft, wie es der Faschismustheoretiker August Thalheimer (1884–1948) 1930 formulierte, „Ruhe und Ordnung" zu versprechen und sich als „Retter" aufzuspielen, musste die SA zunächst selbst ein ständiges Gefühl der Bedrohung und Unsicherheit vermitteln.[686]

Noch im Frühjahr 1927 musste der badische NS-Gauleiter Robert Wagner die Rückständigkeit der SA in Sachen Mitgliederstärke und Organisation im Südwesten einräumen. 1929 verfügte die badische SA aber bereits über fünf Standarten mit rund 1200 Mitgliedern und konnte in den beiden Folgejahren unter ihrem neuen Leiter Major a. D. Max Fröhlich den Mitgliederstand verdoppeln.[687] Im Vorfeld der Landtagswahl vom Oktober 1929 verkündete die NSDAP selbstbewusst, es ginge darum, „in der Traditionsdemokratie ‚Muschterland' die seit 1918 in Baden bestehende Weimarer Koalition (schwarz-rot, und wie!) zu verhauen".[688] In der Folge ging der Ausbau der badischen SA-Organisation voran. Im Mai 1931 zählte sie schon über 3400 Mitglieder. Beim Ausbau der Verbandsinfrastruktur (Bau von SA-Heimen) bemühte sich die SA vor allem um die zahlreichen Arbeitslosen. Infolgedessen wuchs die badische SA weiter: Im Oktober 1931 rechnete das Landespolizeiamt Karlsruhe mit circa 5000 Neuzugängen seit Jahresbeginn, im Juli 1932 sprach die badische Regierung von einer Gesamtstärke von 12 000 Mann.[689]
Kurz vor der Reichstagswahl vom November 1932 nannte die NSDAP-Reichspropagandaleitung die Zahl von 15 000 SA-Männern in Baden.[690]

Schleppender gestaltete sich der Aufstieg von NSDAP und SA in Württemberg, wo ihre Entwicklung nach einem Bericht der württembergischen Polizei von 1931 „im Hinblick auf Mitgliederzuwachs und Einflussgewinn weit hinter anderen Ländern" zurückblieb. Das langsame Wachstum der NS-Bewegung in Württemberg erscheint „umso interessanter, als die Sozial- und Konfessionsstruktur Württembergs den Erfolg der NSDAP hätte begünstigen müssen".[691] Ein hoher Anteil von Protestanten, Selbstständigen und mithelfenden Familienangehörigen sowie von Beschäftigten in Landwirtschaft und Mittelstand hätten eigentlich für eine stark entwickelte NSDAP gesprochen.[692] Die 1925

686 Vgl. Weisbrod, S. 398.
687 Die Zahl der NSDAP-Parteimitglieder wuchs nach parteieigenen Angaben zwischen März 1928 und Ende 1930 von rund 2500 (in 48 Ortsgruppen) auf 5.259 (in 228 Ortsgruppen). Vgl. Bräunche, S. 227.
688 Bräunche, S. 24.
689 Vgl. Bericht über politische Ausschreitungen in Baden, GLA Karlsruhe, 233, Nr. 27916.
690 Vgl. Bräunche, S. 35.
691 Thomas Schnabel, Die NSDAP in Württemberg. Die Schwäche einer regionalen Parteiorganisation, in: ders. (Hrsg.), Die Machtergreifung in Südwestdeutschland. Das Ende der Weimarer Republik in Baden und Württemberg 1928–1933, Stuttgart u. a. 1982, S. 49–81, hier S. 49.
692 Vgl. Eberhard Schanbacher, Das Wählervotum und die „Machtergreifung" im deutschen Südwesten, in: Schnabel (Hrsg.), Machtergreifung, S. 295–317, hier S. 306 f.

wiedergegründete Parteiorganisation krankte jedoch an inneren Querelen und Unzulänglichkeiten, u. a. am mangelnden Engagement der Mitglieder (besonders in der Ortsgruppe Stuttgart), fehlender Parteipresse, Finanzproblemen, geringem Einfluss auf die Wirtschafts- und Interessenverbände sowie einem zeitweise zerrütteten Verhältnis zur SA-Führung. Erst seit Ende 1929 machte sich eine langsame Besserung der Lage bemerkbar, als die Mitgliederzahl der NSDAP einen Stand von 1500 erreichte. Im Juli 1930 schätzte die politische Polizei die Mitgliederstärke bereits auf über 5000 Personen. Die SA konnte im gleichen Zeitraum unter der Führung des ehemaligen Freikorpsoffiziers Dietrich von Jagow eine Steigerung von rund 300 auf etwa 1300 Mitglieder verzeichnen.[693] Für Partei und SA bedeutete der Dauereinsatz in den Wahlkämpfen eine fast endlose Abfolge von Massenversammlungen, die nach einem ähnlichen Schema abliefen:

„Schneidiger Einmarsch der SA und SS unter Trommel- und Pfeifengesang; stürmische Begrüßung, glänzender, klarer und verständlicher Vortrag über diverse sich immer wiederholende Themen; eventuell gegnerischer Diskussionsbeitrag, der natürlich vollständig widerlegt wird; den Abschluss bildete das Horst-Wessel-Lied.“[694]

So wie die NSDAP lange kaum aus der Reihe bedeutungsloser Splitterparteien herausragte, spielte auch die SA für das Reichsbanner lange nur die „Rolle eines Gegners unter anderen“, dem in der „Gefährlichkeitsskala der republikanischen Vereinigung nicht einmal die erste Stelle zukam“.[695] Mit dem Wahlerfolg vom 14. September 1930 übernahmen die NSDAP bzw. die SA gleichsam über Nacht die Rolle des Hauptgegners des Reichsbanners. Nun besaßen die Kämpfe des Reichsbanners mit den Nationalsozialisten eine „wesentlich andere Qualität, als die mit den Kommunisten, die SA war von einer hemmungslosen und schrankenlosen Brutalität, die für keinerlei Mitleid oder Gnade Raum ließ“.[696] 1931 stellte das Reichsbanner das Hauptangriffsziel der NSDAP dar. Im Laufe des Jahres wurden 961 Übergriffe von Nationalsozialisten gegen das Reichsbanner festgestellt, dagegen „nur“ 839 Übergriffe gegen Kommunisten. Auch außerhalb Preußens nahmen die Gewalttaten gegen Reichsbannerleute zu. 1931 richteten sich 55 Prozent der politischen NS-Gewalttaten gegen sie.[697]

693 Vgl. Schnabel, NSDAP, S. 56.
694 Ebenda, NSDAP, S. 63.
695 Rohe, S. 342.
696 Mintert, S. 73.
697 Vgl. Sven Reichardt, Totalitäre Gewaltpolitik? Überlegungen zum Verhältnis von nationalsozialistischer und kommunistischer Gewalt in der Weimarer Republik, in: Wolfgang Hardtwig (Hrsg.), Ordnungen in der Krise. Zur politischen Kulturgeschichte Deutschlands 900–1933, München 2007, S. 388.

Im Januar 1929 erschienen die Nationalsozialisten zum ersten Mal auch in der Reichsbannerpresse des Südwestens als neue politische Kraft, die den alten Wehrverbänden zunehmend den Rang ablief. „Den Republikanern sollte es zu denken geben, daß die Rechtsverbände mit solcher Kühnheit versuchen, sich im badischen Lande breitzumachen."[698] Wenig später, im Juni 1929, berichtete das badische Reichsbanner erstmals über einen Überfall von mit Flaschen bewaffneten „Hakenkreuzlern" auf zwei Reichsbannerleute nach einer republikanischen Kundgebung bei Heidelberg.[699] Derartige Vorfälle sollten schon bald zur Tagesordnung gehören. Ein Zwischenfall in Heidelberg anlässlich eines Treffens sozialistischer Studenten im Jahr 1930 zeigt, dass die NSDAP seitdem auch vor überfallartigen Störmanövern in größeren Städten nicht mehr zurückschreckte:

„Als das zu spät aufgebotene Reichsbanner eintraf, waren schon mehrere hundert Nationalsozialisten da, die durch Schreien und Pfeifen, durch Gejohle und Trampeln sowohl den Versammlungsleiter wie auch den Redner nicht zu Wort kommen ließen. Es entstand eine Schlägerei, bei der auch in Universitätsräumen (!) fabriziertes Tränengas verwendet wurde. Sogar dem herbeigerufenen Polizeikommando gelang es nicht, Ruhe zu erzielen. Die Versammlung mußte geschlossen werden. Die Zwischenrufe der Nationalsozialisten ließen deutlich erkennen, daß man es vornehmlich auf das Reichsbanner abgesehen hatte."[700]

Die Einstellung der SA war geprägt von einer unterschiedslosen Diffamierung von Kommunisten und Sozialdemokraten, denen als „marxistische" Parteien von vornherein eine antinationale Haltung und eine moralische Verdorbenheit unterstellt wurden. Bezeichnend waren Formulierungen wie „rotes Gesindel", „Haufen von roten Strolchen" oder „räudige Hunde",[701] welche aus der menschlichen Gesellschaft ausgeschlossen werden sollten. Zum Repertoire der Nationalsozialisten gehörten auch Herabsetzungen einzelner SPD- und Reichsbanner-Funktionäre, die sich in den Augen der NSDAP besonders diskreditiert hatten. Die galt auch für den jungen Stuttgarter Amtsrichter und Sozialdemokraten Fritz Bauer (1903–1968), der nach 1945 als leitender Staatsanwalt in Frankfurt am Main entscheidenden Anteil am

698 „Das Reichsbanner", 19.1.1929, Nr. 3, Gaubeilage Baden.
699 Vgl. ebenda, 22.6.1929, Nr. 25, Gaubeilage Baden.
700 Ebenda, 15.2.1930, Nr. 7, S. 2.
701 Reichardt, Gewaltpolitik, S. 388.

Zustandekommen der Auschwitz-Prozesse haben sollte. Als Jude den Nationalsozialisten ohnehin verhasst, geriet Bauer 1931 ins Fadenkreuz der Stuttgarter NS-Presse, die ihm vorwarf, in seiner Eigenschaft als Amtsrichter der SPD-Zeitung „Schwäbische Tagwacht" Gerichtsakten zugespielt zu haben.[702]

Gegenüber dem Reichsbanner zeigten die Nationalsozialisten eine merkwürdige Attitüde aus Verachtung für eine vermeintlich lächerliche und verweichlichte Mitgliedschaft einerseits und einer von Panikmache und überzogenen Vorwürfen geprägten Stimmungsmache gegen einen angeblich zu allem entschlossenen Gegner andererseits. So unterstellte die NS-Presse den als „Reichsbananen" oder „Reichsjammerlappen" titulierten Gegnern, Aufmärsche und Veranstaltungen in unsoldatischer Weise vom Wetter abhängig zu machen.[703] Über einen Aufmarsch von Reichsbanner-Mitgliedern zu einem Gautreffen in Stuttgart hieß es:

„Und die Hörsinggardisten [...] waren alle, alle trotz des für Reichsjammerverhältnisse ungewöhnlich früh angesetzten Termins [10 Uhr, d. Verf.] vollzählig erschienen. [...] Würdevoll in die frische Morgenwitterung hinausragende Konsumvereinsdirektorenbäuche, kupferrote Gewerkschaftssekretärsnasen, vom Nachwuchs ganz zu schweigen, das waren die ungewöhnlichen Zierden, die diesen Aufmarsch kennzeichneten. [...] Es soll Leute gegeben haben, die zu Tränen gerührt waren ob dieser wuchtigen Demonstration für die Schönheiten und Würden der deutschen Republik, man munkelt allerdings, daß diese Tränen den Ausdruck eines unbändigen Lachkrampfes darstellten, der einem beim Vorbeidefilieren dieser ‚prächtigen' Gestalten kommen mußte."[704]

Zugleich berichteten NS-Blätter in großer Aufmachung über die vermeintliche Bürgerkriegshetze des Reichsbanners und führten handgreifliche Auseinandersetzungen mit der SA stets auf hinterhältige Überfälle des Republikanerbundes zurück. Besonders nach der Gründung der „Eisernen Front" kursierten immer wieder Berichte über angebliche Geheimpläne des „Mordbanners" für den Fall eines Bürgerkriegs bzw. eines gewaltsamen Umsturzes.[705] Zusammentreffen zwischen Nationalsozialisten und „Eiserner Front" mündeten zwar nicht zwangsläufig in Gewalt, erzeugten jedoch eine hochexplosive Stimmung, die jederzeit in Gewalt umschlagen konnte.

702 Vgl. „NS-Kurier", 5.6. u. 26./27.9.1931.
703 Vgl. „Der Führer", 22.3.1930.
704 „NS-Kurier", 10.8.1931.
705 Vgl. ebenda, 27.1. u. 14.7.1932.

Wie die Rollen von Angreifer und Verteidiger tatsächlich verteilt waren, zeigen exemplarisch zwei schwere, miteinander in Verbindung stehende Zwischenfälle zwischen Reichsbanner und SA, die für überregionale Aufmerksamkeit sorgten. Die Auseinandersetzungen mit juristischem Nachspiel ereigneten sich im Sommer 1931 in Echterdingen bei Stuttgart, wo der ortsbekannte Sozialdemokrat und Reichsbanner-Ortsvorsitzende Friedrich Moltenbrey (1899–1962) als Zielscheibe nationalsozialistischer Aggressionen diente. Einen Tag vor einer in großem Rahmen geplanten Verfassungsfeier der Republikaner in Stuttgart überfielen in der Nacht zum 9. August bis zu 200 Nationalsozialisten auf dem Rückweg von einem Nachtmarsch das Haus Moltenbreys, der sich nur durch Warnschüsse aus einer scharfen Waffe zu helfen wusste. Die „Schwäbische Tagwacht" berichtete:

„Sie [die Nationalsozialisten, d. Verf.] umstellten das Haus und warfen dann sämtliche Fensterscheiben mit Steinen, Prügeln und sonstigen Geschossen ein. Damit nicht genug, [es] wurde auch noch von außen durch die Fenster geschossen. [...] Durch alle Fenster flogen die Splitter. An der Haustüre versuchten sie, durch Sprengen der Türe Eintritt zu erhalten, schließlich trafen sie sogar Anstalten, das Haus in Brand zu stecken. [...] Da griff der schwer bedrängte Genosse zur Waffe, und verteidigte sich durch zwei Schreckschüsse, die er aus der Wohnung abgab. Die ganze Umgebung des Hauses glich einem Schlachtfeld. Etwa zwanzig Pfund schwere Steine, Prügel, Zaunlatten, [...] Glasscherben, Gartentüren usw. zeugen von der Zerstörungswut und Rücksichtslosigkeit. [...] Nur durch die Hilfe eines Wachtmeisters konnte die Familie vor schweren Verletzungen und dem sicheren Tode gerettet werden."[706]

Der Überfall auf den Reichsbanner-Aktivisten, der als bewusste Provokation gegen die Verfassungsfeier gewertet wurde, rief das Reichsbanner der Umgebung auf den Plan. Als die Nationalsozialisten eine Woche später eine Veranstaltung im benachbarten Waldenbuch abhielten, stand zu befürchten, dass es zu einem erneuten Überfall auf das Haus Moltenbreys kommen könnte. Aus diesem Grund versammelten sich in der Nacht zum 16. August mehr als 20 Reichsbannerleute aus Echterdingen und den benachbarten Ortsgruppen, um gegebenenfalls NS-Anhänger in die Flucht zu schlagen. Als schließlich sechs NSDAP-

706 „Schwäbische Tagwacht", 10.8.1931.

Leute auftauchten, wurden diese von den Reichsbannerleuten und weiteren Schaulustigen angegriffen und teilweise schwer verwundet. Der NS-Kurier entrüstete sich drei Tage nach dem Vorfall unter der Überschrift „Das Reichsbanner als Wegelagerer":

„Rühmlich tat sich dabei der ob seiner Schußfertigkeit bekannte Bananenführer Moltenbrey hervor, der ebenfalls die Brieftasche [eines SA-Mannes, d. Verf.] aufs genaueste durchsuchte. Bei der Vernehmung auf der Polizeiwache spielte sich derselbe Herr als Ortsgewaltiger auf, so daß der Schutzmann mehr oder weniger beim Verhör über den Tatbestand ausgeschaltet war. Der famose Führer und Schützer der Republik mußte schließlich selbst zugeben, daß er zwei Trupps Reichsbannerleute von Echterdingen und Leinfelden zusammengezogen hatte, um die Stettener Straße zu besetzen!"[707]

Das Schöffengericht Stuttgart, das im Dezember 1931 einen Prozess gegen drei Tatbeteiligte wegen erschwerten Landfriedensbruchs führte, kam in seinem Urteil zu dem Ergebnis, es bestehe „kein Zweifel daran, dass die in Echterdingen zusammengezogenen Reichsbannerleute sich nicht mit dem Schutz des Moltenbrey'schen Hauses begnügt" hätten. Vielmehr sei es ihnen um die Heimzahlung des Überfalls eine Woche zuvor gegangen. Die „wohlvorbereitete Wegelagerei" der drei Angeklagten sei ein „Zeichen außerordentlich niedriger Gesinnung und bedenklichster Verrohung unter den Mitgliedern der Ortsgruppe „Mittlere Filder" des Reichsbanners Schwarz-Rot-Gold". Zwei Angeklagte erhielten eine Haftstrafe von sechs Monaten, der dritte eine Gefängnisstrafe von drei Monaten. Die Berufung des Letzteren verwarf das Gericht im Februar 1932 mit der Begründung, die Stimmung unter den Anhängern des Reichsbanners an jenem Abend sei eine „kriegerische, gewalttätige"[708] gewesen.

Der Zwischenfall in Echterdingen zeigt, dass das Reichsbanner gegenüber der SA durchaus zu schlagkräftiger Gegenwehr willens und in der Lage war. Zugleich illustriert das Urteil die vom Reichsbanner häufig angeprangerte Ungleichbehandlung von Gewalttaten rechter und linker Wehrverbände vor Gericht. Die Stuttgarter Richter ahndeten die Straßenschlacht in Echterdingen als Landfriedensbruch, ohne den

707 „NS-Kurier", 19.8.1931.
708 StA Ludwigsburg, F 302 III, Bü 341.

vorangegangenen Überfall mildernd in die juristische Bewertung einfließen zu lassen. Aus tiefem Misstrauen gegen eine rechtslastige Justiz veröffentlichte das Reichsbanner Listen „republikanischer" Rechtsanwälte, an die sich Reichsbannermitglieder im Falle juristischer Auseinandersetzungen wenden konnten. Eine Aufstellung von 1928 enthielt für den Gau Baden 45 Rechtsanwälte, darunter nicht wenige Juden, für Württemberg lediglich 15.[709]

709 Vgl. Verzeichnis der republikanischen Rechtsanwälte im Deutschen Reich, KrA Rhein-Neckar, NL Willy Gärtner, 1928/31.

6

Das Reichsbanner – ein paramilitärischer Kampfverband?

6.1 Bund republikanischer Kriegsteilnehmer – das Reichsbanner als Veteranenbund

Die Funktion des Reichsbanners Schwarz-Rot-Gold als sozialdemokratisch dominierter Kriegsteilnehmerverband sollte nicht unterschätzt werden, obgleich sein primäres Gründungsmotiv in der Verteidigung der Republik bestand und nicht wie bei anderen Veteranenbünden im gemeinsamen Erinnern an das Weltkriegserlebnis. Ziemann schätzt den Anteil der Weltkriegsveteranen in der Gründungsphase des Reichsbanners auf bis zu 90 Prozent.[710] Damit kann man seit 1925 von mindestens 600 000 Kriegsteilnehmern im Reichsbanner ausgehen, womit es neben dem Kyffhäuserbund als Dachverband zum größten Veteranenbund aufstieg.[711] Zwar wurde beim Reichsbanner von Beginn an der „Frontsoldatencharakter fast aufdringlich heraus[gestrichen]",[712] doch verstand es sich niemals – im Gegensatz zum sich erst später der Jugend öffnenden Stahlhelm – als exklusiver Verband für Weltkriegssoldaten. Schon bei der Wahl des Namenszusatzes „Bund republikanischer Kriegsteilnehmer" zeigt sich eine betonte Zurückhaltung im Vergleich zur martialischen Selbstbezeichnung des Stahlhelms als „Bund der Frontsoldaten". Die Anrede „Kamerad" unter den Reichsbannerleuten machte den soldatischen Anspruch alltäglich deutlich, doch wurden auch Jugendliche ab 14 Jahren – später im „Vortrupp" ab 10 Jahren – sowie ungediente Republikaner aufgenommen. Hier stellt sich die Frage, inwieweit es seine beachtliche numerische Stärke in effektive Erfolge bei der Deutung von Kriegserlebnis und -erinnerung ummünzen konnte.

710 Vgl. Ziemann, Zukunft, S. 36.
711 Vgl. Ziemann, Kriegserinnerung, S. 370.
712 Rohe, S. 129.

Symbolträchtiger Aufmarsch des Reichsbanners in der Burg Hohenzollern, 22. April 1928.
Quelle: „Illustrierte Reichsbanner-Zeitung", 12. Mai 1928

Als Veteranenverband berührten das Reichsbanner daher zwei zentrale Streitfragen im Zusammenhang mit dem Weltkrieg immer wieder: erstens die vor allem publizistisch und bei auf Veranstaltungen geführte Auseinandersetzung um die wahren Gründe der Kriegsniederlage und des militärischen Zusammenbruchs sowie zweitens die öffentliche Ausdeutung des „Fronterlebnisses" und der aus dem Weltkrieg zu ziehenden Lehren und Konsequenzen. Der Kampf um die Deutungshoheit über den Weltkrieg wurde mit solch einer Erbitterung geführt, dass der „Vorwärts"-Chefredakteur Friedrich Stampfer 1931 von einem „Bürgerkrieg der Erinnerungen"[713] sprach.

In der Auseinandersetzung mit der Kriegsniederlage wurde das Reichsbanner nicht müde, seinen Anhängern die tatsächliche Situation an der Westfront zu schildern und den von den politischen Rechten gestreuten Legenden und Halbwahrheiten entgegenzutreten. In einer Vielzahl von – zumeist mit drastischen Fotografien illustrierten – Artikeln wurden die Hintergründe von Kriegsausbruch bzw. Waffenstillstand erläutert. Insbesondere die seit Ende 1919 kursierende „Dolchstoßlegende" rief das Reichsbanner auf den Plan. In einer Analyse von 1925 kehrte man die Verantwortung um:

„Die Blutopfer des deutschen Soldaten waren vom ersten Tag an umsonst gebracht: denn unsichtbar und doch tödlich steckte in seinem Rücken – der Dolchstoß der Führung. Am Anfang der Niederlage stand die Kreatur des deutschen Kaisers, der General v. Moltke […] – am bitteren Ende aber stand die Kreatur des deutschen Spießers, der General v. Ludendorff. […] Der Zusammenbruch im Westen ist nach dem einhelligen Urteil der modernen Kriegsgeschichte und Militär-Kritik in erster Linie sein Verdienst."[714]

713 Zit. nach Gerwarth, S. 6.
714 „Das Reichsbanner", 1.1.1925, Nr. 1 (Beilage).

In die Zwickmühle geriet das Reichsbanner nach der Wahl Paul von Hindenburgs zum Reichspräsidenten, der 1919 mit seinen Aussagen vor einem parlamentarischen Untersuchungsausschuss entscheidend zur Bildung der „Dolchstoßlegende" beigetragen hatte, nun aber als demokratisch gewähltes Staatsoberhaupt die Republik repräsentierte, womit das Reichsbanner ihm persönlich verpflichtet war. Innerhalb des Reichsbanners entstand eine Diskussion, ob es Hindenburg bei seinen landesweiten Antrittsbesuchen Spalier stehen solle. Schließlich entschied sich die Bundesführung dafür und musste von Teilen der sozialdemokratischen Presse heftige Kritik einstecken. Die „Reichsbanner-Zeitung" argumentierte dagegen, dass Hindenburg der höchste Repräsentant der Republik sei und man ihn deshalb nicht so behandeln könne wie die Schwarz-Weiß-Roten es mit dem Reichspräsidenten Friedrich Ebert getan hatten. Ein Boykott bei Empfängen sei nur bei berechtigten Zweifeln an der Verfassungstreue des Präsidenten angebracht.[715]

Militärexperten des Reichsbanners sezierten bei öffentlichen Kundgebungen die strategischen Fehler der deutschen Kriegsführung. Für das Reichsbanner stand fest, dass das deutsche Heer einer „ungeheuren Übermacht an Menschen und Material" unterlegen war, wobei mehrere Chancen auf einen maßvollen „Scheidemann- und Erzberger-Frieden"[716] aufgrund der überzogenen Kriegsziele verpasst worden waren. Unerwähnt blieben dagegen die mittlerweile von der Forschung belegten verdeckten Militärstreiks in den letzten Kriegswochen, als circa eine Million Soldaten an der Westfront die Kampfhandlungen vorzeitig einstellten und den Weg in die Heimat antraten.[717] Den Tag des Waffenstillstands am 11. November 1918 würdigte das Reichsbanner als „Erlösung aus unerträglicher seelischer Not"[718] und keineswegs als schmachvoll. Auch das Verhalten der SPD und ihrer Verbündeten in der Kriegsendphase blieb nicht ohne Kritik. Auch dass Friedrich Ebert die heimkehrenden Truppen als „im Felde unbesiegt" begrüßt und Philipp Scheidemann wortgewaltig gegen den Vertrag von Versailles agitiert hatte („Welche Hand müsste nicht verdorren, die sich und uns in diese Fessel legt?"), erschwerte die Propaganda des Reichsbanners und musste den weit verbreiteten Verdacht erhärten, bei der Gründung der Republik seien Versagen und Verrat im Spiel gewesen.[719]

715 Vgl. ebenda, 1.12.1925, Nr. 23.
716 „Illustrierte Reichsbanner-Zeitung", 27.12.1930, Nr. 52.
717 Vgl. Ziemann, Kriegserinnerung, S. 376.
718 Ebenda, S. 372.
719 Vgl. Gerwarth, S. 11.

Überhaupt befand sich das Reichsbanner in einem Dilemma, wenn es einerseits das kaiserliche Heer als Stätte von Korruption und sinnlosen Menschenopfern brandmarkte, aber andererseits einen Großteil seiner Legitimität aus der ehemaligen Zugehörigkeit seiner Mitglieder zu diesem Heer zog.[720] Entsprechend problematisch erschien der Verbandsführung daher die Frage, ob Reichsbannerangehörige bei öffentlichen Auftritten ihre Orden und Ehrenzeichen aus der kaiserlichen Armee tragen sollten. Für das Reichsbanner legitimierte sich die Republik vor allem aus dem Versagen der alten Eliten und der Monarchie in den vier Kriegsjahren. Den Weltkrieg interpretierte es daher als bittere, aber notwendige Voraussetzung zur Arbeiteremanzipation. Die demokratische Republik erschien damit als das „wahre Vermächtnis unsrer Toten", da erst mit ihr die Nation ihre Erfüllung gefunden habe. Der Einsatz für den neuen Staat, der „aus Blut und Schmerzen der Gefallenen"[721] geboren sei, verpflichte besonders die Frontgeneration, das Andenken ihrer Kameraden in Ehren zu halten. Dennoch stand das Reichsbanner in seinem Kampf gegen die ideologischen Versatzstücke des nationalen Lagers, den Mythos von der Frontkameradschaft und einen alles verklärenden Heroismus, vor einem Dilemma.
Die marxistisch inspirierte Kritik an Klassenheer und Kriegselend wirkte nämlich in gewisser Weise paradox, „da sie von mit Grünhemden uniformierten Männern vorgetragen wurde, die in Militärformation aufmarschierten [...] und durch Geländespiele und Wehrsportübungen am paramilitärischen Stil der Weimarer Zeit mitwirkten".[722]

Wie aber interpretierte das Reichsbanner das Kriegserlebnis des einzelnen Soldaten? Zunächst fehlte in der (idealtypischen) republikanischen Kriegserinnerung jede Spur von falschem Heroismus. Heldenmut und Opferbereitschaft wurden vielmehr ambivalent betrachtet. Stattdessen stellte das Reichsbanner den wichtigen Unterschied zwischen „soldatischem Schneid" und „Zivilcourage"[723] heraus. Der harte Kriegsalltag erfuhr keine Verklärung, sondern wurde in all seinen Grausamkeiten und Entbehrungen ungeschminkt dargestellt, z. B. in Auszügen aus Kriegstagebüchern, die regelmäßig in der „Reichsbanner-Zeitung" erschienen. Die „Illustrierte Reichsbanner-Zeitung" veröffentlichte Fotoserien, die mit Ansichten von offenen Massengräbern schockieren und jede Glorifizierung des Krieges ausschließen sollten.

720 Vgl. Ziemann, Kriegserinnerung, S. 376.
721 Zit. nach Rohe, S. 139.
722 Weiß, S. 212 f.
723 Ziemann, Kriegserinnerung, S. 371.

Das Reichsbanner polemisierte gegen die in rechten Verbänden wie dem Stahlhelm organisierten „Etappenhengste“, die das Kriegserlebnis verfälschten: zum einen Angehörige der alten Obrigkeit und privilegierter Kreise der kaiserlichen Klassengesellschaft („Fabrikantensöhnchen“), zum anderen junge Männer, die den Krieg nicht aus eigenem Erleben kennen gelernt hatten („Fürsorgezöglinge“).[724] Das badische Reichsbanner forderte von seinen Anhängern, solchen Befürwortern eines neuen Waffengangs mit „mehr Zivilcourage“ Einhalt zu gebieten:

„Zunächst: es sollte auch von unseren Gegnern der Grundsatz befolgt werden, daß kein Redner unter 29 Jahren eine kriegerische Hetzrede hält. Er kann unmöglich etwas vom Weltkrieg und seinen Schrecken wissen. Tritt er dennoch auf – vor allem zu Wahlzeiten –, dann soll man ihn in aller Ruhe fragen: ‚Was wissen Sie vom Kriege, mein Herr? ...‘ Diese Frage, die natürlichste der Welt, wird viel zu wenig von den ehemaligen Frontsoldaten gestellt, und doch kann man damit das Konzept nationalistischer Redner gänzlich über den Haufen werfen. [...] Und im Alltäglichen: gegen alle Argumente von der angeblichen Notwendigkeit des Krieges [...] gibt es zwei Fragen: ‚Was wissen Sie vom Kriege, mein Herr‘ und ‚Mit welcher Waffe gedenken Sie im nächsten Kriege mitzumachen?‘, wobei die Feder nicht als Waffe gilt. Mehr fragen, meine Freunde, keine Angst, keine Rücksichtnahme auf Titel, Orden und Stellung.“[725]

Gerne und häufig polemisierte das Reichsbanner außerdem gegen die nachträgliche Konstruktion einer „Frontgemeinschaft“, die in den Schützengräben unterschiedliche Rangstufen verwischt habe. Diesen „Mythos der sowohl soziale Klassen und Schichten als auch militärische Rangstufen bis hin zum Truppenoffizier überspringenden Frontkameradschaft“[726] kultivierten die Rechtsverbände und lieferten dem Reichsbanner damit einen wichtigen Angriffspunkt. Die rechten Wehrverbände versuchten, den angeblichen „Geist der Front“ auf den gesellschaftlichen und politischen Status quo zu übertragen. Damit einher ging ein kaum verklausulierter Machtanspruch ihrer Anhänger, die sich als „neue Aristokratie“[727] zur Herrschaft berufen sahen.

724 Voigt, S. 355.
725 „Das Reichsbanner“, 1.9.1926, Nr. 17, Gaubeilage Baden.
726 Ziemann, Kriegserinnerung, S. 373.
727 Rohe, S. 135.

Das Reichsbanner bestritt vehement die Existenz einer die Klassengegensätze aufhebenden Schicksalsgemeinschaft im Schützengraben und versuchte, diese „Fiktion der Kameradschaft"[728] zu widerlegen, indem man die Missstände im kaiserlichen Heer offenlegte.

Eindringlich warnte das Reichsbanner vor der Führung eines neuen Weltkrieges aus Revancheabsichten. Angesichts der immensen technischen Fortschritte würde ein neuer Krieg eine noch totalere Qualität haben, als sie der vergangene Weltkrieg aufwies. Bei einem „militärpolitischen Vortrag" skizzierte der Militärexperte des Reichsbanners, Major a. D. Karl Mayr den „Zukunftskrieg" und rechnete vor, dass in einem kommenden Krieg nur 20 Bombenfluggeschwader mit je 20 Flugzeugen benötigt würden, um Groß-Berlin mit seinen vier Millionen Einwohnern zu zerstören. Der zweite vom Reichsbanner regelmäßig als Militärexperte eingesetzte Referent, Polizeioberst a. D. Hermann Schützinger, verwarf bei einem Auftritt im Juli 1926 in Stuttgart die Ansicht, „der nächste Krieg werde in erster Linie ein Gaskrieg sein und allein durch die Anwendung der Giftgase würden so gut wie alle Lebewesen vernichtet werden". Die Hauptrolle im nächsten Krieg würden die technischen Mittel spielen, die bereits aus den Jahren 1914 bis 1918 bekannt seien. Gleichwohl bedeute die Hochrüstung in den Nachbarstaaten für Deutschland eine ernste Bedrohung, der man mit allen Mitteln begegnen müsse.[729]

Dass das Reichsbanner in den erhitzten Debatten über die Auslegung des Kriegserlebnisses keine Dominanz erlangen konnte, führt der Historiker Ziemann auf drei Faktoren zurück.[730] Erstens habe seine Milieugebundenheit als „Veteranenverband des sozialistischen Arbeitermilieus"[731] die Deutungsmuster von vornherein auf einen bestimmten Personenkreis festgelegt. Zweitens habe „seine nahezu völlige Abstinenz gegenüber [...] der Adaption oder Verbreitung von eingängigen Symbolen" die eigene Sinndeutung des Krieges limitiert (eine Ausnahme bildete die Verehrung des Mannheimer Ludwig Franks als Verkörperung des Einsatzes der Reichsbannerleute). Schließlich habe, drittens, die rasante Ausbreitung einer mit militaristischen Elementen angereicherten Massenkultur eine „Einbruchstelle nationalistischer Kriegsdeutungen" in das sozialistische Milieu geschaffen. So konnten kriegsverklärende Literatur und

728 Ziemann, Kriegserinnerung, S. 374.
729 Vgl. StA Sigmaringen, Wü 65/4 T2, 932.
730 Vgl. Ziemann, Kriegserinnerung, S. 392–398.
731 Ebenda, S. 390.

Filme insbesondere die Vorstellungen der Jugend prägen und eine entsprechende Nachfrage nach Freizeitgestaltung schaffen, dem das Reichsbanner nur wenig entgegensetzen konnte. Insofern verlor das Reichsbanner die Schlacht um die Deutungshoheit über den Weltkrieg einerseits aus hausgemachten Gründen, andererseits aufgrund der Überlegenheit der vom „nationalen" Lager verbreiteten Erklärungsmuster. Dennoch beweist der große Organisationserfolg des Reichsbanners mit seinen Hunderttausenden Kriegsteilnehmern, dass entgegen der lange geltenden Forschungsmeinung keineswegs eine überwältigende Mehrheit der Kriegsveteranen nationalistischen oder reaktionären Überzeugungen anhing und zu den Anhängern rechter Parteien und Verbände zählte.[732]

Angesichts von rund zwei Millionen Gefallenen bildete das Gedenken an die Kriegstoten eine „gesellschaftspolitische Notwendigkeit",[733] der sich das Reichsbanner nicht entziehen konnte und wollte. Der an Kriegerdenkmälern und Soldatengräbern vollzogene Kult um die im Weltkrieg gefallenen Kameraden konnte in Deutschland an eine bis zu den Befreiungskriegen zurückreichende Tradition anknüpfen.[734]
Das Reichsbanner beteiligte sich allerorts regelmäßig an Gedenkfeiern und Denkmalseinweihungen, wie eine Vielzahl von Berichten in der Reichsbannerpresse belegt. Das gemeinsame Aufmarschieren mit Kriegervereinen oder anderen Wehrverbänden bei Gedenkfeiern war alles andere als selbstverständlich, sondern bedurfte der ausdrücklichen Genehmigung des Gauvorstandes. Oft führten Vorbehalte auf beiden Seiten dazu, dass das Reichsbanner eigene Veranstaltungen zu Ehren der Kriegstoten organisierte. Besonders in kleineren Orten, wo sich die Vorstände der Wehrverbandsortsgruppen persönlich kannten, kam es aber trotz aller ideologischen Differenzen zu gemeinsamen Kundgebungen.[735] In der Regel fanden die Gefallenenehrungen des Reichsbanners am Volkstrauertag oder im Rahmen von „Republikanischen Tagen" und Bannerweihen statt. Gedenkfeiern an kirchlichen Feiertagen wie Allerheiligen oder Allerseelen waren Ausnahmen, sind aber für den Südwesten belegt. So fanden an Allerheiligen 1926 ökumenische Trauerkundgebungen auf den Mannheimer Friedhöfen statt,[736] bei denen politische Erwägungen ausnahmsweise eine untergeordnete Rolle spielten. Nach Ziemann spielten auf den Erinnerungsfeiern vor allem drei Aspekte für das Reichsbanner eine herausgehobene Rolle:

732 Vgl. Ziemann, Commemoration, S. 266.
733 Buchner, S. 220.
734 Vgl. Ziemann, Kriegserinnerung, S. 383.
735 Vgl. Harter, S. 283.
736 Vgl. „Illustrierte Reichsbanner-Zeitung", 4.12.1926, Nr. 49.

der Widerstand gegen die pauschale Vereinnahmung der Kriegstoten durch die nationalistische Rechte; die Sorge um den Frieden als wichtigstes Vermächtnis der gefallenen Soldaten; der Hinweis auf die der beschworenen Friedenssehnsucht im Wege stehende Hindernisse, wie die Verklärung des Krieges oder die Militarisierung ganzer Lebensbereiche.[737]

Das Reichsbanner wandte sich gegen die Verklärung des Krieges, indem man dem Tod auf den Schlachtfeldern eine alternative Sinndeutung vermitteln wollte. Es betonte, dass die „Sorge um den Frieden das eigentliche Ziel und damit das wichtigste Vermächtnis" der Gefallenen sei, und trug so mit dazu bei, dass die Erinnerung an die Toten des Weltkrieges kein „Monopol der Rechten"[738] blieb. Eine kleine, aber sehr aktive Minderheit ehemaliger Offiziere der kaiserlichen Armee trat in den Diensten des Reichsbanners offen für pazifistische Ideen ein, darunter die bereits erwähnten Hermann Schützinger, Karl Mayr und Berthold von Deimling sowie der General a. D. Paul Freiherr von Schoenaich. Sie alle waren in den höchsten Gremien des Reichsbanners vertreten, wobei besonders der in Baden-Baden lebende von Deimling als schillernde Gestalt herausragte. Durch seine umstrittene Rolle während des Herero-Aufstands 1904 in Deutsch-Südwestafrika, seine Verstrickung in die Zabern-Affäre 1913 und einige fragwürdige Entscheidungen während des Weltkriegs war er eine höchst kontroverse Figur, die nach Kriegsende eine grundlegende Gesinnungsänderung zum Pazifismus vollzog. In die Arbeit des Reichsbanners stürzte er sich 1924 mit „Feuereifer", zumal ihm die paramilitärische Formensprache des Verbandes zusagte, „denn er blieb in seinem Habitus und seiner Denkstruktur zeitlebens der soldatischen Welt verhaftet".[739] Die Vergangenheit von Deimlings blendete das Reichsbanner weitgehend aus, wenngleich die SPD-Presse vereinzelt auf die Vorwürfe einging.[740]
Als gefragter Redner setzte sich das DDP-Mitglied fortan für Demokratie und Völkerverständigung ein, was ihm die meisten ehemaligen Offizierskameraden sehr übel nahmen.

737 Vgl. Ziemann, Kriegserinnerung, S. 388.
738 Ebenda, S. 388 f.
739 Christoph Jahr, „Die reaktionäre Presse heult wider den Mann". General Berthold von Deimling (1853–1944) und der Pazifismus, in: Wolfram Wette (Hrsg.), Pazifistische Offiziere in Deutschland 1871–1933, Bremen 1999, S. 131–146, hier S. 134.
740 Zur Rolle von Deimlings in der „Zabern-Affäre" vgl. „Volkswacht", 28.9.1927.

Berthold von Deimling, 1924.
Quelle: „Illustrierte Reichsbanner-Zeitung", 10. Januar 1925

Als hochdekorierter Offizier – er war der einzige Träger des königlichen Tapferkeitsordens „Pour le mérite" in der Organisation – war von Deimling dem Reichsbanner hochwillkommen, ließ sich durch ihn doch die Behauptung anderer Wehrverbände, man organisiere nur „Deserteure und Etappenkrieger", glänzend widerlegen. „Bei den jüngeren Mitgliedern genoss er geradezu Kultstatus",[741] und der Gau Baden schwärmte von der „außerordentlichen Beliebtheit" des „Friedensgenerals",[742] was die rechten Gegner auf den Plan rief. Nach verbalen Angriffen eines Baden-Badener Stadtrats auf von Deimling befasste sich Ende 1924 der badische Landtag mit seiner Person, Justizminister Gustav Trunk (1871–1936) stellte klar, dass „es auch im öffentlichen, d. i. staatlichen Interesse nicht geduldet werden kann, daß einem Mann, der sich durch sein Auftreten für die verfassungsmäßige Staatsform [...] auch gegenüber diesem Staate Verdienste erworben hatte, gerade wegen dieser seiner

741 Kirsten Zirkel, Vom Militaristen zum Pazifisten. General Berthold von Deimling – eine politische Biographie, Essen 2008, S. 173.
742 Ebenda, S. 174.

Bannerweihe der Ortsgruppe Baden-Baden durch Berthold von Deimling, Ende Juli 1927.
Quelle: „Illustrierte Reichsbanner-Zeitung", 31. Dezember 1927/G. Lampe

Einstellung die vaterländische Gesinnung [...] abgesprochen wird".[743] Je stärker von Deimling Angriffen der Rechten ausgesetzt war, desto stärker solidarisierte sich das Reichsbanner mit ihm. Anlässlich einer Kreisbannerweihe in Baden-Baden am 30. und 31. Juli 1927, die mit einer Ehrung des Ex-Generals verbunden war, rief die Gauführung die Mitglieder der Kreise Offenburg und Karlsruhe zur Teilnahme als einer „kameradschaftlichen Pflicht" auf.

„Jeder von uns weiß, was Exzl. von Deimling für uns bedeutet. [...] Treten wir alle an und ehren durch unser Auftreten unseren, von den Feinden so heftig geschmähten Führer."[744]

Auch zum 75. Geburtstag des Ex-Generals am 21. März 1928 marschierte das Baden-Badener Reichsbanner zu seinen Ehren auf und würdigte seine Verdienste in höchsten Tönen.

„Noch im Greisenalter besucht der hochgeschätzte Reichsbannerführer in ganz Deutschland große Versammlungen und begeistert durch seine rednerische Gewandtheit unsre republikanischen Formationen. Möge dem Reichsbanner dieser wackere Mitbegründer noch lange Helfer, Führer und Berater sein."[745]

Zur Wehrfrage nahmen Reichsbanner wie auch SPD eine ambivalente Position ein. Einerseits versuchte die SPD, ein positives Verhältnis zur bewaffneten Macht aufzubauen, und bekannte sich auf dem Kieler Parteitag von 1927 ausdrücklich zu einer demokratischen Verteidigungsarmee. Andererseits gab es auf dem linken Parteiflügel starke pazifistische Strömungen.[746] Trotz der in seiner Anhängerschaft weit verbreiteten pazifistischen Orientierungen propagierte das Reichsbanner auf einer Vielzahl von Veranstaltungen und in unzähligen Artikeln keine Abkehr von der infolge des Versailler Vertrages stark geschrumpften Reichswehr, sondern deren „Republikanisierung". Gerade für die „militanten Sozialisten" wie Kurt Schumacher gab es einen „untrennbaren Zusammenhang zwischen Staat und Macht, Machtausübung, Nutzen staatlicher Machtmittel wie Polizei, Verwaltung und auch Armee",[747] was deren Durchdringung mit republikanisch gesinnten Funktionsträgern unumgänglich machte. In den ersten Jahren nach seiner Gründung erschien das Reichsbanner breiten Kreisen der Öffentlichkeit in der Frage

743 Zit. nach ebenda, S. 175.
744 Rundschreiben des Gauvorstands Baden vom 3.7.1927, KrA Rhein-Neckar, NL Willy Gärtner, 1927/23.
745 „Das Reichsbanner", 13.5.1928, Nr. 13, Gaubeilage Baden.
746 Vgl. Weber, Reichsbanner, S. 139.
747 Beck, S. 102.

des Pazifismus zwiegespalten zu sein, da es sowohl explizit wehrfreundliche als auch radikal-pazifistische Strömungen aufwies. Dabei bildeten Wehrhaftigkeit und eine pazifistische Einstellung in den Augen vieler Zeitgenossen nicht zwangsläufig einen Widerspruch, da insbesondere die Gegner des Reichsbanners schon eine aktive Friedenspolitik und die Ablehnung eines Revanchekrieges als pazifistisch diffamierten. In diesem Sinne war das Reichsbanner selbst in seiner militaristischen Spätphase pazifistisch. In seiner Anfangszeit arbeitete es auch mit radikal-pazifistischen Organisationen wie der „Deutschen Friedensgesellschaft" oder der „Deutschen Liga für Menschenrechte" zusammen und schützte deren Veranstaltungen.[748] Radikal-pazifistische Äußerungen einzelner Reichsbanner-Mitglieder brachten die Verbandsführung wiederholt in Verlegenheit und lieferten den rechten Gegnern eine willkommene Vorlage.[749] Da half es auf Dauer auch wenig, wenn streitbare Vertreter des Reichsbanners wie der Reichstagsabgeordnete Ludwig Haas ihre wehrhaften Überzeugungen kundtaten:

„Im deutschen Republikaner muß der Wille stark sein, sein Vaterland, seine Republik, nach außen und innen mit dem eigenen Leibe zu decken."[750]

Mit der zunehmenden Militarisierung seit 1930 ging der Einfluss der Pazifisten im Reichsbanner weiter zurück. Der Anfang 1933 aus dem Verband ausgetretene General a. D. von Schoenaich hatte schon 1928 die Frage gestellt: „Ist das Reichsbanner ein schwarz-rot-goldener Wehrverein oder ist es ein pazifistisch-anti-militaristischer Bund? Ein Mittelding gibt es nicht."[751] Für das Freiburger Reichsbanner hatte Albert Kuntzemüller noch 1927 eine Verfassungsfeier mit mehr als 3000 Zuhörern – „das größte Auditorium meines Lebens" – gestaltet, auf der er eine „stark pazifistische Rede"[752] hielt. Als Anfang 1933 einer seiner Freunde wegen Mitgliedschaft in der Friedensgesellschaft aus der SPD ausgeschlossen wurde, nahm Kuntzemüller dies zum Anlass, ebenfalls aus der Partei auszutreten.[753] Insgesamt spiegelte sich in der Marginalisierung der Pazifisten die zunehmende Militarisierung des Reichsbanners wider. War man 1924 noch im Bündnis mit pazifistischen Kräften angetreten, um gemeinsam für die Republik zu streiten, nahm

748 Vgl. „Das Reichsbanner", 15.3.1926, Nr. 6 u. 15.8.1926, Nr. 16, Gaubeilage Baden.
749 Vgl. „Schwäbische Tagwacht", 14.4.1927.
750 Zit. nach Rohe, S. 183.
751 Zit. nach Weber, Reichsbanner, S. 142.
752 StadtA Freiburg, Erinnerungen Albert Kuntzemüller, S. 134.
753 Vgl. Heiko Haumann u. a., Kartoffelbrot, Soldatenräte und Arbeitskämpfe. Erster Weltkrieg, Revolution, Stabilisierung (1914–1929), in: Heiko Haumann/Hans Schadek (Hrsg.), Geschichte der Stadt Freiburg im Breisgau, Bd. 3: Von der badischen Herrschaft bis zur Gegenwart, Stuttgart 1992, S. 255–296, hier S. 296.

Anfang der 1930er-Jahre das militante Auftreten und das demonstrative Bekenntnis zur Wehrhaftigkeit einen Stellenwert im Reichsbanner ein, der eine Zusammenarbeit mit Pazifisten de facto ausschloss.

Für den zeitgenössischen amerikanischen Journalisten Hubert R. Knickerbocker (1898–1949) stand fest, dass das Reichsbanner der „wichtigste organisierte Förderer der deutsch-französischen Verständigung im Reich"[754] war. Insbesondere für das Grenzland Baden war die Frage der Aussöhnung mit dem vermeintlichen „Erbfeind" und ehemaligen Hauptkriegsgegner Frankreich von erheblicher Bedeutung. Das regionale Reichsbanner vertrat eine überaus fortschrittliche Position und pflegte als erster Veteranenverband regelmäßigen Kontakt mit entsprechenden Organisationen im Nachbarland. Dabei waren die Beziehungen zu Frankreich anfangs keinesfalls frei von Misstrauen, was in der restriktiven Haltung der französischen Politik gegenüber dem entstehenden Reichsbanner in der linksrheinischen Pfalz zum Ausdruck kam. Ein Leitartikel in der „Reichsbanner-Zeitung" versuchte unter der Überschrift „Hallo, Franzosen!" 1925 die Missklänge zu erklären:

„Freunde haben uns versichert, daß in Frankreich, weit bis in die politisch linksstehenden Kreise, die Überzeugung herrsche, das Reichsbanner Schwarz-Rot-Gold sei eine alldeutsche und nationalistische Organisation. [...] Wir werden von unsern deutschen politischen Gegnern als Französlinge verschrien werden, und es werden sich immer französische Politiker finden, die aus uns einen Popanz machen, weil sie eben einen Popanz brauchen. Wir haben nicht die Absicht, uns mit Leuten zu unterhalten – sie mögen diesseits oder jenseits des Rheins wohnen – die uns nicht verstehen wollen."[755]

Den Grund für die Ablehnung durch die Franzosen glaubte das Reichsbanner in seinen großdeutschen Ambitionen für einen Anschluss Österreichs zu erkennen, der im Versailler Vertrag verboten worden war und den Frankreich strikt ablehnte. Nichtsdestoweniger suchte das Reichsbanner die Annäherung an den einstigen Kriegsgegner und unterstützte vorbehaltlos die Verständigungspolitik von Außenminister Gustav Stresemann trotz dessen Zugehörigkeit zur DVP und zu mehreren Mitte-Rechts-Kabinetten. „Wo ein Rathenau und Wirth unter schwierigsten Umständen säten, kann Stresemann anfangen zu ernten!"[756]
Den Beitritt zum Völkerbund 1926 und das damit verbundene

754 Hubert R. Knickerbocker, Deutschland – so oder so?, in: AdsD, NL Franz Osterroth, Box 53, Mappe 138.

755 „Das Reichsbanner", 1.10.1925, Nr. 19, S. 1.

756 Ebenda, 1.12.1926, Nr. 23, S. 3.

Inkrafttreten des Pakts von Locarno würdigte die „Reichsbanner-Zeitung" als „welthistorischen Augenblick [...], in dem endlich der wahre Friede von Deutschland und Frankreich angebahnt werden sollte".[757] Die Reichsbannerpresse erinnerte häufig an die Soldatenverbrüderungen während der ersten Kriegsmonate, vor allem an die Waffenruhe zu Weihnachten 1914. Dies sollte zeigen, dass beide Kriegsparteien trotz der von der jeweiligen Führung verordneten Feindschaft ein Verbundenheitsgefühl teilten.[758]

Das Reichsbanner sah sich insofern als Vorkämpfer für die im Heidelberger Programm der SPD von 1925 avisierten „Vereinigten Staaten von Europa". 1927 nahm das Reichsbanner zum ersten Mal Kontakt zur Ciamac auf. Diesem Dachverband von „Kriegsteilnehmerverbänden linksbürgerlicher oder sozialistischer Ausrichtung"[759] aus ganz Europa gehörte das Reichsbanner zunächst als Beobachter an, ehe es im Herbst 1932 offiziell beitrat. In Deutschland trat zunächst häufig der mit dem Reichsbanner kooperierende „Reichsbund der Kriegsbeschädigten, Kriegsteilnehmer und Kriegerhinterbliebenen", der rund 400 000 Mitglieder zählte, als wichtigster kollektiver Akteur für die Belange der Veteranen auf. Allerdings blieb der Reichsbund trotz seiner eindeutig sozialdemokratischen Ausrichtung für nicht versehrte Veteranen aus der Klientel der SPD wenig attraktiv, da er sich vorrangig um die Belange der Kriegsversehrten und Hinterbliebenen kümmerte. Diese Entwicklung verstärkte sich noch durch die Gründung des Reichsbanners.[760] Bei den Kontakten zu den französischen Veteranenverbänden spielten zunächst praktische Erwägungen eine Rolle, so der Erfahrungsaustausch von Experten und Funktionären über die Kriegsopferversorgung. Später stand vor allem der gemeinsam gehegte Wunsch im Vordergrund, durch die Kontakte zu einer dauerhaften europäischen Friedensordnung beizutragen.

Als Vorkämpfer für die deutsch-französische Aussöhnung tat sich auf Seiten des Reichsbanners der umstrittene Major a. D. Karl Mayr hervor, der aus dem Krieg den Schluss gezogen hatte, Europa müsse lernen, „sich als eine Gemeinschaft von Völkern zu fühlen, die auf Gedeih und Verderb miteinander verbunden"[761] sind. Bei Mayr beeinflusste sicher auch die Furcht vor einem Ausgreifen des russischen Bolschewismus seine pazifistischen und paneuropäischen Forderungen, die er regelmäßig

757 „Das Reichsbanner", 1.10.1926, Nr. 19, S. 1.
758 Vgl. Ziemann, Kriegserinnerung, S. 373.
759 Rohe, S. 148.
760 Vgl. Weiß, S. 184.
761 Rohe, S. 148.

in der Reichsbannerpresse und auf Veranstaltungen kundtat. Als eine Art wehrpolitischer Experte geißelte der Ex-Offizier bei mehreren Auftritten im Südwesten die strategischen Fehler der Heeresführung im Weltkrieg, beispielsweise den völkerrechtswidrigen Einmarsch in Belgien, der den Kriegseintritt Großbritanniens mutwillig provozierte.[762] Auf französischer Seite engagierte sich besonders der Pariser Ciamac-Funktionär André Liautey, der im September 1929 beim „Südwestdeutschen Republikanertag" in Mannheim auftrat und eine „mit lebhaftem Beifall aufgenommene Rede" hielt, in der er Besorgnis über die noch vorhandenen revanchistischen Kräfte in Deutschland äußerte. Er zeigte sich aber überzeugt, dass „je mehr die deutsche Demokratie ihr Gewicht verstärkt, umso mehr wird auch die französische Demokratie das Bewußtsein erhalten, daß ihre Sicherheit nicht bedroht ist".[763]

Nach Jahren der Reisebeschränkungen unternahmen Reichsbanner-Mitglieder seit Ende der 1920er-Jahre Fahrten zu den ehemaligen Kriegsschauplätzen in Frankreich und schrieben über ihre Eindrücke in der Verbandspresse. Im Sommer 1930 berichtete etwa ein Mannheimer Polizeihauptmann a. D. von seiner Erschütterung bei einem Kurzbesuch auf den Schlachtfeldern bei Verdun.[764] Eine in großem Stil geplante Frankreich-Fahrt des Reichsbanners zu Kriegsschauplätzen (Verdun, Chemin des Dames), verbunden mit einem Treffen mit französischen Kriegsteilnehmern, stieß auf gewaltiges Interesse. Trotz Tausender Anfragen musste die Reise abgesagt werden, da bei der französischen Sektion der Ciamac Bedenken aufkamen, ob eine Veranstaltung mit mehr als 250 Reichsbanner-Anhängern auf den symbolträchtigen Schlachtfeldern der französischen Öffentlichkeit schon vermittelbar war.[765] Insgesamt leistete das Reichsbanner durch seine Kontakte zu den internationalen Dachorganisationen der Kriegsteilnehmerverbände einen beachtlichen Beitrag zur deutsch-französischen Verständigung in der Zwischenkriegszeit. Durch seine scharfe Abrechnung mit der kaiserlichen Vergangenheit und die Bekämpfung revanchistischer Tendenzen erwarb es sich in Frankreich ein gewisses Ansehen, zumal es in seiner Presse für eine Berücksichtigung der französischen Sicherheitsinteressen eintrat. Allerdings konnte das Reichsbanner mit seinem Aussöhnungskurs in Deutschland keine Meinungsführerschaft erringen. Die ständige Erinnerung an das „Diktat" von Versailles blieb wirkungsmächtiger für das deutsch-französische Verhältnis.

762 Vgl. „Schwäbische Tagwacht", 11.3.1927.
763 „Das Reichsbanner", 14.9.1929, Nr. 37, S. 1.
764 Vgl. ebenda, 21.6.1930, Nr. 25, Gaubeilage Baden.
765 Vgl. „Volksfreund", 19.2. u. 26.4.1930.

6.2 Straff und zackig – Militärisches Auftreten und Erscheinungsbild

Jeder „politische Kampfbund" richtete sich in der Zeit der Weimarer Republik mehr oder weniger an Maßstäben des Krieges aus. Es stellt sich damit die Frage, ob ihre bloße Existenz ein Symptom für die Schwäche einer parlamentarisch-demokratischen Republik darstellte, die ihre inneren Konflikte eigentlich in dem ihr verfassungsmäßig vorgegebenen Rahmen austragen sollte. Demnach handelte es sich bei der Gründung des Reichsbanners um ein spätes „Eingeständnis des Verzichts auf genuin demokratische Möglichkeiten staatlicher Selbstbehauptung".[766] Reichstagspräsident Paul Löbe bekannte bei der Gründung des Reichsbanners:

„Fünf Jahre glaubten ehrliche Republikaner, der neue Staat würde sich selbst […] zur Wehr setzen. Aber er versagte. Seine Verwaltungsorgane wurden der monarchistischen Demonstranten nicht Herr, seine Justiz breitet schützend die Arme über die Staatsfeinde von rechts, seine Reichswehr hielt verdächtige Brüderschaft mit den illegalen Organisationen der Monarchisten. […] Lange genug hat unbegreifliche Geduld gegenüber allen Provokationen obgewaltet, jetzt aber bricht die Bewegung mit einer Gewalt los, die hoffen läßt, daß das Versäumte in wenigen Wochen nachgeholt wird."[767]

Die Aufstellung paramilitärisch organisierter Verbände ging auf eine umfassende „Militarisierung des innenpolitischen Lebens"[768] zurück, in dem Soldatentum und militärisches Vokabular im politischen Alltag allgegenwärtig waren.

766 Albertin, Stahlhelm und Reichsbanner, S. 458.
767 Reichsbanner Schwarz-Rot-Gold, S. 5.
768 Bessel, S. 193.

„Die Vorstellungen, die Organisationsstrukturen und insbesondere die Taktik eines wesentlichen Anteils des politischen Spektrums waren während der Weimarer Republik vom Geist des Militarismus durchdrungen."[769]

Die Tendenz zum militanten Auftreten entsprang der „bündischen" Jugendbewegung und setzte sich in den Freikorps und nationalen Wehrverbänden der Nachkriegszeit, die nach der radikalen Verkleinerung der Reichswehr auf 100 000 Mann eine Art militärische Ersatzbefriedigung für fehlende Paraden und Manöver darstellten, fort. Aus den Freikorps speisten sich zu großen Teilen die entstehenden „nationalen" Wehrverbände und die Vielzahl der Kriegervereine, die trotz der vorgeblichen Überparteilichkeit für die „Stärkung des Wehrwillens, für die Pflege der deutschen militärischen Vergangenheit, für die Stärkung des ‚nationalen Bewußtseins' und die Betonung soldatischer Werthaltungen"[770] eintraten.

769 Ebenda, S. 197.
770 Ebenda, S. 204.

Republikanische Kundgebung in Reutlingen, 6. September 1925.
Quelle: „Illustrierte Reichsbanner-Zeitung", 14. November 1925/Brandner

Militärisches Auftreten mit allen Attributen (Uniform, Fahnen, Abzeichen) entsprach dem soldatischen Zeitgeist der 1920er-Jahre und erwies sich als besonders wichtig, um die nach militärischen Formen dürstende Jugend anzusprechen. Der Auftritt in geschlossenen Formationen bedeutete für das Reichsbanner unterstützende Gruppen politisches Neuland.

„Eine einflußreiche Strömung der Sozialdemokraten im ‚Reichsbanner' war demnach durch einen Zwiespalt zwischen besonderem Engagement für die republikanischen Verfassungsideale und Anpassungstendenzen in Richtung von Zeitgeistelementen charakterisiert, die der Bewußtseinsbildung zugunsten der parlamentarischen Demokratie nicht unbedingt förderlich sein konnten."[771]

Für die SPD, die stets eine „nüchterne Sachgerichtetheit und rationale Repräsentanz"[772] hochgehalten hatte, bedeutete die äußere Anpassung einen schweren Schritt, mit dem sich viele Mitglieder kaum abfinden konnten. Sie erkannten zwar die Notwendigkeit eines Gegengewichts zu den nationalen Verbänden, wollten aber nicht deren Formensprache übernehmen und machten aus ihrem Unbehagen keinen Hehl.

„Man hätte meinen können, daß der verlorene Krieg auf längere Zeit hinaus dem Volk die Lust am Uniformtragen verleiden sollte. Es ist genau umgekehrt gekommen. [...] Mit dem Aufhören der allgemeinen Wehrpflicht ist eine Lust am Soldatenspielen erwacht. Zunächst natürlich bei den Kreisen, die allen Ernstes einen neuen Militarismus wünschen. [...] Sie haben durch ihre Wehrorganisationen die Aufstellung von Wehrverbänden seitens der Proletarier und Republikaner erzwungen. Selbst die ausgesprochensten Gegner des Militarismus waren auf diese Weise genötigt, sich militaristisch zu organisieren, und naturgemäß setzte sich auch bei ihnen die Uniform durch. Aber sie würden, das liegt auf der Hand, jeden Augenblick bereit sein, sie freiwillig wieder abzulegen, falls der Gegendruck der antirepublikanischen Kräfte wieder aufhörte; für sie ist militärische Formation und Uniform eben nicht Selbstzweck, sondern nur ein Gebot der Notwehr."[773]

771 Lehnert, S. 85.
772 Rohe, S. 98.
773 „Frauenwelt", 1930, Nr. 14.

Paul Löbe hatte bereits 1924 eingeräumt, dass der deutsche Arbeiter „aus begreiflichen Gründen ein Gegner äußerlicher Uniformierung, militärischer Rangordnung, sichtbarer Abzeichen, Borten und Sterne" sei. Doch zugleich mahnte er eingedenk des Umstandes, dass ein Teil der proletarischen Jugend mit militärischen „Symbolen und Institutionen eingefangen" werde, dass „auch wir der Jugend geben [müssen], was sie durchaus nicht entbehren will".[774] Massenaufmärsche hatten schon zuvor zum Repertoire der Arbeiterbewegung gehört,[775] nicht aber ein geschlossenes Auftreten militärisch formierter und disziplinierter Kolonnen, das „dem politischen Geschmack des durchschnittlichen Partei- und Gewerkschaftsfunktionärs" widersprach.[776] Das Reichsbanner sah sich vor die paradoxe Aufgabe gestellt, „militärische Formen mit einem letztlich doch antimilitaristischen Inhalt zu füllen".[777] Seine Aufmärsche gerieten daher bis 1930 zu einem Kompromiss zwischen militärischen und sozialdemokratisch-zivilen Versatzstücken. So waren „Parademärsche, Exerzierübungen und Kommandosprache alten Stils ausdrücklich verboten"[778] und das Tragen von Kriegsorden nicht selbstverständlich. Marschiert wurde nach dem Kommando „Für die deutsche Republik – im Gleichschritt marsch",[779] wobei es in den ersten Jahren nicht selten vorkam, dass Spazierstöcke oder Regenschirme mitgeführt wurden, was hämische Polemik der Rechtsverbände auslöste.

„Die Faszination homogenisierter Körperbewegungen, wie sie in der militärischen Disziplin des geschlossenen Marsches zum Ausdruck kam, strahlte auf den Demonstrationsstil aller politischen Richtungen ab."[780]

Für den Politikwissenschaftler Rohe stellt die nicht nur äußerliche Angleichung des Reichsbanners an seine Antipoden im nationalen Lager ein opportunistisches Erfüllen von „Wünschen breiter Bevölkerungskreise nach Remilitarisierung und nationaler Wiedererstarkung", in vielen Fällen aber auch nur „taktisch-propagandistische Akkommodation an den ‚Stil der Zeit'"[781] dar. Für die besonders unter Jugendlichen verbreitete Sehnsucht nach einem militärischen Auftreten identifiziert der Historiker Rusinek fünf Hauptgründe:[782] ein noch aus dem Kaiserreich stammender militärischer Erziehungsstil in Schulen und Sportvereinen;

774 Reichsbanner Schwarz-Rot-Gold, S. 6.
775 Vgl. Voigt, S. 105; vgl. auch Rossol, S. 8.
776 Vgl. Mommsen, Sozialdemokratie, S. 123. Schuster, S. 78, geht noch weiter, wenn er die Formen des vom Reichsbanner geführten Kampfes mit der Parteitradition der SPD „im Grunde [für] unvereinbar" hält.
777 Schumann, S. 245. Vgl. auch Sven Reichardt, Gewalt, Körper, Politik. Paradoxien in der deutschen Kulturgeschichte der Zwischenkriegszeit, in, Wolfgang Hardtwig (Hrsg.), Politische Kulturgeschichte der Zwischenkriegszeit 1918–1939, Göttingen 2005, S. 212 f.
778 Kohlmann, Reichsbanner, S. 188.
779 Zit. nach Rohe, S. 107.
780 Reichardt, Gewalt, S. 219.
781 Zit. nach Vogel, S. 211 f.
782 Vgl. Rusinek, S. 141.

das allgegenwärtige Erinnern an den Krieg; die den Buchmarkt überschwemmende Kriegsliteratur, besonders die verklärenden Memoiren von Veteranen; ein diffuses Minderwertigkeitsgefühl angesichts des Bewusstseins, für den Krieg zu spät gekommen zu sein; das Hervorkehren eines „maskulin-bellizistischen Habitus" als Protesthaltung gegen eine angeblich nur an ökonomischen Prinzipien orientierte Gesellschaft.

Um ein höheres Ansehen in der Öffentlichkeit zu erlangen, verlangte das Reichsbanner darüber hinaus ein vorbildliches Verhalten im Vereinsalltag und insbesondere tadelloses Auftreten bei Großveranstaltungen und Aufmärschen. Für die zentrale Feier des Verfassungstages in Berlin 1929 wurden „zehn Gebote" formuliert, die die Mitglieder des Reichsbanners aus dem ganzen Reich beachten sollten.[783] Dazu gehörten Hinweise zu allgemeiner Disziplin, Pünktlichkeit, Hilfsbereitschaft und Höflichkeit, aber auch Mahnungen vor nächtlichen Abenteuern („Sie kosten Dich viel sauer verdientes Geld und gefährden Deine Gesundheit!") und Trunkenheit („Du machst Dich zum Gespött der Anderen!"). Außerdem warnte man vor „Wanderkameraden", die als Festbummler das ganze Jahr umherreisten, sich überall „durchdrückten" und die arglosen Kameraden um Geld anpumpen würden.[784] Diese „zehn Gebote" aufgreifend, veröffentlichte der Gau Württemberg 1931 ebenfalls zehn zentrale Regeln für seine Mitglieder.[785]

Man sollte die Bedeutung der paramilitärischen Komponenten in der Praxis des Reichsbanners bis 1930 nicht überschätzen. Viele Mitglieder schafften sich anfangs gar keine Uniform an und blieben bei ihren Vorbehalten gegen jegliche „Soldatenspielerei".[786] Albert Kuntzemüller bekannte nach 1945, ihm sei „jeglicher Uniformkram in tiefster Seele verhasst" gewesen, weswegen er seine Uniformierung auf das Mindestmaß und „dienstliche" Tätigkeiten beschränkt habe.[787]

„Die neu gegründete SA, der Rotfrontkämpferbund und das überparteiliche Reichsbanner beschränkten ihre Aktivitäten zunächst auf propagandistische Formen der Selbstwerbung und traten mit ihrem paramilitärischen Charakter lediglich in eine Idealkonkurrenz um die Mobilisierung und Einbindung jugendlicher Parteigänger ein."[788]

783 Vgl. AdsD, Bestand Reichsbanner Schwarz-Rot-Gold, Orientierungsplan für die Reichsbannerkameraden zur Bundesverfassungsfeier 10.-11.8.1929 in Berlin, Berlin 1929.
784 Vgl. Rundschreiben des Gauvorstands Baden vom 13.6.1928, KrA Rhein-Neckar, NL Willy Gärtner, 1928/17.
785 Vgl. „Das Reichsbanner", 23.5.1931, Nr. 21, Gaubeilage Württemberg.
786 Kohlmann, Reichsbanner, S. 193.
787 StadtA Freiburg, Erinnerungen Albert Kuntzemüller, S. 117.
788 Weisbrod, S. 396.

Nichtsdestotrotz bemühte sich das Reichsbanner von Beginn an um ein nach militärischen Maßstäben vorzeigbares Erscheinungsbild. Idealerweise marschierten Reichsbannereinheiten in „musterhafter Ordnung" und „straffer Gliederung"; die Feste verliefen ebenso nach Möglichkeit gemäß einer „straffe[n] Ordnung, die musterhaft durchgeführt wurde".[789]

Im Juni 1929 äußerte die badische Gauleitung zur „Uniformfrage", dass „rein äußerlich gesehen, unsere Umzüge in Zukunft ein vornehmes und sauberes Bild zeigen müssen". Es sei deshalb unabdingbar, dass „die Kameraden in vorschriftsmäßigen, im Gau vorgeschriebenen Reichsbanneranzug aufzutreten haben".[790]

„Es darf nicht vorkommen, dass der eine mit Kragen, der andere ihn geschlossen trägt, der eine Leibriemen trägt und der andere nicht [...], denn wir dürfen von den glänzenden Aufmärschen, die unsere Gegner von rechts und links immer wieder zeigen, in keinem Fall abstechen."[791]

Außerdem verbiete es sich, bei den Aufmärschen Pakete, Taschen und andere Utensilien (zur Ausrüstung eines Reichsbannermannes gehörten Tornister, Kochgeschirr, Zeltplane, Feldspaten und Brotbeutel) mit sich zu tragen. Jeder Reichsbannermann habe mit leeren Händen zu marschieren und Stöcke zu Hause zu lassen. Schließlich sei bei Veranstaltungen „auf eine exakte Ausführung des Grußes [...] stets größter Wert zu legen". Allen Führern wurde auferlegt, den ihnen erwiesenen Gruß nach genauen Ausführungsbestimmungen „sorgfältig zu erwidern".[792] Auch auf widrige Wetterbedingungen durften die Reichsbannermänner keine Rücksicht nehmen: Auf einer Mitgliederversammlung in Stuttgart 1926 kritisierte Württembergs Gauvorsitzender Alfons Buse scharf das Verhalten einzelner Mitglieder, die sich wenige Tage zuvor von einer Veranstaltung wegen eines Platzregens vorzeitig entfernt hatten.[793]

789 Schumann, S. 250.
790 Rundschreiben des Technischen Gauleiters vom 10.7.1925, KrA Rhein-Neckar, NL Willy Gärtner, 1926/67. Die „Bekleidungsordnung für den Gau Baden" enthielt genaue Vorschriften für das öffentliche Auftreten.
791 Rundschreiben des Gauvorstands Baden vom 25.6.1929, ebenda, 1929/16.
792 Rundschreiben des Technischen Gauleiters vom 10.7.1925, ebenda, 1926/67.
793 Vgl. StA Sigmaringen, Wü 65/4 T2, 932.

Ortsverein Schramberg des Reichsbanners, 1928.
Quelle: Privatbesitz/Franz Kasenbach

Es wird hier deutlich, dass sich das Reichsbanner auch im Südwesten „mehr als andere Organisationen der republikanischen Linken [...] dem ‚Geist der Zeit'" öffnete und „Denkhaltungen sowie Organisations- und Agitationsformen von der Rechten"[794] bereitwillig übernahm. In den Methoden zur Mobilisierung der Mitglieder zeigte sich ein wachsender Gegensatz zwischen SPD und Reichsbanner. Dem nüchtern-rationalen Grundzug der SPD stand die Agitation des Reichsbanners gegenüber, die auf bündisch geprägte Äußerlichkeiten setzte. War das Reichsbanner zu Anfang noch gleichermaßen „‚sozialdemokratischer Verein' und ‚paramilitärischer Verband'", neigte sich die Waagschale seit dem NSDAP-Wahlerfolg von September 1930 immer mehr zugunsten des zweiten Elements. Seit 1931 passte das Reichsbanner sein Vokabular entsprechend an, aus dem „Vorsitzenden" wurde ein „Führer". Um die Reichsbannerführer Hörsing und Höltermann entwickelte sich in Ansätzen ein Führerkult. Die neuformierten „Schufo" verpflichteten sich in einigen Gauen mit einer an militärisches Zeremoniell erinnernden Gelöbnisformel zu Gefolgschaft und Gehorsam:

„Ich gelobe Treue der freien deutschen Republik, der Weimarer Verfassung und der Fahne Schwarz-Rot-Gold. Ich gelobe treue Gefolgschaft und Gehorsam dem Bundesführer des Reichsbanners Schwarz-Rot-Gold. Gleichzeitig gelobe ich unbedingte Schweigepflicht allüberall und in jeder Lage. Ich verpflichte mich, alle Befehle des Gauführers und seiner Beauftragten als verantwortliche Vertreter des Bundesführers treu und gewissenhaft zu erfüllen und unter Einsetzung von Leib und Leben durchzuführen. Dies Gelöbnis ist ein Manneswort, durch Handschlag bekräftigt. Ich stehe dafür mit meiner Mannesehre."[795]

Anlässlich einer Mitgliederversammlung des Stuttgarter Reichsbanners verkündete die „Schwäbische Tagwacht", die Zeit des Taktierens sei vorüber: „Jetzt heißt es handeln, und da gibt es nur eines: die unbedingte Gefolgschaft, das uneingeschränkte Vertrauen zu unseren Führern."[796] Für den Historiker Mommsen ist mit der Übernahme militärischer Rituale einschließlich des Führergedankens die „Schwelle zur faschistischen Organisationsform klar überschritten". Doch hätten sich die Vertreter der Linken in der Spätphase der Republik dazu gezwungen gesehen, sich dem Wandel der politischen Kampfformen anzupassen, „der in der Verlagerung des parteipolitischen Richtungsstreits von den Versamm-

794 Rohe, S. 125.
795 Zit. nach Mintert, S. 77.
796 „Schwäbische Tagwacht", 28.6.1932.

lungshallen auf die öffentlichen Straßen und Plätze bestand".[797] Auch die Jugendarbeit nahm mit der Zeit immer militärischere Formen an, womit sich das Reichsbanner einem vermeintlichen Verlangen nach soldatischen Tugenden und einer Skepsis gegenüber dem Parteienwesen anpasste. In einer Verbandsbroschüre zur Anwerbung neuer Mitglieder von 1928 heißt es in einem fiktiven Dialog zwischen einem Reichsbannermann und einem potenziellen Neumitglied:

„Du darfst auch nicht vergessen, daß im Reichsbanner doch ein andrer Geist herrscht als in den Parteien und in ihren Jugendbünden. Wir sind letzten Endes doch ein Verband, wo Straffheit, Ordnung und Disziplin herrschen sollen. Die jungen Leute von heutzutage, die wollen so etwas haben. Diesem Verlangen muß Rechnung getragen werden'."[798]

In der Alltagspraxis hatten die militanten Komponenten allerdings einen weit weniger martialischen Charakter als bei den Rechtsverbänden. Eine systematische Vorbereitung auf bürgerkriegsähnliche Szenarien fand nicht statt. Einzig ein Nachtausmarsch mehrerer Ortsgruppen bei Donaueschingen im August 1926 mit rund 400 Mann sorgte im Südwesten für größere Aufregung. Mehrere deutschnationale Reichstagsabgeordnete reichten eine Anfrage ein, ob und wann die Reichsregierung gedenke, dem „staatsfeindlichen und ungesetzlichen Treiben des Reichsbanners"[799] ein Ende zu bereiten. Die rechtskonservative „Süddeutsche Zeitung" berichtete, der Nachtausmarsch habe den Charakter einer militärischen Übung gehabt und ohne das Wissen von Gauvorstand und badischer Regierung stattgefunden. Die „regelrecht militärisch aufgezogene Nachtübung"[800] habe eine fiktive Einkesselung der ansässigen Reichswehr zum Ziel gehabt. Die Mannheimer „Volksstimme" reagierte mit beißendem Spott auf den „Enthüllungsartikel" und kündigte an, das nächste große „Aushebungs-Manöver" werde sich gegen eine der württembergischen Reichswehr-Garnisonen richten.

„Gegen welche, kann heute aus naheliegenden Gründen noch nicht verraten werden. Nur so viel mag heute schon gesagt sein: es werden an ihm die Reichsbannergruppen von ganz Südwestdeutschland in der Stärke von mindestens 70 000–75 000 Mann teilnehmen."[801]

797 Hans Mommsen, Militär und zivile Militarisierung in Deutschland 1914–1938, in: Ute Frevert (Hrsg.), Militär und Gesellschaft, Stuttgart 1997, S. 270.
798 Was mußt du vom Reichsbanner wissen? Ein Gespräch von A. Gebhardt, Hrsg. vom Bundesvorstand, Magdeburg 1928, AdsD, Bestand Reichsbanner Schwarz-Rot-Gold.
799 Anfrage Nr. 220 an den Reichstagspräsidenten vom 19.1.1927, GLA Karlsruhe, 233, Nr. 25982.
800 „Süddeutsche Zeitung", 6.1.1927.
801 „Volksstimme" (Mannheim), 19.11.1926.

Auch Albert Kuntzemüller, der sich an anderer Stelle noch abfällig über den Uniformkult geäußert hatte, hatte an dem Nachtausmarsch teilgenommen. In seinen Augen war die Veranstaltung vergleichsweise harmlos:

„Bei Sonnenaufgang wurde von Hüfingen aufgebrochen und in die fürstliche Residenz einmarschiert. Bürgermeister Fischer, der mich von meinen Vorträgen kannte, winkte mir vom Rathause zu, und auch manche andern bekannten Gesichter begrüßten mich. Männiglich mochte sich wundern, den sonst in feierliches Schwarz gekleideten Redner am Vortragspult nun in so ganz andrer Aufmachung zu erblicken. Die Bevölkerung schien allenthalben sichtlich interessiert, sodass wir gewiss ein schönes Plus unsrer republikanischen Propaganda buchen durften."[802]

Anfang 1927 verwahrte sich der badische Gauvorstand dagegen, dass das Reichsbanner als „Kampfverband" bezeichnet wurde, da die Tätigkeit der Reichsbannerjugend eine wesentlich andere sei als die Beschäftigungen bei wirklichen Kampfverbänden wie dem Stahlhelm, Werwolf oder Jungdo.

„Darunter verstehen wir Felddienstübungen, Nachtübungen, Kleinkaliberschießen und Marschübungen in feldmarschmäßiger Ausrüstung, Exerzieren nach militärischen Regeln, Schützengräben ausheben u. a."[803]

Eine zweitägige „Streif- und Erkundungsübung" der Reichsbanner-Gaujugend Nordbadens bei Waghäusel im September 1928 diente dagegen dem „Zurechtfinden im Gelände des Nachts, in guter und schneller Befehlsübermittlung, schärfster Disziplin und Ruhe". Das gemeinsame Geländespiel der südwestdeutschen Gaue (Baden, Hessen, Pfalz und Württemberg) bei Weinheim im Sommer 1929 simulierte das Eingreifen des Reichsbanners auf Seiten der Polizei beim Vorgehen gegen organisierte Schmuggler in politischen Krisenzeiten.[804] Insgesamt wird man sagen können, dass dem in den Wehrverbänden praktizierten Militarismus zwar nicht die Hauptverantwortung für die politische Gewalt in Deutschland während der Weimarer Republik

802 StadtA Freiburg, Erinnerungen Albert Kuntzemüller, S. 120.
803 Rundschreiben des Gauvorstands Baden vom 12.4.1927, KrA Rhein-Neckar, NL Willy Gärtner, 1927/6.
804 Vgl. Rundschreiben Gauvorstand Baden an die Ortsgruppen der Kreise Mannheim, Heidelberg, Mosbach und Karlsruhe vom 16.0.1929, ebenda, 1929/18.

zukommt, „aber er war doch weitgehend bestimmend für die Form und Intensität, die diese Gewalt annahm".[805] Entscheidend sollte sich die „Spaltung der großen gesellschaftlichen Lager in der Gewaltfrage" auswirken. Denn während sich im Lager der Arbeiterparteien die gewaltbejahenden und die gewaltverneinenden Gruppen heftig befehdeten (u. a. aufgrund der prinzipiellen Staatsbejahung durch die SPD), herrschte auf der anderen Seite des politischen Spektrums bis tief hinein in das bürgerliche Lager „ein stilles Einverständnis, das [...] die Akzeptanz von außerstaatlicher politischer Gewalt zum Zwecke des Systemwechsels nicht prinzipiell ausschloß".[806]

805 Bessel, S. 221.
806 Weisbrod, S. 404.

6.3
„Schwarz-rot-goldene Kraft" – Wehrhaftigkeit und (Waffen-)Gewalt

Die breite „Akzeptanz von illegaler politischer Gewalt"[807] stellte nach Ansicht des Historikers Bernd Weisbrod ein entscheidendes Element der Kontinuität zwischen Weimarer Republik und nationalsozialistischer Herrschaft dar. Eine bis fast in die politische Mitte reichende „national begründete moralische Indifferenz gegenüber politischen Gewalttaten"[808] – wie sie etwa in der schleppenden Aufklärung der Morde an Erzberger und Rathenau zum Ausdruck kam – blieb auch nach der Stabilisierung der Weimarer Republik latent und schuf damit ein Klima, in dem die Existenz von paramilitärisch organisierten Formationen von breiten Kreisen als notwendig erachtet wurde. Neben die Gewaltakzeptanz trat eine weitverbreitete Gewaltfaszination, die ihre Wurzeln in einer von vielen als anonym und kalt empfundenen Gesellschaft hatte, in der „wertorientierte Sittlichkeit und soziale Gesinnung [...] paradoxerweise ausgerechnet mit der Hochschätzung von Gewaltausübung und der Horrifizierung des politischen Gegners verbunden"[809] waren.

In den meisten Fällen gingen gewalttätige Übergriffe politischer Wehrverbände nicht von Kriegsveteranen, sondern von jungen Erwachsenen aus. Der Historiker Schumann sieht dabei folgenden Täterschwerpunkt: „Die Hauptträger der politischen Gewalt waren [...] weder Jugendliche noch durch die Teilnahme am Krieg möglicherweise brutalisierte Ex-Soldaten." Er konstatiert weniger einen Zusammenhang zwischen Arbeitslosigkeit und Gewaltbereitschaft als vielmehr eine Korrelation von politischen Gewalttätern und vorbestraften Männern mit einer vorhandenen Gewaltneigung.

807 Ebenda, S. 392.
808 Ebenda, S. 395.
809 Reichardt, Gewaltpolitik, S. 396.

„Der typische Gewalttäter der letzten Weimarer Jahre war […] männlich, relativ jung, aber kein Jugendlicher, und seine Bereitschaft zur Gewaltanwendung resultierte vor allem aus seiner radikalen politischen Überzeugung, hinter der andere Faktoren zurücktraten."[810]

Es stellt sich nun die Frage, welchen Beitrag das Reichsbanner – bewusst oder unbewusst – zur Verbreitung politischer Gewalt und zu einer „Brutalisierung" der politischen Kultur Weimars geleistet hat. Dabei muss man auf ein Dilemma der Organisation eingehen, deren bloße Existenz schon als Misstrauensvotum gegenüber den republikanischen Institutionen und den staatlichen Exekutivorganen Polizei und Reichswehr – den eigentlichen Trägern des Gewaltmonopols – gewertet werden kann. Als parteiübergreifende, staatsloyale und verfassungstragende Massenorganisation hatte sich das Reichsbanner einzig und allein legalen Methoden und demokratischen Zielen verschrieben, was im Ernstfall zu Zielkonflikten führen konnte.

Otto Hörsing verkündete auf einer Feier des Reichsbanners in Magdeburg, dass man den Einsatz von Gewalt zwar grundsätzlich ablehne, aber notfalls jeden Angreifer „mit denselben Mitteln bekämpfen, schlagen, und wenn es sein muß, vernichten"[811] werde. Trotz der teilweise aggressiven Rhetorik und des betont „zackigen" Auftretens gerieten die Veranstaltungen des Reichsbanners in aller Regel nicht zu Schauplätzen größerer gewaltsamer Konfrontationen mit den politischen Gegnern. Allerdings lieferten sich Reichsbannerangehörige Saalschlachten mit ihren Kontrahenten aus dem linken oder rechten Lager, die fast immer nach einem von allen Seiten eingehaltenen Ritual abliefen: „Rede – Gegenrede – Zwischenrufe – erste Handgreiflichkeiten – Saalschlacht mit Stuhlbeinen, Schlagringen etc."[812] Bei solchen Saalschlachten blieb die Rolle des Reichsbanners keineswegs immer defensiv. Gelegentlich drohte es im Vorfeld gegnerischer Versammlungen mit „Selbsthilfe", falls die Behörden nichts gegen Provokationen unternehmen würden. Sozialdemokratische Zeitungen hielten schon Mitte der 1920er-Jahre eine „tüchtige Tracht Prügel"[813] für allzu vorlaute und unbelehrbare Kommunisten für durchaus angemessen. Die Reichsbanner-Ortsgruppe Mosbach bekundete 1924, dass die Mitglieder zwar strenge Weisung hätten, „jeden Zusammenstoß mit Andersdenkenden

810 Schumann, S. 330.
811 Zit. nach ebenda, S. 268.
812 Albrecht Lehmann, Militär und Militanz zwischen den Weltkriegen, in: Dieter Langewiesche/Heinz-Elmar Tenorth (Hrsg.), Handbuch der deutschen Bildungsgeschichte, Bd. V: 1918–1945. Die Weimarer Republik und die nationalsozialistische Diktatur, München 1988, S. 404–433, hier S. 419.
813 Schumann, S. 268.

zu vermeiden". Dies schließe allerdings nicht aus, „dass im Falle der Notwehr auch schwarz-rot-goldene Kraft zur Geltung gebracht werden"[814] könne. Im Juli 1926 hielt Polizeioberst a. D. Schützinger vor etwa 400 Zuhörern der Ortsgruppe Stuttgart einen Vortrag über „Das Reichsbanner Schwarz-Rot-Gold und der Bürgerkrieg". Er forderte darin, „die Kameraden technisch auszubilden und technische Vorbereitungen für alle Eventualitäten zu treffen", da auch die Rechtsverbände ihre Jugendlichen zu „wohldisziplinierten Scharen" heranzögen. Gerade die praktische Ausbildung der Jugend könne sich daher nicht „in Ausflügen oder Bannerweihen mit Ehrenjungfrauen, in guten Rechts- und Linksschwenkungen" erschöpfen, sondern verlange die „gründlichste Ertüchtigung aller Kameraden". Notwendig seien eine „eiserne Disziplin" einschließlich der „unbedingten Befolgung sämtlicher Befehle der Führer" sowie Nachtübungen und Reisemärsche, die nicht zur Spielerei ausarten dürften. Das Reichsbanner sah Schützinger als republikanische Schutztruppe, die im Falle eines Putsches den Staatsorganen als loyale Reserve zur Verfügung stand. Keinesfalls sollte das Reichsbanner dagegen Aufgaben und Funktionen der Polizei übernehmen. „Die Hauptarbeit habe vielmehr die Reichswahr und die Schutzpolizei zu leisten und das Reichsbanner habe nur die Rolle einer zuverlässigen Miliz zu leisten."[815]

Die kommunistische „Süddeutsche Arbeiter-Zeitung" berichtete 1931 über einen von nationalsozialistischen Parteigängern gestörten Aufmarsch des Reichsbanners in Stuttgart, dessen Mitglieder hätten sich zu helfen gewusst und die Provokateure „Bekanntschaft mit den Fäusten der Reichsbannerarbeiter"[816] gemacht.

„Mäßige körperliche Gewalt gegen die politischen Gegner von rechts und von links erschien nicht als Problem, sofern sie rein defensiv gebraucht wurde. [...] Hier lag die Grenze, an die die ‚Militarisierung' der Politik beim republikanischen Frontsoldatenbund stieß."[817]

814 Schreiben der Reichsbanner-Ortsgruppe Mosbach vom 23.8.1924, GLA Karlsruhe, 364, Nr. 7804, Bl. 227.
815 StA Sigmaringen, Wü 65/4 T2, 932.
816 „Süddeutsche Arbeiter-Zeitung", 8.8.1931.
817 Schumann, S. 268 f.

Liste „Unsere Toten", Auszug aus dem Rechenschaftsbericht des Bundesvorstands des Reichsbanners zur Bundesgeneralversammlung vom 16. bis 19. Februar 1933 in Berlin, o. D.
Quelle: Bundesarchiv, Bibliothek

Unsere Toten

Heinrich Bräuer, Bankwitz	6. 12. 1924	von Stahlhelmern erschlagen
Erich Schulz, Berlin	25. 4. 1925	von Rechtsradikalen erschossen
Volkmann, Oderberg	10. 5. 1925	von Stahlhelmern erschossen
Richard Wolkow, Sanitz	13. 9. 1925	von Frontbannleuten erschossen
Ludwig Bauder, Oberlustadt	1. 5. 1926	von Nationalsozialisten erschossen
Doktor, Breslau	28. 7. 1926	von Stahlhelmern erschossen
Erdmann, Düsseldorf	28. 7. 1926	von Stahlhelmern erschossen
Tietze, Erkner	25. 6. 1927	von Stahlhelmern erschossen
Richard Wollank, Erkner	25. 6. 1927	von Stahlhelmern erschossen
Hermann Heidorn, Hamburg	17. 5. 1928	von Nationalsozialisten erschossen
H. Tiedemann, Hamburg	17. 5. 1928	von Kommunisten erschossen
Arno Paris, Glauchau	19. 5. 1928	von Kommunisten erstochen
Friedrich Weier, Hamburg	30. 9. 1928	von Kommunisten erschossen
Heinrich Koch, Frankfurt a. M.	27. 4. 1929	von Nationalsozialisten erstochen
Heinrich Schmidt, Frankfurt a. M.	27. 4. 1929	von Nationalsozialisten erstochen
Richard Bruch, Verden a. d. Aller	20. 10. 1929	im Dienst tödlich verunglückt
Fritz Pelzer, Essen	12. 11. 1930	im Dienst tödlich verunglückt
Willi Schneider, Berlin	1. 1. 1931	von Nationalsozialisten erschossen
Hans Keßler, Ilmenau	21. 6. 1931	im Dienst tödlich verunglückt
Reinhold Pammler, Hannover	26. 6. 1931	von Nationalsozialisten erschossen
Fritz Herrmann, Leipzig	28. 6. 1931	im Dienst tödlich verunglückt
Emil Kuhfeld, Berlin	29. 6. 1931	im Dienst erschossen
Alfred Link, Königsberg	18. 10. 1931	von Nationalsozialisten erstochen
Karl Thieme, Muskau	31. 10. 1931	im Dienst tödlich verunglückt
Arno Wolff, Riesa	3. 11. 1931	von Nationalsozialisten erstochen
Kurt Meier, Braunschweig	23. 1. 1932	von Nationalsozialisten erschossen
Max Biesold, Göda i. S.	26. 1. 1932	im Dienst tödlich verunglückt
Paul Knietsch, Gladbeck	2. 3. 1932	von Nationalsozialisten erschlagen
Adolf Schmidt, Fellhammer	12. 3. 1932	von Nationalsozialisten erschlagen
Georg Ziegler, Nürnberg	26. 3. 1932	im Dienst tödlich verunglückt
Martin Pauls, Einswarden	10. 4. 1932	von Nationalsozialisten erschossen
Franz Braun, Frankfurt a. M.	21. 5. 1932	von Nationalsozialisten erschlagen
Heinrich Nüßkamp, Gütersloh	6. 6. 1932	von Nationalsozialisten erschossen
Otto Schwier, Emden	25. 6. 1932	im Dienst tödlich verunglückt
Rudolf Marek, Chemnitz	26. 6. 1932	von Nationalsozialisten erschossen
Wilhelm Feuerherdt, Dessau	9. 7. 1932	von Nationalsozialisten erschossen
Erdmann Tilke, Klettendorf	10. 7. 1932	von Nationalsozialisten erschossen
Hermann Möschel, Trier	10. 7. 1932	von Nationalsozialisten erschossen
Fritz Heinke, Hagenow	10. 7. 1932	von Nationalsozialisten erschossen
Hinrich Junge, Sensby	10. 7. 1932	von Nationalsozialisten erstochen
Johann Butz, Schuby	10. 7. 1932	von Nationalsozialisten erstochen
Heinz Hübener, Berlin	15. 7. 1932	im Dienst tödlich verunglückt
Gerhard Seitz, Berlin	15. 7. 1932	im Dienst tödlich verunglückt
Geiswinkler, Dittmannsdorf	18. 7. 1932	von Nationalsozialisten erschossen
Johann Schlenkhoff, Gelsenkirchen	19. 7. 1932	von Nationalsozialisten erschossen
Wilhelm Ricker, Dülmen	22. 7. 1932	von Nationalsozialisten erschossen
Joseph Schreiber, Bunzlau	22. 7. 1932	von Nationalsozialisten erschossen
Otto Schumacher, Waldbröl	24. 7. 1932	im Dienst tödlich verunglückt
Siegfried Beetz, Holzhausen	25. 7. 1932	von Nationalsozialisten erschossen
Fritz Ferkau, Kamen	29. 7. 1932	von Nationalsozialisten erschossen
Johann Stumpf, Armsheim	30. 7. 1932	von Nationalsozialisten erschossen
Fritz Müller, Hasselfelde	30. 7. 1932	von Nationalsozialisten erschossen
Fritz Schwed, Hess. Oldendorf	30. 7. 1932	von Nationalsozialisten erschossen
Adolf Klapproth, Bad Sachsa	30. 7. 1932	von Nationalsozialisten erschossen
Kurt Kotzahn, Lötzen	6. 8. 1932	von Nationalsozialisten erschossen
Simsch, Nassiedel	7. 8. 1932	von Nationalsozialisten erschossen
Paul Hoffmann, Küpper	8. 8. 1932	von Nationalsozialisten erschossen
August Hanig, Essen	18. 10. 1932	von Nationalsozialisten erschossen
Henry Suckstorf, Hamburg	29. 10. 1932	von Nationalsozialisten erschossen
Willi Willrodt, Kiel	4. 11. 1932	im Dienst tödlich verunglückt
Wilhelm Bruns, Gelldorf	24. 11. 1932	im Dienst tödlich verunglückt
Hermann Kasten, Staßfurt	4. 2. 1933	von Nationalsozialisten erschossen
Paul Fischer, Chemnitz	5. 2. 1933	von Nationalsozialisten erstochen
Walter Steinfeld, Breslau	5. 2. 1933	von Nationalsozialisten erschossen

Im Kampfe für die Republik fielen 64 Kameraden

Das Reichsbanner wies verglichen mit den anderen Kampfverbänden eine deutlich geringere Gewaltbereitschaft auf. Noch zu Beginn der 1930er-Jahre erschien die schwarz-rot-goldene Sammlungsbewegung primär als Marsch- und Demonstrationsverband und weniger als paramilitärischer Kampfverband wie etwa ihr österreichisches Pendant, der Republikanische Schutzbund.

„Tatsächlich zeigen aber alle amtlichen Statistiken, dass nur vergleichsweise wenige Angriffe von den sozialdemokratisch geprägten Straßenkämpfertruppen initiiert wurden – ihr Anteil an den Auseinandersetzungen lag immer unter zehn Prozent."[818]

Mit der Gründung der „Schufo" sollte der sprunghaft angewachsenen SA eine wehrhafte Abwehrorganisation aus jungen Mitgliedern entgegengesetzt werden. Die „Schufo" trat wesentlich militanter auf als vorherige Reichsbannereinheiten. Seit der zweiten Jahreshälfte 1930 prägten zunehmend meist nächtliche und oft tödlich verlaufende Überfälle von Nationalsozialisten auf politische Gegner das Tagesgeschehen. Die offizielle, im Februar 1933 erstellte Totenliste des Reichsbanners weist bis einschließlich 1930 „nur" 17 getötete Reichsbannerleute aus (davon sechs von Stahlhelmangehörigen, vier von Nationalsozialisten, drei von Kommunisten). Zwischen 1931 und Anfang Februar 1932 kamen dagegen 47 Reichsbannermitglieder im Dienst zu Tode, davon 35 durch die Hand von NS-Parteigängern.[819] Der Schwerpunkt der politisch motivierten Morde lag in Preußen, in Südwestdeutschland verzeichneten die Republikaner dagegen bis Anfang 1933 noch keine Todesopfer. In der Endphase der Weimarer Republik verstand sich das Reichsbanner als Bollwerk gegen die von SA und illegalem Rotfrontkämpferbund ausgehenden Übergriffe: „Wäre das Reichsbanner nicht gewesen, dann hätte dieser lokale und Einzelterror zweifellos unsäglich härtere Formen angenommen und größere Opfer in unserem Bereich gefordert."[820] Mit der Gründung der „Eisernen Front" bekannte sich die Organisation dann endgültig zu einer härteren Gangart gegenüber den Gegnern:

818 Reichardt: Gewaltpolitik, S. 388.
819 Vgl. Rechenschaftsbericht des Bundesvorstands zur Generalversammlung in Berlin vom 16. bis 19.2.1933, BArch, RY 12 II 113–1. In einem Rundschreiben der badischen Landesleitung der „Eisernen Front" von Dezember 1932 ist von 166 „Gefallenen" der „Eisernen Front" die Rede, StA Freiburg, W307, Nr. 61.
820 AdsD, NL Franz Osterroth, Box 53, Mappe 138.
821 „Frauenwelt", 1932, Nr. 2.

„Auch für einen Republikaner kann Legalität nicht bedeuten, daß er unentwegt das Maul hält und alles, was die Gegner der Republik vorhaben, stumm und geduldig über sich ergehen läßt. Das muß einmal gesagt, und das muß vor allem in voller Öffentlichkeit gezeigt werden. Wir wollen es nicht dahin kommen lassen, daß Pläne, wie sie von den Nazis in Boxheim geschmiedet wurden, demnächst Wirklichkeit werden. […] Und es wird nicht dahin kommen, wenn die allzu übermütig gewordenen Burschen der radikalen Rechten erst wieder begriffen haben, daß Leute da sind, die sich gegen solche Attentate auf die Freiheit bis zum äußersten zu wehren entschlossen sind."[821]

Freimütig bekannte das Reichsbanner Anfang 1932, es habe bislang „vielleicht ein wenig zu sehr seinen defensiven Charakter" unter Beeinträchtigung seiner „Wirkung auf die Öffentlichkeit, insbesondere auf die gegnerische" betont. Entsprechend große Hoffnungen wurden in die „Eiserne Front" gesetzt:

„Mit einem Schlage würde sich die ganze politische Situation ändern, wenn die Republikaner, zu machtvoller Einheit geschlossen, überzeugend dartäten, daß sie dem Nationalsozialismus unter gar keinen Umständen das Feld gutwillig zu überlassen gedenken. Diese entschlossene Einheit herzustellen, ist Ziel und Sinn der ‚Eisernen Front'."[822]

Auch in der Jugendarbeit wurden angesichts der bedrohlichen Gesamtlage andere Töne angeschlagen:

„Die politische Entwicklung in Deutschland beweist, wie notwendig es ist, dass die republikanischen Jugendbünde den Gedanken der Wehrhaftigkeit aufzugreifen haben. Uns stehen noch ganz andere Kämpfe bevor, als wir sie schon erlebt haben. Die Gegenseite hat das längst begriffen. Dort schult man die jungen Mitglieder in besonderen Ausbildungslagern. Wir dürfen nicht müßig abseits stehen und etwa nur auf Heimabenden politische Probleme wälzen, während die anderen ihre Sturmtrupps drillen. [...] Das erfordert ganze Kerle. Schwächlinge und Weichlinge können wir dabei nicht gebrauchen. Die müssen in der ‚Etappe' des Heims bleiben. Wehrhaftmachung heißt also Erziehung zu Mut, Entschlossenheit, Ausdauer, Pünktlichkeit, Willenskraft und Stärke."[823]

Während der Terror der SA 1931 und 1932 zahlreiche Todesopfer in den Reihen des Reichsbanners forderte, reiften in der Verbandsführung konkrete Pläne, im Falle eines Bürgerkrieges den Polizeikräften zur Seite zu stehen. Auf Reichsebene bemühte sich der Republikanerbund nun um Polizeioffiziere als Ausbilder. Vereinzelt wurden sogar Waffendepots angelegt, sodass im rechten Lager viele Gerüchte über Kontakte zwischen „Schufo" und „Schupo" kursierten. Insbesondere in Preußen, das bis Juli 1932 von einer „Weimarer Koalition" unter Führung Otto Brauns regiert wurde, versuchte sich das Reichsbanner eng an die Polizei anzulehnen. Im Reichsbanner war jedermann klar, dass die

822 Ebenda.
823 Der „Jungba-Führer", 1932, Nr. 2, S. 2.

„taktische Konzeption des Reichsbanners mit dem ‚republikanischen Bollwerk Preußen' stand und fiel".[824] Wer vom Erhalt des Gewaltmonopols des Staates überzeugt war und sich auf Polizei und Reichswehr verließ, „konnte in einer verbalen Kraftmeierei nur eine Bedrohung der Autorität des Weimarer Staates" sehen. Das Verlangen nach einem rein sozialdemokratischen Selbstschutz oder einer Bürgerkriegsarmee kam einem „Misstrauensvotum gegen die Arbeit sozialdemokratischer Minister und Polizeipräsidenten" gleich. Das Reichsbanner spielte in diesen legalistischen Konzeptionen nur die Rolle einer „nützliche[n] Hilfstruppe",[825] auf die die Regierenden im Notfall zurückgreifen konnten. Insofern stand es zu Beginn der 1930er-Jahre vor einem unauflösbaren Dilemma: Um der zur Massenbewegung angewachsenen SA wirkungsvoll zu begegnen, hätte es sich bewaffnen und konsequent paramilitärisch auf den Straßenkampf vorbereiten müssen. Das Festhalten an den demokratischen Prinzipien bot aber keine Grundlage für eine solche Auseinandersetzung.

In Baden, ebenfalls republikanisches Bollwerk, beschritt die Regierung mit dem bereits im Januar 1931 verhängten Uniformverbot für alle politischen Kampfbünde einen Sonderweg. Zunächst hatte sie im Juni 1930 als Reaktion auf sich häufende Überfälle von Nationalsozialisten versucht, lediglich für die NS-Anhänger ein Uniformverbot zu verhängen.[826]
Als der Verwaltungsgerichtshof dies verwarf, erließ das badische Staatsministerium ein allgemeines Verbot. Auch die Tätigkeit des Reichsbanners wurde dadurch erheblich erschwert. Es empfand die Anordnung aus Karlsruhe als „geradezu niederschmetternd" und sah sich „in einen Topf mit den Nationalsozialisten"[827] geworfen. „Praktisch wäre das allgemeine Verbot ein großer Sieg der Hakenkreuzler, die damit eine politisch unerträgliche Gleichstellung erlangt hätten, die sich als Privilegierung auswirken müßte."[828] Das Reichsbanner sah nicht im Innenminister, sondern in der Justiz den Hauptverantwortlichen für die Entscheidung und erklärte, man erwarte, dass die Reichsbannerkameraden „in der heute mehr denn je erforderlichen Ruhe die Ausdehnung des Verbots aufnehmen und selbstverständlich befolgen".[829] Das allgemeine Verbot bewirkte zumindest eine Beruhigung der Lage, was zeigte, dass sich die Gewalt in der Endphase der Weimarer Republik, den notwendigen politischen Willen vorausgesetzt, zumindest unter Kontrolle bringen ließ.
Im Vorfeld der Reichspräsidentenwahl 1932 forderte die badische Landeskampfleitung des Reichsbanners die örtlichen Führungen auf,

824 Rohe, S. 379.
825 Pyta, S. 488.
826 Vgl. „Volkszeitung", 14.6.1930.
827 „Das Reichsbanner", 31.1.1931, Nr. 5, Gaubeilage Baden.
828 „Schwäbische Tagwacht", 21.6.1930.
829 „Pfälzer Bote", 16.1.1931.

„sich mit ihren Formationen für den Wahltagabend und die kommenden Tage bereitzuhalten".[830] Aufgrund von Putschgerüchten wurden die Formationen der „Eisernen Front" in den Zustand höchster Alarmbereitschaft versetzt, und in Karlsruhe und Mannheim formierten sich die Einheiten des Reichsbanners, um mögliche Gewaltausbrüche der Nationalsozialisten im Verband mit der Polizei zu bekämpfen. Dies erwies sich als unnötig, und es kam in Baden zu keiner vergleichbaren Situation mehr. Das allgemeine badische Uniformverbot wurde dagegen durch eine Notverordnung der Regierung von Papen im Sommer 1932 wieder aufgehoben. Daraufhin kam es nach Angaben der badischen Regierung allein im Zeitraum vom 29. Juni bis zum 21. Juli 1932 zu 19 schweren Überfällen und Zwischenfällen im Land, in den meisten Fällen unter Beteiligung von SA und Kommunisten.[831]

In Württemberg waren durch eine Verordnung des Innenministeriums bereits vom 22. Mai bis 30. September 1931 „alle politischen Versammlungen unter freiem Himmel einschließlich der Aufzüge und Propagandafahrten verboten"[832] worden. Die restriktive Politik der Landesregierung, aber auch die vergleichsweise ruhige politische Gesamtlage sorgten dafür, dass die gewaltsamen Auseinandersetzungen in Württemberg nicht überhandnahmen. Als durch eine Verordnung des Reichspräsidenten die SA im April 1932 vorübergehend aufgelöst wurde, hob auch die Reichsbannerführung den zuvor anlässlich der Reichspräsidentenwahl ausgerufenen Bereitschaftszustand wieder auf. Der Vorsitzende Karl Höltermann versicherte zur einstweiligen Demobilisierung der „Schufo", man werde sich dem Staatswillen einordnen, die Staatsautorität stärken und stützen.

„Mehr noch: es kommt darauf an, bis in die Reihen unserer Gegner die Überzeugung zu tragen, daß das Reichsbanner niemals Staat im Staate sein wollte und sein will; daß wir nie daran gedacht haben und nicht daran denken, gegen Recht und Verfassung unsere Ziele mit Gewalt durchzusetzen."[833]

830 Zit. nach Berghahn u. a., S. 112.
831 Vgl. Verzeichnis der Zusammenstöße in Baden nach Aufhebung des allgemeinen Uniformverbots, GLA Karlsruhe 233, Nr. 27916d.
832 HStA Stuttgart, E 151, Bü 699.
833 Rundschreiben der Bundesleitung an alle Gauvorstände vom 14.4.1932, AdsD, NL Franz Osterroth, Box 63, Mappe 165.

6.4 Warten auf Tag X: Möglichkeiten des Widerstandes 1932

Entgegen den vollmundigen Ankündigungen bei der Gründung der „Eisernen Front" im Januar 1932, blieb am Tag des „Preußenschlags" am 20. Juli 1932 auch im Südwesten jeglicher gewaltsame Widerstand aus. Die widerrechtliche Absetzung der geschäftsführenden preußischen Regierung durch Reichskanzler von Papen sorgte für das Ende aller Illusionen, die existenzielle Bedrohung von Demokratie und Rechtsstaat durch die bloße Präsenz der „Eisernen Front" abwenden zu können. Joseph Goebbels (1897–1945) kommentierte das Versagen der Republikaner hämisch in seinem Tagebuch: „Man muß den Roten nur die Zähne zeigen, dann kuschen sie. [...] Die Roten haben ihre große Stunde verpaßt, die kommt nie wieder."[834]

Der „Preußenschlag" bildete für die Geschichte des Reichsbanners und der Weimarer Republik eine entscheidende Zäsur.

„Der Staatsstreich hatte verheerende psychologische Folgen für die organisierte Arbeiterschaft, insbesondere für das Reichsbanner und die „Eiserne Front". Das Debakel des 20. Juli machte die Aussichtslosigkeit der legalitätsorientierten sozialdemokratischen Strategie [...] offenkundig."[835]

Dennoch wird in der neueren Forschung das passive, auf Eskalation verzichtende Verhalten des Reichsbanners nach dem Staatsstreich gebilligt. Die ältere Historiographie um Bracher oder Mommsen hatte das Zurückweichen von SPD und „Eiserner Front" in Anbetracht der späteren Entwicklung sinngemäß als kampflose Kapitulation verurteilt.[836]

834 Zit. nach Harter, S. 274.
835 Mommsen, Sozialdemokratie, S. 108.
836 Vgl. Zur Forschungsdiskussion um die Möglichkeiten des Widerstandes gegen den „Preußenschlag" vgl. Eberhard Kolb, Die Weimarer Republik, München 2009, S. 238 f.

Der Politikwissenschaftler Rohe wich als einer der ersten von dieser Forschungsmeinung ab und argumentierte, dass selbst bei einem gemeinsamen Vorgehen mit den Kommunisten „der Ausgang des Kampfes [...] bei den gegebenen Machtverhältnissen nicht zweifelhaft"[837] gewesen wäre.

„Die konkreten Machtverhältnisse sprachen bei dem Vorgehen Papens, das zudem formal-juristisch gedeckt war, so eindeutig zugunsten der Reichsregierung, daß die Linke in einem gewaltsamen Widerstand nur politischen Selbstmord begehen konnte. Alle Opfer mußten von vornherein vergeblich erscheinen."[838]

Der Reichsbanner-Vorsitzende Höltermann hatte zwar in einer Krisensitzung der „Eisernen Front" am Abend des 20. Juli für ein aktives Vorgehen gegen den Verfassungsbruch von Papens plädiert, sich aber nach Einwänden der SPD-Spitze von der Aussichtslosigkeit eines solchen Unterfangens überzeugen lassen und eingelenkt. Der Historiker Pyta argumentiert daher, dass nicht nur legalistische Bedenken, sondern vor allem eine nüchterne Analyse der Kräfteverhältnisse die SPD zu dieser Entscheidung bewogen habe:

„Die SPD war also keineswegs prinzipiell gewaltscheu oder so sehr auf die legale Beeinflussung des Staatsapparats fixiert, daß sie extralegale Kampfhandlungen von vornherein verwarf. Nur nach einer genauen Prüfung der Umstände entschloß sich die Sozialdemokratie zum Verzicht auf außerparlamentarische Aktionen. Denn gleichzeitig gegen den immer noch funktionierenden Staatsapparat und gegen die Mehrheit des Volkes anzutreten, hieße, einen von Anfang an verlorenen Kampf zu führen."[839]

Nichtsdestoweniger sorgte die strikte Beibehaltung des Legalitätskurses im Angesicht eines unverblümten Verfassungsbruches an der Basis der „Eisernen Front" und insbesondere bei den mobilisierten Formationen des Reichsbanners für absolutes Unverständnis. Obwohl man seit Jahren auf eine derartige Situation eingeschworen und vermeintlich vorbereitet worden war, blieb im entscheidenden Augenblick das Kommando zum Losschlagen aus. Offensichtlich hatten es die SPD-Parteiführung als Reichskampfleitung der „Eisernen Front" und die Reichsbannerführung versäumt, die sozialdemokratische Anhängerschaft auf die drohende Gefahr einzustellen.

837 Rohe, S. 435.
838 Ebenda, S. 437.
839 Pyta, S. 490.

„Man konnte sich vielleicht eine Eskalation der bisherigen gewaltsamen Ausschreitungen seitens der Prügel- und Terrorkommandos der SA vorstellen, man konnte sich [...] auch auf eine bewaffnete Verteidigung der Republik vorbereiten, aber deren völlige Zerstörung und daß man selbst in die Illegalität würde abgedrängt werden können, das erschien den sozialistischen Republikanern vollkommen unvorstellbar."[840]

Mit einem Mal wurde die ganze Schwäche und mangelnde Entschlusskraft der Verteidiger der Republik offenbar, die sich zudem einer militärischen Übermacht gegenübersahen. Etwas mehr als 250 000 „Schufo"-Männer hätten gegen eine sehr viel besser bewaffnete Koalition aus Reichswehr und Bürgerkriegsarmeen wie SA, SS und Stahlhelm nur wenig ausrichten können. „Was das Reichsbanner Schwarz-Rot-Gold an Waffen aufzubieten hatte, zählte bei einer militärischen Auseinandersetzung mit der Reichswehr nicht."[841] Die paramilitärischen Vorbereitungen der Reichsbannermänner beschränkten sich allgemein auf den Wehrsport, der nur im Kleinkaliberschießen ausbildete. Ein Generalstreik, der die militärische Unterlegenheit bis zu einem gewissen Grade hätte kompensieren können, erschien bei de facto über sieben Millionen Arbeitslosen wenig aussichtsreich. Ohne einen flächendeckend organisierten Generalstreik, wie 1920 während des Kapp-Lüttwitz-Putsches, war ein Sieg der republikanischen Kräfte jedoch so gut wie ausgeschlossen. Nun wurde deutlich, dass sich die Kräfteverhältnisse seit 1920 gründlich gewandelt hatten. Zu lange hatte die Reichsbannerführung auf die pure Massenanhängerschaft und die Suggestivkraft der Massenaufmärsche gesetzt und dabei verkannt, dass die Kampfbereitschaft der Millionen Anhänger der „Eisernen Front" „niemals auch nur annähernd gleichbedeutend sein [konnte] mit der nötigen, bürgerkriegsadäquaten Kampffähigkeit".[842]

Die Bewaffnung bzw. militärische Ausbildung beschränkte sich in fast allen Gauen – so auch im Südwesten – auf das Kleinkaliberschießen, wie es im eigens dafür gegründeten „Reichskartell Republik, Bund der republikanischen Kleinkaliber-Schützenvereine Deutschlands" praktiziert wurde. Eine vom Bundesvorstand einberufene Konferenz im Juli 1926 hatte noch eine Bewaffnung des Reichsbanners als verfassungswidrig verworfen und die Bildung von eigenen Kleinkalibersportvereinen abgelehnt. Den Mitgliedern wurde empfohlen, sich in republikanischen Schützenbünden zu organisieren und das Schießen „im Rahmen der

840 Ulrich, S. 23.
841 Winkler, Weg, S. 675.
842 Ulrich, S. 24.

gesetzlichen und politischen Vorschrift[en]"[843] zu betreiben. Auch der badische Gauvorstand hatte noch Ende 1926 dementiert, dass es Vorbereitungen zur Einführung des Kleinkalibersports gebe. Vielmehr sei das Kleinkaliberschießen in den Ortsgruppen „auf das strengste untersagt".[844] Gleichwohl hob die Reichsbannerführung am 8. Dezember 1926 das „Reichskartell Republik" aus der Taufe, mit dem das „Kleinkaliberschießen zu einem Massensport" befördert werden sollte und das sich trotz des betont sportlichen Charakters und formaler organisatorischer Unabhängigkeit zu einer „Art Dependance des Reichsbanners"[845] entwickelte. Die engen strukturellen und personellen Bindungen zum Reichsbanner waren auch in Baden und Württemberg unübersehbar. Im Südwesten übernahmen mit dem Mannheimer Matthäus Albus bzw. dem Ulmer Wilhelm Wirthle zwei regional wohlbekannte Reichsbannerfunktionäre die Führung der jeweiligen „Gaukartelle".[846] Deren Aufbau verlief aber wohl eher träge, wie aus spärlichen Presseberichten zu entnehmen ist. Anfang 1927 berichtete die Mannheimer Ortsgruppe des Reichskartells von einem nur langsamen Vorankommen, da die Möglichkeiten zum Betreiben des Kleinkalibersports in der Stadt begrenzt seien.[847]

Im November 1927 räumte die „Reichsbanner-Zeitung" ein, dass sich der Aufbau der Schützenvereine in Baden nur „in klarer Erkenntnis ihrer Notwendigkeit"[848] vollziehe, gewiss sei das Land dafür aber nicht der beste Boden. In den Folgejahren wurden in Baden und Württemberg verschiedene Wettbewerbe ausgetragen, bei denen Kleinkaliberschützenvereine ihre Meister ermittelten („Gauschießen"). Die Bedeutung des Reichskartells beschränkte sich letztlich darauf, schießsportbegeisterten Republikanern ein „legitimiertes" Format zur Ausübung ihres Sports zu bieten. Für die technisch-militärische Ausbildung war es dagegen weitgehend bedeutungslos und geriet daher bald wieder in Vergessenheit. Auch durch die Schaffung der „Schufo" und die Etablierung der „Eisernen Front" nahm die Kampfkraft der Republikverteidiger nicht in ausreichendem Maße zu. „Das Reichsbanner war als republikanische Schutztruppe gebildet worden, nicht als angriffsorientierter Kampfverband."[849]

843 Rundschreiben des Gauvorstands Baden vom 13.8.1926, KrA Rhein-Neckar, NL Willy Gärtner, 1926/61.
844 „Neue Badische Landes-Zeitung", 6.12.1926.
845 Rohe, S. 167.
846 Wegweiser für die republikanischen Kleinkaliber-Schützenvereine Deutschlands, in: AdsD, NL Franz Osterroth, Box 63, Mappe 165.
847 Vgl. „Das Reichsbanner", 15.4.1927, Nr. 8, Gaubeilage Baden.
848 Vgl. ebenda, 1.11.1927, Nr. 21, Gaubeilage Baden.
849 Berghahn u. a., S. 114.

In Saalschlachten hatte es sich zweifellos bewährt, doch für einen offenen Bürgerkrieg zählte allein der Grad der Bewaffnung, bei dem das Reichsbanner hoffnungslos unterlegen war. Darüber hinaus hatte die staatstreue, streng legalistisch denkende Reichsbannerführung bis zuletzt keine Konzeption für den Fall, dass die Zerstörung der Republik „von oben" betrieben wurde.

Mit dem „Preußenschlag" war die Moral des Reichsbanners reichsweit auf Dauer gebrochen. Erschwert wurde dessen Lage an der Basis durch den unverändert herrschenden Zweifrontenkrieg gegen NSDAP und Kommunisten, wobei letztere immer wieder mit halbherzigen Angeboten zu einer Einheitsfront lockten. In Baden, wo die SPD noch bis November 1932 an der Regierung beteiligt blieb, machte sich trotz der kämpferischen Parolen eine Mischung aus zunehmender Resignation und Realitätsverlust breit. Noch in der letzten Generalversammlung des Gaues in Mannheim am 28. und 29. Januar 1933 verkündete die Organisation in völliger Verkennung der wahren Kräfteverhältnisse, dass „der Faschismus [...] bis heute nicht zur Macht gekommen [ist], und er wird auch 1933 nicht an die Macht kommen, wenn wir es nicht wollen".[850] Nach der nur zwei Tage später erfolgten Machtübernahme der NSDAP engagierte sich das südwestdeutsche Reichsbanner noch unter schweren Bedingungen in der Kampagne für die Reichstagswahl am 5. März. Als am 10. März der bisherige NSDAP-Gauleiter Robert Wagner als Reichsstatthalter in Karlsruhe Einzug hielt, waren die Tage des Reichsbanners im Südwesten gezählt. Ein tragischer Zwischenfall in Freiburg, bei dem der SPD-Landtagsabgeordnete Christian Daniel Nußbaum bei einer Hausdurchsuchung zwei Polizisten niederschoss, diente als Vorwand, Reichsbanner und „Eiserne Front" am 17. März 1933 in Baden zu verbieten. In Württemberg war das Reichsbanner schon wenige Tage zuvor aufgelöst worden.
Bis zuletzt hatten die Mitglieder auf den Einsatz von Gewalt verzichtet. Reichsbanner und „Eiserne Front" befanden sich seit dem Sommer 1932 in einer Art Agonie. Zwar fanden unentwegt Massenveranstaltungen statt und die Mitglieder investierten vielerorts noch einmal alle Kraftreserven in die Reichstagswahlkämpfe 1932 und 1933, doch war mit dem Verzicht auf jeglichen (selbst symbolischen) Widerstand nach dem 20. Juli 1932 die Glaubwürdigkeit des Reichsbanners nachhaltig erschüttert. Dass es eine weitere Möglichkeit zum offenen Widerstand geben würde, erschien den allermeisten Mitgliedern illusorisch.

850 Zit. nach: Schadt, Volk, S. 216.

6.5
Zwischen Kampfeswillen und Resignation – Widerstand nach 1933

Organisierter Widerstand nach der Machtübernahme durch die Nationalsozialisten blieb aufgrund der ungenügenden Vorbereitungen für eine Existenz in der Illegalität illusorisch. Die ausgesprochen legalistische Strategie des Reichsbanners und sein Vertrauen in die staatlichen Machtorgane sollten sich nun rächen. Viele Funktionäre entzogen sich durch Flucht ins benachbarte Ausland einer Verfolgung durch die neuen Machthaber. Zum eigentlichen Zentrum der Reichsbannerexilanten entwickelte sich aber Großbritannien, wohin sich auch Bundesführer Höltermann absetzte. Insgesamt war die sozialdemokratische Widerstandsarbeit darauf ausgerichtet, unter Verzicht auf jedwede Außenagitation „die sozialdemokratische Gesinnungs- und Solidargemeinschaft weitgehend intakt zu halten", um einen Stamm zuverlässiger Genossen für die Zeit nach Hitler vorzubereiten. Insofern spielten die alten Organisationsgrenzen unter den Bedingungen illegaler Arbeit keine Rolle mehr, zumal man im Gegensatz zu den Kommunisten darauf verzichtete, formelle Massenorganisationen beizubehalten. Viele ehemalige Reichsbannerleute versuchten, sich durch ein „Abtauchen in die Unauffälligkeit des privaten Alltags" weiteren Verfolgungen zu entziehen. Ihre Widerstandstätigkeit konzentrierte sich auf lose Zirkel im kleinen Kreis. „Diese vor allem nach innen gerichtete Agitation war kennzeichnend für Widerstandsgruppen der Organisationen der Eisernen Front."[851] Zwar blieben die meisten einstigen Mitglieder des Reichsbanners und der „Eisernen Front" ihren Idealen treu, richteten sich aber bald, wenn man die Verfolgungswellen des Jahres 1933 überstanden hatte, auf ein Leben unter der Herrschaft der Nationalsozialisten ein. Offenbar liefen nur wenige Aktivisten des Reichsbanners zu den Nationalsozialisten über. Allerdings gab es im Frühjahr 1933 Versuche, durch Übertritte zum

851 Mintert, S. 112 f.

Stahlhelm eine gewisse organisatorische Unabhängigkeit zu wahren, die aber im Keim erstickt wurden.[852] Aus der Ortsgruppe Schiltach traten von den 73 Reichsbannermitgliedern wahrscheinlich zehn (14 Prozent) der NSDAP bei, vor allem Beschäftigte im öffentlichen Dienst und selbstständige Geschäftsleute, die sich einem Parteieintritt unschwer entziehen konnten.[853] Eindrücklich schilderte Albert Kuntzemüller die erzwungene Anpassung an die neuen Verhältnisse. Politisch hätten er und seine Familie bis in den Winter 1937/38 ihre oppositionelle Einstellung auch nach außen demonstriert, beispielsweise durch konsequente Verweigerung des Hitlergrußes. Dann sei der Druck durch den Spitzelapparat der Gestapo (u. a. die Nicht-Verlängerung des Reisepasses, was Fahrten in die nahe Schweiz unmöglich machte), so groß geworden, dass man sich entschloss, die Opposition nach außen aufzugeben. „Wenn siebzig Millionen heuchelten, dann kam es auf einen oder zwei ‚Volksgenossen' nicht mehr an."[854]

Die Sozialdemokratie in beiden Südwestländern war auf die nationalsozialistische Machtübernahme in keiner Weise vorbereitet, da viele ihrer Anführer unbeirrt in rechtsstaatlichen Kategorien gedacht und nicht mit der Möglichkeit einer totalitären Diktatur gerechnet hatten. „Insgesamt war ihr Verhalten von legalistischen Bedenken, der Einsicht in die eigene Schwäche, wachsender Resignation und einer Fehleinschätzung der Lage geprägt."[855] Erwartet wurden im schlimmsten Falle Bedingungen wie zu Zeiten des Sozialistengesetzes. Dagegen inhaftierten die neuen Machthaber im Südwesten massenhaft Sozialdemokraten in den Konzentrationslagern Kislau (bei Mingolsheim), Ankenbuck (bei Villingen) und auf dem Oberen Kuhberg (bei Ulm). Zum berüchtigtsten Lager wurde jedoch Heuberg auf der Schwäbischen Alb, wohin später viele Häftlinge der drei anderen Lager gebracht wurden (insgesamt 15 000 „Schutzhäftlinge").[856] Ansätze zu einem zumindest symbolischen Widerstand des Reichsbanners lassen sich für den Südwesten nur für die ersten Tage nach der Märzwahl belegen. In den Erinnerungen des Karlsruher Reichsbanner-Bezirksführers Erwin Sammet an die Nacht vom 5. auf den 6. März wird die Ohnmacht des Reichsbanners deutlich:

852 Vgl. Winkler, Weg, S. 910.
853 Vgl. Harter, S. 296.
854 StadtA Freiburg, Frinnerungen Albert Kuntzemüller (Anhang), S. 7a.
855 Wichers, S. 28.
856 Vgl. Schadt, Verfolgung, S. 100.

„Die SA [stand] in der ganzen Stadt bereit, machte viel Lärm und suchte in provozierender Weise die Reichsbannerunterkünfte auf. [...] Am Volkshaus hing die schwarz-rot-goldene Fahne und die Dreipfeilfahne. Obwohl Zwischenfälle von seiten der uniformierten Nationalsozialisten zu befürchten waren, ließ die Polizei sich nirgends sehen. [...] Der Vorsitzende der Ortsgruppe Karlsruhe rief einen Regierungsrat im Innenministerium an. Dieser teilte mit, daß die Polizei Gewehr bei Fuß stehe, d. h. keinen Anlaß zum Eingreifen sehe. Auf diese Mitteilung hin ließ Bezirksführer Sammet durch telefonische Anweisung alle Wachen auflösen. Die Einsicht, daß die vorbereiteten Abwehrmaßnahmen nicht durchgeführt werden konnten, ließ diese Nacht zu der schlimmsten seines Lebens werden. Die Bereitschaft der Reichsbannerkameraden anzugreifen war vorhanden. Aber es wäre sinnlos gewesen, da die Schufoleute verblutet wären."[857]

Stattdessen vernichteten die Reichsbanneraktivisten noch in derselben Nacht aus Sicherheitsgründen die Mitgliederlisten. Bei Sammet, der in den Tagen nach der Wahl in Zivil auf dem Motorrad zahlreiche Ortsgruppen in Baden aufsuchte, fand schon bald eine Hausdurchsuchung statt, bei der u. a. Propagandamaterial, Druckschriften und private Briefwechsel beschlagnahmt wurden. Auch musste Sammet mitansehen, wie in der Woche nach der Wahl die schwarz-rot-goldene Fahne vom Volkshaus in Karlsruhe entfernt wurde. Er berichtete, dass ihn ein Polizist mit etwa 20 SA-Leuten im Schlepptau aufforderte, aus Gründen der „öffentlichen Sicherheit und Ordnung"[858] die Fahne einzuholen, wobei ihm das letzte Vertrauen in die vermeintlich republikanisch gesinnte Polizei verloren ging. Am 15. März erfolgte Sammets Verhaftung, am 16. Mai wurde er mit anderen führenden Sozialdemokraten in das Konzentrationslager Kislau gebracht, aus dem er erst am 11. November 1933 unter Vorbehalt entlassen wurde.

In Stuttgart beabsichtigte der für den „Technischen Apparat" zuständige Reichsbanner-Funktionär Württembergs, Karl Molt (1891–1978), die Alarmierung des Reichsbanners und der „Eisernen Front" zum Schutze sozialdemokratischer Gebäude und Einrichtungen (u. a. Tagwachthaus, Gewerkschaftshaus, Metallarbeiterheim). Sein kurz nach dem Ende des NS-Regimes verfasster Lebenslauf zeugt noch von der Empörung und Verbitterung über die vermeintliche Untätigkeit der SPD-Parteiführung im Frühjahr 1933:

857 StadtA Karlsruhe, 7/NL Erwin Sammet, Nr. 49–51.
858 Vgl. ebenda.

„In der Nacht vom 7. auf 8. März habe ich das gesamte Reichsbanner und die Eiserne Front zum bewaffneten Kampf gegen das angeblich legal zur Macht gekommene Hitlerregime aufgerufen. Dass es in dieser Nacht nicht zum Kampf kam, ist lediglich Schuld der für die Auslösung des Kampfes verantwortlichen Führerclique in Berlin, welche statt des Kampfes die Gleichschaltung mit Hitler vollzogen. Infolge obiger Tatsache wurde ich sofort wegen Hochverrats und Vergehen gegen das Waffengesetz steckbrieflich verfolgt und musste in die Illegalität gehen."[859]

Das Ausbleiben von gewalttätigen Aktionen erklärte Molt in seinem Entschädigungsverfahren 1959 anders. Nun sprach er davon, dass er in jener Nacht schweren Herzens dem Rat Kurt Schumachers gefolgt sei, den Kampf abzubrechen, um unnötiges Blutvergießen zu vermeiden.[860] Wie andere Sozialdemokraten und Reichsbannerführer tauchte Molt zunächst innerhalb Deutschlands unter und riskierte im September 1933 den illegalen Grenzübertritt in die Schweiz. Nach einem deutschen Auslieferungsgesuch im Jahr 1940 verhaftet, gelang Molt bald darauf die Flucht aus einem Gefängnis in St. Gallen. Er lebte anschließend mit Hilfe befreundeter Gewerkschafter fünf Jahre illegal in der Schweiz, ehe ihn die US-amerikanische Militärverwaltung im September 1945 zurück nach Deutschland brachte. Molt berichtete, während seiner Illegalität „ununterbrochen die Fühlung mit den Genossen und Reichsbannerkameraden aufrecht erhalten" zu haben und weiterhin Widerstandsaktionen mit allen Mitteln, einschließlich Sabotage, mitorganisiert zu haben.

Auf das gemeinsame Lesen und die Weitergabe von illegalen Schriften beschränkte sich im Wesentlichen auch die Widerstandstätigkeit der badischen SPD. Das Ziel der illegalen Aktivitäten war es in erster Linie, den Zusammenhalt der Mitglieder zu erhalten sowie sozialdemokratisches Gedankengut zu bestärken und weiterzugeben. In den ersten drei Jahren gelang, organisiert durch den SPD-Grenzsekretär Georg Reinbold, das Einschmuggeln von monatlich 1500 bis 2000 Exemplaren der Zeitschrift „Sozialistische Aktion" über Frankreich, das Saargebiet oder die Schweiz nach Mannheim. Eine weitere Aufgabe der Grenzsekretariate bildete das Sammeln von Informationen und Nachrichten durch

859 StadtA Stuttgart, 2113, NL Karl Molt, Nr. 12.
860 Vgl. ebenda, Nr. 8.

Kontaktpersonen in Deutschland, die in die von der Sopade herausgegebenen „Deutschland-Berichte" einflossen.[861] Der Gestapo blieb die Untergrundarbeit der jetzt „Sopade" genannten Exil-SPD im Südwesten lange verborgen. Erst eine Verhaftungswelle von Dezember 1935 bis April 1936, von der 59 Personen betroffen waren, führte zum Zusammenbruch der Untergrundarbeit.[862] „Von 1936 an gab es sozialdemokratischen Widerstand nur noch als Gesinnungswiderstand, der sich mehr im persönlichen Gespräch an der Werkbank oder im privaten Zirkel artikulierte."[863] In als Kegel-, Skat- oder Schachklubs getarnten Vereinen versammelten sich weiterhin ehemalige Angehörige der „Eisernen Front" und des Reichsbanners, insbesondere ehemaligen Funktionäre der „Schufo"-Abteilungen.[864] Über Verbreitung und Intensität des Widerstands lassen sich aber letztlich keine genauen Angaben machen, da das Wirken in einer permanenten Ausnahmesituation das Hinterlassen von schriftlichen Zeugnissen aus naheliegenden Gründen verbot.

Für Württemberg koordinierte der vormalige „Tagwacht"-Redakteur Erwin Schoettle (1899–1976) die illegale Arbeit als Grenzsekretär der Sopade von der Schweiz aus. Eine Koordination der Arbeit mit seinem badischen Pendant Georg Reinbold, der vom Saargebiet aus als Grenzsekretär agierte, kam aufgrund unterschiedlicher Auffassungen über die SPD-Politik vor 1933 und die Ausrichtung der illegalen Tätigkeit nicht zustande. Schoettle konzentrierte sich darauf, in Württemberg an mehreren Stützpunkten Netzwerke von streng konspirativ organisierten Gruppen zuverlässiger Parteimitglieder (darunter 50 Personen in Stuttgart, weitere Zirkel u. a. in Villingen/Schwenningen, Heilbronn, Ulm und Göppingen) aufzubauen. Mit der Festnahme der wichtigsten Verbindungsleute in Stuttgart im Herbst 1936 durch die Gestapo endete auch in Württemberg die illegale Untergrundarbeit der SPD. Andere SPD- bzw. Reichsbannerführer wurden von den nationalsozialistischen Machthabern bereits frühzeitig inhaftiert, beispielsweise der Landtagsabgeordnete und ehemalige Gauvorsitzende des Reichsbanners Karl Ruggaber Anfang April 1933 im Konzentrationslager Heuberg.[865]

861 Vgl. Christopher Kopper, Zum Widerstand des Reichsbanners Schwarz-Rot-Gold im Rhein-Main-Gebiet, in: Renate Knigge-Tesche/ Axel Ulrich (Hrsg.), Verfolgung und Widerstand in Hessen 1933–1945, Frankfurt a. M. 1996, S. 167 f.
862 Vgl. Schadt, Verfolgung, S. 106.
863 Jörg Schadt (Hrsg.), Im Dienst an der Republik. Die Tätigkeitsberichte des Landesvorstands der Sozialdemokratischen Partei Baden 1914–1932, Stuttgart u. a. 1977, S. 53.
864 Vgl. Berghahn u. a., S. 122.
865 Vgl. Greiffenhagen, S. 191.

Im organisierten Widerstand gegen die NS-Diktatur spielten die einstigen Organisationsstrukturen des Reichsbanners keine Rolle mehr. Die sozialdemokratische Oppositionsarbeit fußte vielmehr auf der gemeinsamen Parteizugehörigkeit und häufig auf jahrelanger persönlicher Bekanntschaft. Wie hoch die Zahl der Überläufer und Opportunisten war, die sich gleich nach der Machtübernahme durch die NSDAP an die neuen Verhältnisse anpassten, lässt sich heute kaum noch bestimmen. Jedenfalls zeigte sich schon wenige Wochen nach Kriegsende 1945, dass nicht wenige Sozialdemokraten und frühere Reichsbannerleute trotz zwölfjähriger Verfolgung ihren Überzeugungen treu geblieben waren.

7

Schlussbetrachtung

„Heute mag man nicht ohne Bewunderung auf eine Organisation zurückblicken, die Millionen Mitglieder zur militanten Verteidigung der Republik zu vereinigen vermochte."

Mit diesen Worten würdigte der Historiker Hans-Ulrich Wehler im Frühjahr 1968 in einem Beitrag für die Wochenzeitung „Die Zeit" das Reichsbanner Schwarz-Rot-Gold. Fraglos habe das Reichsbanner der Weimarer Republik „eine bitter notwendige, vor allem psychologisch wertvolle Unterstützung" ermöglicht, „aber in der Bewährungsprobe [...] ist es wie die Republik selber stärkeren unheilvollen Kräften der deutschen Politik und Gesellschaft unterlegen".[866] Das Ziel der vorliegenden Studie war es, anhand eines geographisch und politisch überschaubaren Raumes – den Südwestländern Baden und Württemberg – nicht nur jene äußeren Kräfte aufzuzeigen, sondern auch die inneren Probleme, Widersprüche und Spannungen darzustellen, die das Reichsbanner belasteten.

Zu Beginn der Untersuchung wurden – angelehnt an die bisherige Forschung – die vier wichtigsten internen Problemkomplexe des Reichsbanners identifiziert. Erstens legten drei Trägerparteien des Reichsbanners ihre Vorbehalte gegenüber dem Verband nie ab und sahen ihn teilweise nur als bloße Übergangslösung für die gefährdete Republik. Darüber hinaus stellte der weit überproportionale Anteil der SPD-Anhänger im Reichsbanner die postulierte Überparteilichkeit infrage. Zweitens wurde dem Reichsbanner attestiert, trotz aller Anstrengungen keine Deutungshoheit auf wichtigen Gebieten der Symbol- und Erinnerungspolitik erlangt zu haben, vor allem bei seinem Engagement

866 Hans-Ulrich Wehler, Die Miliz der Republikschützer – Zur Geschichte des Reichsbanners, in: „Die Zeit", 22.3.1968.

für die Verbreitung und Akzeptanz der Reichsfarben Schwarz-Rot-Gold, beim Kampf um die Interpretation des Weltkrieges und seinen Konsequenzen sowie beim Einsatz für eine angemessene Würdigung der 1848er-Revolution als historischer Vorläufer der Weimarer Republik. Als drittes Problem galt eine gewisse Diskrepanz zwischen dem Auftreten des Reichsbanners in der Öffentlichkeit und dem Verbandsalltag. Einer staatstragenden, häufig von großem Pathos umrankten Selbstdarstellung stand ein von gewöhnlicher Alltagsroutine und organisatorischen Kinderkrankheiten geprägter Verbandsalltag gegenüber, der zunehmend die großen Ziele des Reichsbanners zu überlagern drohte. Schließlich, viertens, stand das Reichsbanner vor dem Dilemma, durch seine Gründung und Existenz der zu schützenden Republik eigentlich ein Misstrauensvotum auszusprechen. Denn offenbar trauten die in dem Abwehrbündnis organisierten Republikaner dem Weimarer Staat die eigene Verteidigung mit den staatlichen Machtmitteln nicht zu. Vielmehr mussten sie 1924 das vorläufige Scheitern einer „Republikanisierung" von Staat und Gesellschaft einräumen.

Baden und Württemberg zeichnete zwar eine für Weimarer Verhältnisse beachtliche Kontinuität von Regierungen und Legislaturperioden aus, doch darf diese Stabilität nicht mit einer grundsätzlichen Übereinstimmung der großen Bevölkerungsmehrheit mit den Prinzipien der Republik und ihrer Verfassung gleichgesetzt werden. Ganz abgesehen von der Zusammensetzung der Landesregierungen behielten auch in den Südwestländern führende Vertreter des alten Systems ihre Positionen bei. Die 1918/19 ausgebliebene und vom Reichsbanner stets nachträglich geforderte „Republikanisierung" von (Ministerial-)Bürokratie, Verwaltung, Justiz, Schul- und Hochschulwesen, Polizei und anderen Bereichen des öffentlichen Lebens sorgte für ein gesellschaftliches Klima, in dem das Bekenntnis zur Republik und ihren Verfassungsidealen keine Selbstverständlichkeit darstellte.

Auch im Südwesten spiegelte sich das ambivalente Verhältnis der „Weimarer Koalitionsparteien" zum Reichsbanner. Eigentlich schienen die politischen Kräfteverhältnisse im Südwesten für den Sammlungsgedanken des Reichsbanners wie geschaffen: relativ hohe Anteile für den politischen Katholizismus und des Linksliberalismus auf der einen Seite sowie eine gemäßigt-pragmatische und vergleichsweise schwache Sozialdemokratie auf der anderen Seite. In der Tat verliefen die ersten Jahre für das Reichsbanner vielversprechend: In Baden wie in Württemberg zeigte sich eine enge Verschränkung von SPD-Funktionsträgern und Inhabern von Reichsbanner-Ämtern, während sich zugleich besonders in Baden bedeutende Teile von Zentrum und DDP mit dem Verband solidarisierten. In Baden kam ein enges Einvernehmen mit der von Zentrum und SPD (sowie zeitweise auch von der DDP) mitgetragenen Landesregierung hinzu. SPD-Politiker nahmen in allen Ortsgruppen der Großstädte führende Positionen ein und trugen damit zum erheblichen Mobilisierungserfolg bei, auch wenn dieser im Südwesten etwas verspätet erfolgte. Unter dem Einfluss von Joseph Wirth unterstützte das badische Zentrum weitgehend geschlossen die Teilnahme am Reichsbanner; gleiches gilt für die ohnehin der Weimarer Verfassung in besonderer Weise verbundene DDP. Anders gestaltete sich das Binnenverhältnis in Württemberg: Hier erhoben sich schon bald nach der Gründung im Reichsbanner laute Stimmen gegen die passive oder gar offen ablehnende Haltung des Zentrums. Belastet durch dessen Beteiligung an den schwarz-blauen Bürgerblockregierungen in Stuttgart entfremdeten sich Zentrum und Reichsbanner. Die spätere Einbeziehung der DDP sowie deren Aufgehen in der Deutschen Staatspartei vertieften auch den Graben zu den Linksliberalen. Parallel zur Reichsentwicklung lässt sich für den Südwesten spätestens seit 1930 sowohl in der Außen- als auch in der Selbstwahrnehmung eine fortschreitende „Sozialdemokratisierung" des Reichsbanners feststellen. Sicher ist dem Reichsbanner vorzuhalten, dass es die Marginalisierung der bürgerlichen Partner zugelassen und dadurch die Chance vertan hat, in der entscheidenden Endphase der Republik auf einer breiteren Grundlage von Unterstützern agieren zu können. Sowohl auf der Reichsebene als auch in den Südwestländern entfernten sich Zentrum und DDP/Deutsche Staatspartei spätestens seit 1928 vom Reichsbanner, indem sie mehr und mehr nach rechts rückten.

Ganz abgesehen von diesen Entwicklungen herrschte bei zahlreichen Vertretern der drei Trägerparteien die Überzeugung, das Reichsbanner sei eine vorübergehende Erscheinung und habe mit der Beruhigung der innenpolitischen Lage Mitte der 1920er-Jahre einstweilen seine Schuldigkeit getan. Immer wieder insistierten Zuschriften aus südwestdeutschen Ortsgruppen und Artikel der Gauvorstände in der Verbandszeitung auf der Existenzberechtigung des Bundes, was auf ein sich breitmachendes Gefühl der Selbstgenügsamkeit und Erstarrung bei vielen Mitgliedern hindeutet. Zugleich verstummten nie jene Stimmen, die im schwarz-rot-goldenen Abwehrbündnis einen Fremdkörper sahen, der in seiner paramilitärischen Erscheinungsform vielleicht in der Notsituation 1923/24 seine Berechtigung gehabt hatte, nicht aber mehr in einer gefestigten Demokratie, die sich auf ihre verfassungsmäßigen Machtorgane verlassen können musste.

Im Bereich der Symbol- und Erinnerungspolitik unternahm das Reichsbanner große Anstrengungen, indem es sich darum bemühte, der vorherrschenden Interpretation des Weltkrieges als eines vier Jahre währenden, heroischen Verteidigungskampfes eine eigene Erinnerung entgegenzustellen. Das Reichsbanner bekämpfte vor allem die im rechten Spektrum verbreiteten Narrative der Frontkameradschaft und der Dolchstoßlegende, nach der die Heimatfront der kämpfenden Truppe im letzten Kriegsjahr in den Rücken gefallen sei. Nach Lesart des Reichsbanners war der Weltkrieg dagegen ein wesentlich von der deutschen Führung mitverschuldeter Waffengang, der mit expansionistischen Absichten einhergegangen war und über dessen wahre Motive die damalige Reichsführung die Mehrheitsparteien im Reichstag getäuscht hatte. Entsprechend schwierig gestaltete sich für das Reichsbanner die Aufgabe, dem Weltkrieg einen nachträglichen Sinn zu verleihen, zumal die Sozialdemokratie lange an der Burgfriedenspolitik mitgewirkt hatte. Hinzu kam, dass der Republikanerbund den Widerspruch aushalten musste, eine prinzipiell antimilitaristische und gegen die Verklärung des Krieges gerichtete Weltanschauung in militärischen Formen an die Öffentlichkeit zu tragen. Exemplarisch die besonders im badischen Reichsbanner gepflegte Verehrung des 1914 als Soldat gefallenen Ludwig Frank demonstrierte eindrücklich den schwierigen Spagat zwischen Verdammung der preußisch-obrigkeitsstaatlichen Vergangenheit und einem fast aufdringlich zur Schau gestellten Patriotismus.

Das militärische Auftreten des Reichsbanners erschien als ständige Gratwanderung zwischen unterschiedlichen Grundüberzeugungen und kam einem ständig neu auszuhandelnden Kompromiss zwischen (para-)militärischer Formensprache und antimilitaristischer Ausrichtung gleich. Ein „Bund republikanischer Kriegsteilnehmer" als Sammelbecken demokratisch gesinnter Veteranen passte in den Zeitgeist und erfüllte das Bedürfnis vieler ehemaliger Soldaten nach gemeinsamer Erinnerung an die Kriegsjahre. Die unzähligen Gedenkfeiern an Denkmälern und auf Friedhöfen in Stadt und Land – häufig im Rahmen mehrtägiger Gaufeiern – belegen ein breites Bedürfnis nach kollektiver Kriegserinnerung und Sinngebung für das massenhafte Sterben.

Berechtigte Skepsis bei vielen Anhängern löste hingegen die Strategie des Reichsbanners aus, vor allem Jugendlichen ein umfassendes paramilitärisches Freizeitangebot (inklusive „Schutzsport" und Geländeübungen) anzubieten. Eine immer stärker werdende Ausrichtung an Schlagworten wie „Uniformierung", „Marschdisziplin", „Straffheit" oder „mustergültige Ordnung" trat in einen gewissen Widerspruch zum

Eintreten für die Überwindung von „wilhelminischem Militarismus", „Kadavergehorsam" und „Untertanengeist". Aus den zahlreichen Berichten und Bildern zu Veranstaltungen in den Ortsgruppen ist zu entnehmen, dass auch die Gaue Baden und Württemberg großen Wert auf geschlossenes Auftreten, Disziplin, zünftige Marschmusik und ein tadelloses Erscheinungsbild legten. Nicht ganz zu Unrecht verwies der Stahlhelm darauf, dass sein Auftreten für das Reichsbanner stilbildend wirkte. Die beiden Verbände waren sich in mancher Hinsicht äußerlich ähnlicher, als sie es öffentlich einräumten. Wenngleich der Stahlhelm im Südwesten angesichts der ausgesprochen zivilen und anti-preußischen Grundhaltung der Badener und Württemberger kaum Fuß fassen konnte, finden sich Anhaltspunkte für eine fortschreitende Militarisierung des Reichsbanners auch in zahlreichen Ortsgruppen der beiden Südwestgaue.

Mit dem Einsatz für die neuen Reichsfarben Schwarz-Rot-Gold propagierte das Reichsbanner die symbolische Abkehr vom wilhelminischen Kaiserreich und dessen schwarz-weiß-roter Trikolore. Indessen zeigt die Entwicklung in Württemberg und Baden, dass in der Flaggenfrage kein gesellschaftlicher Konsens hergestellt werden konnte. Zahlreiche Bannerweihen, Gaufeiern und „Republikanische Tage" in ländlichen Regionen, teilweise aber auch in größeren Städten, brachten die für die Republikaner bittere Erkenntnis, dass die neuen Farben keineswegs so allgemein anerkannt waren, wie es in den alten demokratischen „Musterländern" zu vermuten gewesen wäre. Es bedurfte entschlossener republikanisch gesinnter Minister oder anderer Funktionsträger an den richtigen Stellen, um die offizielle Beflaggung zu bestimmten Anlässen durchzusetzen. Ähnliches gilt für die Berufung des Reichsbanners auf die 1848er-Revolution als Vorläufer der ersten deutschen Republik. Der Rückgriff auf die knapp 80 Jahre zurückliegende Erhebung musste mangels noch lebender Zeitzeugen und wegen des Scheiterns der Revolution etwas weit hergeholt und künstlich wirken, wenngleich die Hauptschauplätze sozusagen vor der Haustür lagen. Zwar kommen dem Reichsbanner unbestreitbare Verdienste bei der Aufarbeitung und Popularisierung der 1848er-Revolution zu. Doch reichten diese Bemühungen auch im Südwesten nicht aus, um eine Mehrheit hinter dem Staat zu versammeln, der sich auf die Errungenschaften jener Revolution berief. Auf der Suche nach populären Persönlichkeiten, die sinnfällig für die Ziele der Organisation stehen konnten, bediente sich das Reichsbanner einerseits im Fundus der 1848er-Revolution und andererseits in der jüngeren Vergangenheit, aus der mit Friedrich Ebert, Matthias Erzberger, Walther Rathenau und Ludwig Frank ganz unterschiedliche Politiker zu „Märtyrern" der Republik stilisiert wurden. Das Reichsbanner trug damit erheblich zur Erinnerung an Männer bei, die von rechter Seite teilweise übel diffamiert wurden; im Südwesten gilt dies besonders für Ebert und Erzberger.

Der mitunter aggressiv zur Schau gestellte „Republikanismus" bzw. Anti-Monarchismus im Reichsbanner beförderte und schwächte zugleich seine gesellschaftliche Akzeptanz. Zweifellos befand sich der Republikanerbund 1926 im Einklang mit der überwältigenden Mehrzahl seiner Anhänger, als er in der Kampagne zum Volksentscheid offen für die entschädigungslose Enteignung der Fürsten eintrat. Es lässt sich allerdings fragen, ob die polemische Art und Weise, mit der die 1918 in Preußen abgesetzte Monarchie attackiert wurde, nicht mehr Schaden anrichtete als Nutzen erbrachte. Gerade in den ländlichen Regionen Badens und Württembergs, wo die gestürzten Landesherren als „volkstümliche" Regenten ein hohes Ansehen genossen, wurden möglicherweise viele potenzielle Anhänger, die eine gewisse emotionale Bindung zu den ehemaligen regionalen Fürstenhäusern empfanden, abgeschreckt. Überdies trübte die Fixierung auf Monarchismus, Reaktionäre und den Stahlhelm den Blick auf die seit 1929 sprunghaft anwachsende Gefahr des Nationalsozialismus, deren ganze Dimension erst nach dem NSDAP-Wahlsieg im September 1930 klar wurde.
Als eine schwerwiegende Hypothek erwies sich außerdem die aus der Berufung auf 1848 resultierende großdeutsche Ausrichtung des Reichsbanners. Die gerade im Südwesten häufig postulierte Verbundenheit mit den Republikanern von Deutsch-Österreich suggerierte Hoffnungen auf eine Vereinigung beider Staaten, die jedoch unerfüllt blieben.

Mit seinen „Republikanischen Tagen", Bannerweihen, Gaufesten, Verfassungsfeiern und anderen Anlässen vermochte es das Reichsbanner, auch außerhalb der Wahlkämpfe eine pro-republikanische Festkultur zu etablieren, die Außenstehende und Schaulustige ansprach.
Die eigentümliche Mischung aus ernsten, repräsentativen Teilen (Festzug, Totenfeier, Bannerweihe, Ansprachen) und volkstümlichen, geselligen Elementen (Volksfeste, Tanzvergnügen, Weihnachtsfeiern) fußte auf der Überzeugung, in Uniform, aber doch mit möglichst zivilem Charakter die eigenen Überzeugungen der Öffentlichkeit einpflanzen zu können.
Mit der Zeit verlagerte sich der Schwerpunkt allerdings stärker auf das sorgfältig gepflegte „straffe" Erscheinungsbild nach außen; die anfänglich noch bewusst herausgestellten Unterschiede zu Auftritten anderer Verbände schliffen sich allmählich ab. Die beiden heraus-

ragenden Veranstaltungen im Südwesten waren die „Republikanertage" in Mannheim 1924 und 1929, die jeweils Tausende von Teilnehmern und Besuchern anlockten und große Erfolge darstellten. Vor allem aufgrund der Wirtschaftskrise konnte das Reichsbanner in den beiden Gauen nach 1929 kein vergleichbares Ereignis über mehrere Tage mehr ausrichten. Vielmehr verlegte man sich seit 1930 auf kürzere Großveranstaltungen, die im Zeichen der „Eisernen Front" den politischen Gegner beeindrucken sollten.

Stärker als durch die großen Festtage und Massenveranstaltungen war die Arbeit im Reichsbanner durch die regelmäßigen Zusammenkünfte und den Verbandsalltag geprägt. Auch in Baden und Württemberg erstarrte dieser Verbandsalltag in Routine und verlor sich im Klein-Klein der Organisationsarbeit. Wertvolle Hilfe für die pro-republikanischen Kräfte leistete das Reichsbanner zweifellos in den zahlreichen Wahlkämpfen, zu denen es im Dienst seiner Trägerparteien mit Saalschutz, Werbefahrten und der Ausrichtung von Veranstaltungen wesentlich beitrug. Gerade in ländlichen Gebieten, wo die Parteien der Weimarer Koalition organisatorisch nur schwach oder gar nicht vertreten waren, gewährleistete das Reichsbanner mit seinen Aktionen eine flächendeckende Präsenz in ansonsten von den Republikanern vernachlässigten Gebieten. Häufig waren es die Mitglieder von Ortsgruppen der Groß- und Mittelstädte, die sich im Umland engagierten und dafür teilweise einen beträchtlichen Teil ihrer Freizeit investierten. Den Reichsbanner-Wahlkampf par excellence bildete die Kampagne vor dem zweiten Durchgang der Reichspräsidentenwahl 1925, als mit dem „Volksblock"-Kandidaten Wilhelm Marx ein gemeinsamer Kandidat aller drei Trägerparteien unterstützt werden konnte. Das Reichsbanner zeigte sich seit 1930 im Rahmen der „Eisernen Front" als Vorreiter bei der Aufnahme moderner Wahlkampfmethoden in das Repertoire der Sozialdemokratie. Die Propagandaideen des russischen Exilwissenschaftlers Sergej Tschachotin, darunter das Symbol der „Drei Pfeile", verbreiteten sich von dessen Wahlheimat Heidelberg aus und prägten das von Dauerwahlkampf und „Symbolkrieg" bestimmte Jahr 1932 wesentlich mit.

Auch in den Gauen Baden und Württemberg war seit 1926 eine Erlahmung des Reichsbanners zu beobachten, die sich in einer organisatorischen und personellen Erstarrung sowie in Anflügen von Selbstgenügsamkeit äußerte. Nach den aufreibenden Wahlkämpfen der Jahre 1924 bis 1926 etablierte sich immer mehr ein zur Routine verfestigtes Verbandsleben, das sich in vielen Orten in monatlichen

Mitgliederabenden und nur sporadischen Veranstaltungen erschöpfte. Allerdings war nach den kräfteraubenden Einsätzen der ersten beiden Jahre eine gewisse Atempause wohl unvermeidbar. Nicht nur die Bereitschaft zu persönlichem Engagement ließ nach, sondern auch die finanziellen Mittel vieler Mitglieder aus der Arbeiterschaft gelangten an ihre Grenzen, zumal das Reichsbanner ihnen großen persönlichen Einsatz und Zeitaufwand abverlangte, einschließlich Besuche von weit entfernten Verfassungsfeiern oder Gautagen. Die sich seit 1926 mehr und mehr einschleichende „Vereinsmeierei" hielt potenzielle junge Anhänger vom Eintritt in das Reichsbanner ab. Mit seiner an die SPD angelehnten Organisationsstruktur, dem betont staatstragenden Auftreten und den aus den örtlichen Honoratioren bestehenden „Ehrenausschüssen" wirkte der Verband bieder und als eine Organisation der Älteren. Gegen diese Entwicklung arbeitete das Reichsbanner seit spätestens 1930 durch eine intensive Hinwendung zur jungen Generation an, die nun mit den neugeschaffenen „Schufo" sogar die Speerspitze des Reichsbanners bildete. Ob sich die Jugendlichen aus republikanisch-demokratischer Überzeugung oder aus Interesse an den gebotenen Freizeitangeboten dem Reichsbanner anschlossen, lässt sich kaum noch ermitteln. Jedoch liegt der schon seinerzeit von der SAJ geäußerte Verdacht nahe, dass sich eine beträchtliche Anzahl politisch Indifferenter im Reichsbanner sammelte, die weniger an den staatsbürgerlichen Bildungsinhalten, als vielmehr an den bündischen und aktivistischen Elementen Interesse zeigte.

Schließlich ging es um die Frage, wie weit das Reichsbanner im Falle einer existenziellen Bedrohung der Republik zu gehen bereit war. Lange setzte es angesichts dieses Szenarios allein auf die schiere Masse seiner Millionenanhängerschaft und beging den Fehler, numerische Stärke mit realer Macht zu verwechseln. Erst die Aufstellung der vergleichsweise gut ausgebildeten „Schufo" seit 1930 läutete die Abkehr von diesem Massenorganisationsdenken ein. Das Reichsbanner stellte stets klar, dass ein eigenmächtiges, bewaffnetes Einschreiten nicht infrage kam und man sich keineswegs als Bürgerkriegsmiliz verstand. In seltsamem Widerspruch dazu verkündete es auch im Südwesten bei beinahe jeder Gelegenheit, dass man sich in ständiger Bereitschaft halte und auf einen Angriff republikfeindlicher Kräfte gebührend antworten werde. Entsprechende Vorkehrungen fehlten in den Gauen Baden und Württemberg jedoch vollständig, wie am 20. Juli 1932 und spätestens im Frühjahr 1933 überdeutlich wurde. Abgesehen von einigen Geländespielen, Nachtausmärschen und Alarmübungen gab es keinerlei Vorbereitungen auf den Ernstfall. Von einer Bewaffnung nach militärischen Maßstäben konnte nirgendwo die Rede sein. Abgesehen davon hatte das südwestdeutsche Reichsbanner vergleichsweise wenig Erfahrung mit gewalttätigen Konflikten, deren Schwerpunkte in den späten 1920er und frühen 1930er-Jahren eindeutig in Nord-, Mittel- und Ostdeutschland lagen. Auch der Stahlhelm und der RFB waren in den Südwestländern schwach ausgeprägt, und die SA erstarkte erst spät. Auch deshalb musste das Reichsbanner bis 1933 in Baden und Württemberg kein einziges politisches Todesopfer unter seinen Mitgliedern beklagen.

Die Reichsbannerleute im Südwesten wussten sich sehr wohl handgreiflich zu verteidigen, schlüpften aber nur in Ausnahmefällen in die Rolle des Aggressors. In der Regel gebrauchte das Reichsbanner seine physische Macht nur zu defensiven Zwecken. Es verstand sich insofern als staatsloyale Reservetruppe der regulären Machtorgane Polizei und Militär für den Fall, dass diese bei einem Angriff auf die Verfassungsorgane der Republik überfordert waren. Umso unvorbereiteter musste das Reichsbanner die Entwicklung treffen, dass diese Machtorgane die Republik von innen aushöhlten und sich gegen die schwarz-rot-goldene Organisation wandten. Die allenfalls sporadischen Ansätze eines organisierten Widerstandes zeigen, wie überfordert das streng legalistisch handelnde Reichsbanner 1932 und 1933 war. Ungeachtet dessen fanden sich in den beiden Südwestländern nicht wenige ehemalige Reichsbannerleute bereit, am sozialdemokratischen Widerstand gegen die NS-Diktatur mitzuwirken, vor allem unter den früheren Angehörigen der besonders aktiven „Schufo".

Das Reichsbanner Schwarz-Rot-Gold stellt in der deutschen Demokratiegeschichte einen Sonderfall dar. Weder das Kaiserreich noch die Bundesrepublik oder die DDR haben eine vergleichbare Organisation hervorgebracht. Mit all ihren inneren Widersprüchen und Spannungen sowie ihren aus heutiger Sicht teils bewundernswert, teils befremdlich wirkenden Stellungnahmen und öffentlichen Auftritten war das Reichsbanner ganz und gar ein Kind der Weimarer Republik und Ausdruck der politischen Kultur der Zwischenkriegszeit. Als republikanisch ausgerichtete Massenorganisation zur Verteidigung der Weimarer Demokratie erschien es einerseits als Symptom für die tiefe Zerklüftung des politischen Systems der jungen Republik, andererseits als ein seltenes Beispiel für das Bemühen um überparteiliche Verständigung und die Überwindung ideologischer Gräben im Sinne eines höheren Zieles.
Als Veteranenverband der republikanisch gesinnten Kriegsteilnehmer war das Reichsbanner zudem nur in einer Nachkriegsgesellschaft wie dem Deutschland der 1920er-Jahre denkbar, in der militärische Werte

und Vorstellungswelten tief in das Denken der Gesellschaft eingedrungen waren. Im traditionell fortschrittlichen Baden fand das Reichsbanner geradezu ideale Gründungsbedingungen vor und entfaltete sich – ausgehend von den Großstädten – zu einer weitverbreiteten Organisation mit einer Vielzahl von Ortsgruppen. Im Vergleich dazu blieb die Entwicklung in Württemberg zurück, wo die Zahl der lokalen Gliederungen viel geringer war und die Ortsgruppen Stuttgart, Heilbronn und Ulm eine überragende Bedeutung erlangten. Insgesamt blieb das Reichsbanner Schwarz-Rot-Gold vorrangig eine Bewegung der (industrialisierten) Großstädte und hatte seine Hochburgen in Preußen und anderen norddeutschen Ländern. In Baden und Württemberg wurde es trotz aller Anstrengungen zu keinem ausschlaggebenden Faktor der politischen Auseinandersetzungen in der Endphase der Republik. Dennoch hat das Reichsbanner durch sein Wirken die politische Landschaft der Weimarer Republik auch in Baden und Württemberg in erheblichem Maße geprägt. Als Sammlungsbewegung der Republikaner in einer vermeintlichen „Republik ohne Republikaner" ist es am Ende an seinen Feinden zugrunde gegangen, die auf eine durch ungelöste Widersprüche und Defizite geschwächte Organisation trafen.

Anhang

Abkürzungsverzeichnis

ADGB	Allgemeiner Deutscher Gewerkschaftsbund
AdsD	Archiv der sozialen Demokratie
BArch	Bundesarchiv
BVP	Bayerische Volkspartei
Ciamac	Conférence Internationale des Associations de Mutilés d'Anciens Combattants
DDP	Deutsche Demokratische Partei
DNVP	Deutschnationale Volkspartei
DRRB	Deutscher Republikanischer Reichsbund
DStP	Deutsche Staatspartei
DVP	Deutsche Volkspartei
FDP	Freie Demokratische Partei
GDW	Gedenkstätte Deutscher Widerstand
Gestapo	Geheime Staatspolizei
GLA	Generallandesarchiv
Hifo	Hilfsformation
HStA	Hauptstaatsarchiv
IRZ	Illustrierte Reichsbanner-Zeitung/ Illustrierte Republikanische Zeitung
Jungba	Jungbanner
Jungdo	Jungdeutscher Orden
KPD	Kommunistische Partei Deutschlands
KrA	Kreisarchiv
NL	Nachlass
NSDAP	Nationalsozialistische Deutsche Arbeiterpartei
RFB	Roter Frontkämpferbund
SA	Sturmabteilung
SAJ	Sozialistische Arbeiterjugend
Schufo	Schutzformation

SPD	Sozialdemokratische Partei Deutschlands
SS	Schutzstaffel
StA	Staatsarchiv
StadtA	Stadtarchiv
USPD	Unabhängige Sozialdemokratische Partei Deutschlands

Quellen- und Literaturverzeichnis

Archivalische Quellen

Archiv der sozialen Demokratie Bonn
Bestand Reichsbanner Schwarz-Rot-Gold
Nachlass Otto Hörsing
Nachlass Franz Osterroth

Bundesarchiv Berlin-Lichterfelde
RY 1 Roter Frontkämpferbund
RY 12 Reichsbanner Schwarz-Rot-Gold
R 72 Stahlhelm, Bund der Frontsoldaten

Kreisarchiv Rhein-Neckar-Kreis, Ladenburg
Nachlass Willy Gärtner

Landesarchiv Baden-Württemberg
Staatsarchiv Freiburg
Bestände B 717/10, B 719/1, B 733/1, T1 Blankenhorn und W 307
Generallandesarchiv Karlsruhe
Bestände GLA 231, 233, 235 und 364
Staatsarchiv Ludwigsburg
Bestände F 164 II, F 202 II, F 215 und F 302 III
Staatsarchiv Sigmaringen
Bestände Wü 65/4 T2, Wü 65/19 Acc 33 und Wü 65/26 T 1–2
Hauptstaatsarchiv Stuttgart
Bestände E 130b, E 151, E 151/03 und F 152/III

Privatsammlung Dr. Ulrich Fiedler, Rottweil
Nachlass Albert Kuntzemüller

Privatsammlung Carsten Kohlmann, Schramberg
Sammlung Reichsbanner-Schwarz-Rot-Gold

Stadtarchiv Freiburg
Bestand C4/XI/14/13
Erinnerungen Albert Kuntzemüller („Mein Leben", 1945)

Stadtarchiv Karlsruhe
Bestand 1/H-Reg 4351
Nachlass Erwin Sammet

Stadtarchiv Mannheim

Zeitungsausschnitte aus den Sammlungen:

S1/0198	Dossier Ludwig Frank
S1/3727	Dossier Karl A. Helffenstein
S1/2451	Dossier Ernst Roth
S2/1932	Ordner zur Ortsgeschichte
S2/0068	Ordner „Tagungen"
S2/1236	Ordner „NSDAP"
S2/0175	Ordner „SPD"
S2/1895	Ordner „Kundgebungen"

Stadtarchiv Schiltach

Bestand AS-2055 (Unterlagen über das Reichsbanner Schwarz-Rot-Gold)

Stadtarchiv Stuttgart

Nachlass Karl Molt (Archivnummer 2113)

Stadtarchiv Ulm

Nachlass Wilhelm Wirthle

Periodika

„Badischer Beobachter". Hauptorgan der badischen Zentrumspartei

„Donau-Wacht". Sozialdemokratisches Volksblatt für das Oberamt Ulm u. v. a.

„Frauenwelt". Eine Halbmonatsschrift

„Freiburger Tagespost" („Freiburger Bote")

„Der Führer". Das badische Kampfblatt für nationalsozialistische Politik und deutsche Kultur

„Illustrierte Reichsbanner-Zeitung" (seit 1929: Illustrierte Republikanische Zeitung)

„NS-Kurier". Nationalsozialistische Tageszeitung für Württemberg und Hohenzollern

„Pfälzer Bote für Stadt und Land"

„Pfälzische Post". Organ der Sozialdemokratischen Partei Deutschlands

„Das Reichsbanner". Zeitung des Reichsbanner Schwarz-Rot-Gold

„Schwäbische Tagwacht". Organ der Sozialdemokraten Württembergs

„Schwäbischer Volksbote" („Ulmer Volksbote"). Schwäbisches Heimat- und Familienblatt für die Stadt Ulm u. a.

„Der Stahlhelm". Wochenschrift des Bundes der Frontsoldaten

„Süddeutsche Arbeiter-Zeitung". Organ der Kommunistischen Partei Deutschlands, Bezirk Württemberg

„Volksfreund". Tageszeitung für das werktägige Volk Mittelbadens

„Volkswacht". Tageszeitung für das werktägige Volk Oberbadens

„Volkszeitung". Tages-Zeitung für die werktägige Bevölkerung der Amtsbezirke Heidelberg und andere

Literaturverzeichnis

Achilles, Manuela, With a Passion for Reason: Celebrating the Constitution in Weimar Germany, in: Central European History 43 (2010), S. 666–689.

Albertin, Lothar, Stahlhelm und Reichsbanner. Bedrohung und Verteidigung der Weimarer Demokratie durch politische Kampfverbünde, in: Neue Politische Literatur 13 (1968), S. 456–465.

Ders., Liberalismus und Demokratie am Anfang der Weimarer Republik. Eine vergleichende Analyse der Deutschen Demokratischen Partei und der Deutschen Volkspartei, Düsseldorf 1972.

Albrecht, Richard, Symbolkampf in Deutschland 1932. Sergej Tschachotin und der „Symbolkrieg" der Drei Pfeile gegen den Nationalsozialismus als Episode im Abwehrkampf der Arbeiterbewegung gegen den Faschismus in Deutschland, in: Internationale Wissenschaftliche Korrespondenz zur Geschichte der deutschen Arbeiterbewegung 22 (1986), S. 498–533.

Beck, Dorothea, Theodor Haubach, Julius Leber, Carlo Mierendorff, Kurt Schumacher. Zum Selbstverständnis der „militanten Sozialisten" in der Weimarer Republik, in: Archiv für Sozialgeschichte 26 (1986), S. 87–124.

Berghahn, Volker R., Der Stahlhelm. Bund der Frontsoldaten 1918–1935, Düsseldorf 1966.

Ders. u. a., Arbeiterwiderstand, in: Erich Matthias/Hermann Weber (Hrsg.), Widerstand gegen den Nationalsozialismus in Mannheim, Mannheim 1984, S. 91–359.

Bessel, Richard, Militarismus im innenpolitischen Leben der Weimarer Republik: Von den Freikorps zur SA, in: Klaus-Jürgen Müller/Eckardt Opitz (Hrsg.), Militär und Militarismus in der Weimarer Republik. Beiträge eines internationalen Symposiums an der Hochschule der Bundeswehr Hamburg, Düsseldorf 1978, S. 193–222.

Besson, Waldemar, Württemberg und die deutsche Staatskrise 1928–1933. Eine Studie zur Auflösung der Weimarer Republik, Stuttgart 1959.

Böhles, Marcel, Im Gleichschritt für die Republik. Das Reichsbanner Schwarz-Rot-Gold im Südwesten 1924–1933, Essen 2016.

Bräunche, Ernst Otto, Die NSDAP in Baden 1928–1933. Der Weg zur Macht, in: Thomas Schnabel (Hrsg.), Die Machtergreifung in Südwestdeutschland. Das Ende der Weimarer Republik in Baden und Württemberg 1928–1933, Stuttgart u. a. 1982, S. 15–48.

Bryden, Eric, Heroes and Martyrs of the Republic: Reichsbanner „Geschichtspolitik" in Weimar Germany, in: Central European History 43 (2010), S. 639–665.

Buchner, Bernd, Um nationale und republikanische Identität. Die deutsche Sozialdemokratie und der Kampf um die politischen Symbole in der Weimarer Republik, Bonn 2001.

Bundesvorstand Reichsbanner Schwarz-Rot-Gold (Hrsg.), Das Jungbanner. Jugendpflege im Reichsbanner Schwarz-Rot-Gold, Magdeburg o. J.

Ders. (Hrsg.), Sport und Leibesübungen im Reichsbanner Schwarz-Rot-Gold, Magdeburg 1930.

Chickering, Roger Philip, The Reichsbanner and the Weimar Republic, 1924–26, in: The Journal of Modern History 40 (1968), S. 524–534.

Das Reichsbanner Schwarz-Rot-Gold. Mit Beiträgen von Paul Löbe, Philipp Scheidemann, Wilhelm Sollmann, Fritz Koch, Robert Breuer, Arno Scholz, Senator Gerth u. a., Berlin o. J. [1924].

Diehl, James M., Paramilitary Politics in Weimar Germany, Bloomington 1977.

Dokumente und Materialien zur Geschichte der Arbeiterbewegung, Band VIII (Januar 1924 – Oktober 1929), Berlin (Ost) 1975.

Elsbach, Sebastian, Das Reichsbanner Schwarz-Rot-Gold. Republikschutz und politische Gewalt in der Weimarer Republik, Stuttgart 2019.

Epstein, Klaus, Matthias Erzberger und das Dilemma der deutschen Demokratie, Berlin u. a. 1962.

Festschrift zum Republikanertag in Ulm/Neu-Ulm 1926. Festschrift und Programm zur Republikanischen Kundgebung und Bannerweihe der Ortsgruppen Ulm, Neu-Ulm und Geislingen a. Steige des Reichsbanners Schwarz-Rot-Gold am 3. und 4. Juli 1926 in Ulm und Neu-Ulm.

Fricke, Dieter (Hrsg.), Lexikon zur Parteiengeschichte. Die bürgerlichen und kleinbürgerlichen Parteien und Verbände in Deutschland 1789–1945, Leipzig 1986.

Friedrich-Ebert-Stiftung (Hrsg.), Ludwig Frank. Beiträge zur Würdigung seiner Persönlichkeit, Bonn 1986.

Fritzsche, Peter, Did Weimar Fail?, in: The Journal of Modern History 68 (1996), S. 629–656.

Gedenkstätte Deutscher Widerstand (Hrsg.), Für Freiheit und Republik! Das Reichsbanner Schwarz-Rot-Gold im Kampf für die Demokratie 1924 bis 1933, Berlin 2018.

Gerstenberg, Günther, Freiheit! Sozialdemokratischer Selbstschutz im München der zwanziger und frühen dreißiger Jahre, München 1997.

Gerwarth, Robert, The Past in Weimar Germany, in: Contemporary European History 15 (2006), 1, S. 1–22.

Gotschlich, Helga, Zwischen Kampf und Kapitulation. Zur Geschichte des Reichsbanners Schwarz-Rot-Gold, Berlin (Ost) 1987.

Greiffenhagen, Sylvia, Die württembergischen Sozialdemokraten im Ersten Weltkrieg und in der Weimarer Republik (1914–1933), in: Jörg Schadt/Wolfgang Schmierer (Hrsg.), Die SPD in Baden-Württemberg und ihre Geschichte. Von den Anfängen der Arbeiterbewegung bis heute, Stuttgart u. a. 1975, S. 160–192.

Guben, Berndt, Schwarz, Rot und Gold. Biographie einer Fahne, Berlin u. a. 1991.

Harter, Hans, Das Bürgertum fehlt und überlässt dem Arbeiter den Schutz der Republik. Die Ortsgruppe Schiltach des Reichsbanners Schwarz-Rot-Gold, in: Die Ortenau, Veröffentlichungen des Historischen Vereins für Mittelbaden 72 (1992), S. 271–302.

Haumann, Heiko u. a., Kartoffelbrot, Soldatenräte und Arbeitskämpfe. Erster Weltkrieg, Revolution, Stabiliserung (1914–1929), in: Heiko Haumann/Hans Schadek (Hrsg.), Geschichte der Stadt Freiburg im Breisgau, Bd. 3: Von der badischen Herrschaft bis zur Gegenwart, Stuttgart 1992, S. 255–296.

Herlemann, Beatrix, Der Gau Magdeburg-Anhalt des „Reichsbanners Schwarz-Rot-Gold", in: Internationale Wissenschaftliche Korrespondenz zur Geschichte der deutschen Arbeiterbewegung 35 (1999), S. 225–248.

Dies., Das Reichsbanner Schwarz-Rot-Gold – ein geschichtlicher Abriss, in: 75 Jahre Reichsbanner Schwarz-Rot-Gold. Dokumentation zur Ausstellung „Reichsbanner Schwarz-Rot-Gold" anlässlich des Gründungsjubiläums, Magdeburg 1999.

Dies. /Tuchel, Johannes (Hrsg.), Für eine starke Republik! Reichsbanner Schwarz-Rot-Gold 1924–1933. Katalog zur Ausstellung, Berlin 2004.

Hinze, Werner, Schalmeienklänge im Fackelschein. Ein Beitrag zur Kriegskultur der Zwischenkriegszeit, Hamburg 2002.
Hug, Wolfgang, Geschichte Badens, Stuttgart 1992.

IG Metall (Hrsg.), „Säumt keine Minute!" Dokumente zur Geschichte der Arbeiterbewegung in Mannheim 1848–1949, Mannheim 1986.

Jahr, Christoph, Die reaktionäre Presse heult wider den Mann. General Berthold von Deimling (1853–1944) und der Pazifismus, in: Wolfram Wette (Hrsg.), Pazifistische Offiziere in Deutschland 1871–1933, Bremen 1999, S. 131–146.

Jung, Otmar, Direkte Demokratie in der Weimarer Republik. Die Fälle „Aufwertung", „Fürstenenteignung", „Panzerkreuzerverbot" und „Youngplan", Frankfurt a. M. u. a. 1989.

Kluge, Ulrich, Die Weimarer Republik, Paderborn u. a. 2006.

Knapp, Thomas A., The German Center Party and the Reichsbanner. A case study in political and social consensus in the Weimar Republic, in: International Review of Social History 14 (1969), S. 159–179.

Kohlmann, Carsten, Die Republik den Republikanern! Das Reichsbanner Schwarz-Rot-Gold in Württemberg, in: Momente. Beiträge zur Landeskunde von Baden-Württemberg (2002), 4, S. 10–14.

Ders., Das Reichsbanner Schwarz-Rot-Gold in der Industriestadt Schramberg, in: Schwäbische Heimat (2001), 2, S. 186–194.

Kolb, Eberhard, Die Weimarer Republik, München 2009.

Ders./Schumann, Dirk, Die Weimarer Republik, München 2013.

Kopper, Christopher, Zum Widerstand des Reichsbanners Schwarz-Rot-Gold im Rhein-Main-Gebiet, in: Renate Knigge-Tesche/Axel Ulrich (Hrsg.), Verfolgung und Widerstand in Hessen 1933–1945, Frankfurt a. M. 1996, S. 166–178.

Kreutz, Jörg, Die Fahne der Republik ist Schwarz-Rot-Gold. Die Anfänge des Reichsbanners Schwarz-Rot-Gold in der Rhein-Neckar-Region (1924–1927), in: Martin Krauß/Ulrich Nieß (Hrsg.), Stadt, Land, Heimat. Beiträge zur Geschichte der Metropolregion Rhein-Neckar im Industriezeitalter, Basel u. a. 2011, S. 239–268.

Ders., Das Ladenburger Reichsbanner Schwarz-Rot-Gold und der Kampf um die Republik (1924–1933), in: Hansjörg Probst (Hrsg.), Ladenburg – Aus 1900 Jahren Stadtgeschichte, Ubstadt-Weiher 1998, S. 561–590.

Kurz, Thomas, Feindliche Brüder im deutschen Südwesten. Sozialdemokraten und Kommunisten in Baden und Württemberg von 1928 bis 1933, Berlin 1996.

Lehmann, Albrecht, Militär und Militanz zwischen den Weltkriegen, in: Dieter Langewiesche/Heinz-Elmar Tenorth (Hrsg.), Handbuch der Bildungsgeschichte, Bd. V: 1918–1945. Die Weimarer Republik und die nationalsozialistische Diktatur, München 1989, S. 407–433.

Lehnert, Detlef, Von der politisch-kulturellen Fragmentierung zur demokratischen Sammlung. Der „Volksblock" des „Reichsbannerlagers" und die katholischen Republikaner, in: Klaus Megerle (Hrsg.), Pluralismus als Verfassungs- und Gesellschaftsmodell. Zur politischen Kultur in der Weimarer Republik, Opladen 1993, S. 77–130.

Mintert, David Magnus, Sturmtrupp der Deutschen Republik. Das Reichsbanner Schwarz-Rot-Gold in Wuppertal, Wuppertal 2002.

Mittag, Jürgen, Die württembergische SPD in der Weimarer Republik. Eine sozialdemokratische Landtagsfraktion zwischen Revolution und Nationalsozialismus, Vierow 1997.

Mommsen, Hans, Die Sozialdemokratie in der Defensive: Der Immobilismus der SPD und der Aufstieg des Nationalsozialismus, in: ders. (Hrsg.), Sozialdemokratie zwischen Klassenbewegung und Volkspartei, Frankfurt a. M. 1974, S. 106–133.

Ders., Militär und zivile Militarisierung in Deutschland 1914–1938, in: Ute Frevert (Hrsg.), Militär und Gesellschaft, Stuttgart 1997, S. 265–276.

Ders., Generationenkonflikt und politische Entwicklung in der Weimarer Republik, in: Jürgen Reulecke (Hrsg.), Generationalität und Lebensgeschichte im 20. Jahrhundert, München 2003, S. 115–143.

Ders., Aufstieg und Untergang der Republik von Weimar. 1918–1933, München 2004.

Mosse, George L., Der Erste Weltkrieg und die Brutalisierung der Politik. Betrachtungen über die politische Rechte, den Rassismus und den deutschen Sonderweg, in: Manfred Funke u. a. (Hrsg.), Demokratie und Diktatur. Geist und Gestalt politischer Herrschaft in Deutschland und Europa, Düsseldorf 1987, S. 127–139.

Mühlhausen, Walter, Friedrich Ebert 1871–1925. Reichspräsident der Weimarer Republik, Bonn 2006.

Popp, Christoph, 1918–1933: Die Weimarer Republik, in: Ulrich Nieß/Michael Caroli (Hrsg.), Geschichte der Stadt Mannheim, Bd. III: 1914–2007, Mannheim 2007, S. 50–210.

Posse, Ernst H., Die politischen Kampfbünde Deutschlands, Berlin 1930.
Pyta, Wolfram, Gegen Hitler und für die Republik. Die Auseinandersetzung der deutschen Sozialdemokratie mit der NSDAP in der Weimarer Republik, Düsseldorf 1989.

Ders., Hindenburg. Herrschaft zwischen Hohenzollern und Hitler, München 2008.

Reden für republikanische Gelegenheiten und für Reichsbanner-Veranstaltungen, zusammengestellt von Dr. G. Wilke mit einer Einführung, Kämpfe um Schwarz-Rot-Gold, was man von der deutschen Freiheitsbewegung wissen muß, von Dr. K. B. Müller, Berlin 1926.

Reichardt, Sven, Gewalt, Körper, Politik. Paradoxien in der deutschen Kulturgeschichte der Zwischenkriegszeit, in: Wolfgang Hardtwig (Hrsg.), Politische Kulturgeschichte der Zwischenkriegszeit 1918–1939, Göttingen 2005, S. 205–239.

Ders., Totalitäre Gewaltpolitik? Überlegungen zum Verhältnis von nationalsozialistischer und kommunistischer Gewalt in der Weimarer Republik, in: Wolfgang Hardtwig (Hrsg.), Ordnungen in der Krise. Zur politischen Kulturgeschichte Deutschlands 1900–1933, München 2007, S. 377–402.

Rohe, Karl, Das Reichsbanner Schwarz-Rot-Gold. Ein Beitrag zur Geschichte und Struktur der politischen Kampfverbände zur Zeit der Weimarer Republik, Düsseldorf 1966.

Rossol, Nadine, Performing the Nation in Interwar Germany. Sport, Spectacle and Political Symbolism, 1926–36, Basingstoke 2010.

Ruppert, Karsten, Im Dienst am Staat von Weimar. Das Zentrum als regierende Partei in der Weimarer Demokratie 1923–1930, Düsseldorf 1992.

Rusinek, Bernd A., Krieg als Sehnsucht. Militärischer Stil und „junge Generation" in der Weimarer Republik, in: Jürgen Reulecke (Hrsg.), Generationalität und Lebensgeschichte im 20. Jahrhundert, München 2003, S. 127–144.

Saage, Richard, Die gefährdete Republik. Porträt der Zeitung des „Reichsbanners Schwarz-Rot-Gold", in: ders. (Hrsg.), Solidargemeinschaft und Klassenkampf. Politische Konzeptionen der Sozialdemokratie zwischen den Weltkriegen, Frankfurt a. M. 1986, S. 277–301.

Sabrow, Martin, Die Macht der Mythen. Walther Rathenau im öffentlichen Gedächtnis, Berlin 1998.

Schadt, Jörg (Hrsg.), Im Dienst an der Republik. Die Tätigkeitsberichte des Landesvorstands der Sozialdemokratischen Partei Baden 1914–1932, Stuttgart u. a. 1977.

Ders. (Hrsg.), Alles für das Volk – Alles durch das Volk. Dokumente zur demokratischen Bewegung in Mannheim 1848–1948, Stuttgart u. a. 1977.

Ders., Verfolgung und Widerstand, in: Otto Borst (Hrsg.), Das Dritte Reich in Baden und Württemberg, Stuttgart 1988, S. 96–120.

Ders./Schmierer, Wolfgang, Einleitung, in: dies. (Hrsg.), Die SPD in Baden- Württemberg und ihre Geschichte. Von den Anfängen der Arbeiterbewegung bis heute, Stuttgart u. a. 1975, S. 19–35.

Schanbacher, Eberhard, Das Wählervotum und die „Machtergreifung" im deutschen Südwesten, in: Thomas Schnabel (Hrsg.), Die Machtergreifung in Südwestdeutschland. Das Ende der Weimarer Republik in Baden und Württemberg 1928–1933, Stuttgart u. a. 1982, S. 295–317.

Schnabel, Thomas, Die NSDAP in Württemberg. Die Schwäche einer regionalen Parteiorganisation, in: ders. (Hrsg.), Die Machtergreifung in Südwestdeutschland. Das Ende der Weimarer Republik in Baden und Württemberg 1928– 1933, Stuttgart u. a. 1982, S. 49–81.

Ders., Warum geht es in Schwaben besser? Württemberg in der Weltwirtschaftskrise 1928–1933, in: ders. (Hrsg.), Die Machtergreifung in Südwestdeutschland. Das Ende der Weimarer Republik in Baden und Württemberg 1928–1933, Stuttgart u. a. 1982, S. 184–218.

Ders., Württemberg zwischen Weimar und Bonn 1928 bis 1945/46, Stuttgart 1986.

Ders., Geschichte von Baden und Württemberg 1900–1952, Stuttgart u. a. 2000.

Ders., Niederlage der Monarchisten und Niederlage der Demokraten: Volksbegehren und Volksentscheid zur Fürstenenteignung 1926 in Württemberg, in: Dieter Langewiesche/Peter Steinbach (Hrsg.), Der deutsche Südwesten. Regionale Traditionen und historische Identitäten, Stuttgart 2008, S. 83–104.

Schneider, Werner, Die Deutsche Demokratische Partei in der Weimarer Republik 1924–1930, München 1978.

Schober, Volker, Der junge Kurt Schumacher 1895–1933, Bonn 2000.

Schumacher, Martin (Hrsg.), M. d. L. – Das Ende der Parlamente 1933 und die Abgeordneten der Landtage und Bürgerschaften der Weimarer Republik in der Zeit des Nationalsozialismus. Politische Verfolgung, Emigration und Ausbürgerung 1933–1945, Düsseldorf 1995.

Schumann, Dirk, Politische Gewalt in der Weimarer Republik 1918–1933. Kampf um die Straße und Furcht vor dem Bürgerkrieg, Essen 2001.

Schuster, Kurt G. P., Der Rote Frontkämpferbund 1924–1929. Beiträge zur Geschichte und Organisationsstruktur eines politischen Kampfbundes, Düsseldorf 1975.

Staatliche Kunsthalle Berlin (Hrsg.), 1933 – Wege zur Diktatur. Katalog zur Ausstellung, Berlin 1983.

Stehling, Jutta, Weimarer Koalition und SPD in Baden. Ein Beitrag zur Geschichte der Partei- und Kulturpolitik in der Weimarer Politik, Frankfurt a. M. 1976.

Stehling-Höfling, Jutta, Die badische SPD im Ersten Weltkrieg und in der Weimarer Republik (1914–1933), in: Jörg Schadt/Wolfgang Schmierer (Hrsg.), Die SPD in Baden-Württemberg und ihre Geschichte. Von den Anfängen der Arbeiterbewegung bis heute, Stuttgart u. a. 1979.

Tautz, Joachim, Militaristische Jugendpolitik in der Weimarer Republik. Die Jugendorganisationen des Stahlhelm, Bund der Frontsoldaten: Jungstahlhelm und Scharnhorst, Bund deutscher Jungmannen, Regensburg 1998.

Toury, Jacob, Die Judenfrage in der Entstehungsphase des Reichsbanners Schwarz- Rot-Gold, in: Ludger Heid/Arnold Paucker (Hrsg.), Juden und deutsche Arbeiterbewegung bis 1933. Soziale Utopien und religiös-kulturelle Traditionen, Tübingen 1992, S. 215–236.

Ders., Das Reichsbanner Schwarz-Rot-Gold – Stiefkind der Republik. Zur Gründungsgeschichte republikanischer Wehren, in: ders., Deutschlands Stiefkinder. Ausgewählte Aufsätze zur deutschen und deutsch-jüdischen Geschichte, Tel Aviv 1996, S. 11–92.

Tschachotin, Sergej/Mierendorff, Carlo (Hrsg.), Grundlagen und Formen politischer Propaganda, Magdeburg 1932.

Ulrich, Axel, Freiheit! Das Reichsbanner Schwarz-Rot-Gold und der Kampf von Sozialdemokraten in Hessen gegen den Nationalsozialismus 1924–1938, Frankfurt a. M. 1988.

Ulrich, Bernd/Ziemann, Benjamin (Hrsg.), Krieg im Frieden. Die umkämpfte Erinnerung an den Ersten Weltkrieg (Quellen und Dokumente), Frankfurt a. M. 1997.

Vogel, Wieland, Katholische Kirche und nationale Kampfverbände in der Weimarer Republik, Mainz 1989.

Vogt, Stefan, Nationaler Sozialismus und Soziale Demokratie. Die sozialdemokratische Junge Rechte 1918–1945, Bonn 2006.

Voigt, Carsten, Kampfbünde der Arbeiterbewegung. Das Reichsbanner Schwarz-Rot-Gold und der Rote Frontkämpferbund in Sachsen 1924–1933, Köln u. a. 2009.

Weber, Jürgen, Das Reichsbanner im Norden, in: Demokratische Geschichte. Jahrbuch für Schleswig-Holstein 20 (2009), S. 127–146.

Weber, Reinhold, Kleine Geschichte der Länder Baden und Württemberg 1918–1945, Leinfelden-Echterdingen 2008.

Wehler, Hans-Ulrich, Die Miliz der Republikschützer – Zur Geschichte des Reichsbanners, in: „Die Zeit", 22. März 1968.

Weisbrod, Bernd, Gewalt in der Politik. Zur politischen Kultur in Deutschland zwischen den beiden Weltkriegen, in: Geschichte in Wissenschaft und Unterricht 43 (1992), S. 391–404.

Weiß, Christian, Soldaten des Friedens. Die pazifistischen Veteranen und Kriegsopfer des „Reichsbundes" und ihre Kontakte zu den französischen anciens combattants 1919–1933, in: Wolfgang Hardtwig (Hrsg.), Politische Kulturgeschichte der Zwischenkriegszeit 1918–1939, Göttingen 2005, S. 183–204.

Wichers, Hermann, Möglichkeiten und Grenzen des Widerstandes von Sozialdemokraten und Kommunisten in Baden und Württemberg, in: Thomas Schnabel (Hrsg.), Formen des Widerstandes im Südwesten 1933–1945. Scheitern und Nachwirken, Ulm 1994, S. 26–52.

Winkler, Heinrich August, Der Schein der Normalität. Arbeiter und Arbeiterbewegung in der Weimarer Republik 1924 bis 1930, Berlin u. a. 1985.

Ders., Der Weg in die Katastrophe. Arbeiter und Arbeiterbewegung in der Weimarer Republik 1930 bis 1933, Berlin u. a. 1987.

Ziemann, Benjamin, Republikanische Kriegserinnerung in einer polarisierten Öffentlichkeit. Das Reichsbanner Schwarz-Rot-Gold als Veteranenverband der sozialistischen Arbeiterschaft, in: Historische Zeitschrift 267 (1998), S. 357–398.

Ders., Die Zukunft der Republik? Das Reichsbanner Schwarz-Rot-Gold 1924–1933, Bonn 2011.

Ders., Contested Commemorations. Republican War Veterans and Weimar Political Culture, Cambridge 2013.

Zirkel, Kirsten, Vom Militaristen zum Pazifisten. General Berthold von Deimling – eine politische Biographie, Essen 2008.

Personenregister

Zum Autor

Marcel Böhles, geb. 1984 in Ludwigshafen am Rhein; Dr. phil.; Studium der Mittleren/Neueren Geschichte, Germanistik und Politikwissenschaft in Heidelberg und Paris; 2015 Promotion mit einer Dissertation zum Reichsbanner Schwarz-Rot-Gold („Im Gleichschritt für die Republik"); berufliche Stationen am TECHNOSEUM – Landesmuseum für Technik und Arbeit in Mannheim und am Deutschen Historischen Museum in Berlin; seit 2021 Kurator am Haus der Weimarer Republik (HDWR) in Weimar.